STRICKEN

Jo Shaw

STRICKEN

150 MUSTER & MOTIVE – SCHRITT FÜR SCHRITT

DK

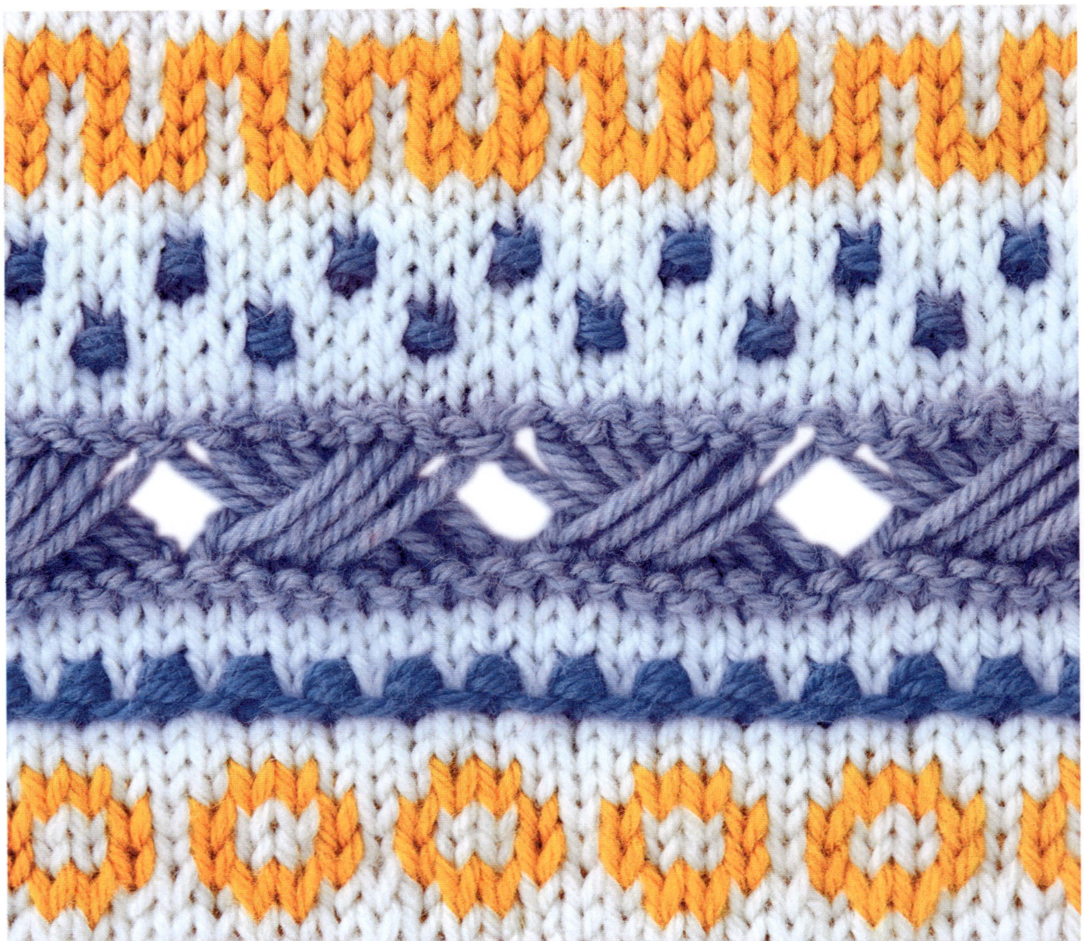

Inhalt

Einleitung

Stricken ist eine uralte Technik. Die ältesten Strickarbeiten wurden in Ägypten gefunden und stammen etwa aus dem 5. Jahrhundert. Bis der Engländer William Lee im Jahr 1589 den Strickrahmen erfand, den sogenannten Handkulierstuhl für die Strumpfwirkerei, wurde in den meisten Haushalten mit der Hand gestrickt. Seit der industriellen Fertigung von Strickwaren im 19. Jahrhundert war das Stricken keine Lebensnotwendigkeit mehr und wurde zu einem Zeitvertreib.

WAS IST STRICKEN?

Mit Stricknadeln wird aus einem fortlaufenden Faden eine Fläche aus ineinandergreifenden Maschen hergestellt, die ein dehnbares Gewirk bilden. Die gesamte Palette der Strickmuster basiert auf lediglich zwei Grundmaschen: den rechten und linken Maschen (siehe S. 36). Mit verschiedenen Kombinationen von Maschen und Garnfarben lässt sich eine enorme Vielzahl von ein-und mehrfarbigen Mustern gestalten.

PROZESS ODER PRODUKT?

Menschen stricken aus unterschiedlichen Gründen. Mir geht es vor allem um den Prozess: Ich finde den Rhythmus und die Kreativität des Strickens entspannend und gleichzeitig inspirierend. Aus diesem Grund verwende ich gern Garne und Farben, die sich angenehm anfühlen und beruhigend wirken. Ich stricke, weil mir ein Garn oder ein Maschenbild gefällt, und danach finde ich einen glücklichen Empfänger für das Produkt. Andere stricken ein schönes und warmes Kleidungsstück für sich selbst oder einen lieben Menschen. Sie lassen sich meist eher vom Modell als vom Material leiten. Möglicherweise lassen sich die Kategorien aber gar nicht so streng trennen, und oft treffen beide teilweise zu. Ganz unabhängig von der Motivation kann Stricken in verschiedener Hinsicht Behaglichkeit und Wohlbefinden spenden.

IN GUTER GESELLSCHAFT

Stricken kann man ganz allein. Man setzt sich einfach mit Garn und Nadeln hin und kreiert schöne Projekte. Es macht aber auch Spaß, Gleichgesinnte zu treffen. Manche Wollgeschäfte bieten Kurse und Workshops an, in denen man neue Techniken lernen und sich mit Gleichgesinnten austauschen kann. Es gibt zahlreiche Handarbeitsmessen auf der ganzen Welt, auf denen Designer, Hersteller und Garnfärber ihre Waren und Innovationen präsentieren.

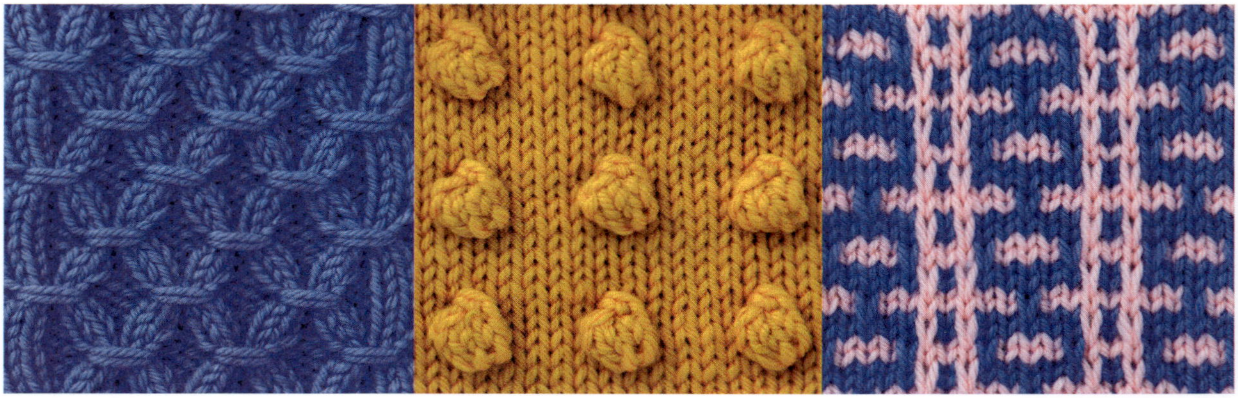

Und dann gibt es natürlich noch die sozialen Medien mit ihrer Online-Strickgemeinschaft, in der Projekte diskutiert und Kenntnisse geteilt werden. Jeden Monat gibt es eine neue Welle von »Knit-a-long«-Angeboten (KAL), bei denen eine Gruppe von Strickerinnen und Strickern an ähnlichen Projekten arbeitet. Stricken mag auf den ersten Blick wie ein einsames Hobby erscheinen, aber tatsächlich sind die Maschenbegeisterten in unserer Zeit sehr gut vernetzt.

WIE ICH ZUM STRICKEN KAM

Manche haben das Stricken von der Großmutter gelernt, andere haben einen Kurs besucht oder es sich selbst beigebracht. Ich bin in einer traditionellen Textilregion aufgewachsen. Meine Großeltern waren alle in der Textilindustrie tätig, und mein Vater war ein Designer von Spitze und Zeichner. Beim Entwerfen von Spitze – ebenso wie von Strickmustern – kommt es auf eine Kombination aus Kunst und Mathematik an. Vielleicht habe ich also ein Talent geerbt. Meine Liebe zum Stricken begann holperig, weil meine ersten Versuche nicht so gut gelangen. Als ich Mitte 20 war, schenkte mir eine Freundin Sockengarn und ein Nadelspiel. Damals hat es mich gepackt, und seitdem habe ich die Stricknadeln nicht mehr aus der Hand gelegt.

Stricken spielt in meinem Leben eine wichtige Rolle. Ich habe eine Weile in einem Wollgeschäft in meinem Wohnort gearbeitet. Dann habe ich angefangen, Strickmuster zu entwerfen. Anfangs habe ich sie selbst veröffentlicht, dann folgten Kooperationen mit Zeitschriften und Garnherstellern. Ich habe mich drei Jahre lang weitergebildet und darf jetzt mein zweites Strickbuch präsentieren. Das Stricken entspricht voll und ganz meiner Persönlichkeit, vom kreativen Umgang mit Texturen und Farben bis hin zu den detaillierten Berechnungen, die notwendig sind, wenn man seine Muster so aufbereiten möchte, dass andere Strickbegeisterte sie verstehen und umsetzen können.

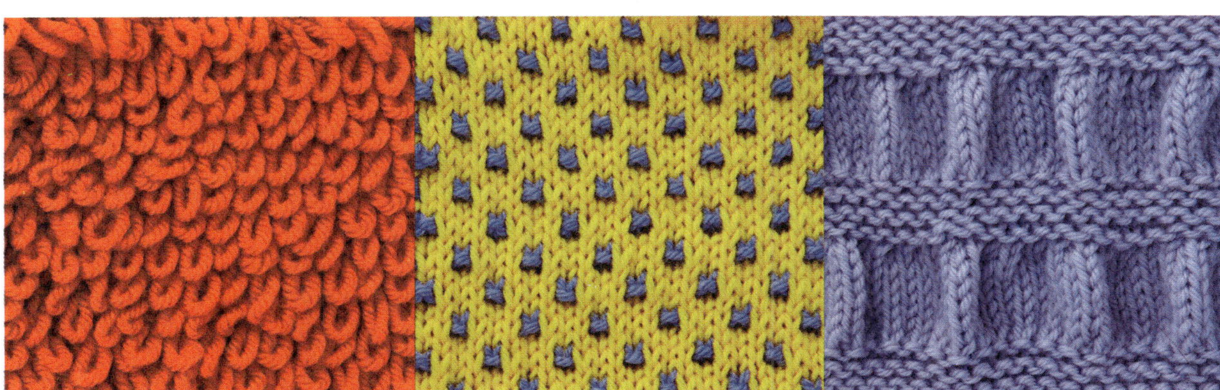

Werkzeuge, Materialien & Techniken

Stricknadeln

Bei Stricknadeln unterscheidet man drei Haupttypen: lange, gerade Stricknadeln, Strumpfstricknadeln (Nadelspiel) und Rundstricknadeln. Es gibt sie aus verschiedenen Materialien wie Metall, Holz, Bambus, Carbon und Kunststoff. Metallnadeln sind preiswerter, aber Bambus- und Holznadeln haben den Vorteil, dass sie sich nicht so kühl anfühlen.

NADELSTÄRKE
Gängige Nadelstärken gibt es von 2 bis 12 mm, aber man kann auch andere Stärken kaufen. Normalerweise bestimmt das Garn, welche Nadelstärke verwendet wird. Ein sehr dünnes Garn erfordert eine dünne Nadel, um ein halbwegs dichtes Maschenwerk zu stricken. Manchmal ist jedoch ein lockeres Maschenwerk erwünscht. Für ein Tuch, das weich fallen soll, würde man eine dickere Nadel verwenden. Wenn der Strick dicht und strapazierfähig sein soll, beispielsweise für Socken, verwendet man dünnere Nadeln. Wichtig ist, mit den gewählten Nadeln immer eine Maschenprobe zu stricken, um sicherzustellen, dass das fertige Werkstück die gewünschte Größe hat oder für den vorgesehenen Zweck geeignet ist (siehe S. 19).

LANGE, GERADE NADELN
Mit diesen Nadeln lernen die meisten Menschen das Stricken. Ihre Möglichkeiten sind eingeschränkt, weil man auf ihnen nur Hin- und Rückreihen stricken kann. Sie sind in verschiedenen Längen erhältlich. Die Wahl der Länge hängt von den persönlichen Vorlieben und der Größe des Strickmodells ab. Die Nadeln müssen lang genug sein, um alle Maschen aufnehmen zu können.

NADELSPIEL
Ein Nadelspiel besteht aus vier oder fünf Nadeln von 15–20 cm Länge. Sie werden für rund gestrickte Projekte mit kleinem Umfang verwendet, zum Beispiel Socken. Die Maschen werden auf drei oder vier Nadeln verteilt und mit der freien Nadel abgestrickt.

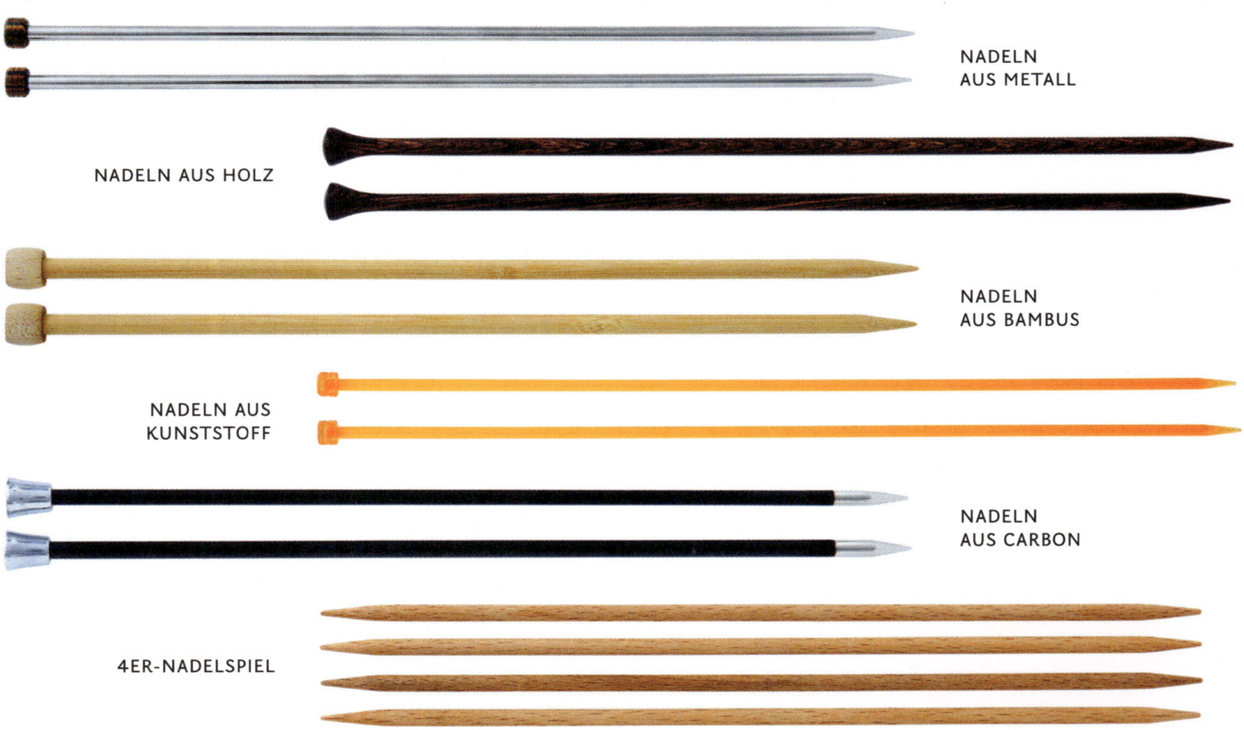

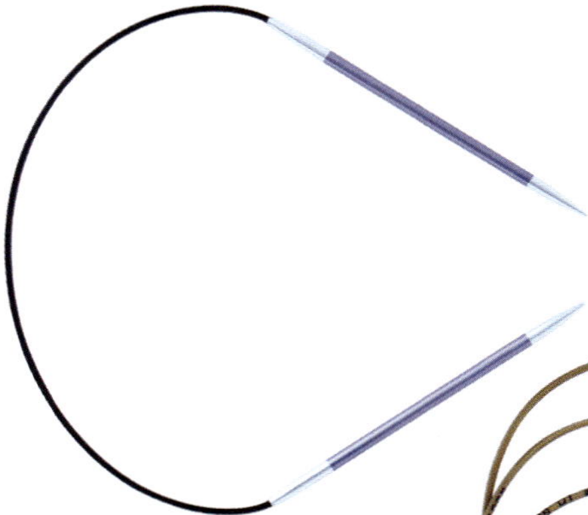

RUNDSTRICKNADEL MIT FESTEM KABEL

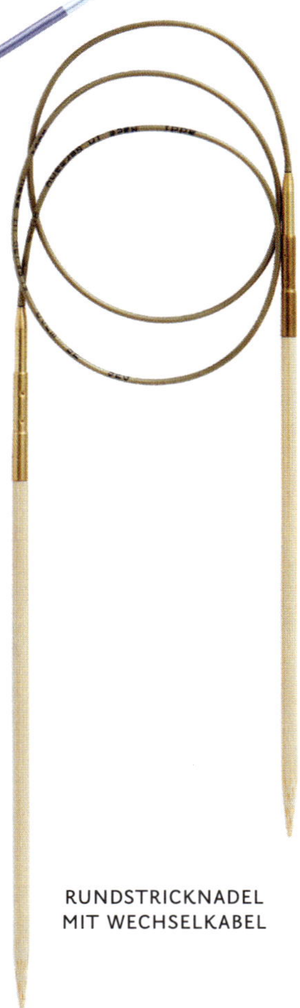

RUNDSTRICKNADEL MIT WECHSELKABEL

RUNDSTRICKNADELN
Sie sind besonders vielseitig, weil man auf ihnen in Hin- und Rückreihen stricken kann, aber auch in Runden. Rundstricknadeln sind in verschiedenen Längen erhältlich. Es gibt auch Modelle, bei denen man an die Nadeln ein Kabel in verschiedenen Längen anschrauben kann.

NADELSTÄRKEN INTERNATIONAL

EU (metrisch)	Großbritannien	USA
1,5 mm	–	000 00
2 mm	14	0
2,25 mm 2,5 mm	13	1
2,75 mm	12	2
3 mm	11	2,5
3,25 mm	10	3
3,5 mm	–	4
3,75 mm	9	5
4 mm	8	6
4,5 mm	7	7
5 mm	6	8
5,5 mm	5	9
6 mm	4	10
6,5 mm	3	10½
7 mm	2	–
7,5 mm	1	–
8 mm	0	11
9 mm	00	13
10 mm	000	15
12 mm	–	17
15 mm	–	19
20 mm	–	35
25 mm	–	50

RUNDSTRICKNADELN MIT FESTEM KABEL
Hier sind die Nadelspitzen fest mit dem flexiblen Kabel verbunden. Es gibt diese Nadeln in verschiedenen Längen von 23 cm bis 150 cm. Zum Stricken in Runden wählt man eine Nadel, die etwas kürzer als der fertige Umfang des »Schlauchs« ist. Mit einer speziellen Technik, Zauberschlinge genannt, kann man jedoch auch mit einer langen Rundstricknadel Runden mit kleinerem Umfang stricken.

RUNDSTRICKNADELN MIT WECHSELKABEL
Sie ähneln festen Rundstricknadeln, allerdings werden Nadelspitzen und Kabel zusammengeschraubt. So kann man im Verlauf der Arbeit bei Bedarf die Kabellänge wechseln. Außerdem kann man Kosten sparen, weil man statt mehrerer fester Rundstricknadeln nur ein Paar Nadeln pro Größe und mehrere Kabel in verschiedenen Längen kaufen muss.

Garne

Garne gibt es in riesiger Auswahl. Die meisten bestehen aus mehreren Fäden, die miteinander verdreht sind. Sind die einzelnen Fasern geglättet, wie bei Kammgarn, ist das Garn insgesamt glatter und ergibt ein gleichmäßiges Maschenbild, in dem Strukturmuster besonders gut zur Geltung kommen. Naturbelassene Wollgarne sind rauer und eignen sich prima für mehrfarbige Projekte. Daneben gibt es viele weitere Garntypen, beispielsweise einfädiges Garn, Bändchengarn, Bouclégarn und verschiedene Effektgarne.

VERWENDUNG	SYMBOL	EMPFOHLENE NADELSTÄRKEN metrisch	USA
Spitze, Lochmusterschals	0 Lace	1,5 mm 2 mm 2,25 mm	00 0 1
Strümpfe, Babykleidung, Handschuhe	1 Superfine	2,25 mm 2,75 mm 3 mm 3,25 mm	1 2 2,5 3
Dünne Pullover, Strümpfe	2 Fine	3,25 mm 3,5 mm 3,75 mm	3 4 5
Alle Arten von Strickarbeiten	3 Light	3,75 mm 4 mm 4,5 mm	5 6 7
Pullover, dicke Schals, Mützen, Handschuhe	4 Medium	4,5 mm 5 mm 5,5 mm	7 8 9
Dicke Pullover und Outdoor-Jacken, Decken, Winter-Accessoires	5 Bulky	5,5 mm 6 mm 6,5 mm 7 mm 8 mm	9 10 10½ - 11
Schwere Decken, Teppiche, Kissenbezüge	6 Super Bulky	8 mm 9 mm 10 mm 12,75 mm	11 13 15 17

GARNSTÄRKEN

Garn wird in verschiedenen Stärken angeboten. Fast alle Strickanleitungen sind für eine bestimmte Garnstärke berechnet. Für die Beispiele in diesem Buch wurden Garne der Stärke 4 verwendet. Die Muster können zwar auch mit jedem anderen Garn gestrickt werden, allerdings kann sich dies optisch auswirken. Garntypen und -stärken haben von Land zu Land unterschiedliche Bezeichnungen. 4-fädiges Garn wird manchmal als Babygarn und manchmal als Sockengarn bezeichnet.

Früher war es auch üblich, die Garnstärke anhand der miteinander verdrehten Einzelfäden zu bezeichnen, z. B. 1-fädig, 4-fädig usw. Vor allem die wachsende Anzahl von Effektgarnen hat dazu geführt, dass diese Bezeichnungen nur noch in wenigen Ländern üblich sind.

FASERN

Man unterscheidet zwischen tierischen, pflanzlichen und synthetischen Fasern. Garne können aus einem einzigen Fasertyp bestehen, aber auch aus einer Fasermischung.

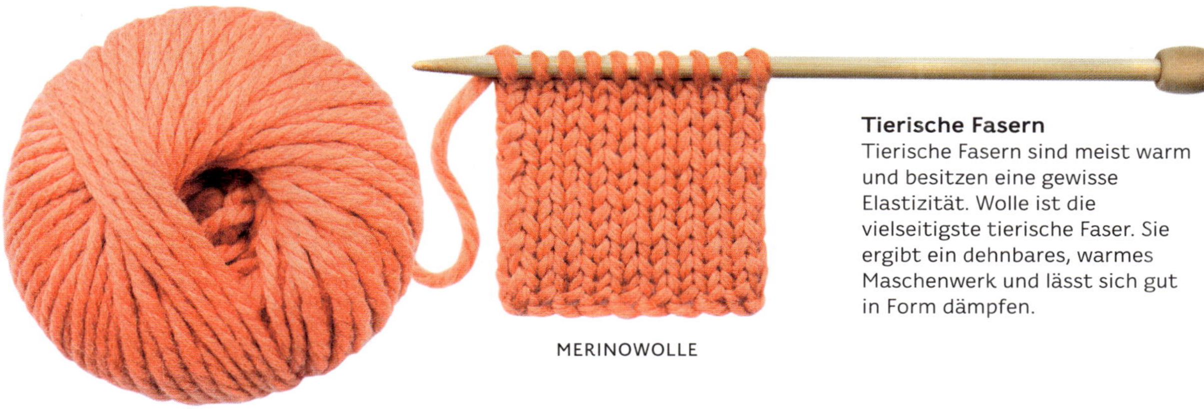

MERINOWOLLE

Tierische Fasern
Tierische Fasern sind meist warm und besitzen eine gewisse Elastizität. Wolle ist die vielseitigste tierische Faser. Sie ergibt ein dehnbares, warmes Maschenwerk und lässt sich gut in Form dämpfen.

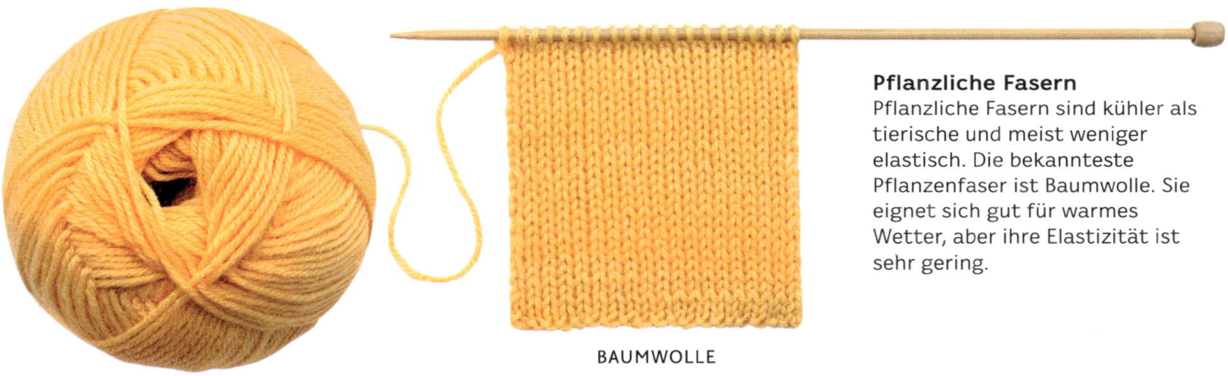

BAUMWOLLE

Pflanzliche Fasern
Pflanzliche Fasern sind kühler als tierische und meist weniger elastisch. Die bekannteste Pflanzenfaser ist Baumwolle. Sie eignet sich gut für warmes Wetter, aber ihre Elastizität ist sehr gering.

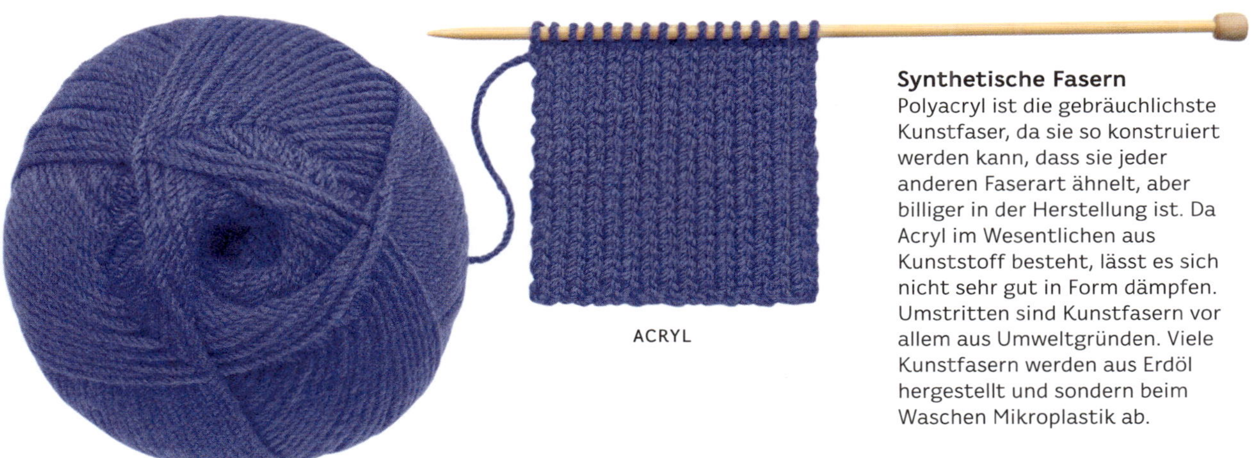

ACRYL

Synthetische Fasern
Polyacryl ist die gebräuchlichste Kunstfaser, da sie so konstruiert werden kann, dass sie jeder anderen Faserart ähnelt, aber billiger in der Herstellung ist. Da Acryl im Wesentlichen aus Kunststoff besteht, lässt es sich nicht sehr gut in Form dämpfen. Umstritten sind Kunstfasern vor allem aus Umweltgründen. Viele Kunstfasern werden aus Erdöl hergestellt und sondern beim Waschen Mikroplastik ab.

Nützliche Hilfsmittel

Neben Garn und Nadeln gibt es noch andere Hilfsmittel, die das Stricken erleichtern können. Schere, Maßband und Maschenmarkierer gehören zu den Basics und sind bei allen Strickarbeiten nützlich. Andere, darunter Maschenraffer, Garnwickler und Zopfnadeln, braucht man nur für spezielle Projekte.

SCHERE

Eine Schere wird zum Abschneiden des Garns gebraucht. Sie kommt bei Arbeiten mit mehreren Garnfarben entsprechend häufiger zum Einsatz.

MASSBAND UND LINEAL

Die allermeisten Projekte sollen eine bestimmte Größe haben. In Anleitungen wird oft verlangt, bis zu einer bestimmten Höhe zu stricken. Da ist es wichtig, genau zu messen. Die Maschenprobe lässt sich etwas besser mit einem Lineal ausmessen.

MASCHENMARKIERER

Maschenmarkierer sind ein sehr nützliches Hilfsmittel. Sie werden entweder auf die Nadel geschoben oder direkt ins Maschenwerk eingehängt. Sie können verwendet werden, um einen Musterwechsel oder Wiederholungen zu markieren, den Beginn einer Runde zu kennzeichnen oder die rechte Seite (RS) der Arbeit. In vielen Anleitungen werden Maschenmarkierer vorausgesetzt (z. B. »bis zum Maschenmarkierer stricken, 1 Masche zunehmen, Maschenmarkierer abheben«). Zum Abheben den Maschenmarkierer einfach von der linken auf die rechte Nadel nehmen.

REIHENZÄHLER

Sie helfen, die Position und den Fortschritt der Arbeit im Auge zu behalten. Sie können weitergestellt werden, wenn eine Reihe/Runde oder eine Zu- bzw. Abnahme fertig ist. Es gibt mechanische und elektronische Reihenzähler, Papier und Stift genügen aber voll und ganz.

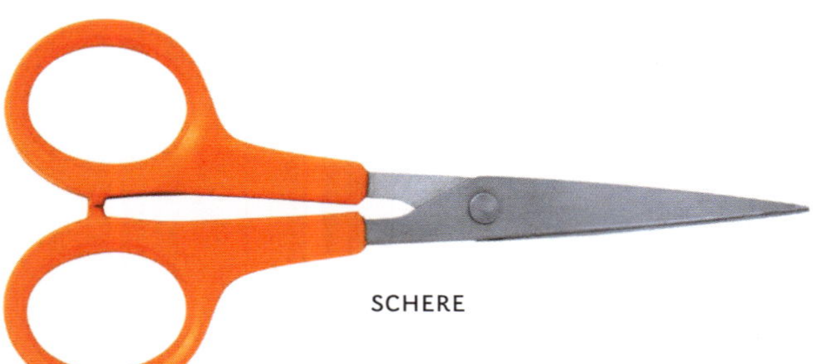

SCHERE

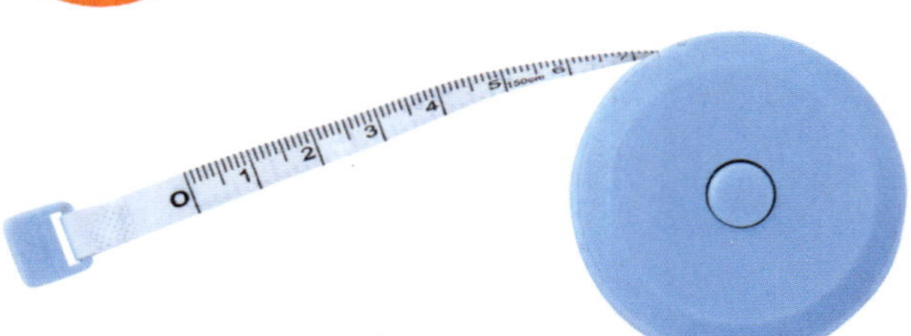

MASSBAND

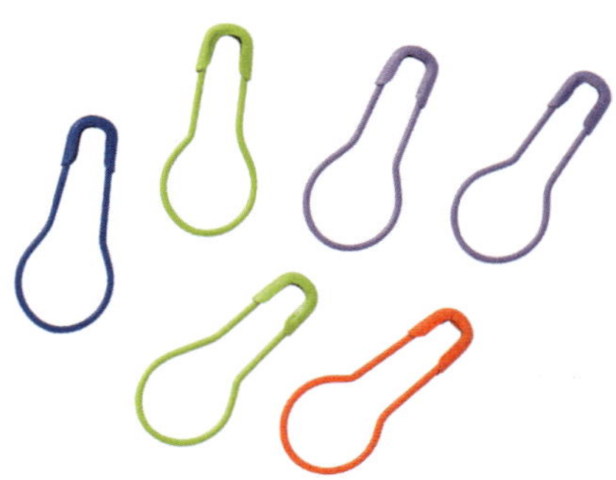

MASCHENMARKIERER

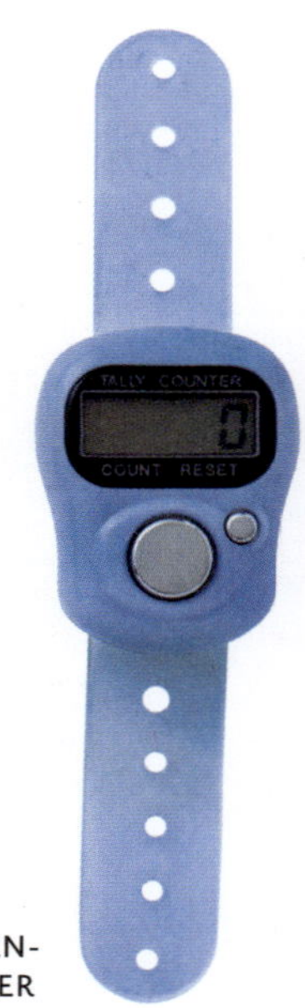

REIHENZÄHLER

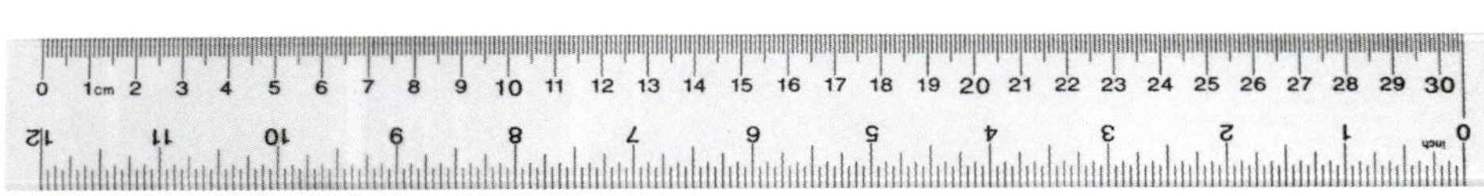

LINEAL

HÄKELNADEL

Eine Häkelnadel ist nützlich, um heruntergefallene Maschen zu »retten« (siehe S. 21). Sie werden auch für einige Stricktechniken benötigt. z. B. das Einarbeiten von Perlen (siehe S. 150).

ZOPFNADELN

Beim Stricken von Zopfmustern (siehe S. 125–133) werden einige Maschen auf eine spezielle Zopfnadel genommen und vorübergehend vor oder hinter die Arbeit gelegt. Zopfnadeln haben zwei Spitzen und sind in der Mitte U- oder V-förmig gebogen, damit die darauf ruhenden Maschen nicht herunterrutschen.

STICKNADEL OHNE SPITZE

Sie werden zum Vernähen der Fäden verwendet. Das Öhr muss groß genug für das verwendete Garn sein. Die Spitze sollte abgerundet sein, damit sie das Strickgarn der Maschen nicht spaltet.

MASCHENRAFFER

Manchmal müssen Maschen stillgelegt werden, um sie erst später wieder in Arbeit zu nehmen. Dafür verwendet man einen Maschenraffer. Er ist verschließbar, sodass die Maschen nicht herunterrutschen können.

GARNWICKLER

Bei der Intarsientechnik (siehe S. 83) können die verschiedenen Fäden auf solche Garnwickler gewickelt werden, damit sie sich nicht verheddern können. Auch zum Aufwickeln von Garnresten sind sie praktisch.

VERZIERUNGEN

Verzierungen wie Perlen oder Pailletten können eingestrickt werden. Das Loch von Perlen muss groß genug sein, damit das Strickgarn hindurchpasst. Perlen der Größe 8/0 eignen sich für Garn der Stärke 2 (Nadeln 3,25–3,75) und dünner. Für Garn der Stärke 3 (Nadeln 4–4,5) werden Perlen in Größe 6/0 benötigt.

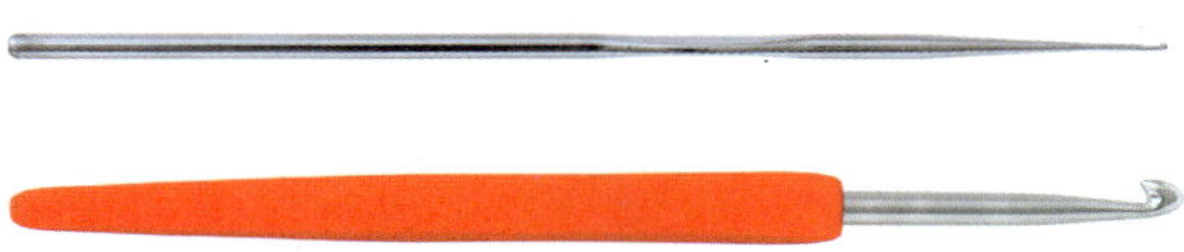

HÄKELNADEL

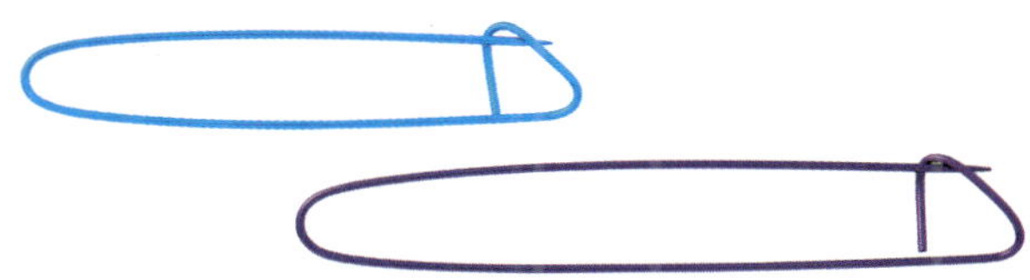

MASCHENRAFFER

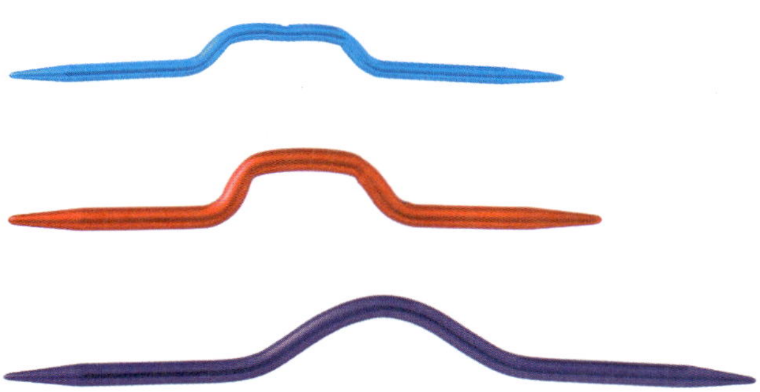

ZOPFNADELN

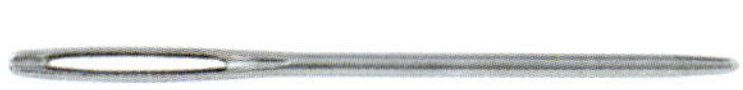

STICKNADEL

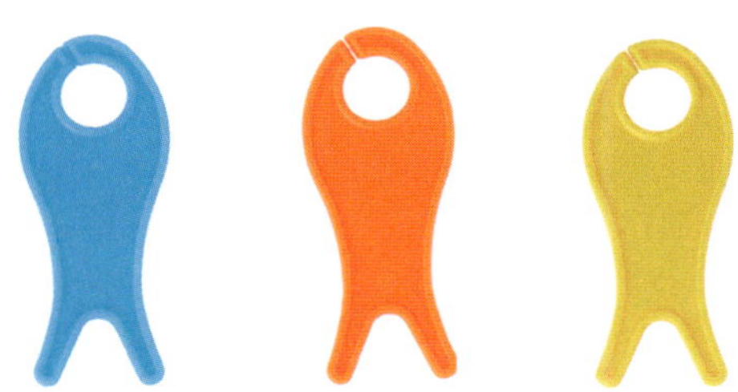

GARNWICKLER

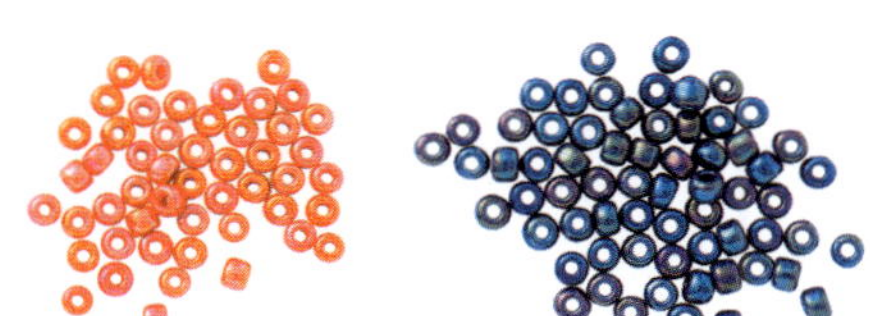

PERLEN

Strickanleitungen verstehen

Die Anleitung von Strickmustern können übermäßig lang werden, wenn jeder Schritt ausgeschrieben wird, darum gibt es verschiedene allgemein übliche Abkürzungen und Symbole. Dadurch sind die Anleitungstexte zwar kürzer, aber am Anfang erfordert es natürlich etwas Übung, sich an die Abkürzungen zu gewöhnen.

STRICKANLEITUNGEN LESEN

Die Art der Beschreibung von Strickmustern oder Projektanleitungen kann je nach Autor*in variieren. Eine gute Anleitung enthält Informationen über Art und Menge des verwendeten Garns, Maße und Konfektionsgrößen des fertigen Modells (falls es ein Kleidungsstück ist), Nadelstärke und Maschenprobe (siehe S. 19). Die Erwähnung zusätzlicher Materialien und Utensilien gehört auch dazu.

Einsteiger*innen kommen die Strickabkürzungen zunächst vor wie eine Fremdsprache. Darum ist es so wichtig, dass jede Anleitung auf eine Abkürzungsliste verweist, in der alles klar und deutlich erklärt wird (siehe S. 17). Anhand dieser Liste lässt sich die Strickanleitung dann unmissverständlich »übersetzen«.

MUSTERSÄTZE

Mustersätze können recht verwirrend sein. In diesem Buch werden Sternchen (*) verwendet, um anzuzeigen, ab wo Arbeitsschritte wiederholt werden. »*2 M re, 2 M li, ab * stets wdh« bedeutet, dass bis zum Ende der Reihe oder Runde abwechselnd 2 Maschen rechts und 2 Maschen links gestrickt werden sollen.

Statt der Sterne können auch Klammern verwendet werden. »[2 M re, 2 M li] stets wdh« bedeutet, dass alles innerhalb der Klammern bis zum Reihen- oder Rundenende wiederholt wird.

DIE REIHEN STRICKEN

Wenn die Reihe mit einer rechten Masche beginnt, wird der Faden hinter die Arbeit gelegt (siehe S. 36). Beginnt die Reihe mit einer linken Masche, wird der Faden vor die Arbeit gelegt (siehe S. 36).

Nach dem Stricken der Reihe ist die rechte, »aktive« Nadel leer. Jetzt die Arbeit wenden und die Nadel mit den Maschen in die linke Hand nehmen. Eine fett gedruckte Reihenzahl (z. B. **Reihe 3**) zeigt den Beginn einer neuen Reihe an. Vorher muss die Arbeit gewendet werden.

Seitliche Kanten
Die seitlichen Kanten glatt rechts oder glatt links gestrickter Flächen rollen sich ein. Wenn die Kanten am fertigen Projekt sichtbar sind, kann man hier eine Zierkante stricken, z. B. 3 Maschen kraus rechts (siehe S. 36), oder ein anderes Strickmuster, das sich nicht einrollt.

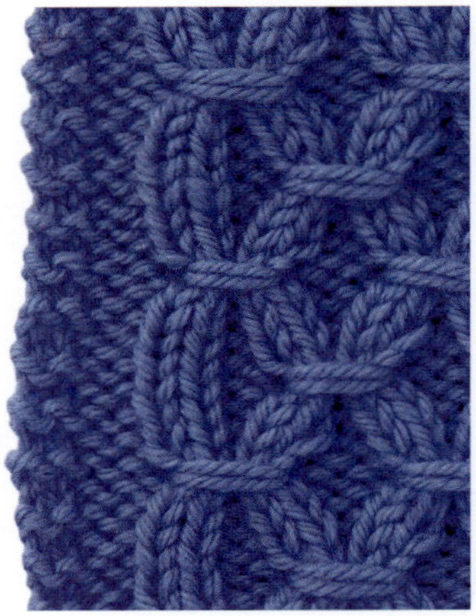

STRICKMUSTER FÜR MODELLE

Bei den Strickmustern in diesem Buch ist angegeben, wie sie für gestrickte Modelle verwendet werden können. Lautet die Angabe beispielsweise »Maschenzahl teilbar durch 5 (+2)«, können beispielsweise 62 Maschen (= 12 x 5 Maschen, + 2) angeschlagen werden, aber auch 37 Maschen (= 7 x 5 Maschen, plus 2). Maschen für eine Zierkante müssen zusätzlich berücksichtigt werden. Wenn für die Höhe des Mustersatzes mit »8 Reihen (+2)« angegeben ist, handelt es sich um 8 eigentliche Musterreihen und 2 Basisreihen, die nur vor dem ersten Mustersatz gestrickt werden. Jeder weitere Mustersatz besteht dann aus 8 Reihen. Wird eine Masche in ein anderes Muster übernommen, muss der Teiler entsprechend angepasst werden. Es ist auch immer möglich, dazwischen oder an den Rändern das Hintergrundmuster einzufügen.

Meine Anleitungen enthalten auch Infos zum Aussehen des gestrickten Musters. Die meisten Muster sind nur auf der rechten Seite (RS) »schön«. Einige sind wendbar. Das Muster erscheint dann auf beiden Seiten, ist aber nicht unbedingt identisch.

ABKÜRZUNGEN

1 M li zun 1 linke Masche zunehmen
1 M re zun 1 rechte Masche zunehmen
1 M re-1t 1 Masche rechts, 1 Reihe tiefer gestochen
1 M re-3t 1 Masche rechts, 3 Reihen tiefer gestochen
2 M li abgeh zus-str 2 Maschen nacheinander abheben, beide zurück auf die linke Nadel schieben und links verschränkt abstricken
2 M li zus-str 2 Maschen links zusammenstricken
2 M re abgeh zus-str 2 Maschen nacheinander abheben, beide zurück auf die linke Nadel schieben und rechts verschränkt abstricken
2 M re aus 1 2 rechte Maschen aus einer herausstricken, dabei von vorn und hinten einstechen
2 M re zus-str 2 Maschen rechts zusammenstricken
3 M aus 1 3 Maschen aus einer herausstricken (1 Masche rechts, 1 Umschlag, 1 Masche rechts)
3 M li zus-str 3 Maschen links zusammenstricken
3 M re überz zus-str 3 Maschen rechts überzogen zusammenstricken: 1 Masche abheben, 2 Maschen rechts zusammenstricken, die abgehobene Masche überziehen [= 2 Maschen werden abgenommen]
3 M re verschr zus-str 3 Maschen rechts verschränkt zusammenstricken
4 M li zus-str 4 Maschen links zusammenstricken
4 M re aus 1 4 rechte Maschen aus einer herausstricken, dabei abwechselnd von vorn und hinten einstechen
BM-li Briochemasche links
BM-re Briochemasche rechts
Fh Faden hinter der Arbeit
Fv Faden vor der Arbeit
HF Hauptfarbe
Hin-R Hinreihe
KF Kontrastfarbe
l-vkr nach links verkreuzt
li links/linke
li verschr links verschränkt
linke Nd linke Stricknadel
M Masche(n)
MDA mittige Doppelabnahme: 2 Maschen nacheinander abheben, 1 Masche rechts, die abgehobenen Maschen überziehen
N Noppe
r-vkr nach rechts verkreuzt
re rechts/rechte
re verschr rechts verschränkt
rechte Nd rechte Stricknadel
Rück-R Rückreihe
U Umschlag
wdh wiederholen
Z1/1-L Zopf 1/1, nach links verkreuzt = 1/1 li-verkr
Z1/1-R Zopf 1/1, nach rechts verkreuzt = 1/1 re-verkr
Z1/3-L Zopf 1/3, nach links verkreuzt
Z1/3-R Zopf 1/3, nach rechts verkreuzt
Z2/1-L Zopf 2/1, nach links verkreuzt
Z2/1-R Zopf 2/1, nach rechts verkreuzt
Z2/2-L Zopf 2/2, nach links verkreuzt
usw.

Zählmuster & Strickschriften

Wer die Maschen eines Musters beherrscht, kommt oft mit einer grafischen Darstellung besser zurecht als mit einer Anleitung in Textform. Bei mehrfarbigen Arbeiten spricht man immer von Zählmustern (mit bunten Kästchen), bei Strukturmustern eher von Strickschriften mit Symbolen – manchmal ist beides kombiniert. Im weiteren Verlauf des Buchs ist immer von Zählmustern die Rede.

SYMBOLE IN ZÄHLMUSTERN

- Mustersatz
- Mustersatz
- HF
- KF/KF1
- KF2
- keine Masche
- Hin-R: re M; Rück-R: li M
- Hin-R: li M; Rück-R: re M
- Hin-R: re verschr; Rück-R: li verschr
- 1 M re-1t
- 1 M re-3t
- Hin-R: abh Fh; Rück-R: abh Fv
- Hin-R: abh Fv; Rück-R: abh Fh
- U
- 2 M aus 1
- 3 M aus 1; hier 1 M re verschr, 1 U, 1 M re verschr
- 2 M re zus-str
- 2 M re abgeh zus-str
- 2 M li zus-str
- MDA
- 3 M re überz zus-str
- Z1/1-R
- Z1/1li-R
- Z1/1-L
- Z1li/1-L
- Z2/2-R
- Z2/2-L
- Z3/3-L
- BM-re
- Rück-R: BM-re
- Rück-R: 1 M abh 1 U
- 1 M abh 1 U
- M fallenlassen
- Querfaden einstricken
- 3 Querfäden einstricken
- Knoten-M

ZÄHLMUSTER LESEN

Zählmuster werden von unten nach oben gelesen und Masche für Masche abgearbeitet. Farbige Kästchen stehen für Kontrastfarben. Graue Kästchen stehen für »keine Masche«. Sie dienen nur dazu, Versatz im Zählmuster zu vermeiden. Also einfach übergehen und mit der nächsten Masche fortfahren.

Manche Symbole erstrecken sich über mehrere Kästchen, weil mehrere Maschen betroffen sind. Zählmuster werden immer in Reihen gelesen: Die Hinreihen von rechts nach links und die Rückreihen von links nach rechts (Runden werden immer noch rechts gelesen). Der Anfang einer Reihe ist auch an der kleinen Ziffer zu erkennen, die neben dem Zählmuster steht. Steht die Ziffer rechts, ist es eine Hinreihe.

Ein roter Rahmen um einen Teil des Zählmusters kennzeichnet einen Mustersatz, der innerhalb einer Reihe mehrmals wiederholt wird (siehe S. 17). Maschen außerhalb des roten Rahmens werden nicht wiederholt.

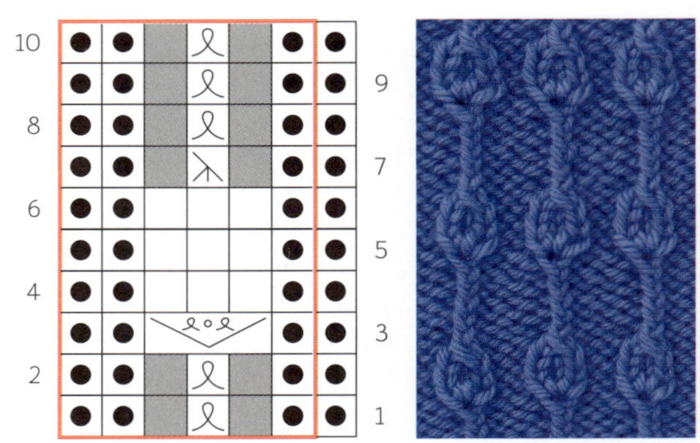

Kleine Blätterrippen: Zählmuster + Maschenbild
Dieses Zählmuster enthält das Symbol für »keine Masche«, damit die Spalten sauber übereinanderstehen. Beim Stricken wird es einfach ignoriert. Der Mustersatz im roten Rahmen (5 M/10 Rd) wird immer wiederholt. Einige Maschen, etwa die Zunahme, umfassen drei Kästchen.

Grundtechniken

Einige Grundtechniken wie das Anschlagen und Abketten von Maschen sowie Spannen und Dämpfen sollte jeder beherrschen. Bei den zahlreichen anderen Techniken hängt es davon ab, welche Funktion das Modell erfüllen soll, welches Aussehen gewünscht ist – und was Spaß macht.

RUND STRICKEN

Die Strickmuster in diesem Buch werden alle in Reihen gestrickt. Am Ende einer Reihe wird die Arbeit gewendet, und die folgende Reihe wird in entgegengesetzter Richtung gestrickt. Dadurch entsteht ein flaches Strickstück, das man direkt verwenden kann, wie einen Schal. Man kann die Teile aber auch zusammennähen.

Viele Modelle können auch in Runden gestrickt werden. Dabei wird die Arbeit nicht gewendet, sondern es wird fortlaufend spiralförmig gestrickt. Die rechte Seite der Arbeit liegt außen. Auf diese Weise lassen sich Nähte im Werkstück vermeiden. Je nach Umfang der Strickarbeit wird dafür entweder eine Rundstricknadel oder ein Nadelspiel (siehe S. 10–11) verwendet.

Wer nach Zählmuster in Runden stricken will, muss alle Reihen von rechts nach links lesen. Die Symbole gelten immer genauso wie dargestellt.

Geringer Umfang

Werkstücke mit geringem Umfang, wie Handyhüllen oder Socken, strickt man am besten auf einem Nadelspiel (siehe S. 10). Die Maschen werden auf 3 oder 4 Nadeln verteilt und mit der jeweils freien Nadel abgestrickt.

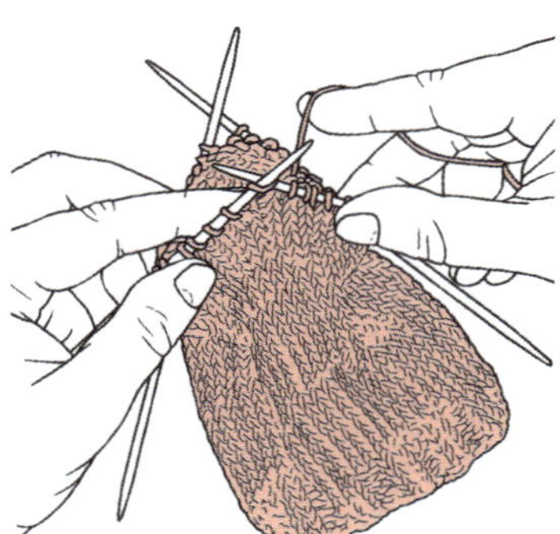

MASCHENPROBE

Vor allem bei Kleidungsstücken ist eine Maschenprobe unerlässlich, und sie sollte möglichst genau den Angaben in der Anleitung entsprechen. Nur dann ist gewährleistet, dass das fertige Modell auch tatsächlich die gewünschte Größe hat und gut passt. Es wäre doch ärgerlich, tagelang an einem Pullover zu stricken, um am Ende festzustellen, dass er zu klein ist.

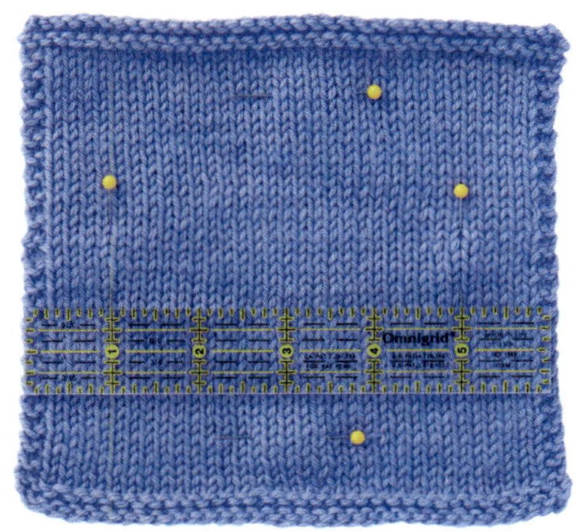

Die Maschenprobe messen

Für jedes Strickmuster im geplanten Projekt ein Probestück von mindestens 15 x 15 cm stricken, dämpfen (siehe S. 21) und trocknen lassen. Auf der Fläche eine Strecke von 10 cm mit Stecknadeln markieren und die Maschen zwischen den Nadeln zählen. Dasselbe vertikal wiederholen und die Reihen zählen.

Falls das Ergebnis nicht mit den Angaben in der Anleitung übereinstimmt, eine neue Maschenprobe mit dickeren oder dünneren Nadeln stricken (siehe S. 10–11). Wenn beispielsweise 22 Maschen erreicht werden sollen, aber nur 20 vorhanden sind, für den neuen Versuch ½ oder 1 Nadelstärke dünner wählen.

ANFANGSSCHLINGE

Die meisten Anschlagmethoden beginnen mit einer Anfangsschlinge.

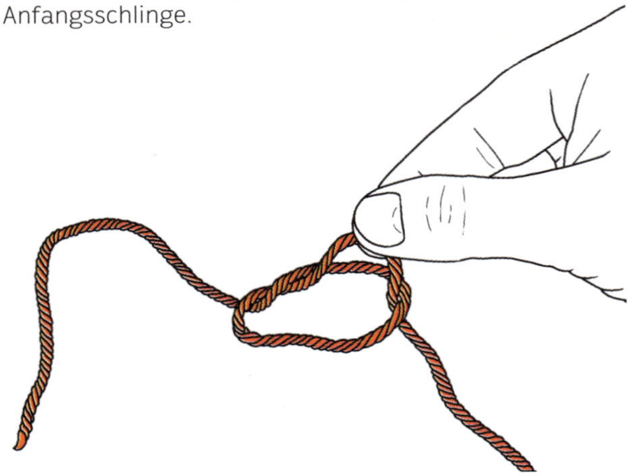

1 Eine Schlaufe ins Strickgarn legen. Der Faden, der zum Knäuel führt, liegt oben. Durch die Schlaufe greifen und eine neue Fadenschlaufe durchholen.

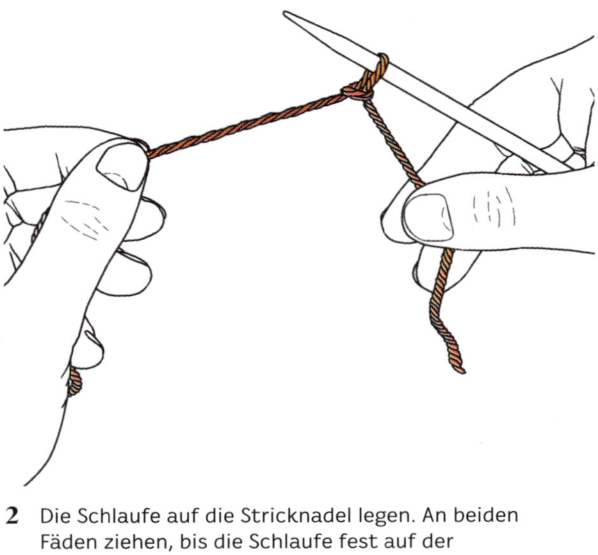

2 Die Schlaufe auf die Stricknadel legen. An beiden Fäden ziehen, bis die Schlaufe fest auf der Stricknadel sitzt.

ANSCHLAGEN

Es gibt verschiedene Anschlagtechniken: feste, dekorative, praktische, doppelseitige oder sehr elastische. Der hier gezeigte Kordelanschlag ist einfach und sieht sauber und ordentlich aus.

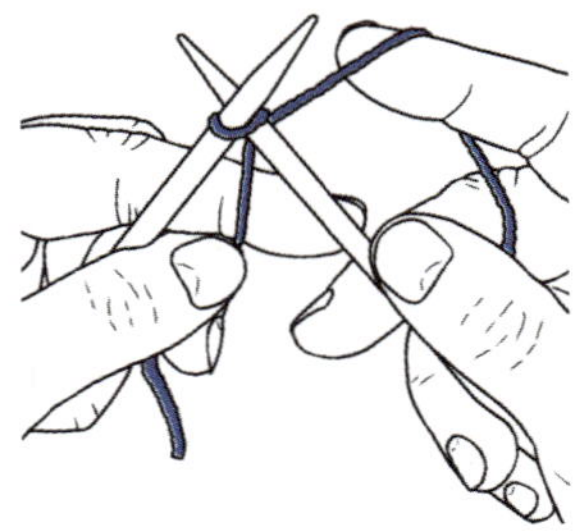

1 Die Anfangsschlinge auf die linke Nd legen. Die rechte Nd von links nach rechts in die Schlinge einstechen. Den Faden entgegen dem Uhrzeigersinn um die rechte Nd legen.

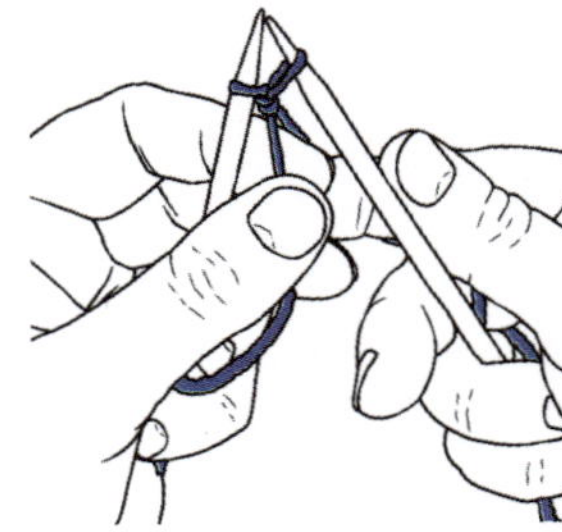

2 Den Arbeitsfaden gespannt halten und mit der rechten Nd durch die Anfangsschlinge holen.

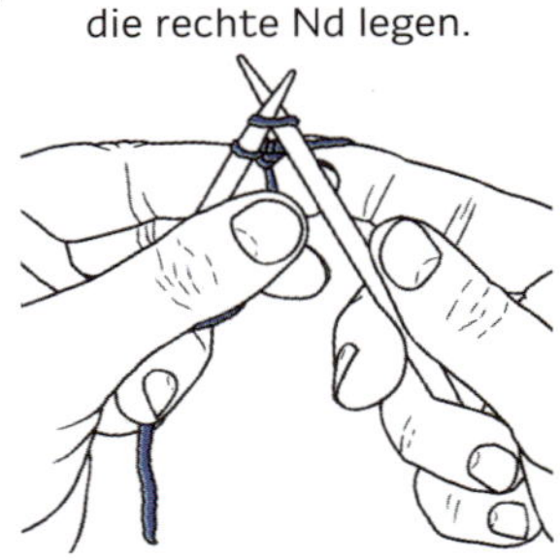

3 Die neue M auf die linke Nd legen. Dafür die linke Nd von rechts nach links in die Schlaufe auf der rechten Nd einstechen. (Tipp: Sticht man von links nach rechts ein, fällt die Kante etwas flacher aus. Wichtig ist, bei einer Einstichrichtung zu bleiben.)

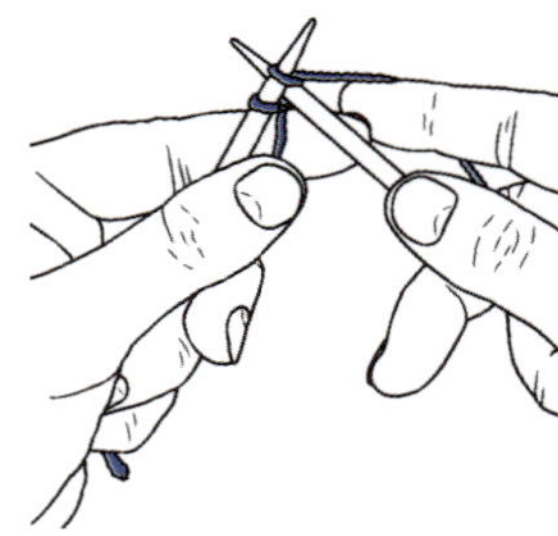

4 Die rechte Nd von vorn nach hinten *zwischen* der 1. und 2. M auf der linken Nd einstechen. Den Faden entgegen dem Uhrzeigersinn um die rechte Nd legen und 1 Masche durchholen. Schritt 3 und 4 wiederholen, bis die gewünschte Maschenzahl erreicht ist.

ABKETTEN

Auch zum Abketten gibt es verschiedene Methoden. Wir zeigen hier eine, die sich gut für Einsteiger eignet.

1 2 Maschen stricken. Die linke Nd von links nach rechts in die 2. Masche (die rechts liegende) auf der rechten Nd einstechen.

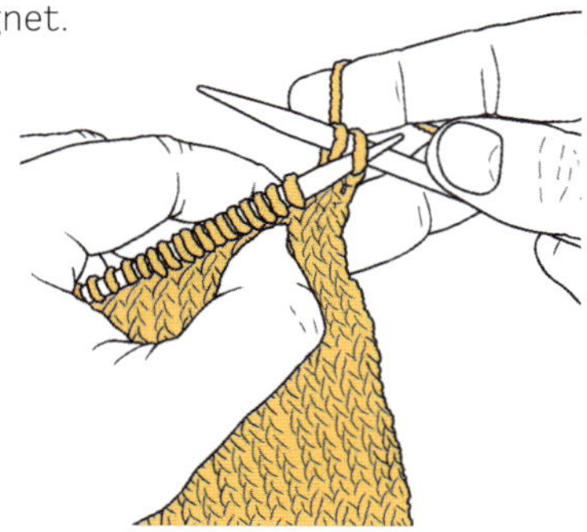

2 Diese Masche über die 1. ziehen und von der rechten Nd gleiten lassen. Die linke Nd herausziehen.

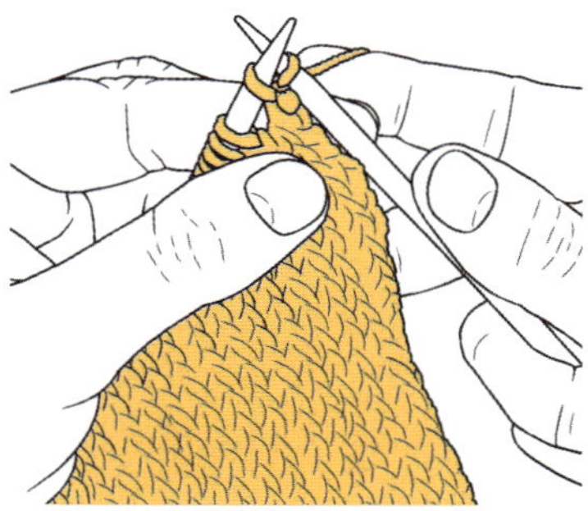

3 Wiederholen, bis noch 1 Masche übrig ist. Den Faden abschneiden und durch diese letzte Masche ziehen.

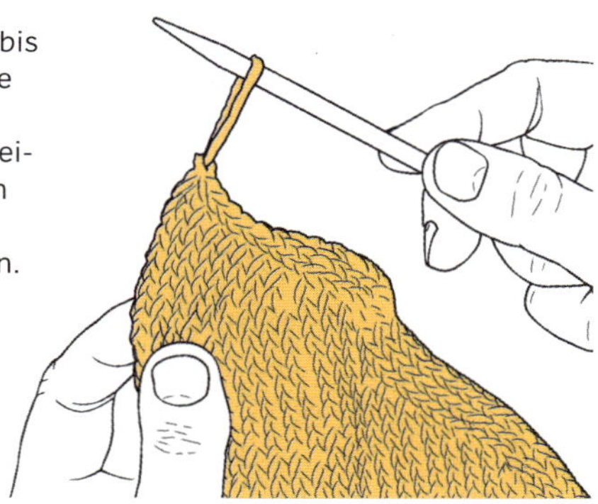

NORWEGERMUSTER

Bei Norwegermustern (siehe S. 95–103) in Reihen sollten die Randmaschen mit beiden Farben gestrickt werden, um Löcher zu vermeiden. Wichtig ist auch eine einheitliche Fadenführung auf der Rückseite. Zum Beispiel kann die Hauptfarbe immer unten und die Kontrastfarbe immer oben geführt werden. Die Positionen nicht wechseln und die Fäden nicht verdrehen. Dann fallen die Muster am saubersten aus.

EINE LAUFMASCHE RETTEN

Falls in glatt rechts gestrickter Arbeit eine Masche herunterfällt, kann man sie mit einer Häkelnadel wieder nach oben arbeiten. Die Häkelnadel von vorn nach hinten in die Schlaufe der heruntergefallenen Masche einstechen. Den Querfaden der nächsthöheren Reihe fassen und durch die heruntergefallene Masche holen. So fortfahren, bis die Masche wieder oben ist. Zum Schluss die Masche auf die linke Nadel legen, mit dem rechten Maschenglied vorn.

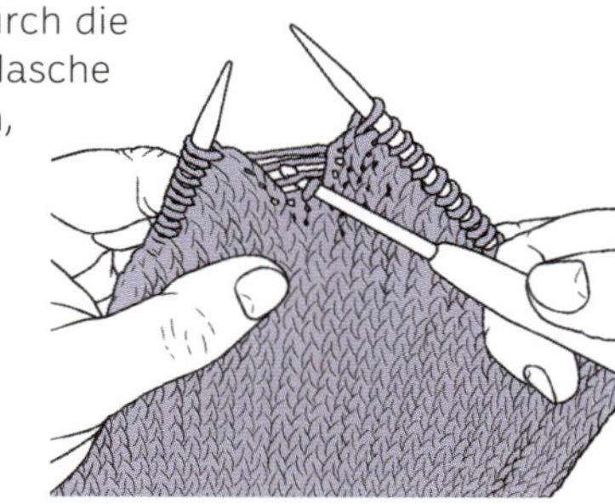

FÄDEN VERNÄHEN

Das Fadenende in eine dicke Sticknadel einfädeln und auf der Rückseite des Strickstücks vernähen. An einer Naht einfach durch die Nahtzugabe auf und ab nähen. Hängt das Fadenende mitten auf der Fläche (z. B. bei Intarsientechnik), wird es in den Maschen auf der Rückseite vernäht. Dabei mindestens einmal die Richtung wechseln, damit sich der Faden nicht löst, wenn der Strick gedehnt wird.

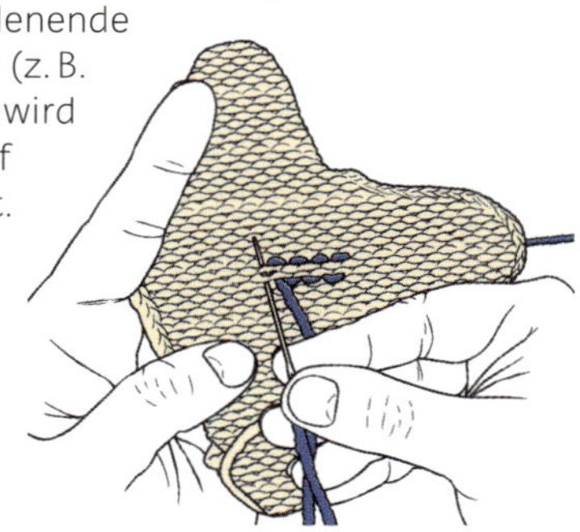

DÄMPFEN ODER SPANNEN

Das fertige Strickstück von Hand waschen oder mit Wasser einsprühen, bis es durchfeuchtet ist. Vorsicht, manche Fasern verfilzen, wenn sie in feuchtem Zustand gerieben werden! Das feuchte Stück flach ausbreiten, bei Bedarf in die gewünschte Form spannen und mit Stecknadeln auf einer Schaumstoffplatte befestigen. Komplett trocknen lassen.

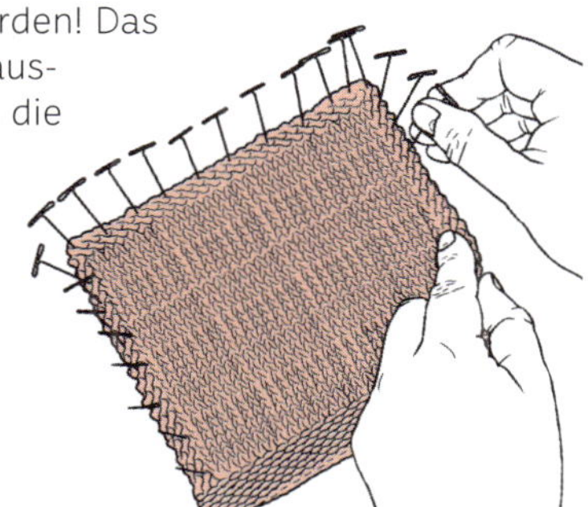

Mustergalerie

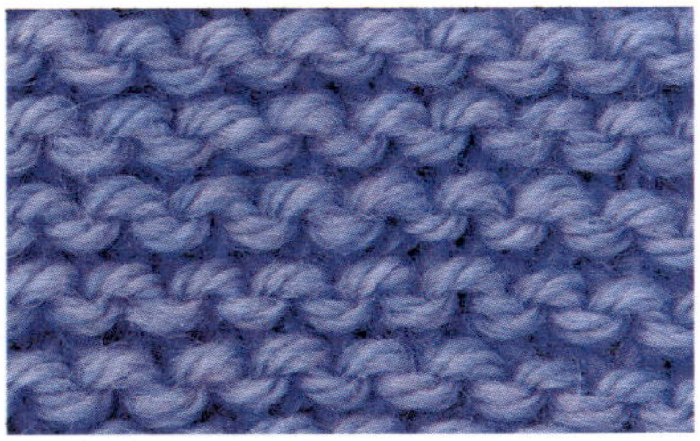

Kraus rechts (S. 36)

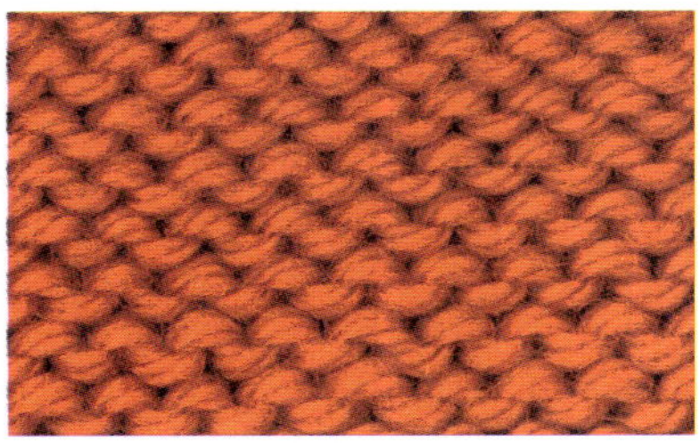

Linke Maschen (S. 36)

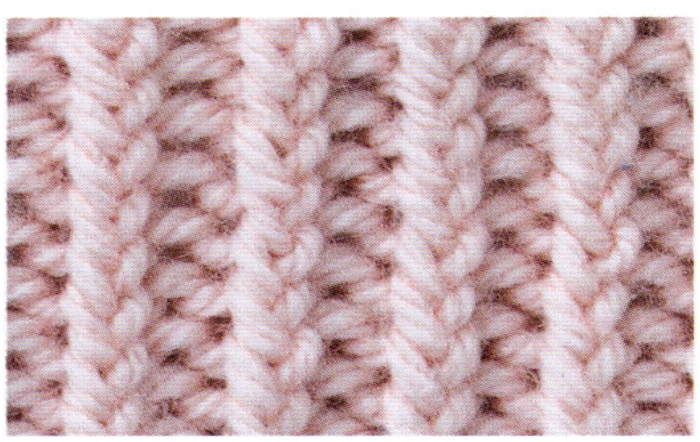

Rechts verschränkt (S. 37)

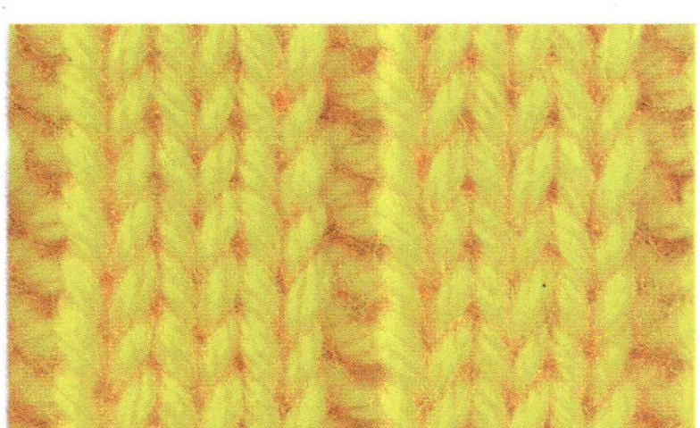

Links verschränkt (S. 37)

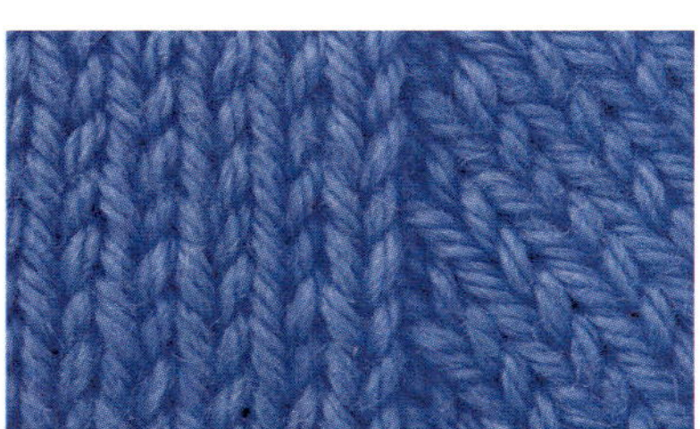

2 M rechts zus-stricken (S. 38)

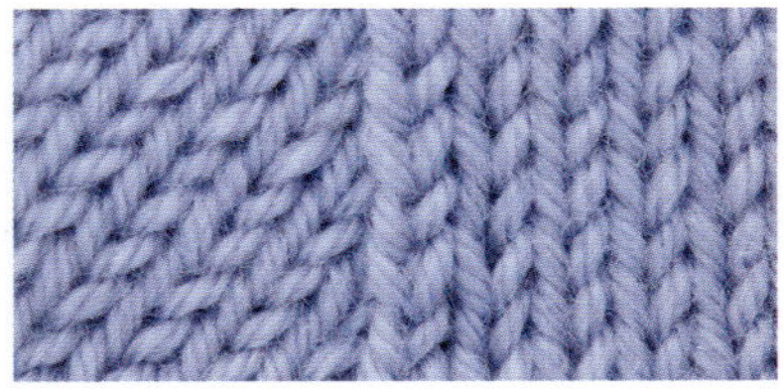

2 M re abgehoben zus-str (S. 38)

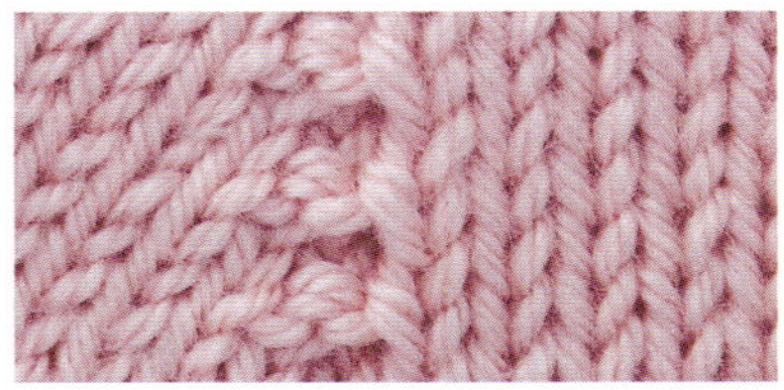

2 M links zus-stricken (S. 39)

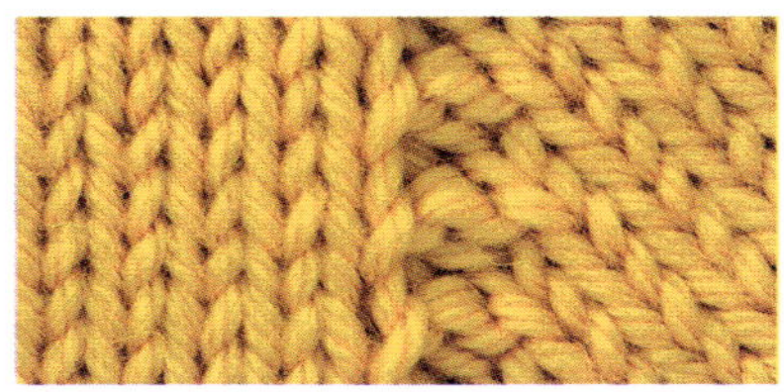

2 M li abgehoben zus-str (S. 39)

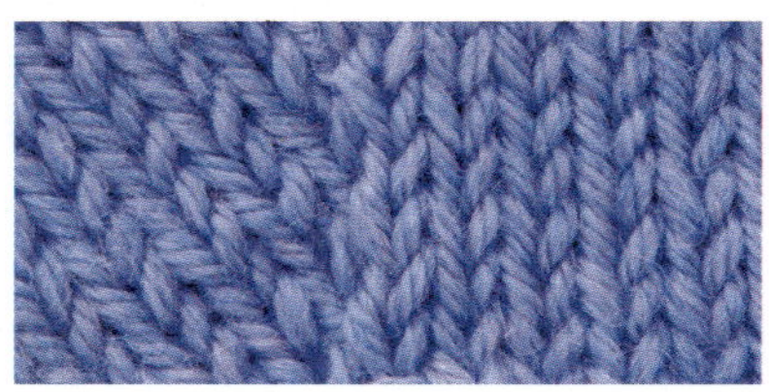

Zunahme mit Linksneigung (S. 40)

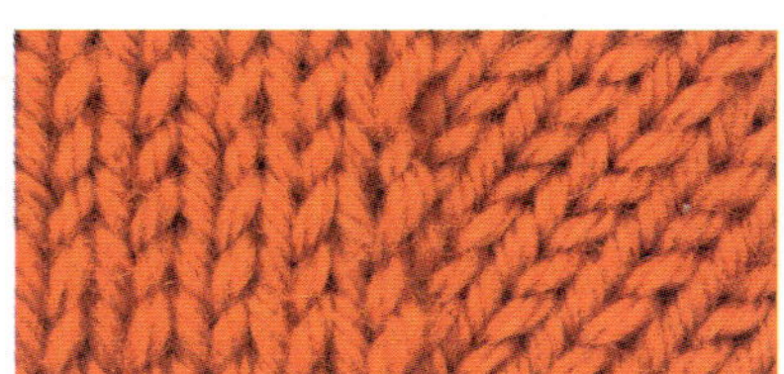

Zunahme mit Rechtsneigung (S. 40)

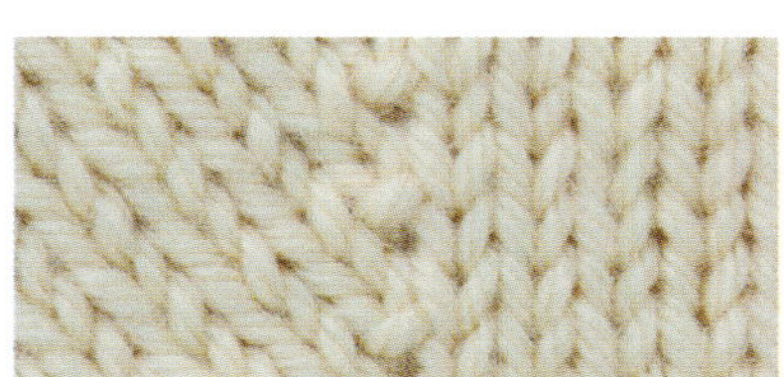

2 Maschen aus 1 (S. 41)

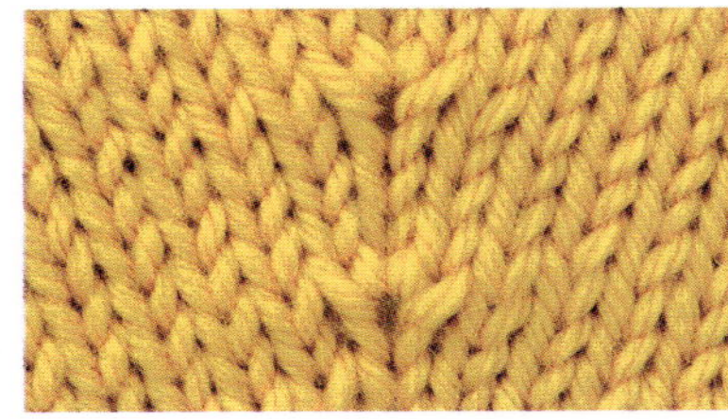

3 Maschen aus 1 (S. 41)

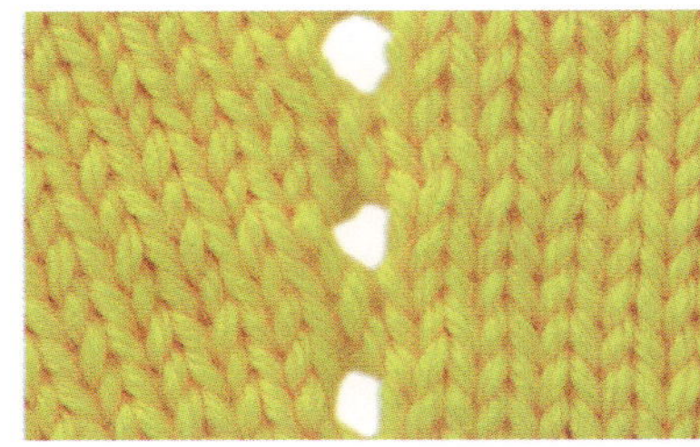

Rechts-rechts mit Umschlag (S. 42)

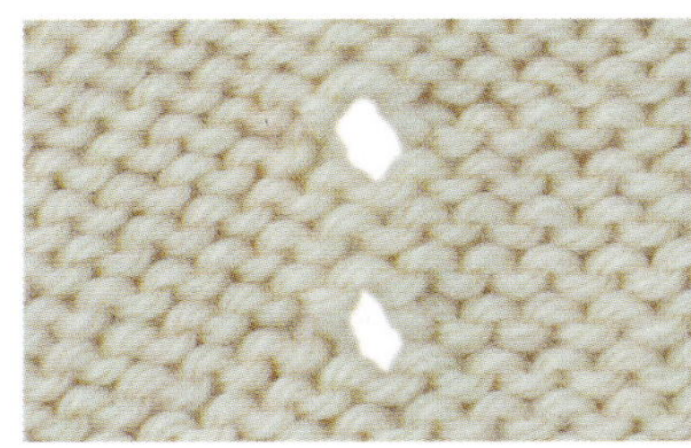

Links-links mit Umschlag(S. 43)

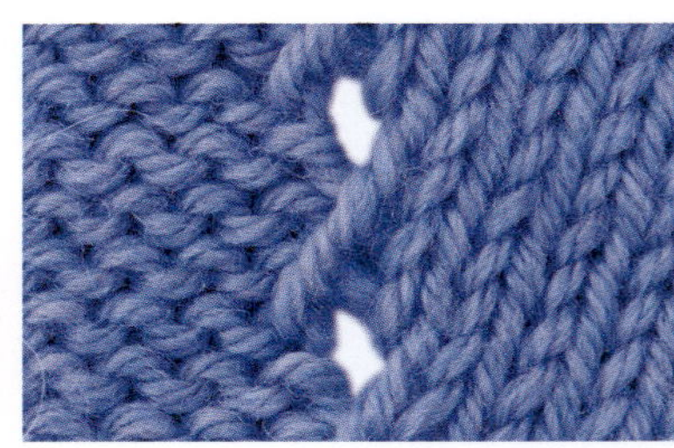

Rechts-links mit Umschlag (S. 43)

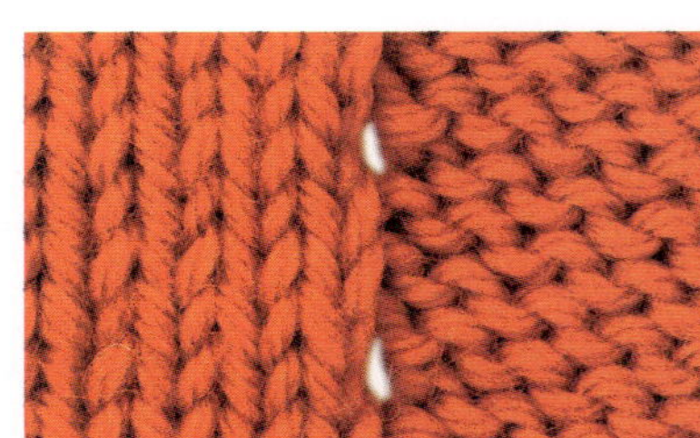

Links-rechts mit Umschlag (S. 43)

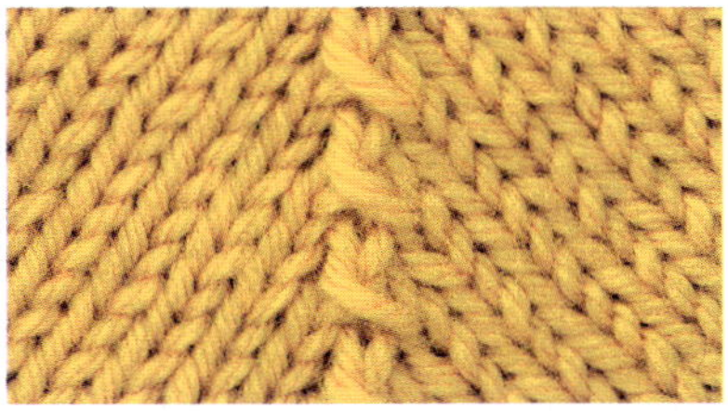

3 M rechts überzogen zusammenstricken (S. 44)

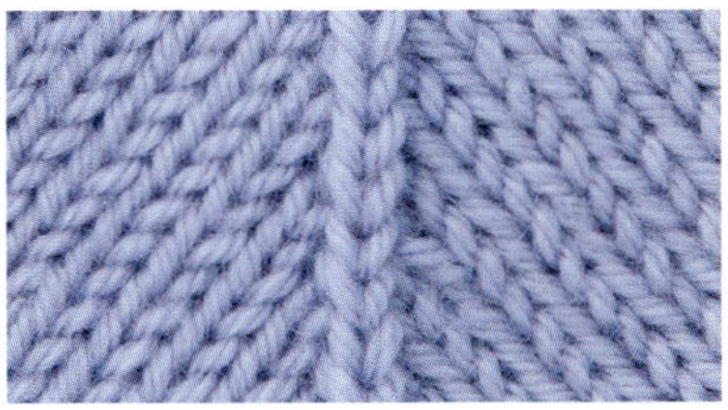

Mittige Doppelabnahme (S. 44)

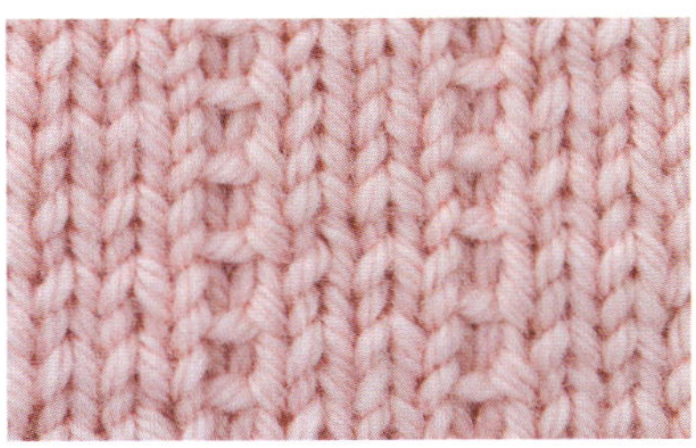

Abheben, Faden vorn (S. 45)

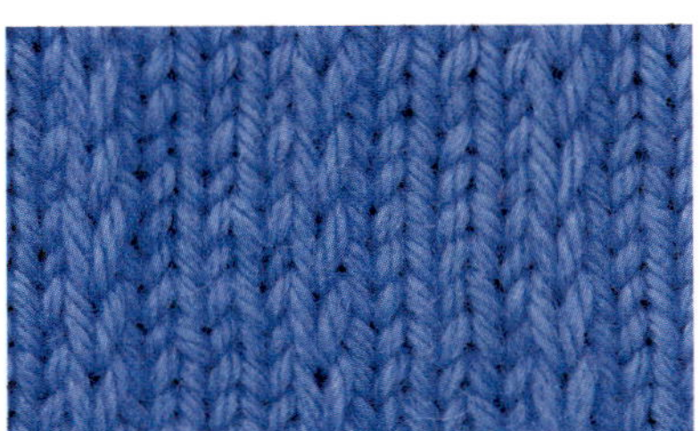

Abheben, Faden hinten (S. 45)

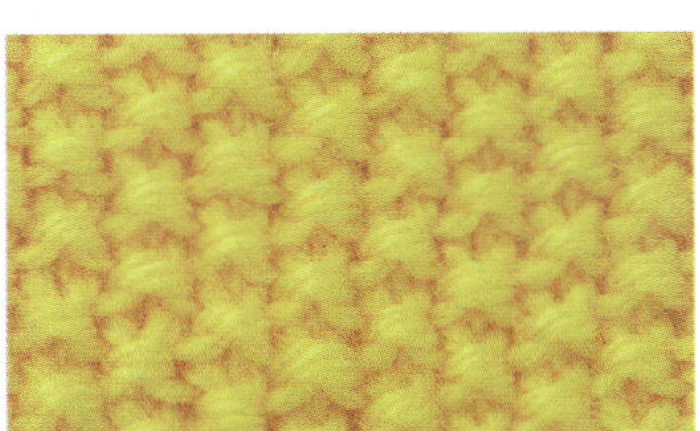

Perlmuster (S. 49)

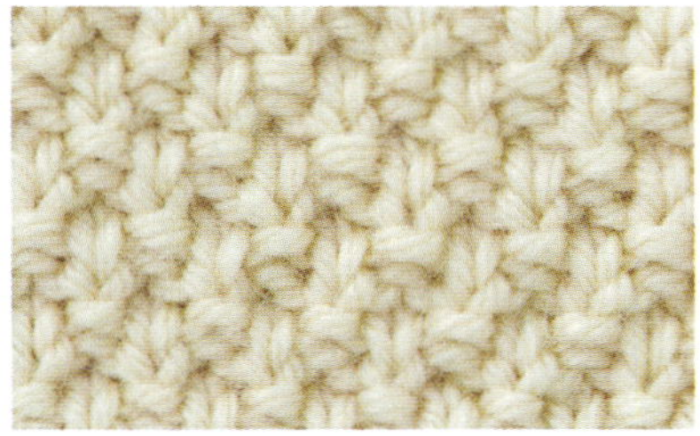

Großes Perlmuster (S. 49)

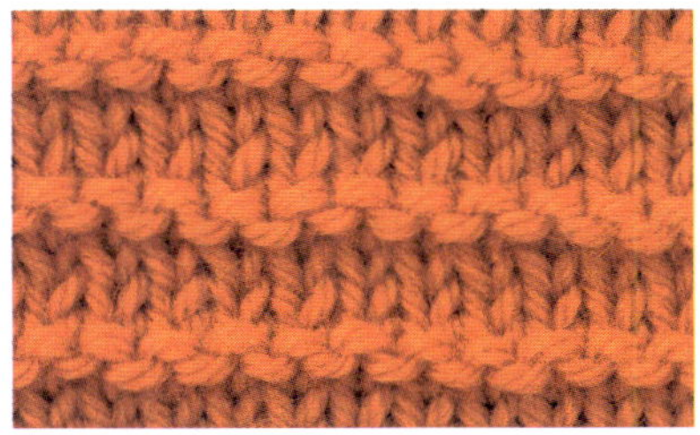

Kraus-rechts-Streifen (S. 49)

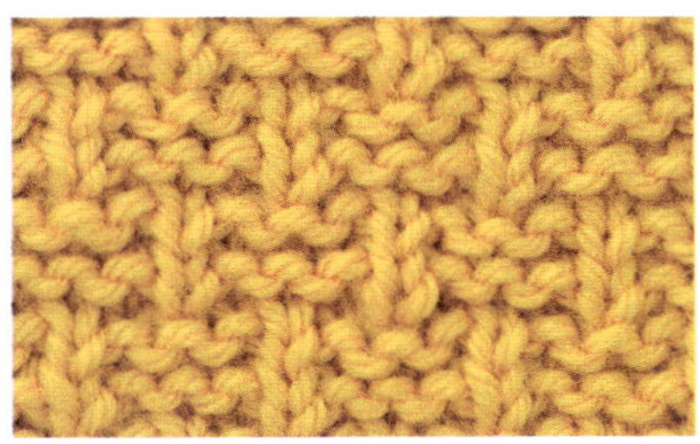

Telegrafiemuster (S. 50)

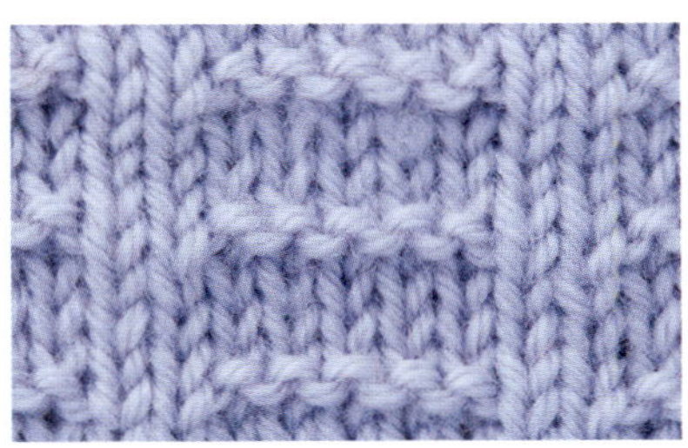

Querstriche (S. 50)

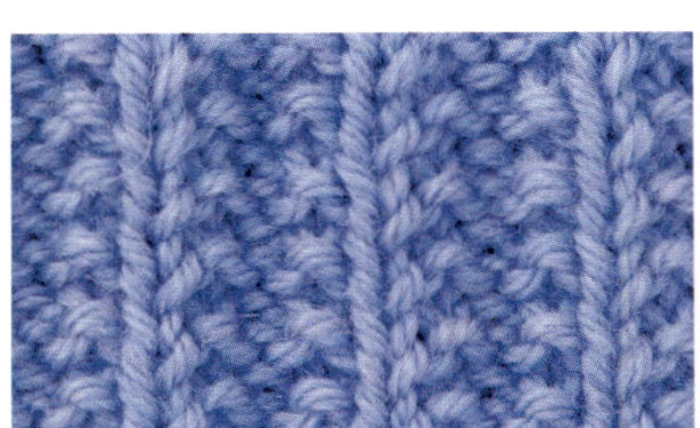

Falsche Rippen (S. 50)

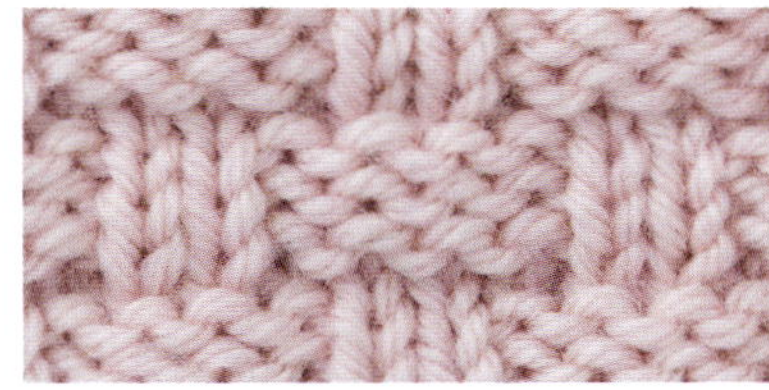

Flechtmuster (S. 50)

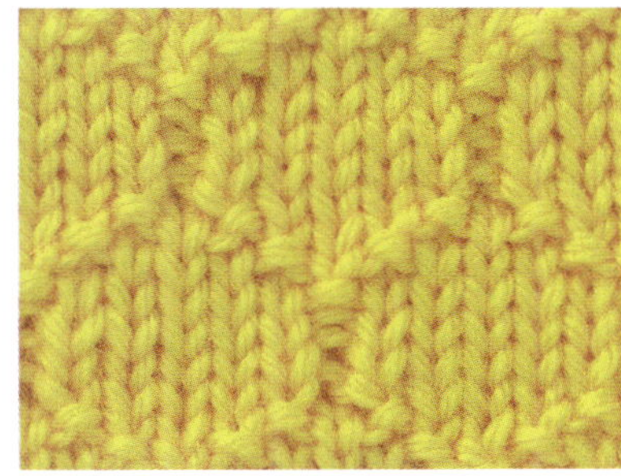

Wabenmuster (S. 51)

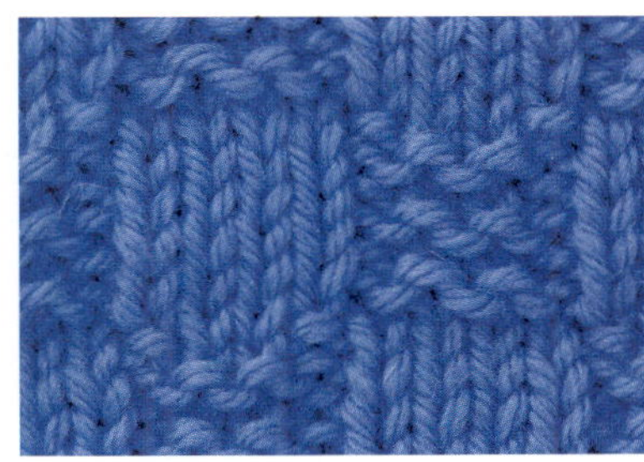

Schachbrettmuster (S. 51)

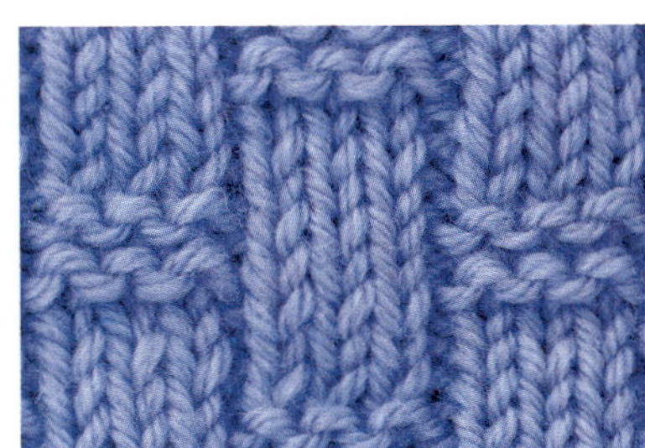

Pflastersteinmuster (S. 51)

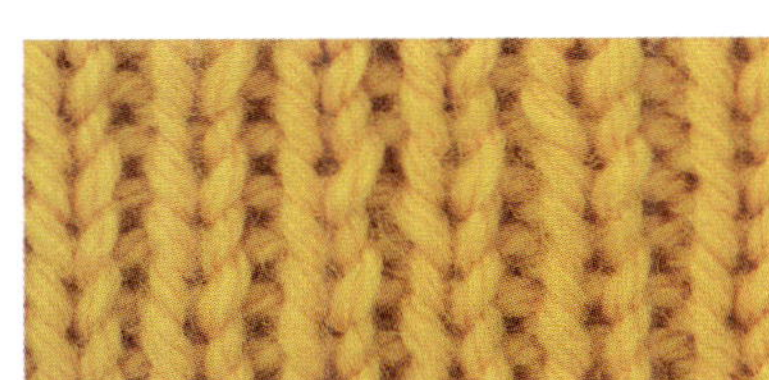

Einerrippen (S. 53)

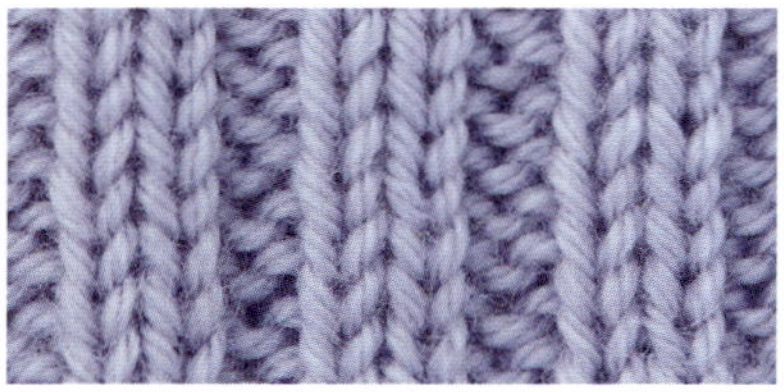
Zweierrippen (S. 53)

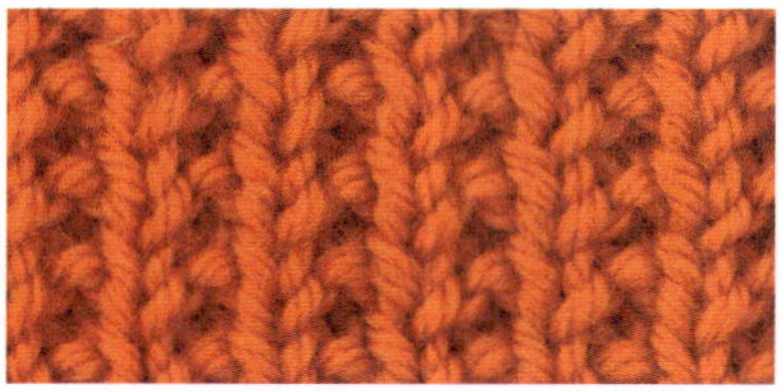
Durchbrochene Rippen (S. 54)

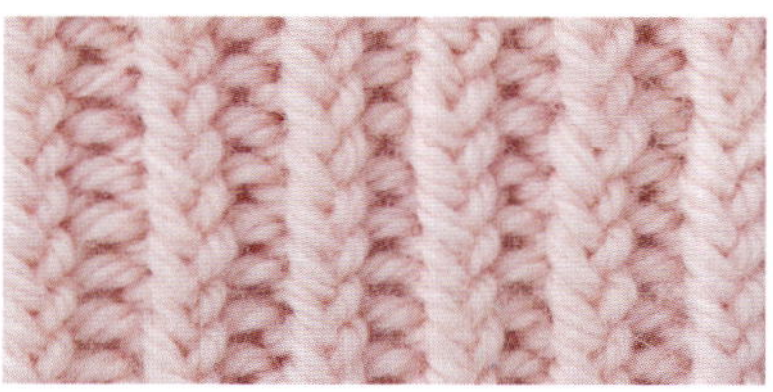
Gedrehte Rippen (S. 54)

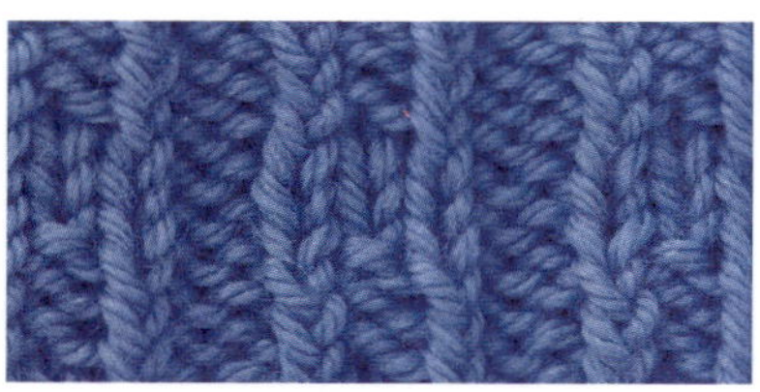
Strickleiterrippen (S. 55)

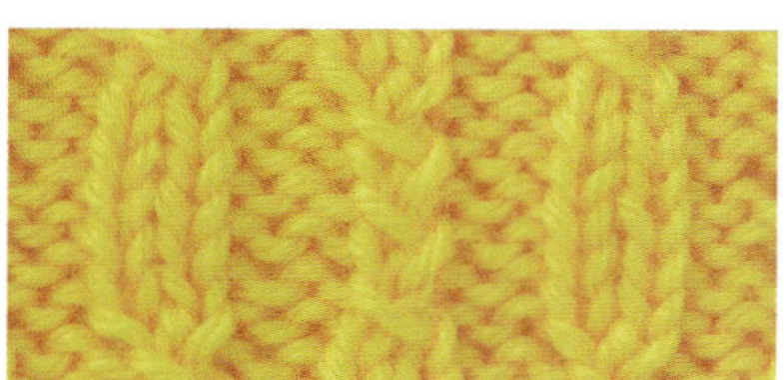
Stundenglasrippen (S. 56)

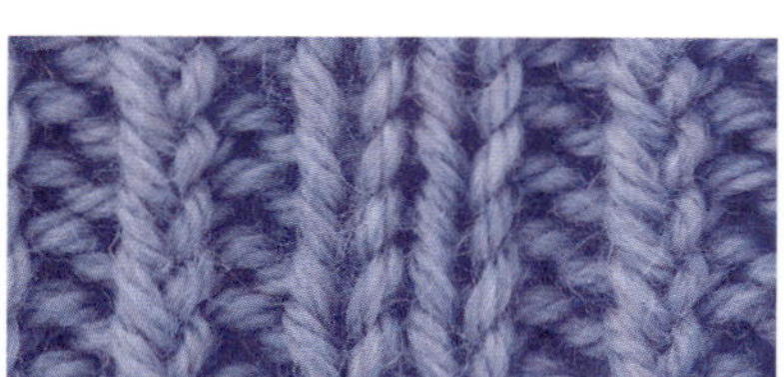
Zweierlei Rippen (S. 57)

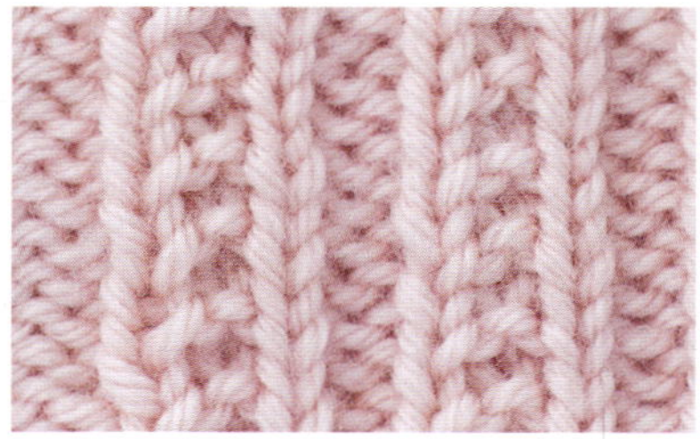
Knötchenrippen (S. 57)

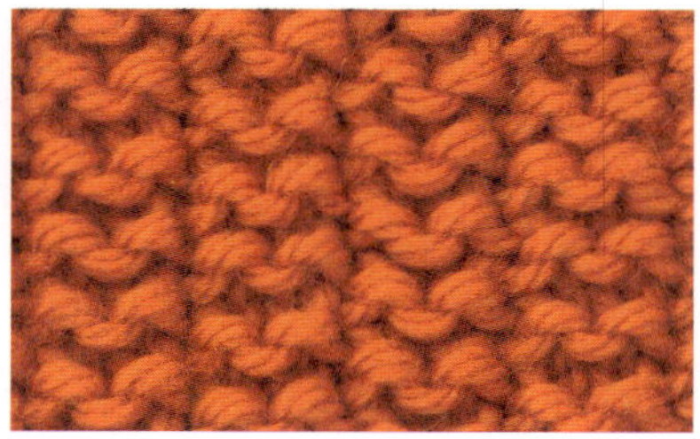
Kraus-rechts-Rippen (S. 57)

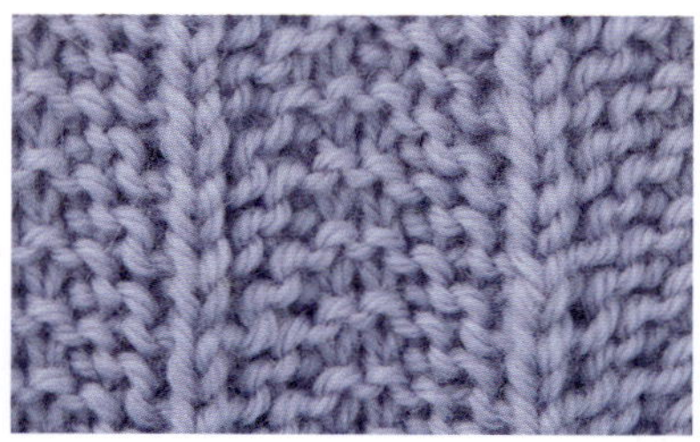
Kraus-rechts-Zacken (S. 61)

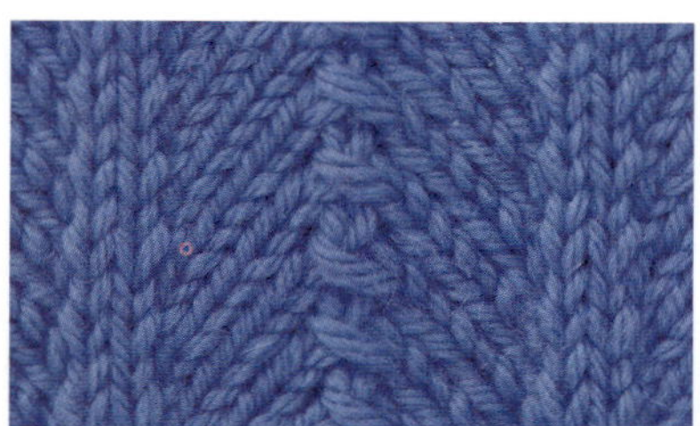
Glatt-rechts-Zacken (S. 62)

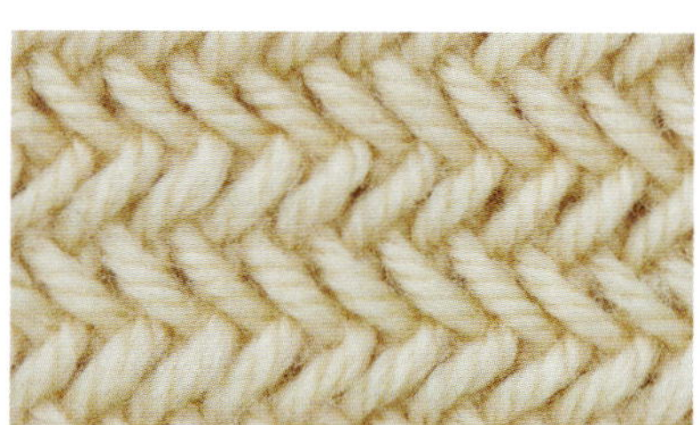
Fischgratmuster (S. 63)

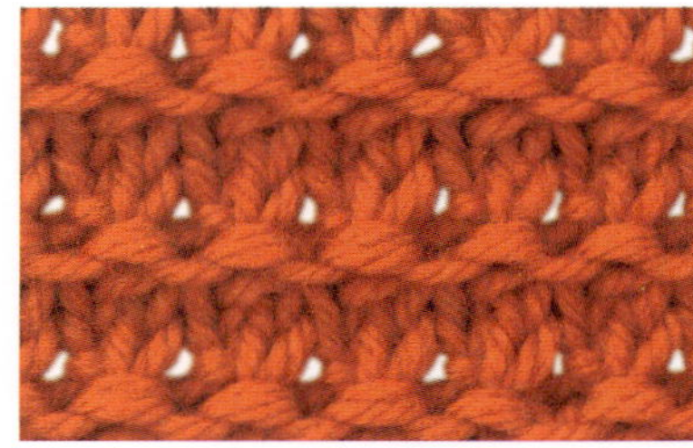
Wellenkammmuster (S. 63)

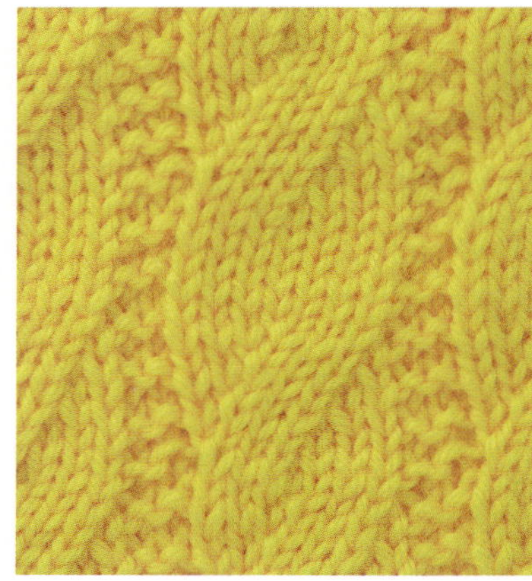
Mogel-Zopf (S. 64)

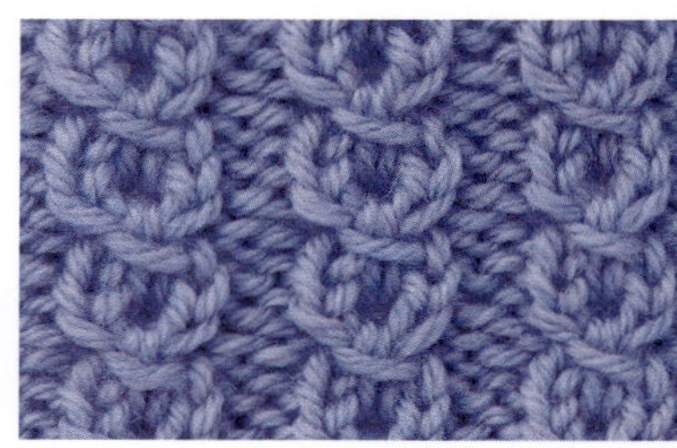
Falscher Zopf (S. 65)

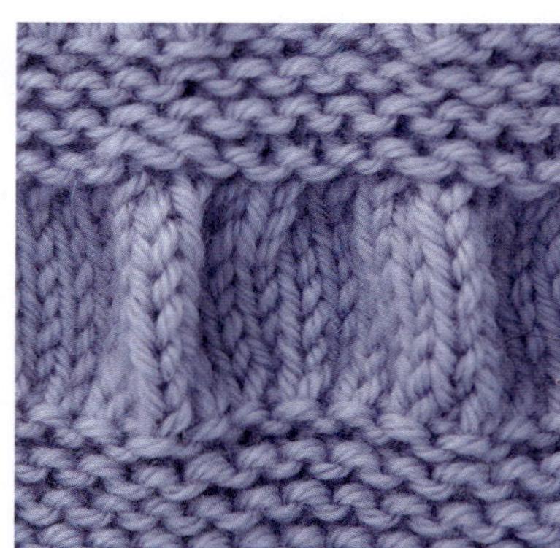
Rüschen (S. 65)

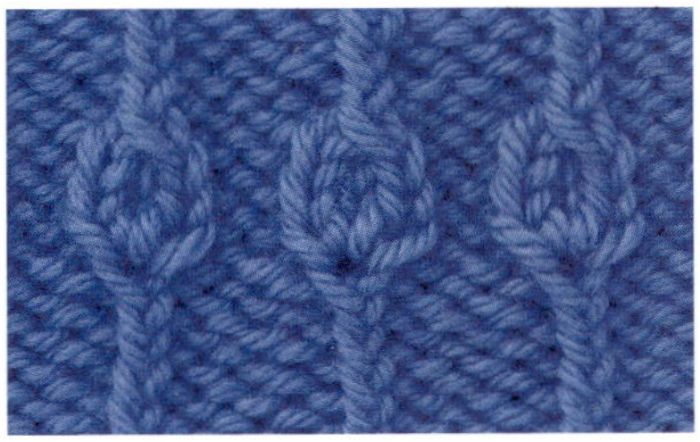
Kleine Blätterrippen (S. 66)

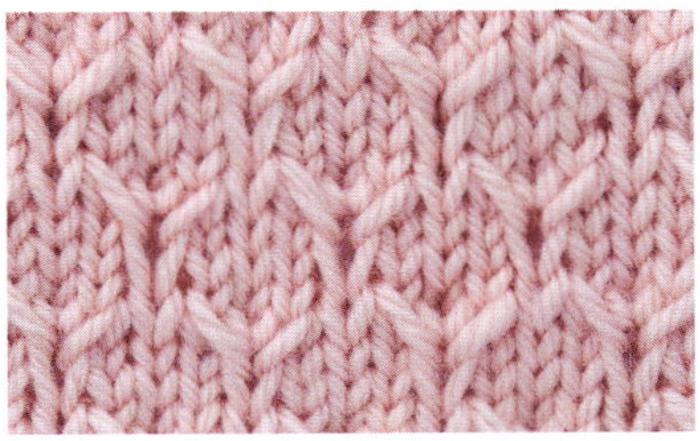
Dornenmuster (S. 67)

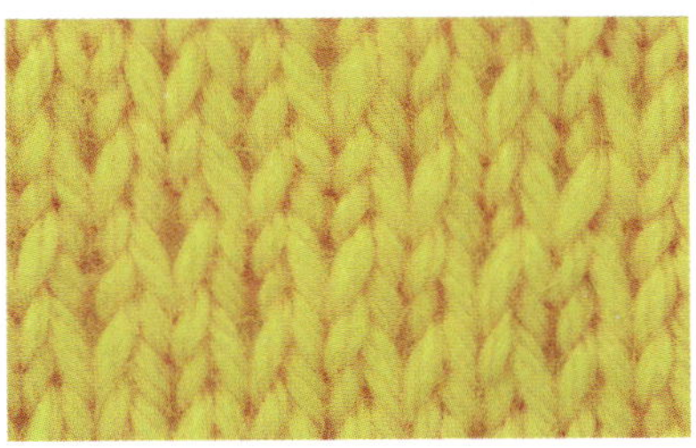
Vogelaugenmuster (S. 69)

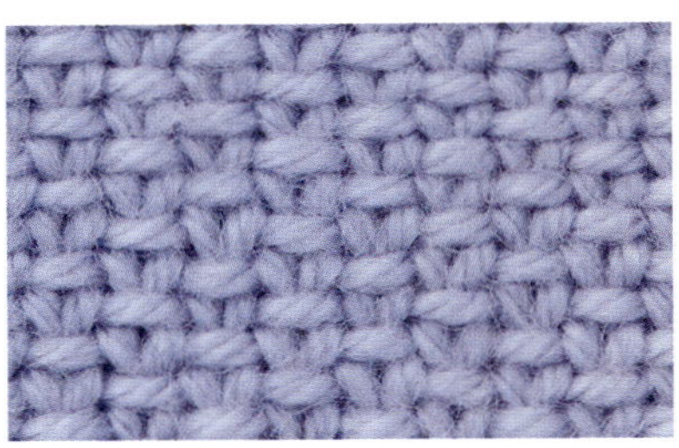
Leinenmuster (S. 69)

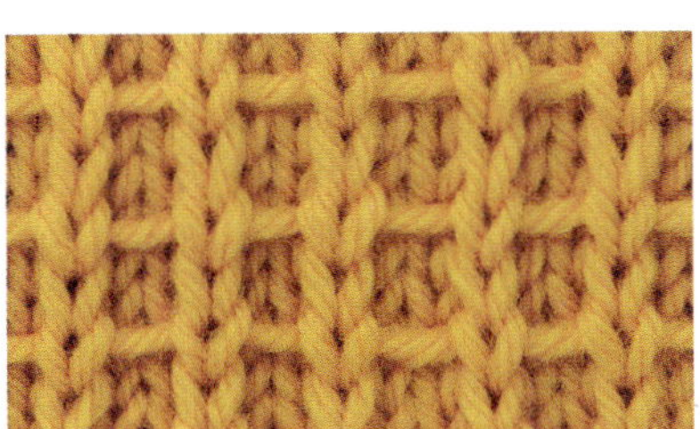
Überfangkaros (S. 70)

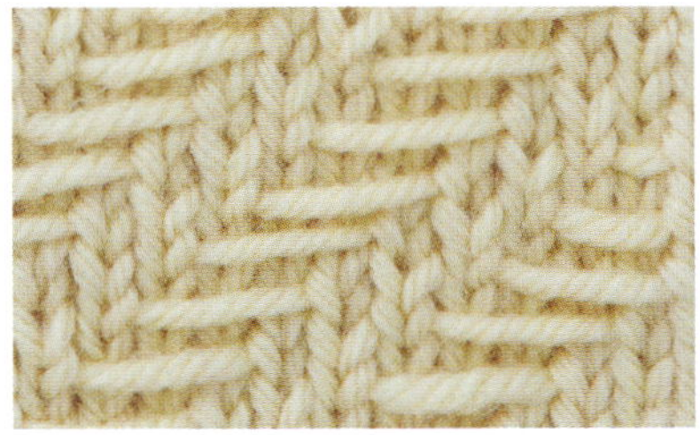
Webmuster (S. 71)

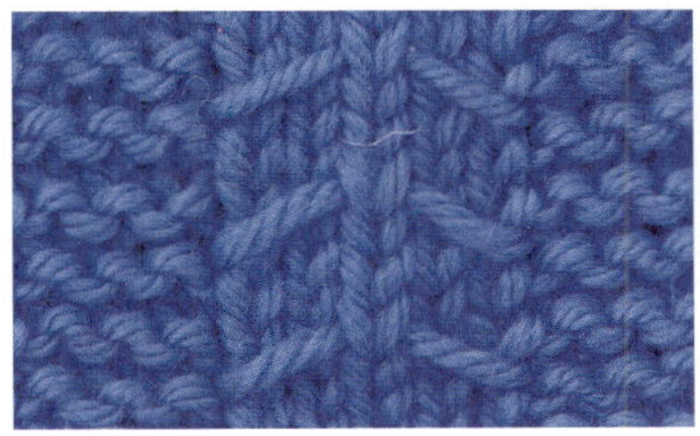
Kleines Zeltmuster (S. 72)

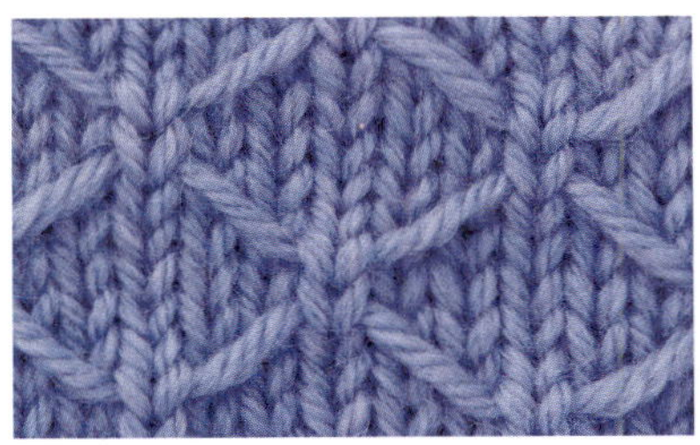
Spaliermuster (S. 73)

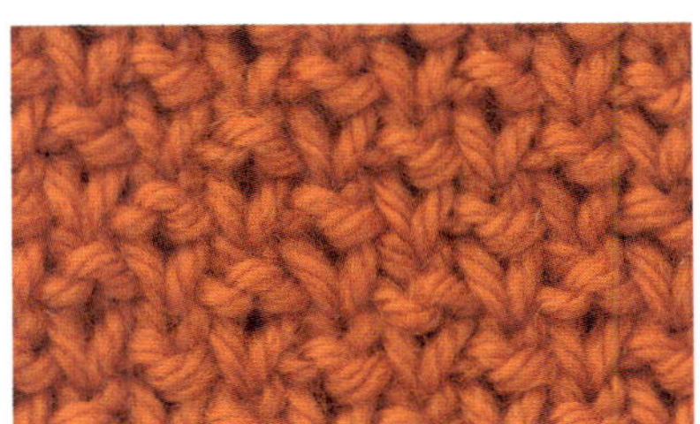
Streuselmuster (S. 74)

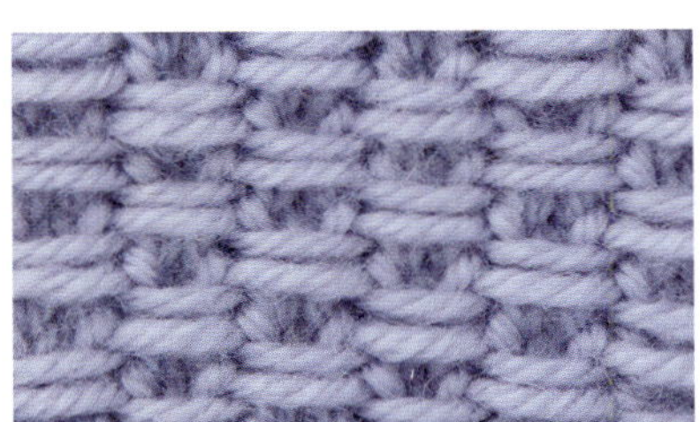
Doppelsprossen (S. 74)

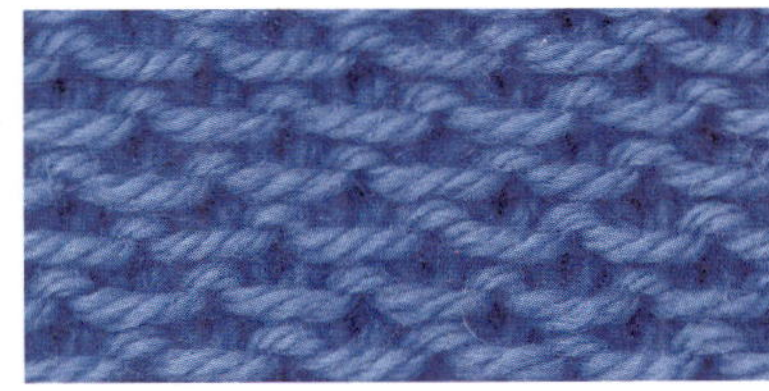
Wasserwellenmuster (S. 74)

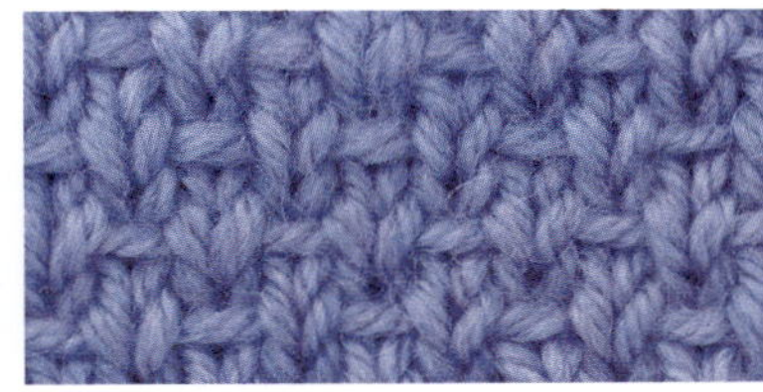
Halbes Leinenmuster (S. 75)

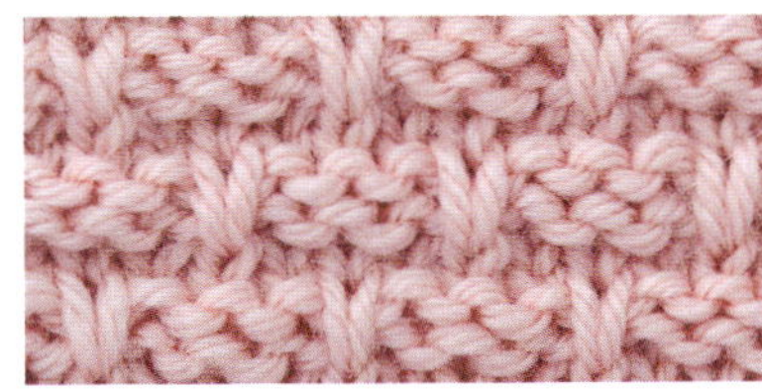
Backsteinmuster (S. 75)

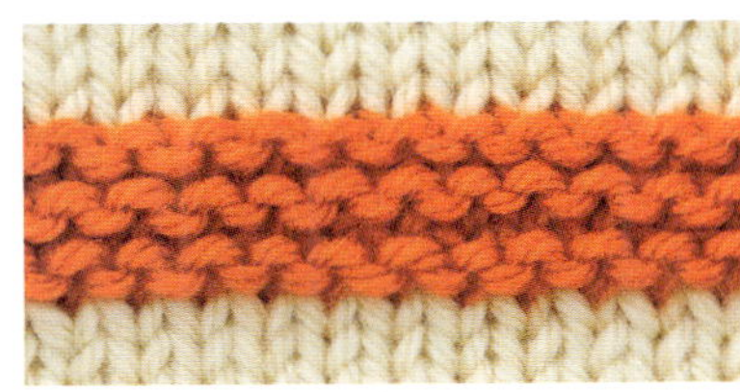
Streifen kraus rechts (S. 79)

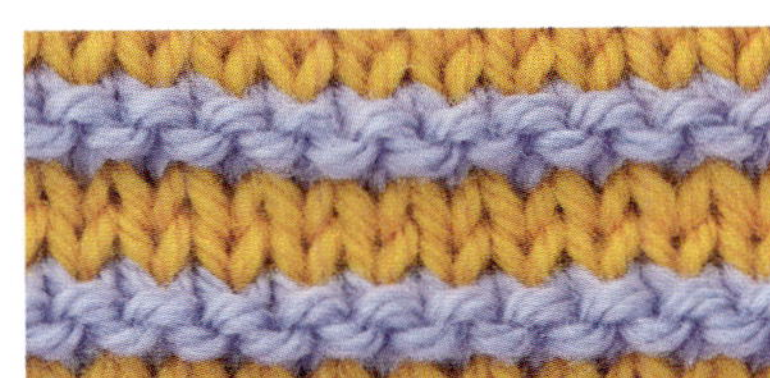
Linien kraus rechts (S. 79)

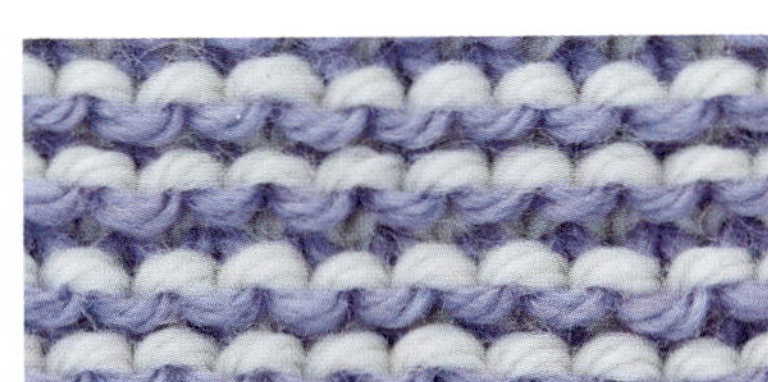
Ringel kraus rechts (S. 80)

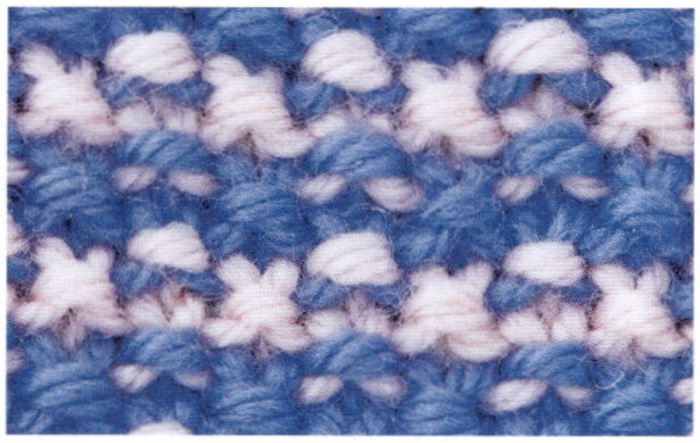
Zweifarbiges Perlmuster (S. 80)

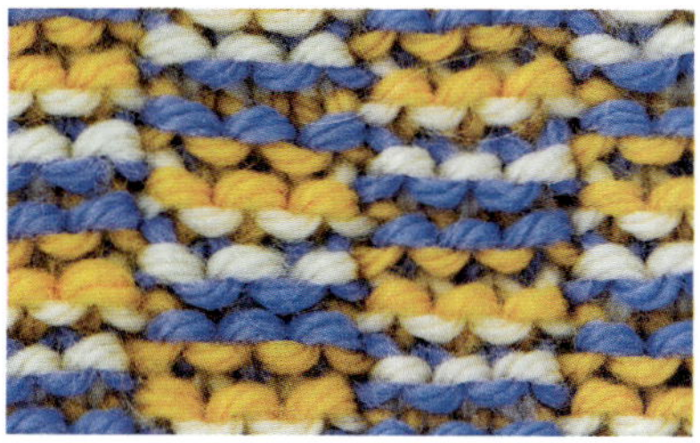
Drei-Farben-Rechtsrippen (S. 81)

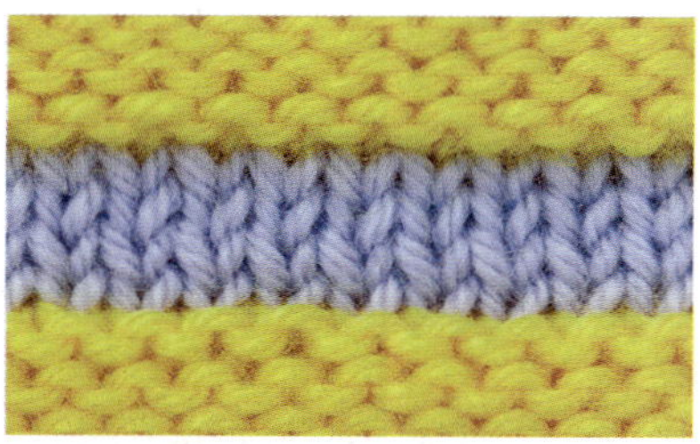
Streifen glatt rechts (S. 82)

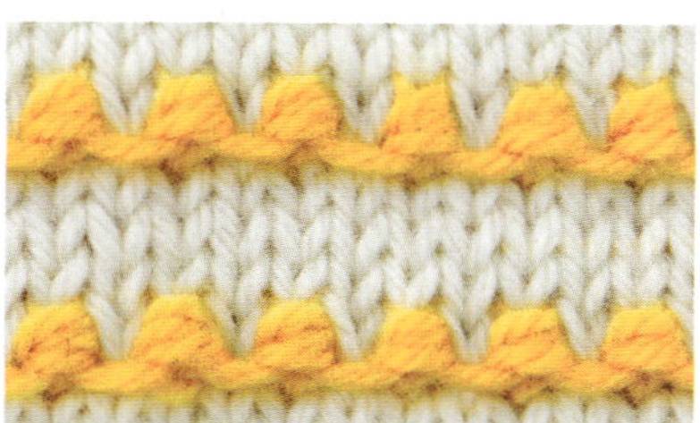
Kordelmuster (S. 82)

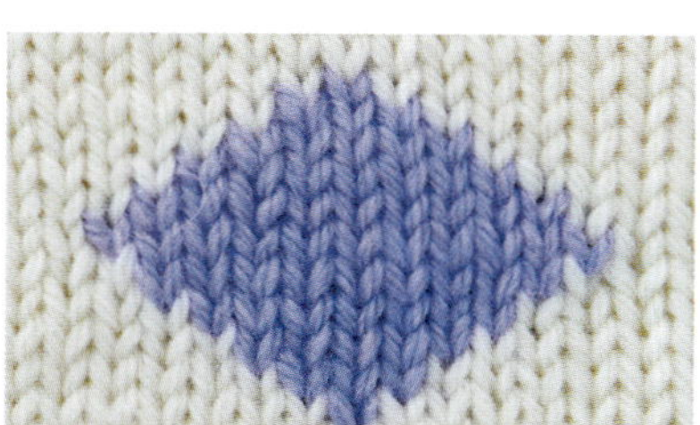
Intarsien-Raute (S. 83)

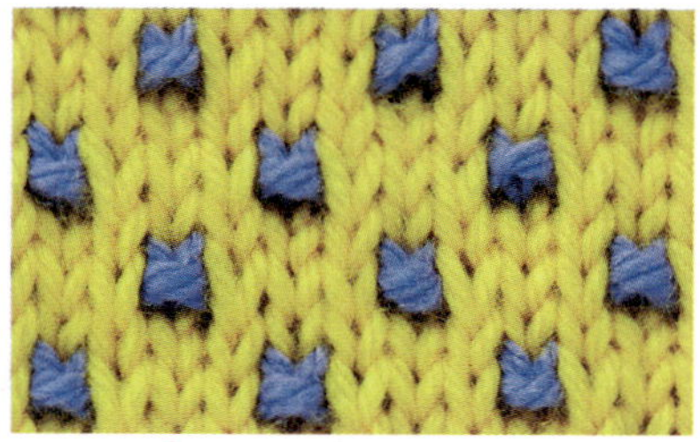
Pünktchenmuster (S. 85)

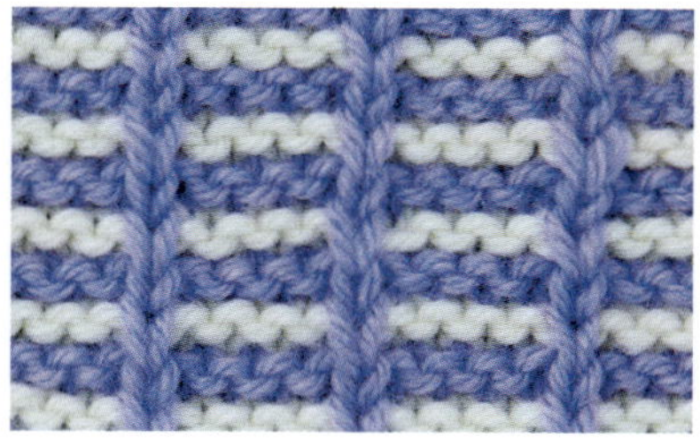
Ringel und Säulen (S. 86)

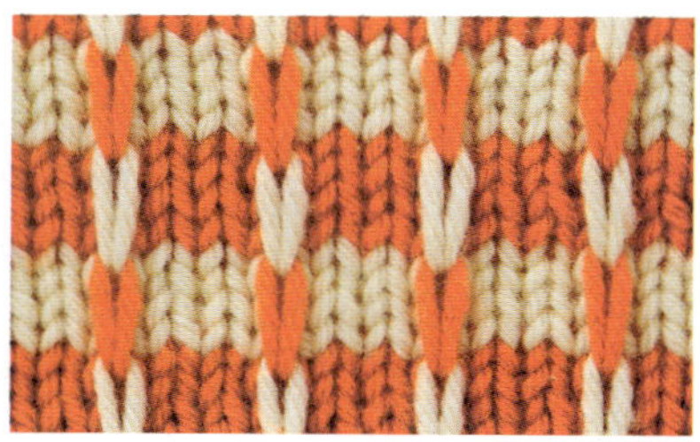
Hebekaros (S. 86)

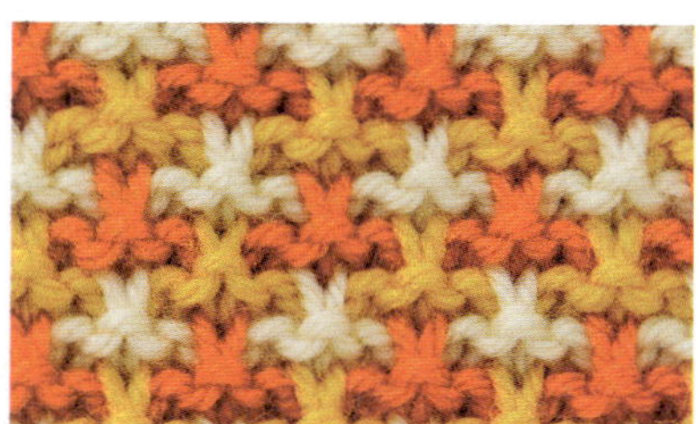
Tweedmuster (S. 87)

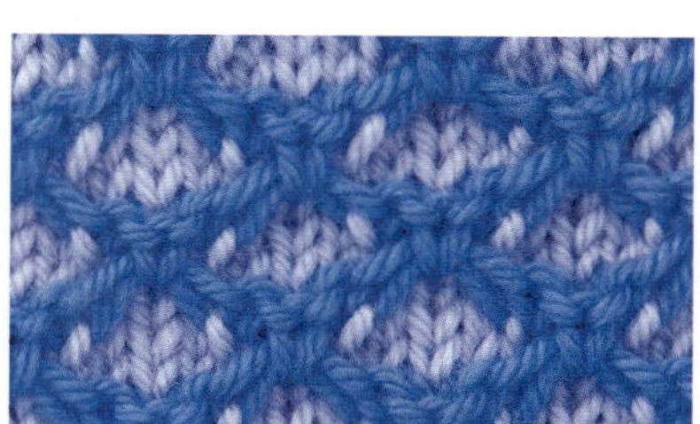
Schuppenmuster (S. 88)

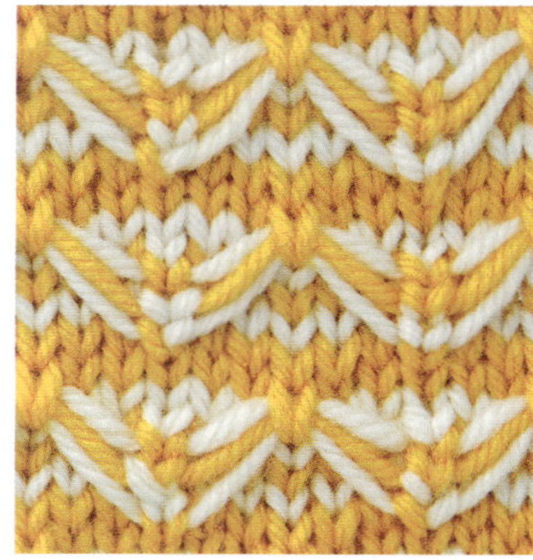
Schleifenmuster (S. 89)

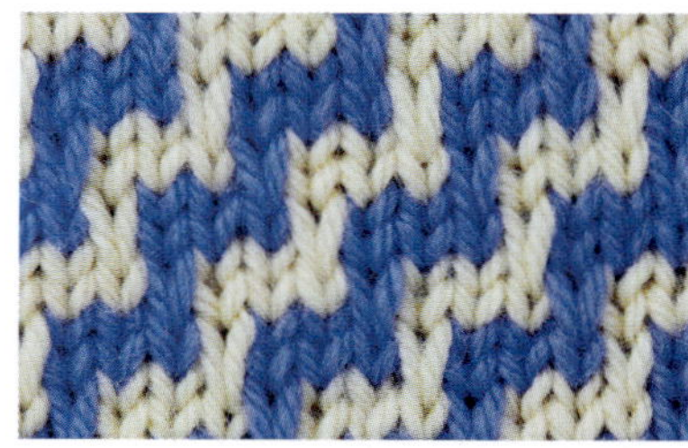
Stufenmuster (S. 90)

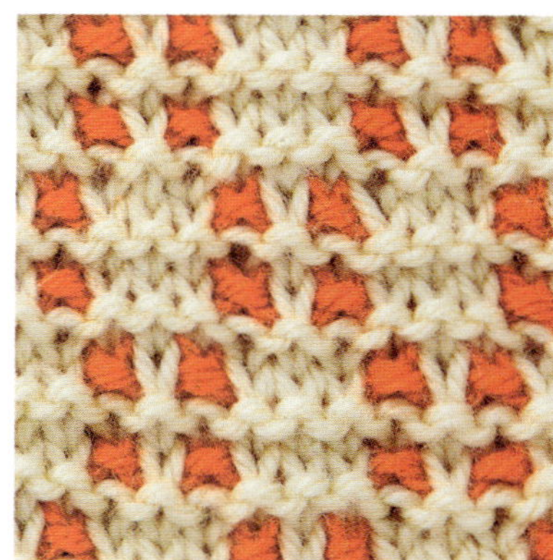
Ecksteine (S. 91)

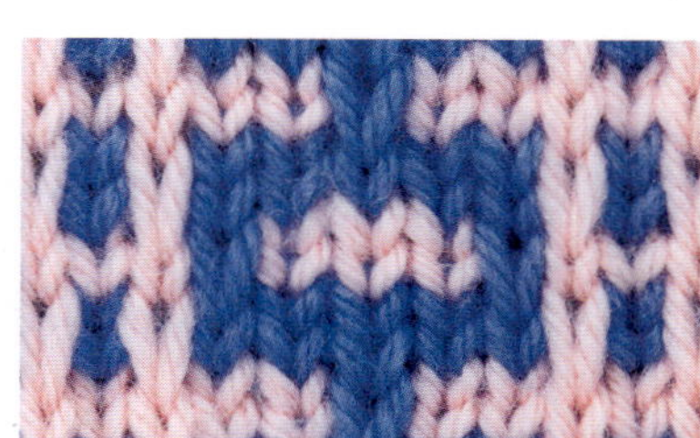
Gliederkette (S. 92)

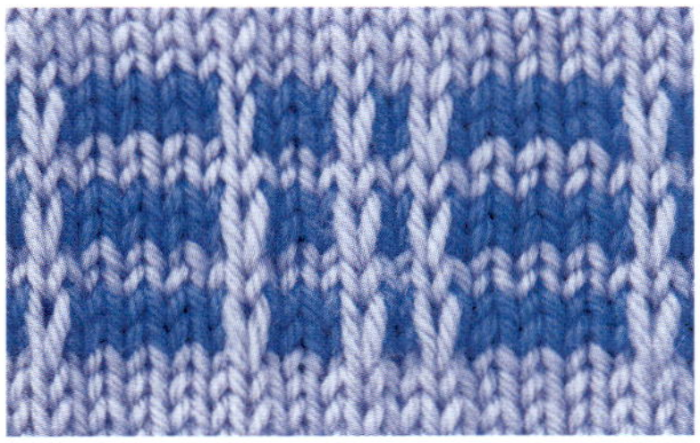
Schottenkaro (S. 92)

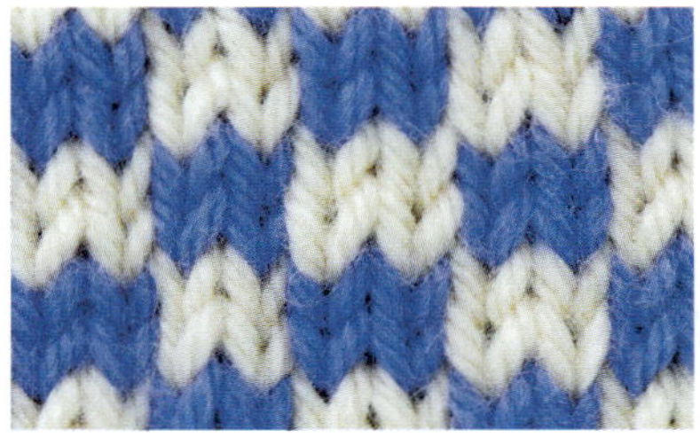
Norweger 2 x 2 (S. 97)

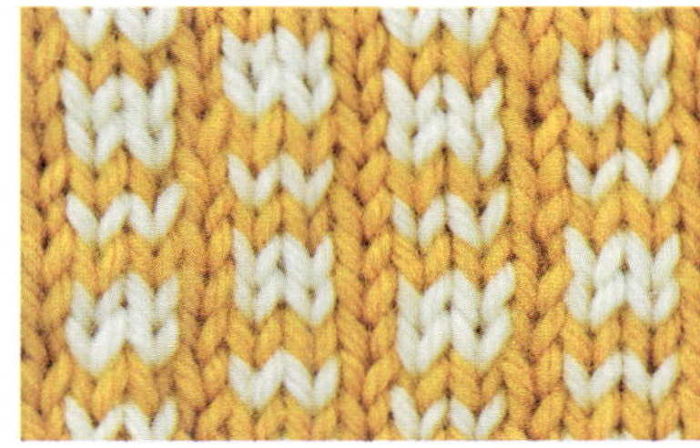
Telegrafiemuster (S. 101)

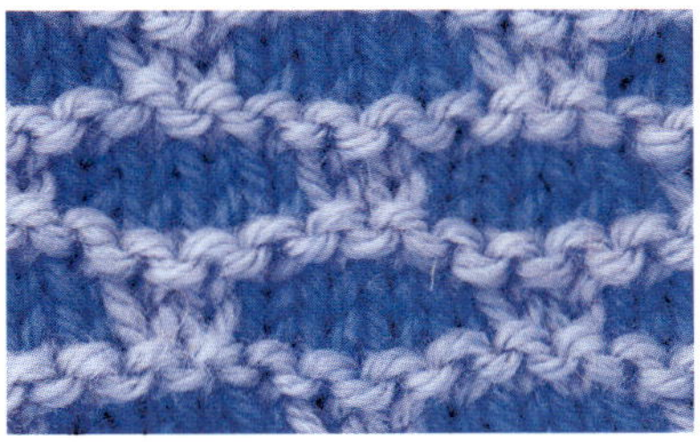
Ziegelmuster (S. 93)

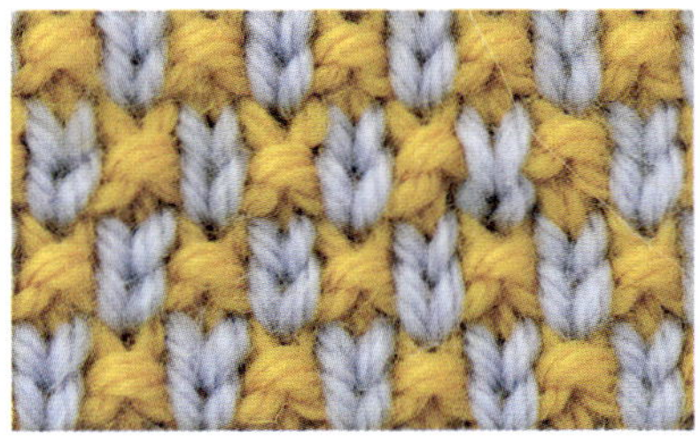
Körnchenmuster (S. 98)

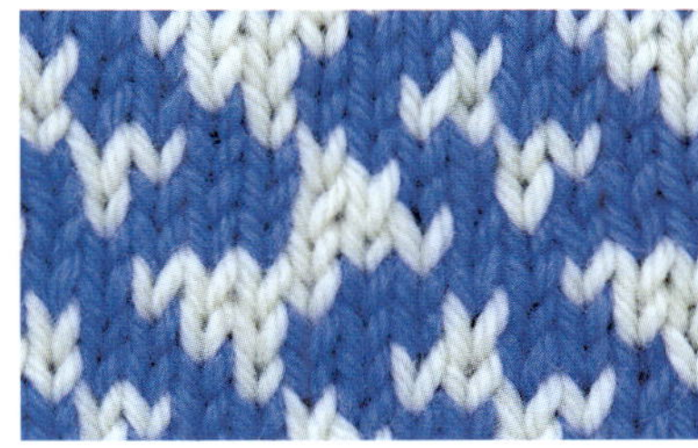
Schmetterlinge (S. 102)

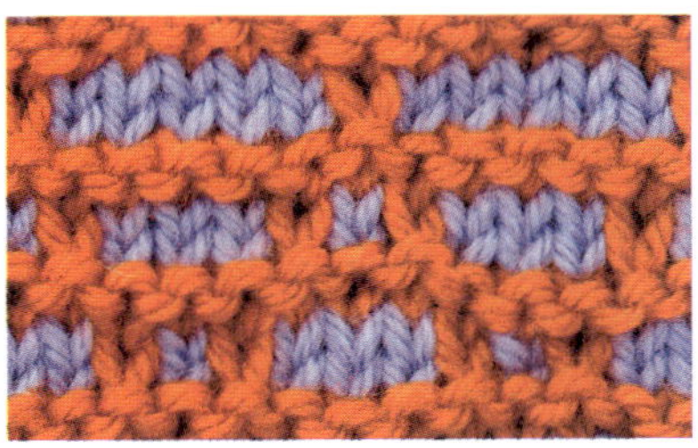
Berggipfel (S. 93)

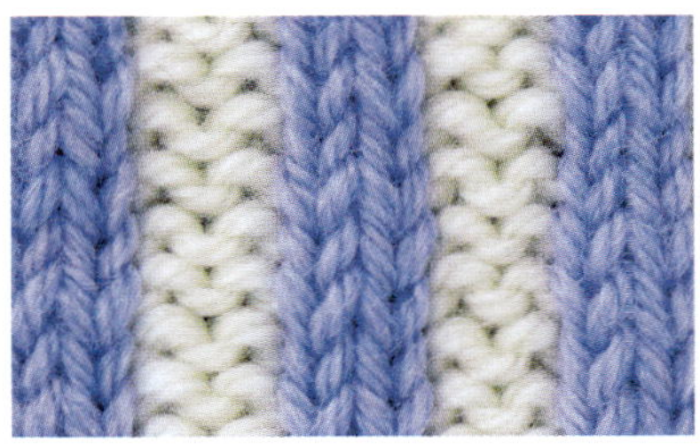
Zweifarbige Zweierrippen (S. 99)

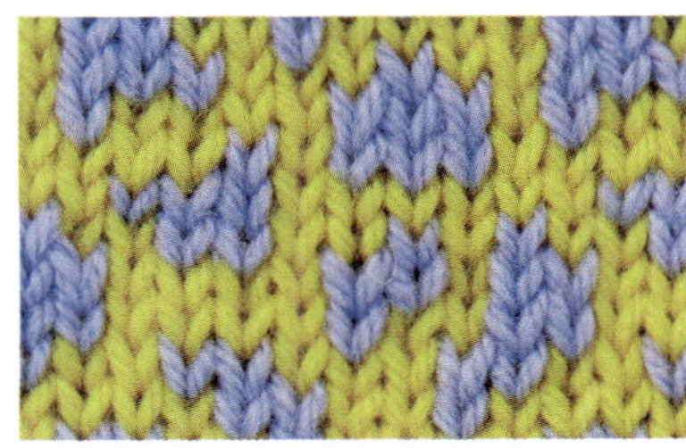
Leoprint (S. 102)

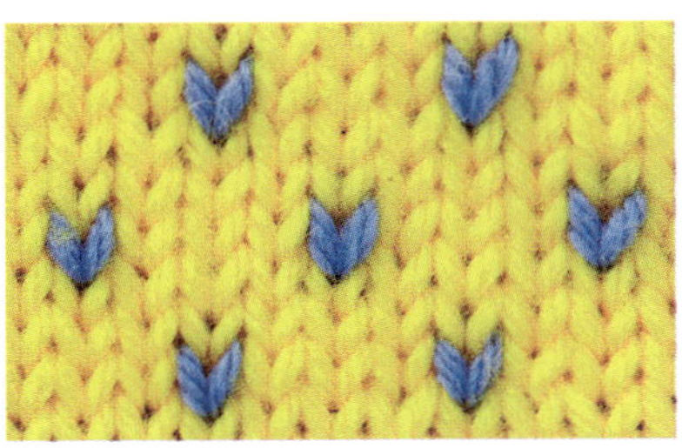
Flohmuster (S. 95)

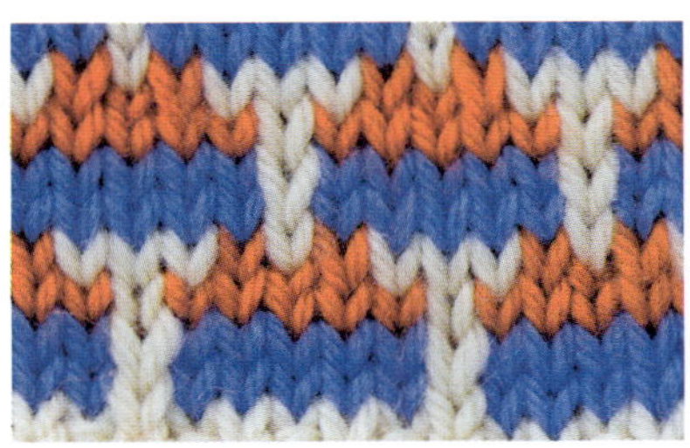
Blütenmuster (S. 100)

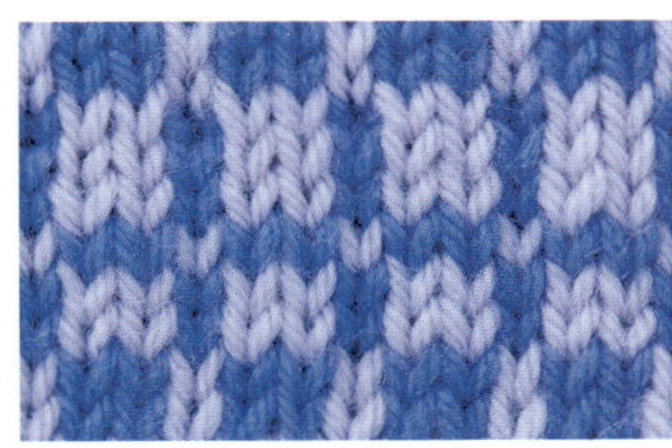
Unregelmäßige Karos (S. 103)

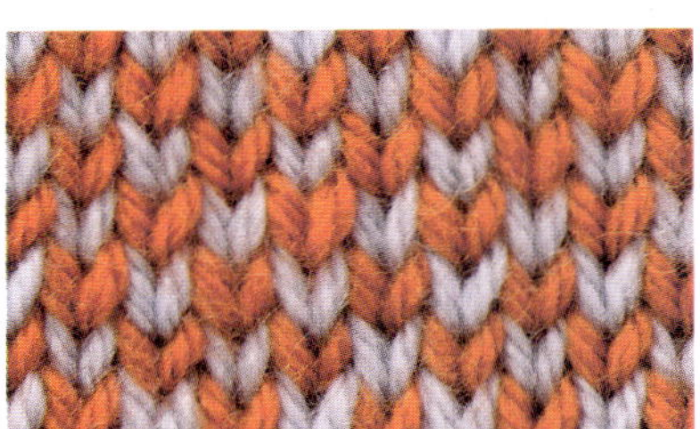
Norweger 1 x 1 (S. 96)

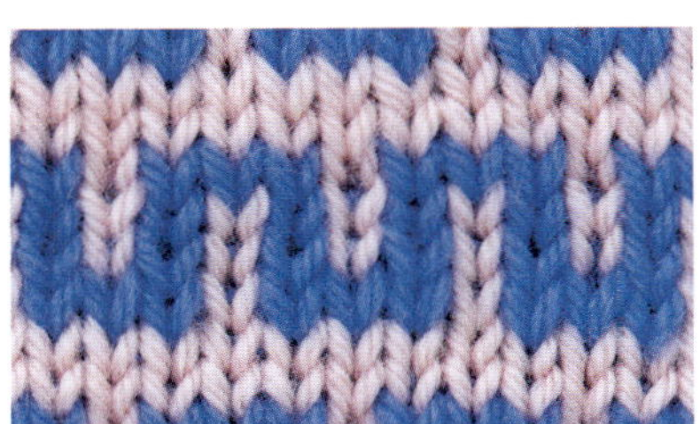
Tempelfries (S. 101)

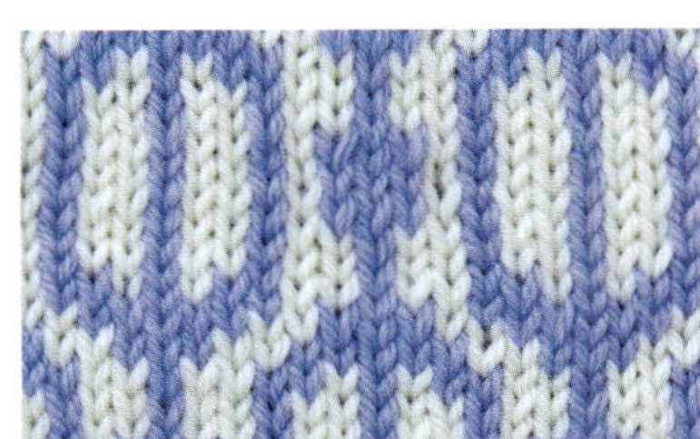
Ellipsen (S. 103)

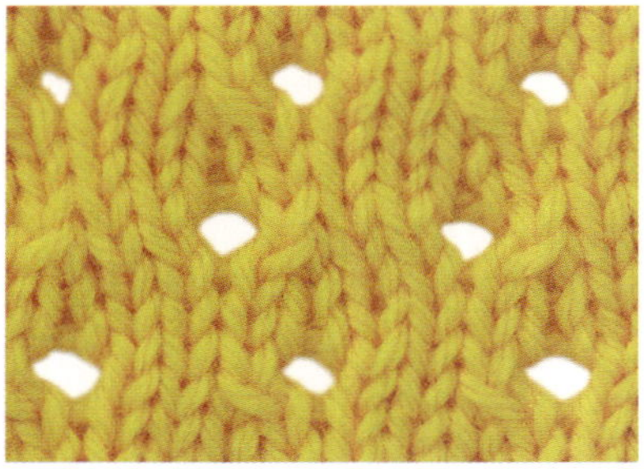

Einfaches Lochmuster (S. 107)

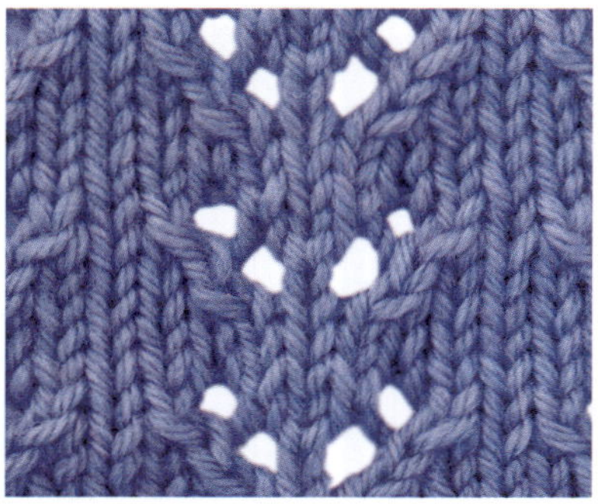

Zacken-Lochmuster (S. 108)

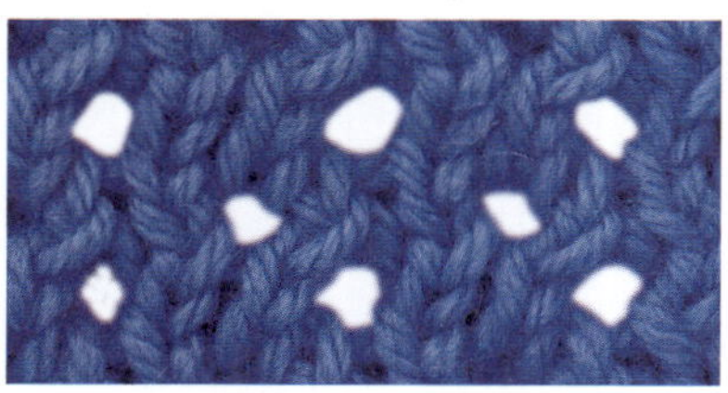

Stanzmuster (S. 108)

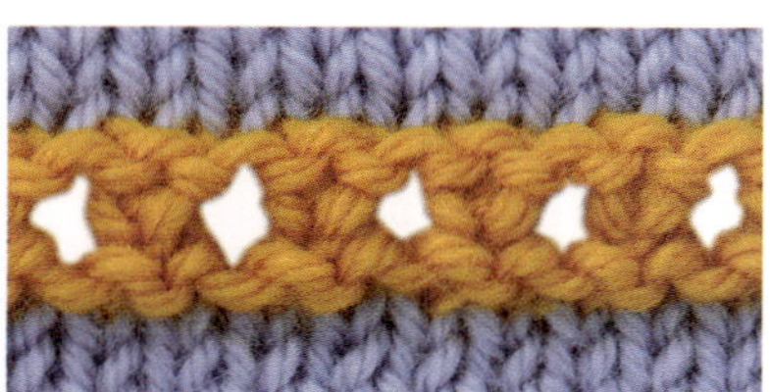

Lochmusterbordüre (S. 109)

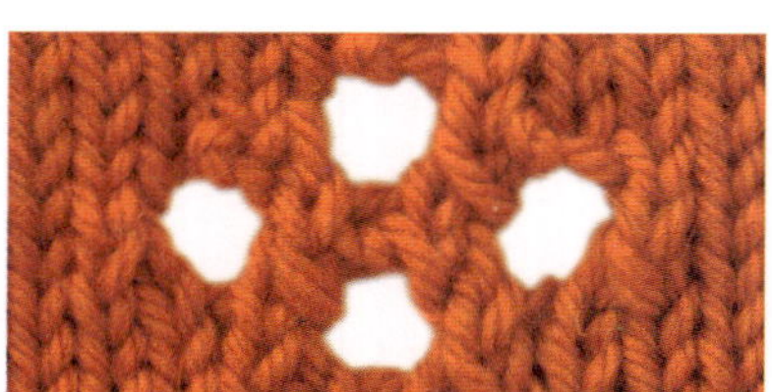

Kleeblatt-Lochmuster (S. 110)

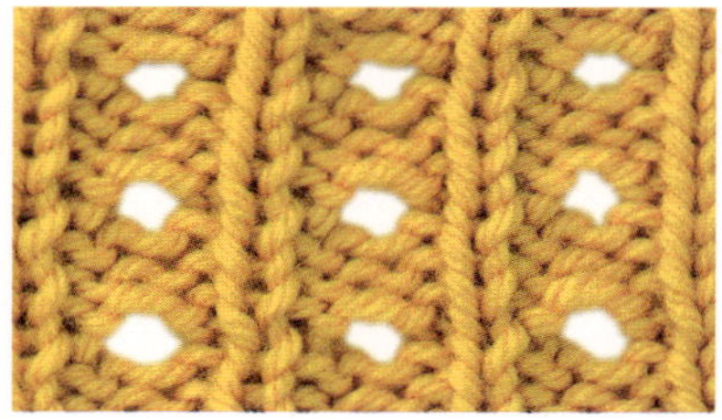

Rippen-Lochmuster (S. 110)

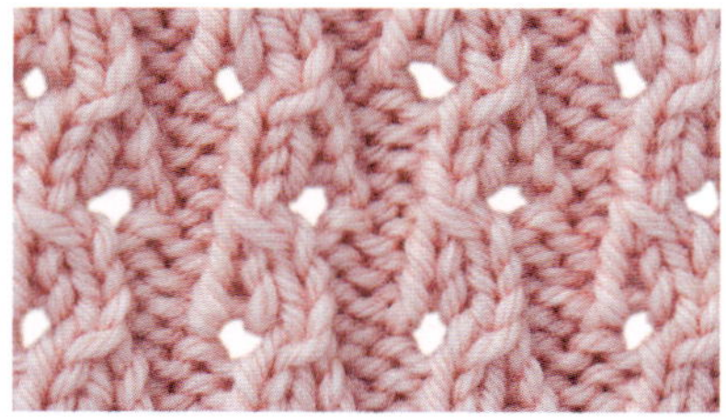

Tropfen-Lochmuster (S. 111)

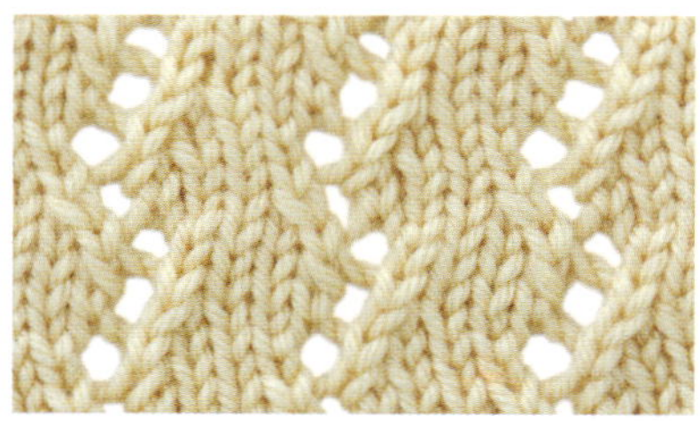

Versetztes Lochmuster (S. 111)

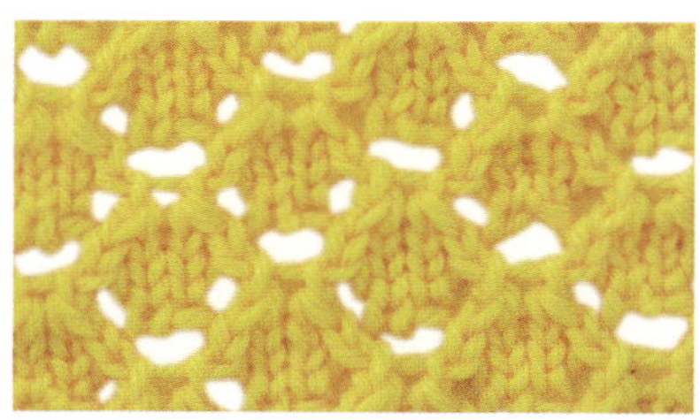

Muschel-Lochmuster (S. 112)

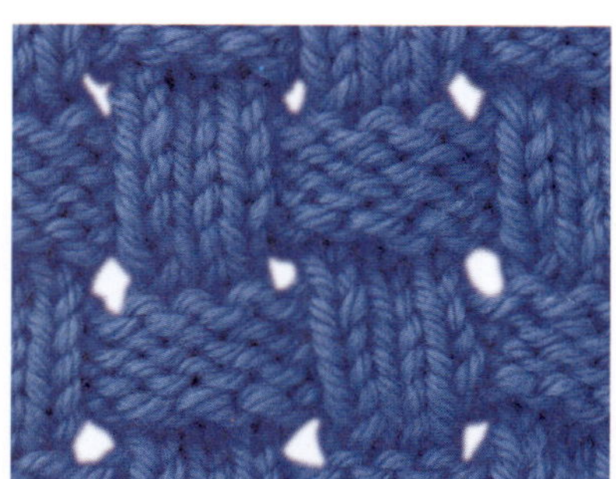

Flecht-Lochmuster (S. 112)

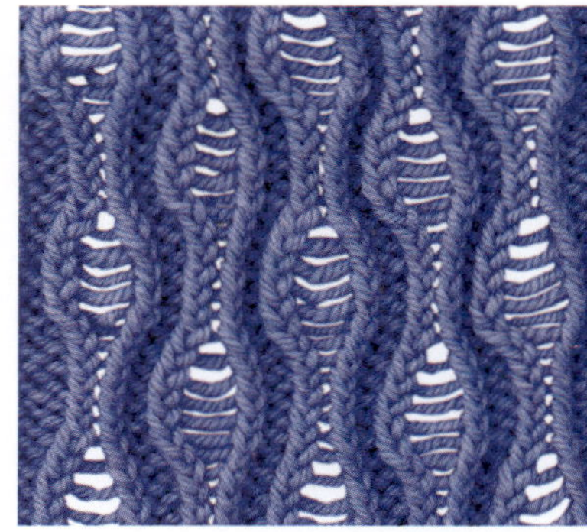

Doppel-Helix-Muster (S. 113)

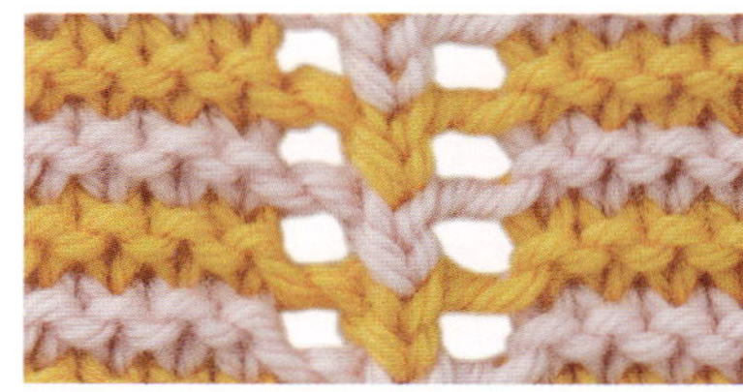

Säulen-Lochmuster (S. 115)

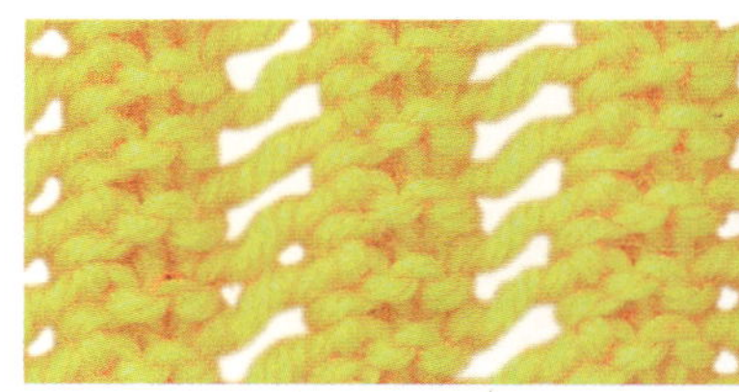

Kiebitzmuster (S. 116)

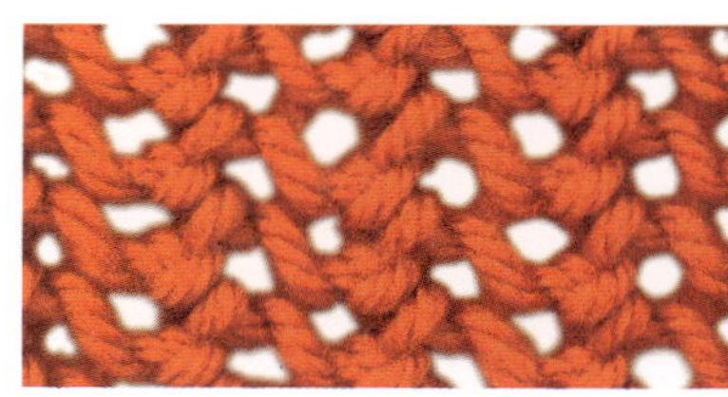

Netzmuster (S. 116)

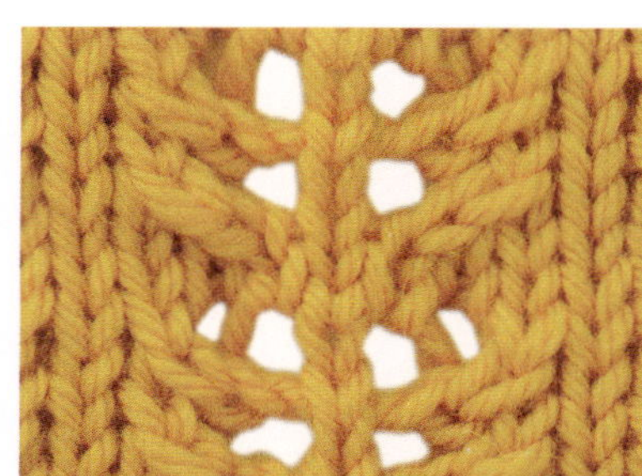

Mariposa-Lochmuster(S. 117)

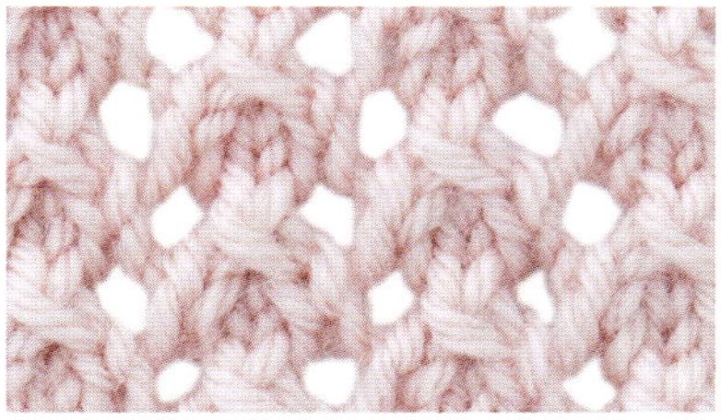
Kleines Blattmuster (S. 118)

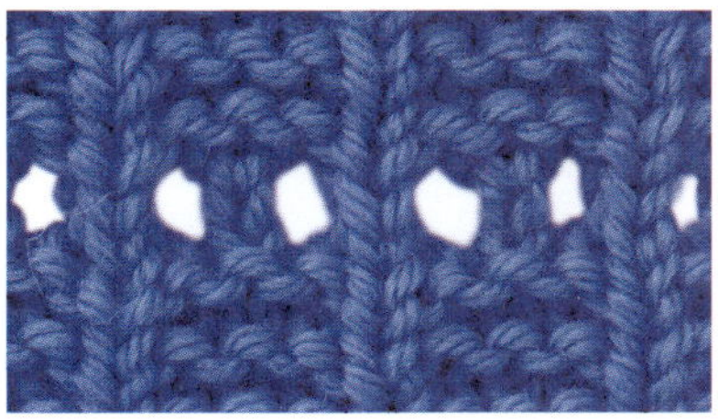
Merinette-Lochmuster (S. 119)

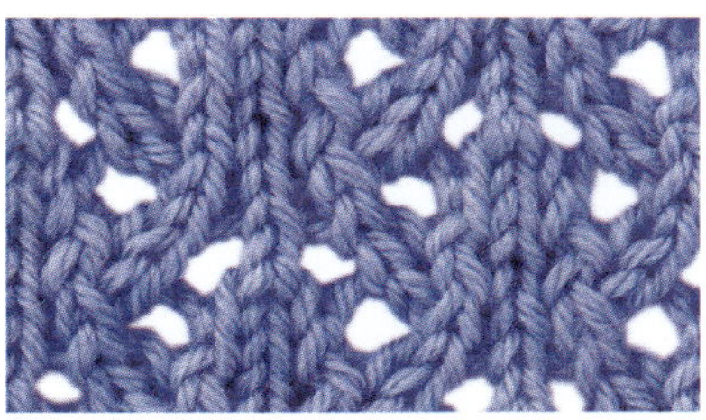
Distelmuster (S. 120)

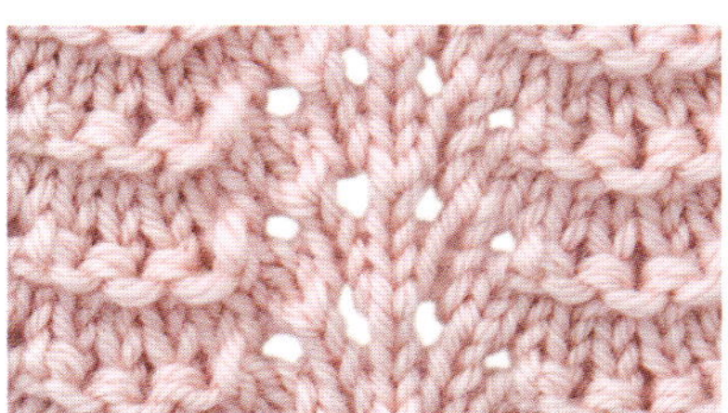
Fächer-Lochmuster (S. 120)

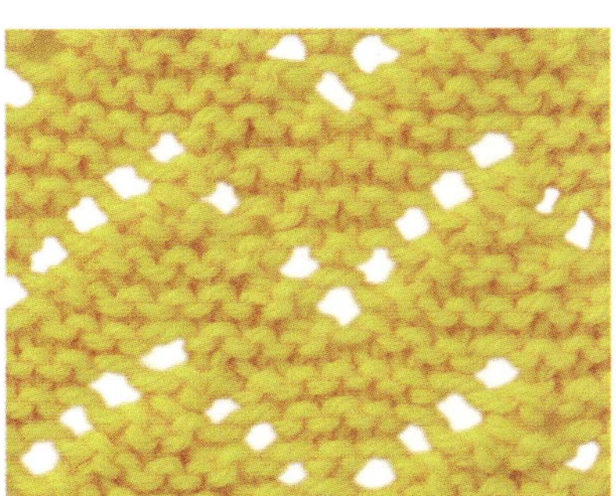
Zickzack-Lochmuster(S. 120)

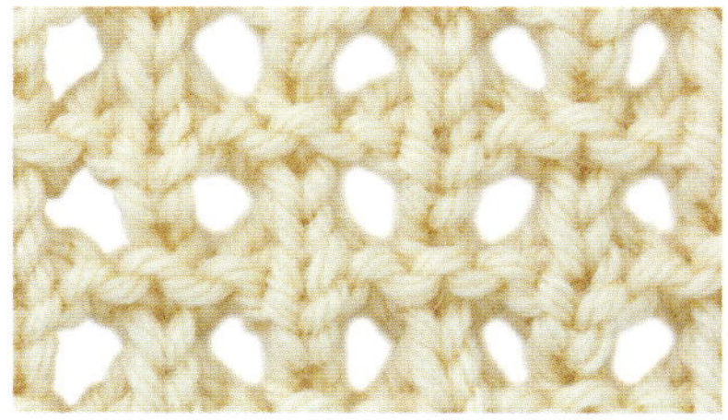
Gitter-Lochmuster (S. 121)

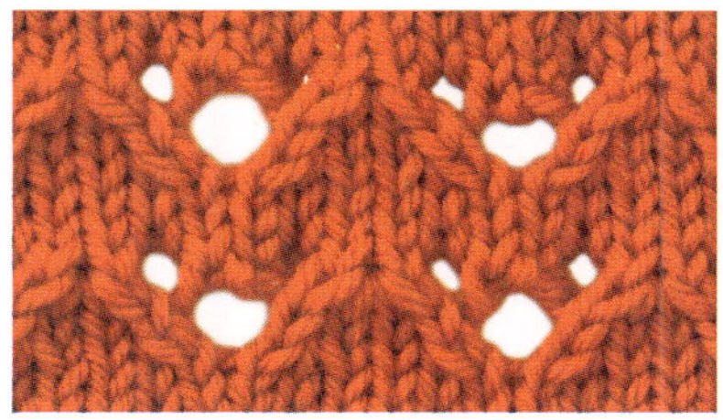
Pfeilspitzenmuster (S. 121)

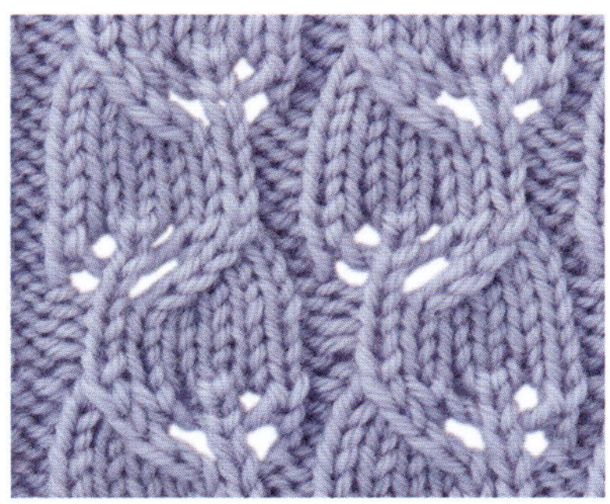
Blattrankenmuster (S. 121)

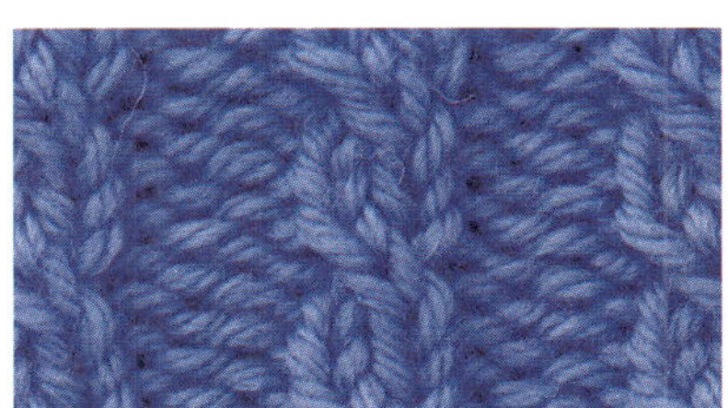
Verkreuzung nach links (S. 125)

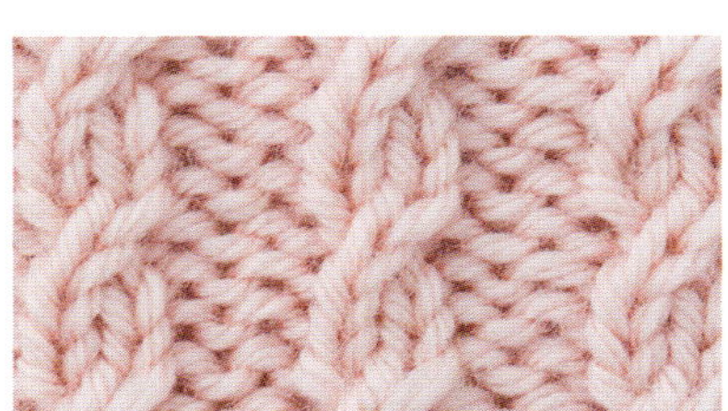
Verkreuzung nach rechts (S. 126)

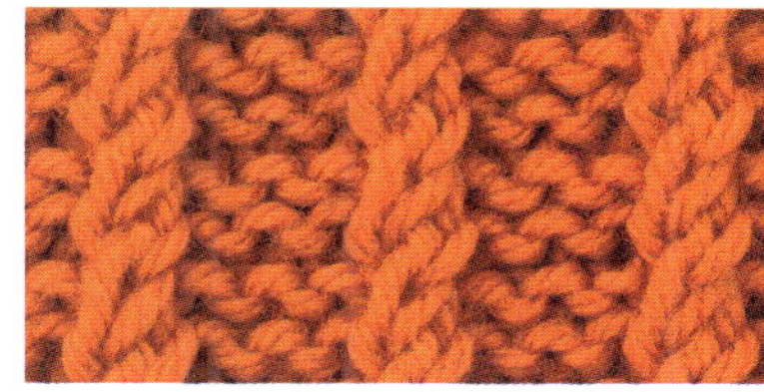
Gedrehtes Leitermuster (S. 126)

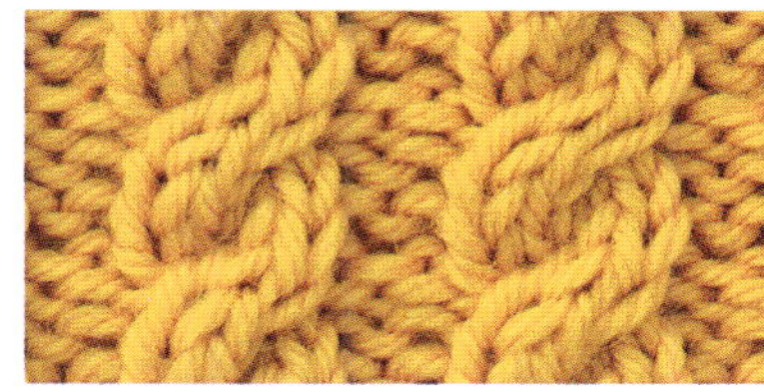
Zopf nach rechts (S. 127)

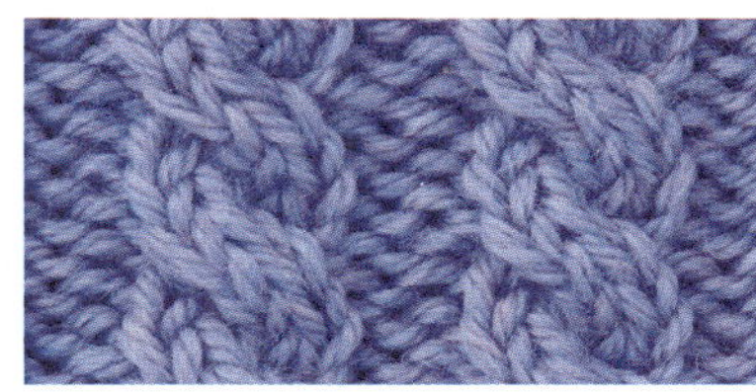
Zopf nach links (S. 127)

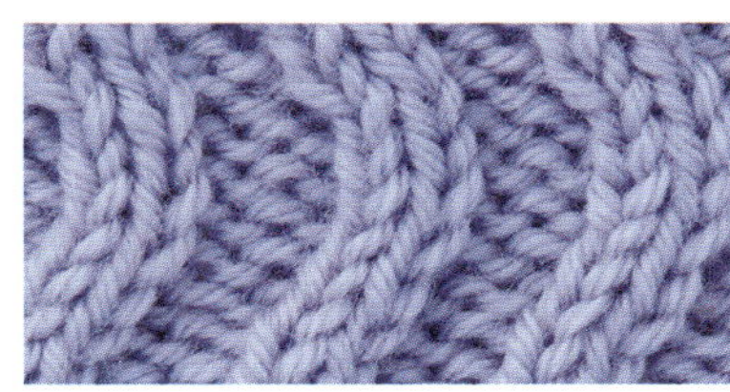
Zickzackrippen (S. 128)

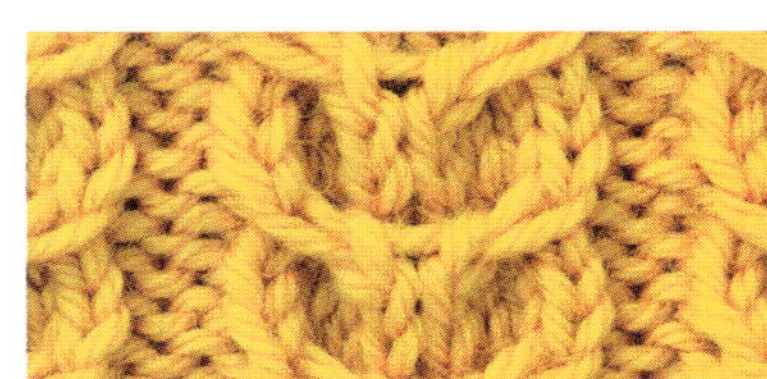
Großes Hufeisenmuster (S. 128)

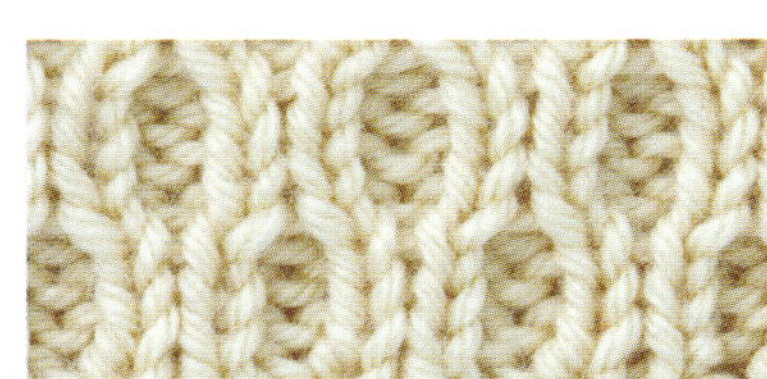
Gekreuzte Rippen (S. 129)

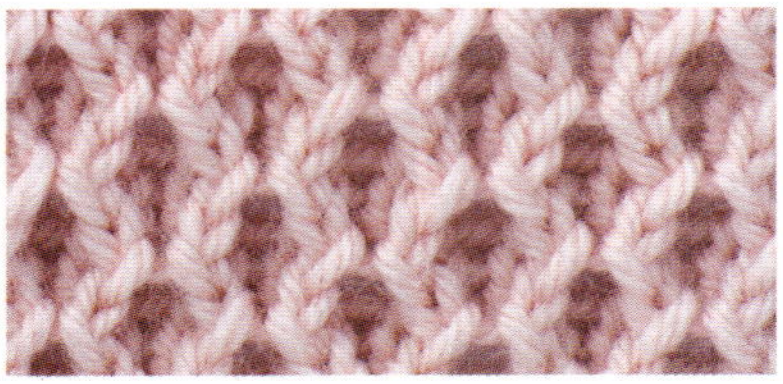
Kleines Wabenmuster (S. 130)

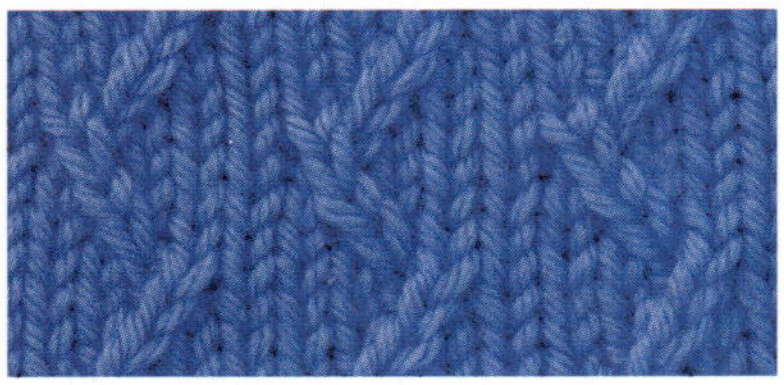
Blitzmuster (S. 130)

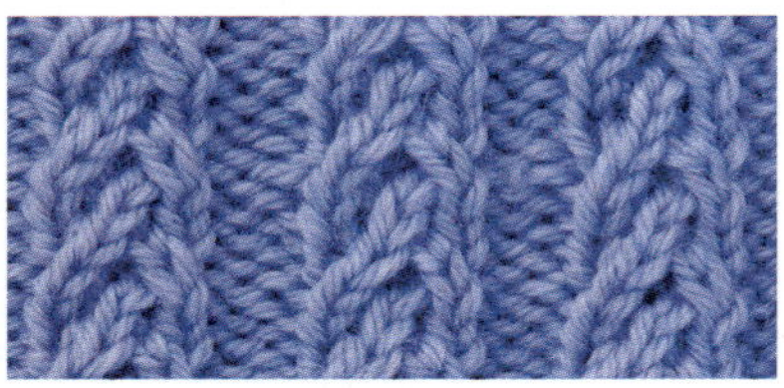
Dreierzopf (S. 130)

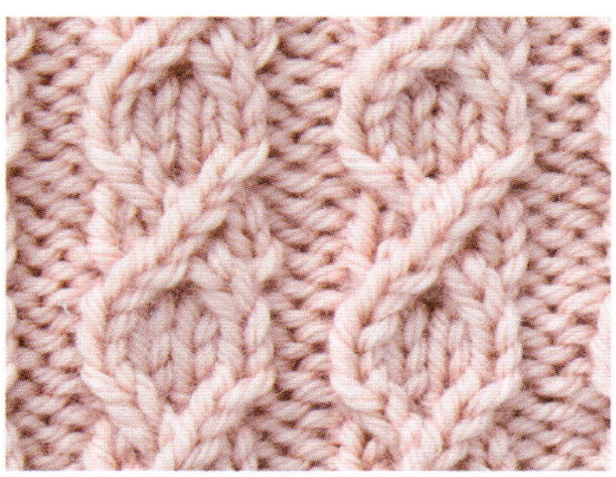
Kettenzopf (S. 131)

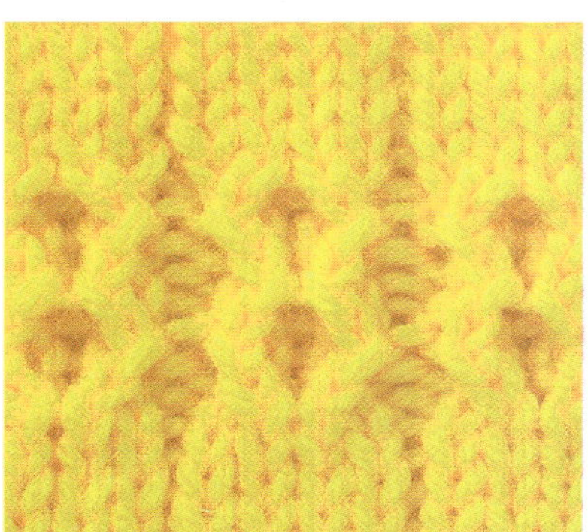
Wabenrippen (S. 131)

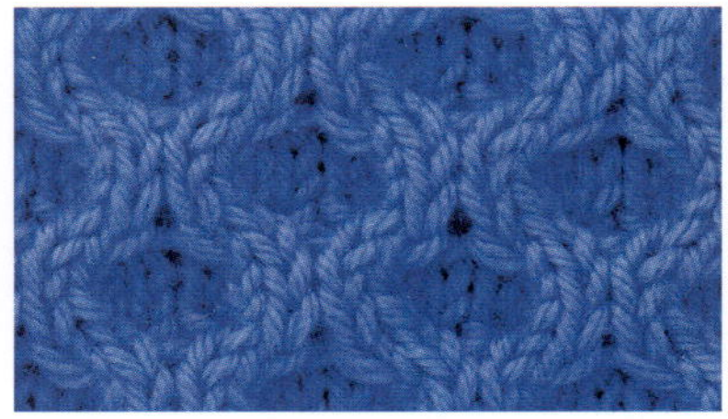
Großes Wabenmuster (S. 132)

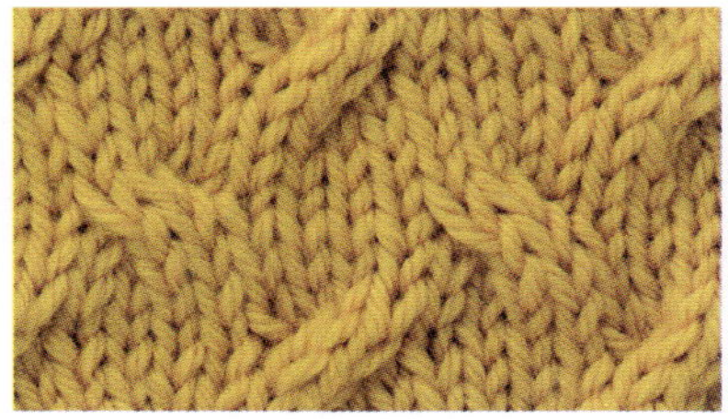
Schattenzopf (S. 132)

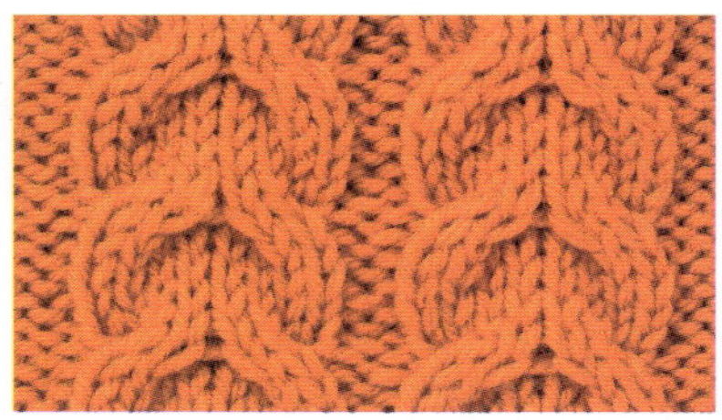
Kleiner Hufeisenzopf (S. 132)

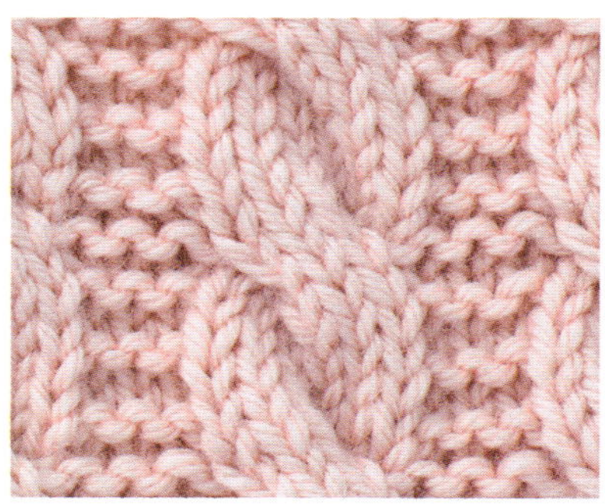
Zopf auf krausem Grund (S. 133)

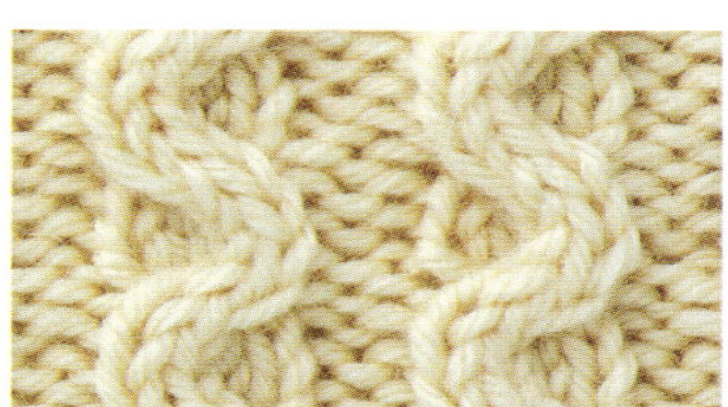
Wellenzopf (S. 133)

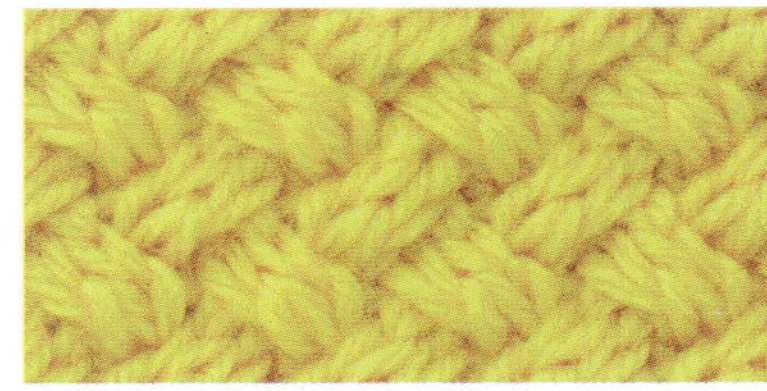
Zopfgeflecht (S. 133)

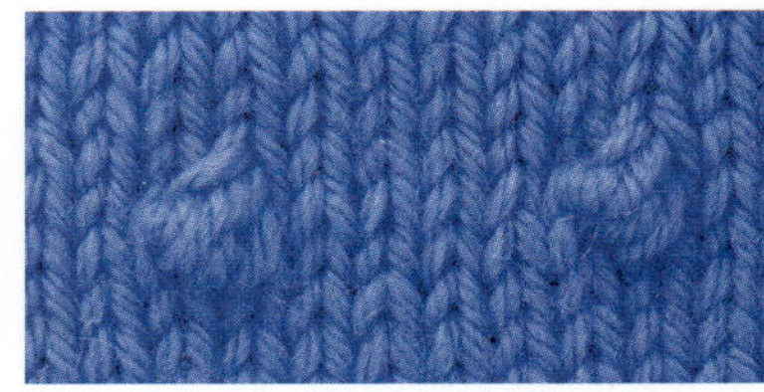
Popcornmaschen (S. 135)

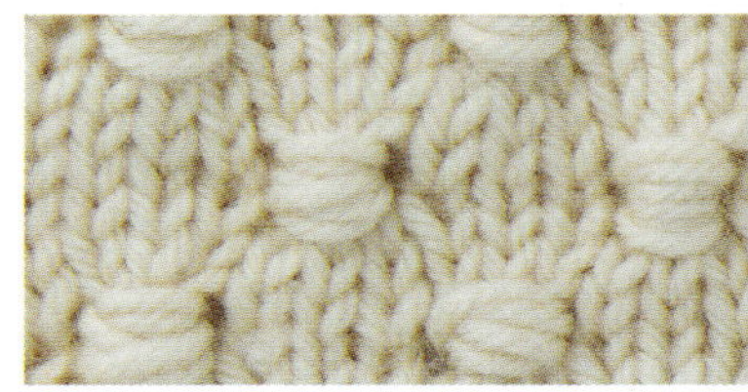
Büschelmaschen (S. 135)

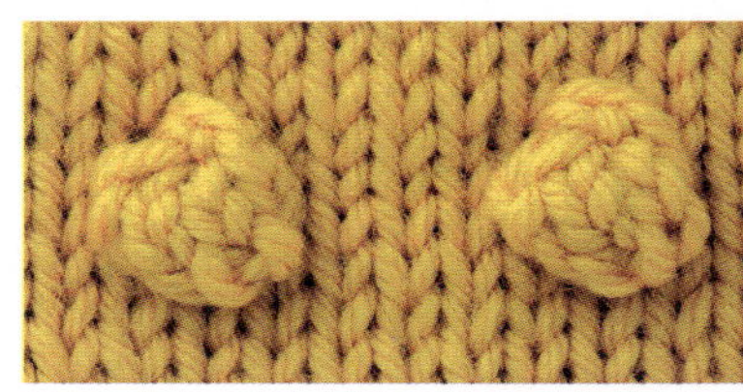
Noppen (S. 136)

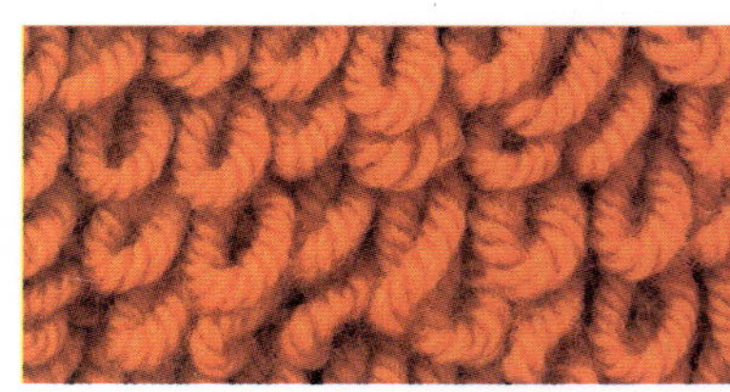
Schlaufen (S. 137)

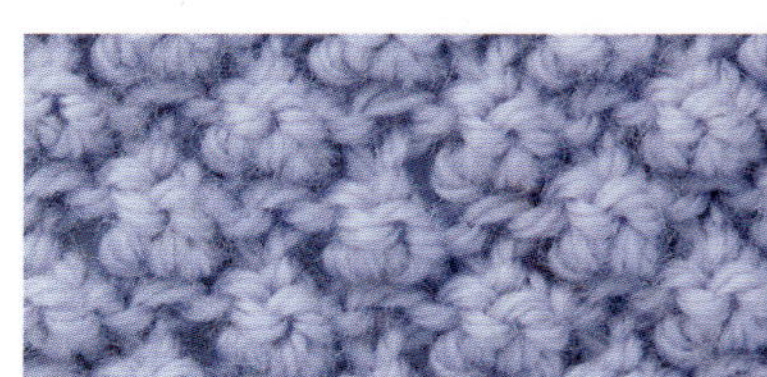
Beerenmuster (S. 138)

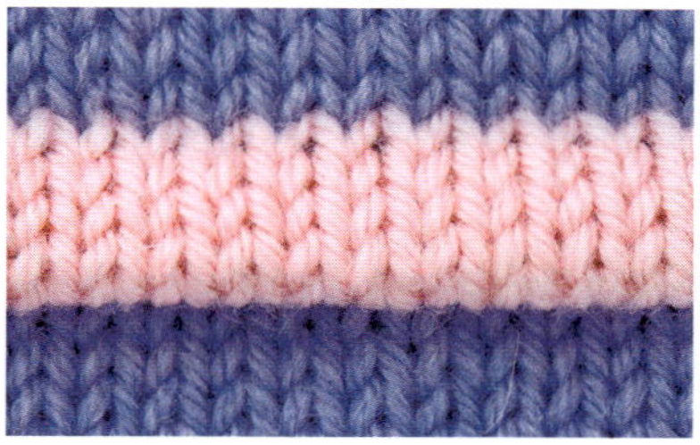
Biese (S. 139)

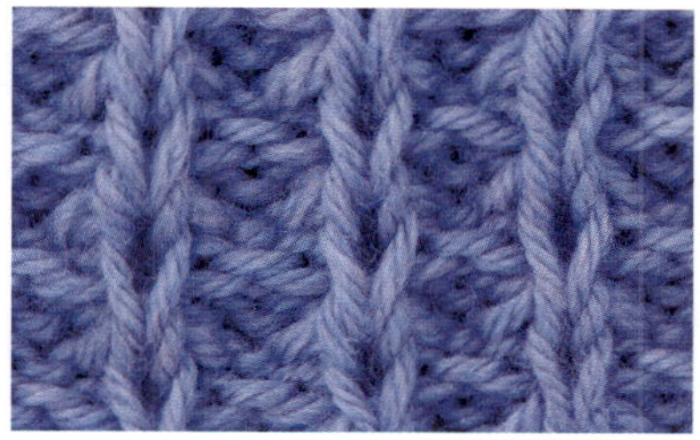
Fältchenmuster (S. 145)

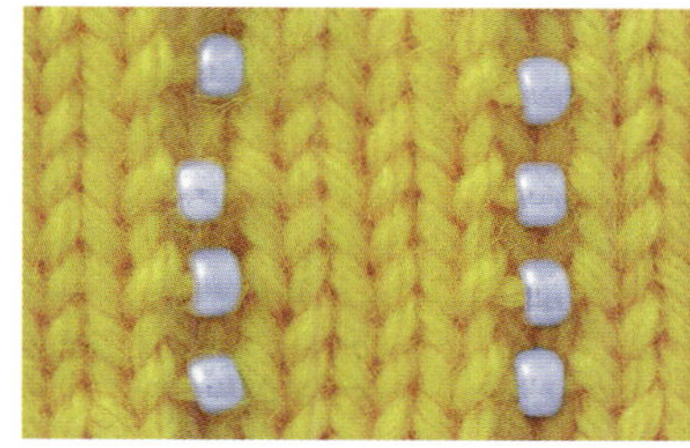
Perlen senkrecht (S. 149)

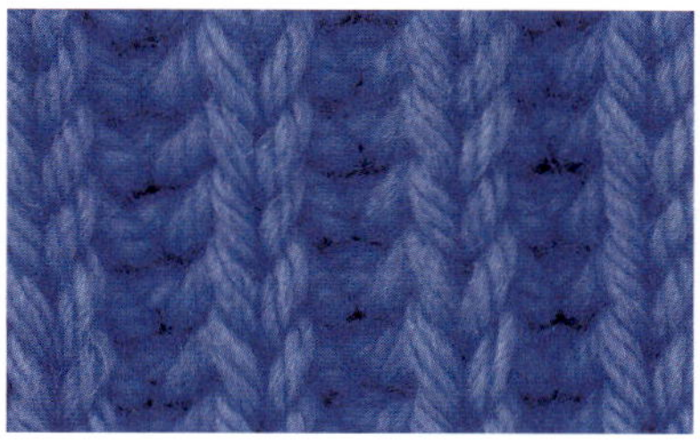
Patent (S. 141)

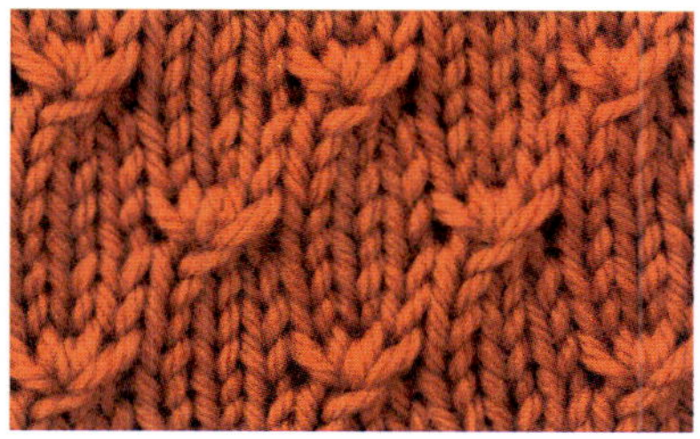
Knötchenmuster (S. 146)

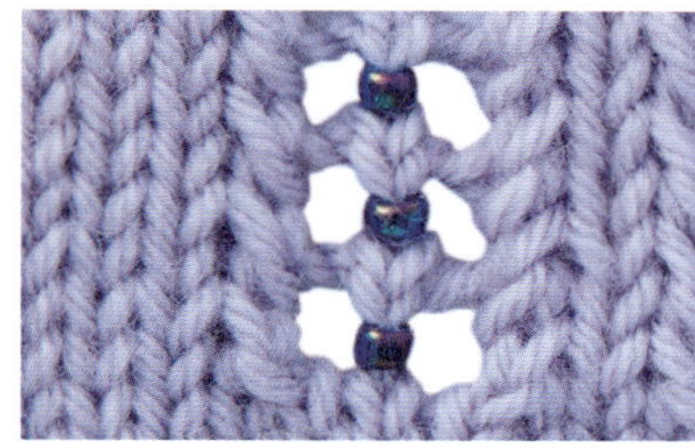
Perlen-Lochmuster (S. 150)

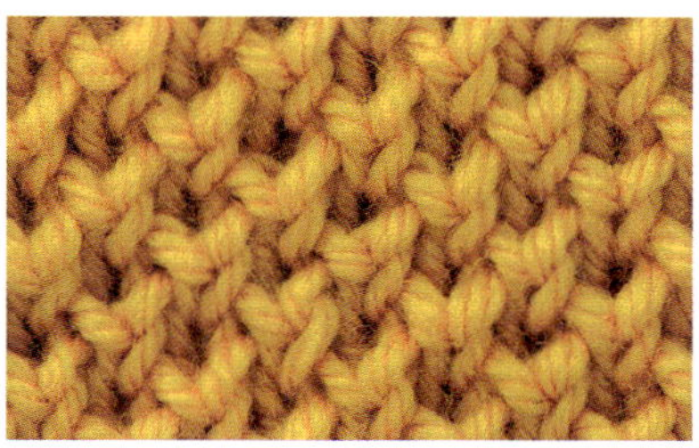
Bienenmuster (S. 142)

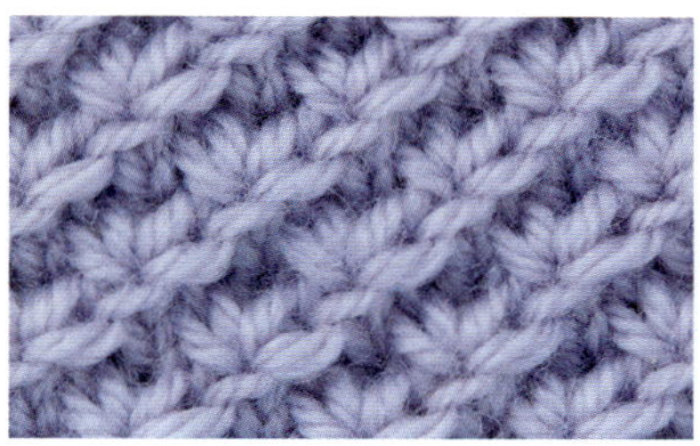
Sternchenmuster (S. 147)

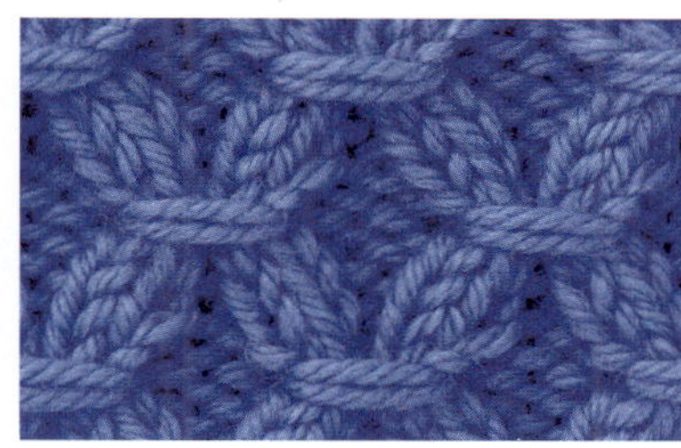
Smokmuster (S. 151)

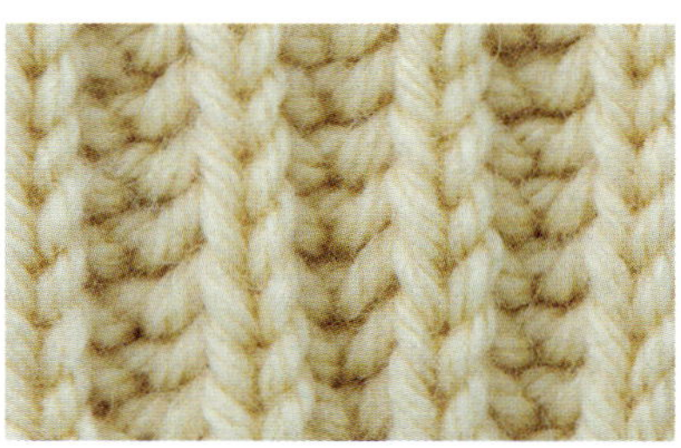
Briochemuster einfarbig (S. 143)

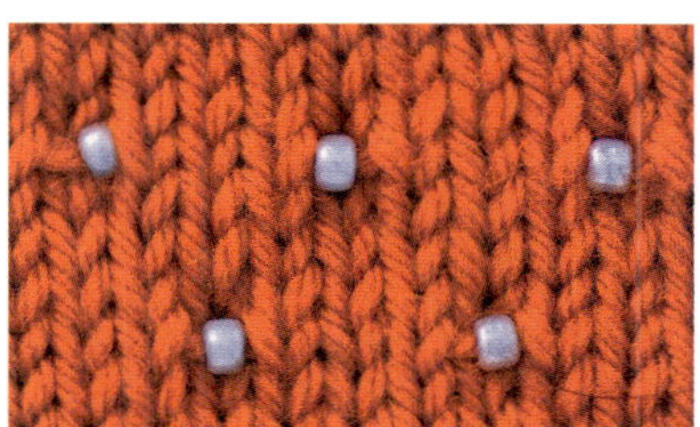
Perlen-Flohmuster (S. 148)

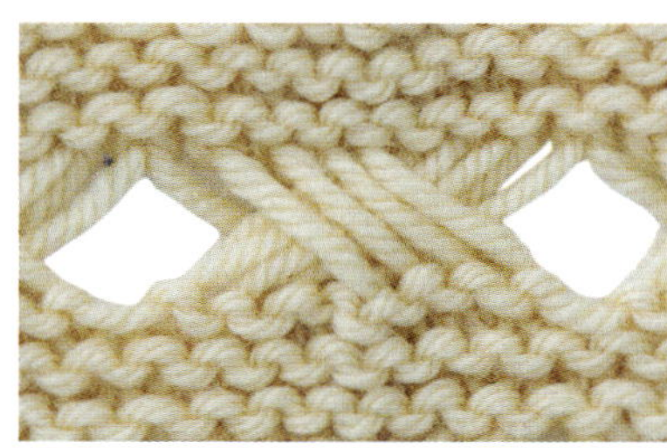
Indisches Kreuzmuster (S. 152)

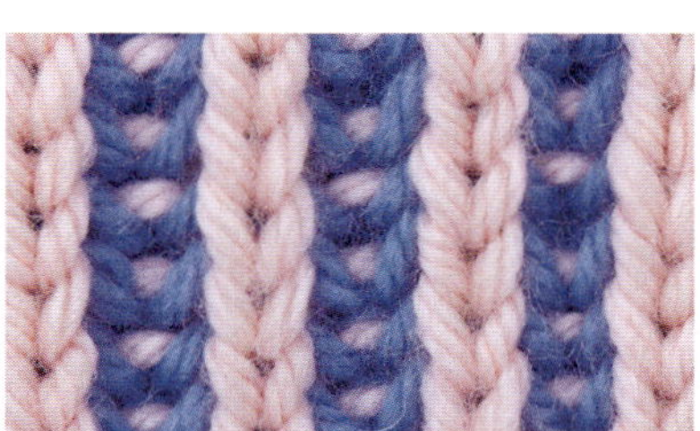
Briochemuster zweifarbig (S. 144)

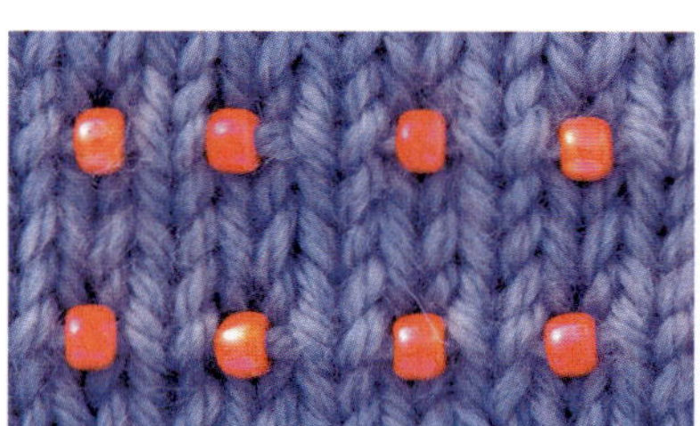
Perlen in Reihen (S. 149)

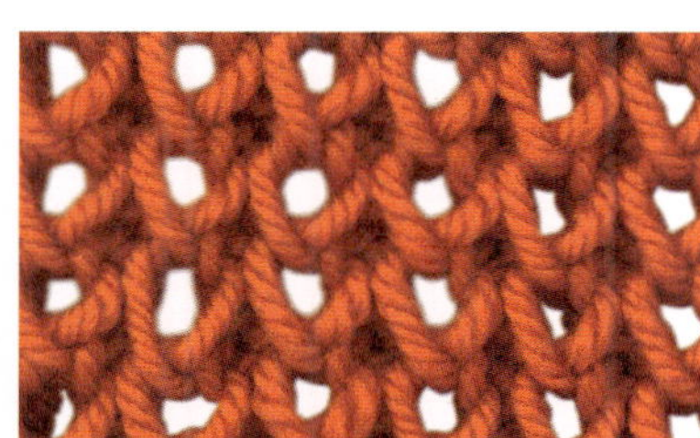
Kettenhemdmuster (S. 153)

Die wichtigsten Maschen

Kraus rechts

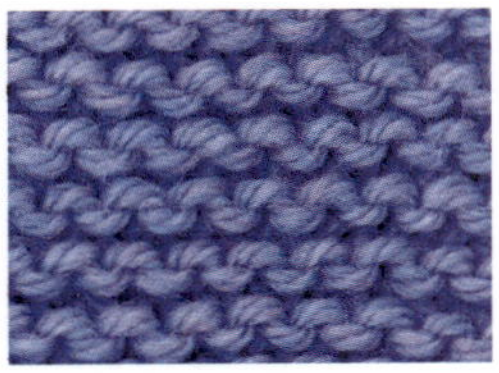

ABKÜRZUNG
1 M re

SCHWIERIGKEITSGRAD
Einfach

ERGEBNIS
Grundmasche

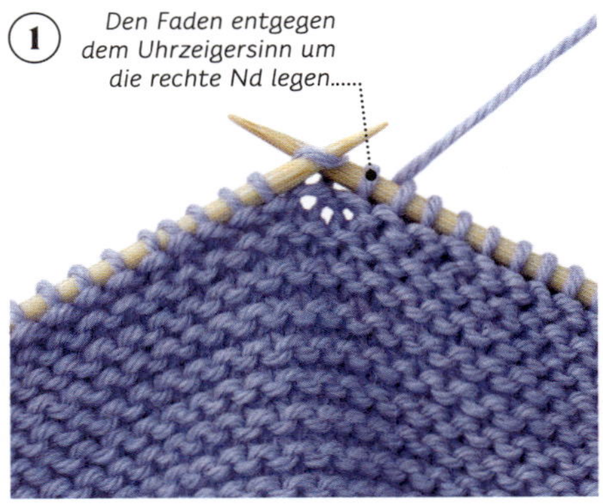

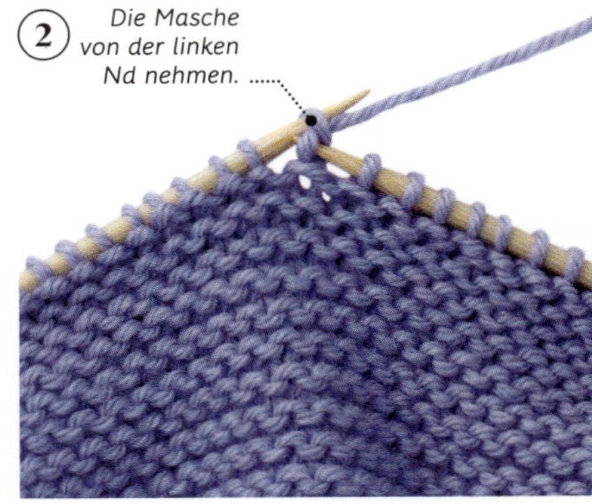

1 Der Faden liegt hinter der Arbeit. Die rechte Nd von links nach rechts in die 1. Masche auf der linken Nd einstechen. Den Faden entgegen dem Uhrzeigersinn um die Nd legen.

2 Den Faden auf Spannung halten und durch die Masche holen. Die Masche von der linken Nd rutschen lassen. Auf der rechten Nd liegt die neue Masche.

Kraus rechts

Dies ist das einfachste aller Strickmuster. Es sieht von beiden Seiten gleich aus. Gestrickt werden in allen Hin- und Rückreihen nur rechte Maschen. Soll das Muster in Runden gearbeitet werden, muss abwechselnd eine Runde rechte und eine Runde linke Maschen gestrickt werden.

Linke Maschen

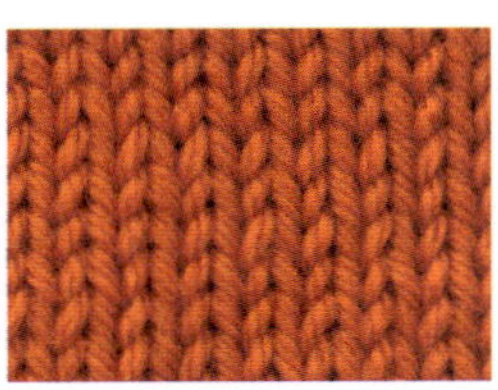

ABKÜRZUNG
1 M li

SCHWIERIGKEITSGRAD
Einfach

ERGEBNIS
Grundmasche

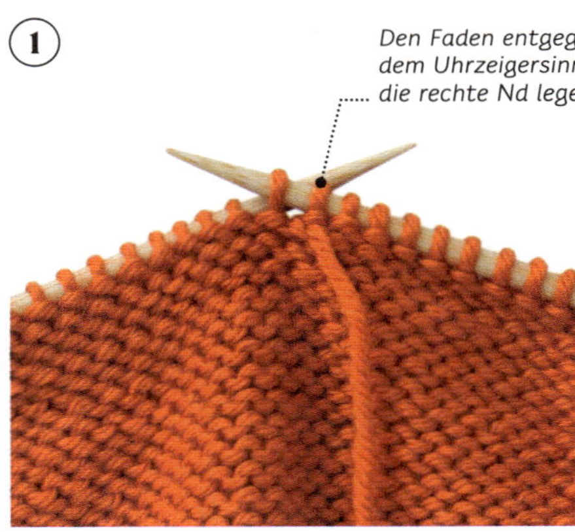

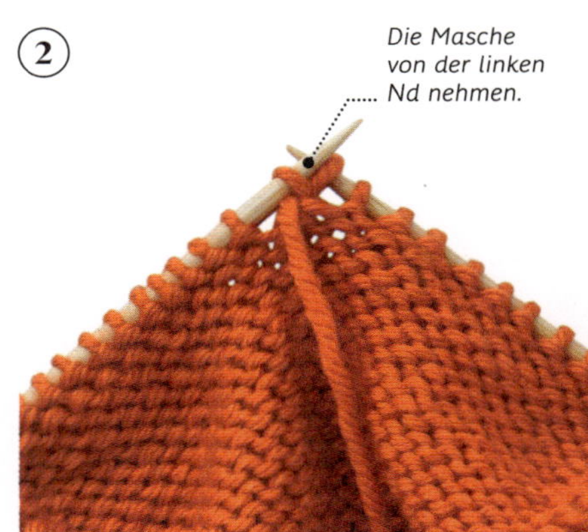

1 Der Faden liegt vor der Arbeit (ggf. zwischen den Nadeln von hinten nach vorn legen). Die rechte Nd von rechts nach links in die 1. Masche auf der linken Nd einstechen. Den Faden entgegen dem Uhrzeigersinn um die rechte Nd legen.

2 Den Faden auf Spannung halten und durch die Masche holen.

Glatt rechts

In Hinreihen werden rechte Maschen gestrickt, in Rückreihen linke Maschen. Die Vorderseite sieht glatt aus, die Rückseite (siehe rechts) hat ein krauses Maschenbild.

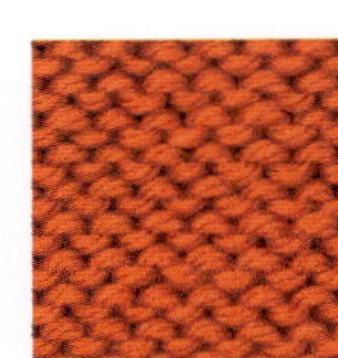

Rechts verschränkt

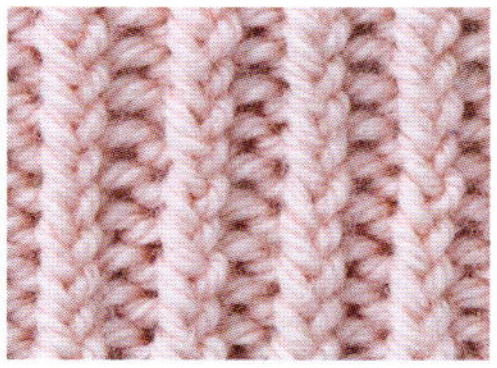

ABKÜRZUNG
1 M re verschr

SCHWIERIGKEITSGRAD
Einfach

ERGEBNIS
In sich gedrehte Version einer rechten Masche

(1)

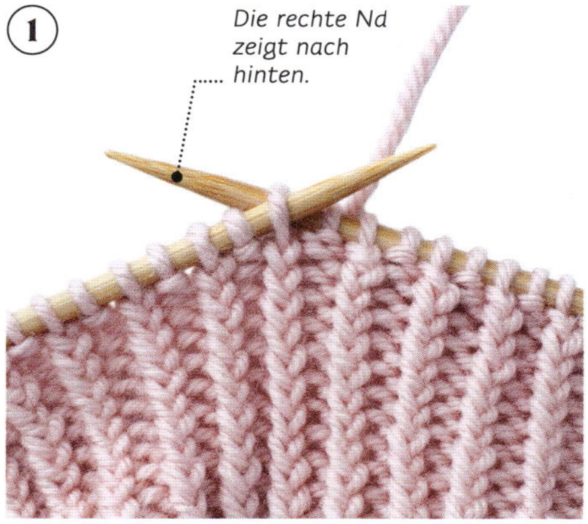

(2)

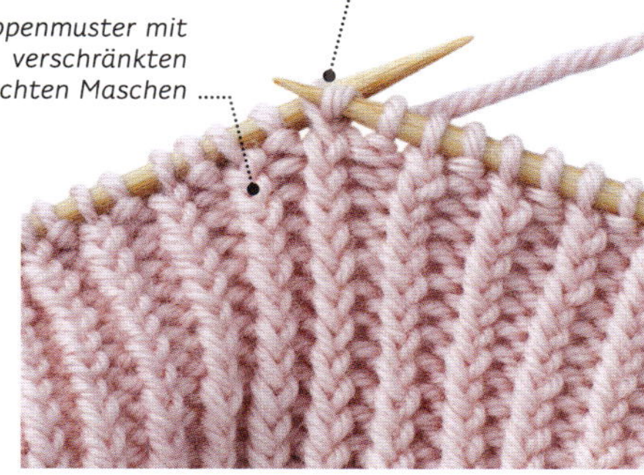

1 Der Faden liegt hinter der Arbeit. Die rechte Nd von rechts nach links hinter der linken Nd in die 1. Masche einstechen. Den Faden entgegen dem Uhrzeigersinn um die rechte Nd legen.

2 Den Faden auf Spannung halten und durch die Masche holen.

Links verschränkt

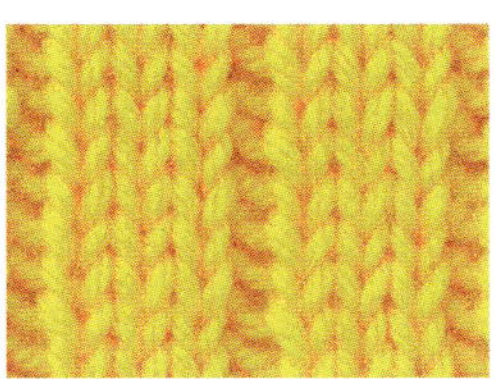

ABKÜRZUNG
1 M li verschr

SCHWIERIGKEITSGRAD
Mittel

ERGEBNIS
In sich gedrehte Version einer linken Masche

(1)

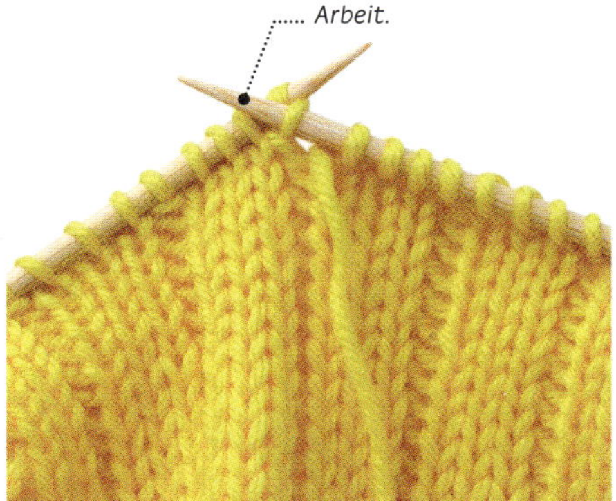

(2)

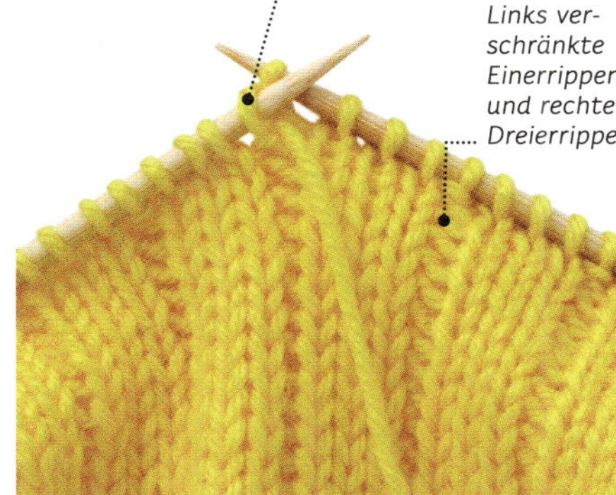

1 Der Faden liegt vor der Arbeit. Die rechte Nd von hinten nach vorn ins hintere Maschenglied der 1. Masche auf der linken Nd einstechen. Den Faden entgegen dem Uhrzeigersinn um die rechte Nd legen.

2 Den Faden auf Spannung halten und durch die Masche holen.

2 Maschen rechts zusammenstricken

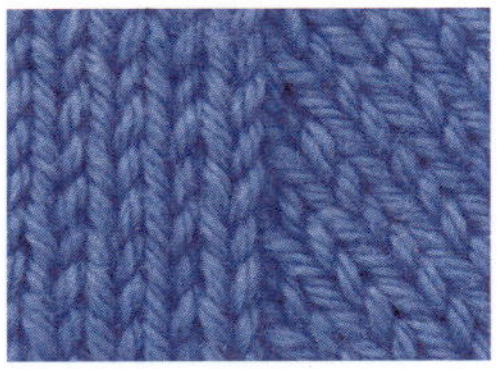

ABKÜRZUNG
2 M re zus-str

SCHWIERIGKEITSGRAD
Einfach

ERGEBNIS
1 Masche wird abgenommen.

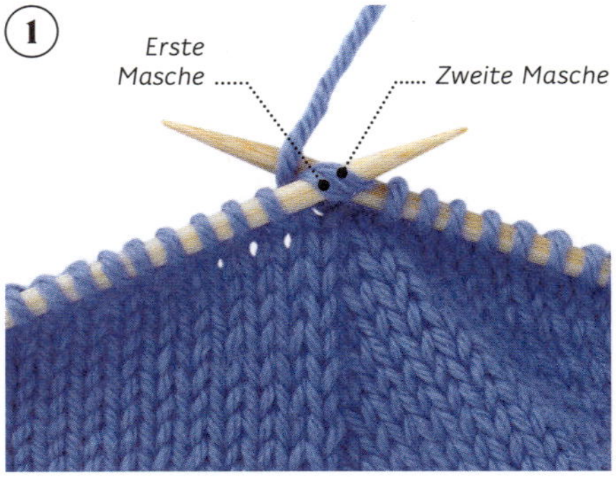

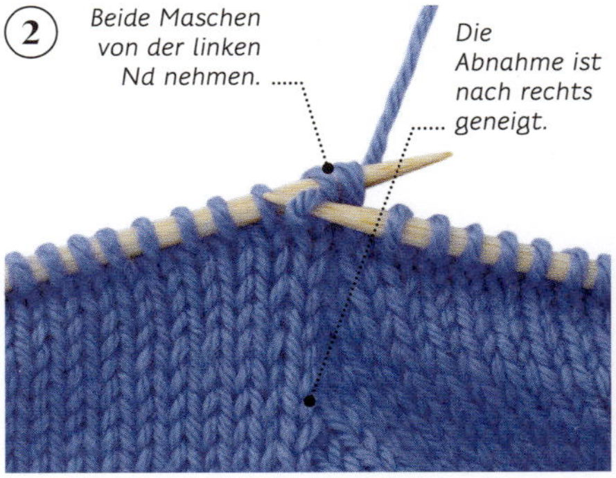

1 Der Faden liegt hinten. Die rechte Nd von links nach rechts in die 2., dann in die 1. Masche auf der linken Nd einstechen. Den Faden entgegen dem Uhrzeigersinn um die rechte Nd legen.

2 Den Faden auf Spannung halten und durch beide Maschen holen. Beide Maschen von der linken Nd rutschen lassen. Auf der rechten Nd liegt nur eine neue Masche.

2 Maschen rechts abgehoben zusammenstricken

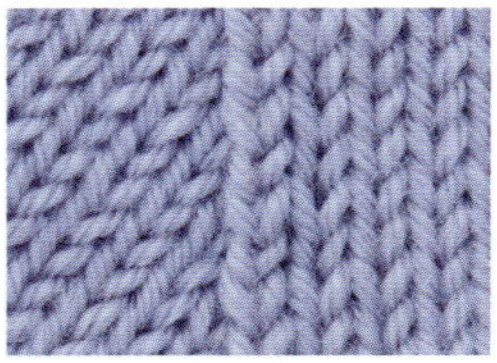

ABKÜRZUNG
2 M re abgeh zus-str

SCHWIERIGKEITSGRAD
Mittel

ERGEBNIS
1 Masche wird abgenommen.

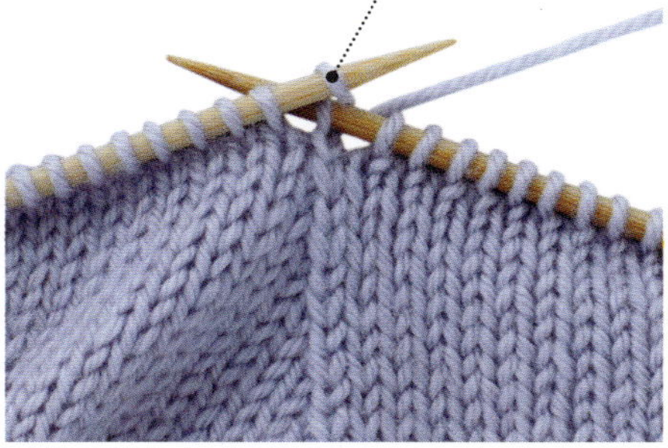

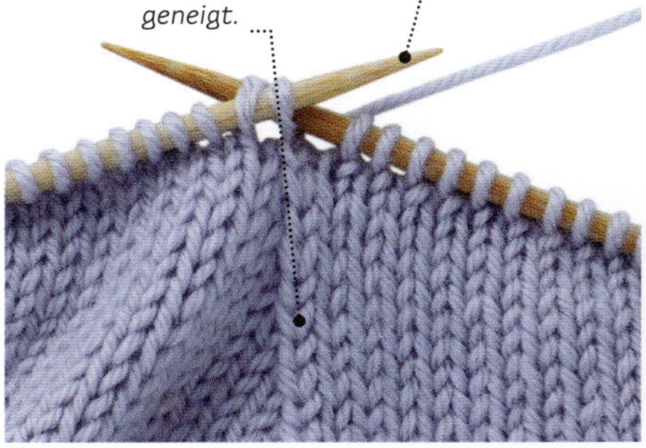

1 Der Faden liegt hinter der Arbeit. Die 1. M von der linken Nd abheben, dabei von links nach rechts einstechen. Mit der 2. M wiederholen. Dabei werden die Maschen gedreht.

2 Die linke Nd vorn von links nach rechts in die beiden abgehobenen Maschen einstechen. Den Faden entgegen dem Uhrzeigersinn um die rechte Nd legen.

3 Den Faden auf Spannung halten und durch beide Maschen holen.

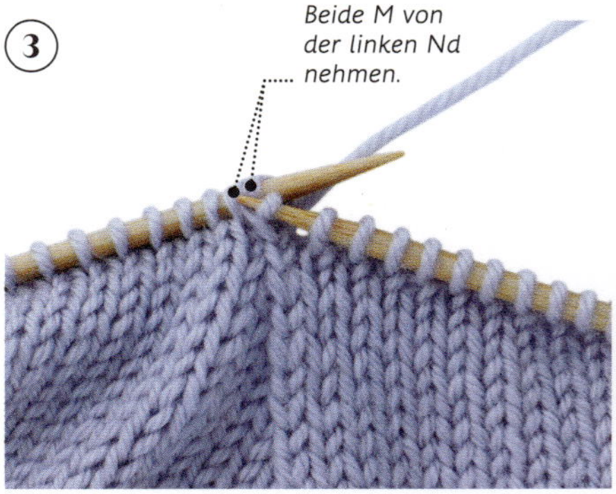

2 Maschen links zusammenstricken

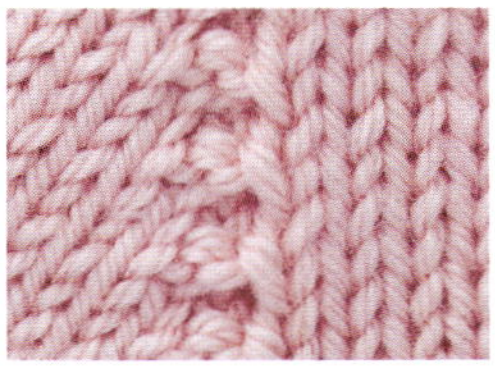

ABKÜRZUNG
2 M li zus-str

SCHWIERIGKEITSGRAD
Einfach

ERGEBNIS
1 M wird abgenommen.

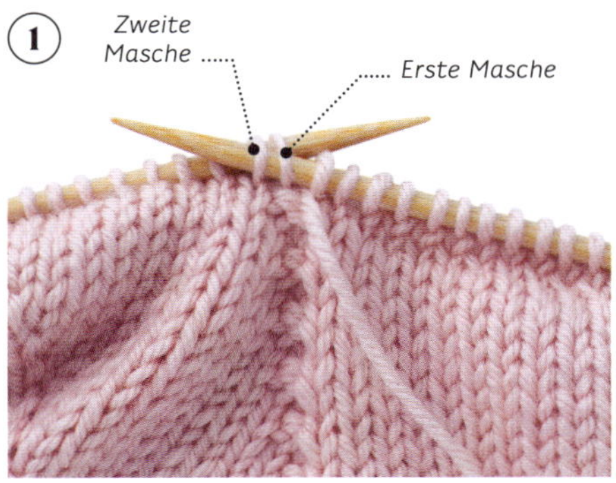

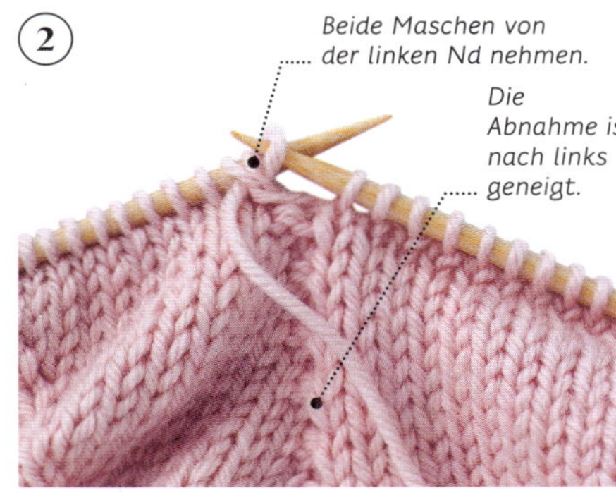

1 Der Faden liegt vor der Arbeit. Die rechte Nd von rechts nach links vor der linken Nd in die ersten beiden Maschen auf der linken Nd einstechen. Den Faden entgegen dem Uhrzeigersinn um die rechte Nd legen.

2 Den Faden auf Spannung halten und durch beide Maschen holen. Beide Maschen von der linken Nd rutschen lassen. Auf der rechten Nd liegt nur eine neue Masche.

2 Maschen links abgehoben zusammenstricken

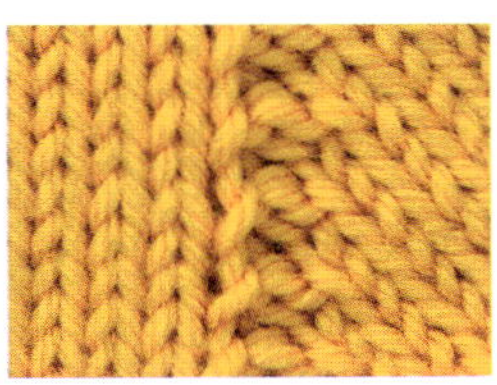

ABKÜRZUNG
2 M li abgeh zus-str

SCHWIERIGKEITSGRAD
Anspruchsvoll

ERGEBNIS
1 M wird abgenommen.

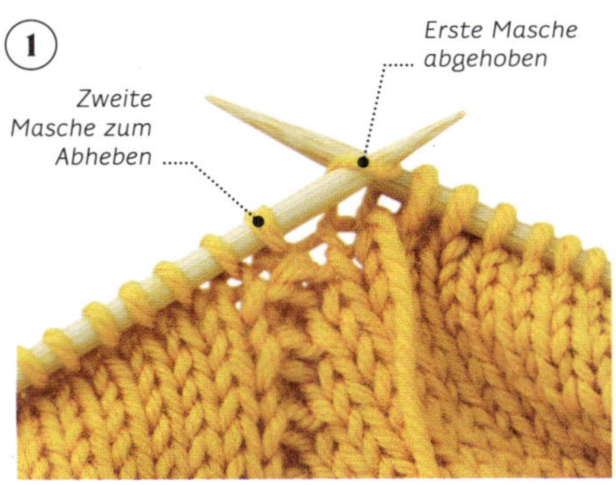

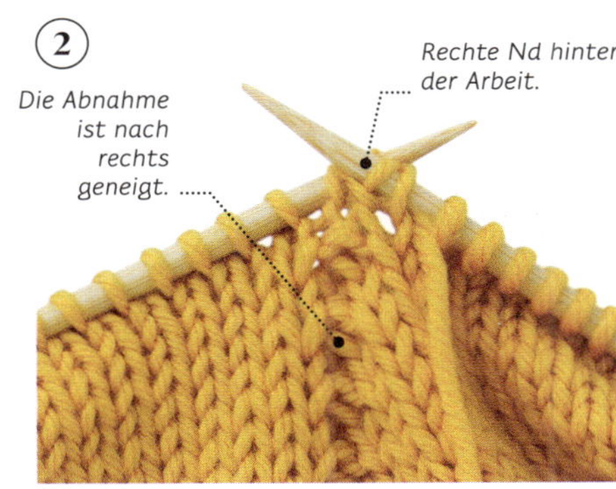

1 Der Faden liegt vor der Arbeit. Die rechte Nd von links nach rechts in die 1. Masche auf der linken Nd einstechen und die Masche abheben. Mit der 2. Masche wiederholen.

2 Beide Maschen wieder auf die linke Nd legen. Die rechte Nd von links nach rechts zuerst in die 2., dann in die 1. Masche auf der linken Nd einstechen. Den Faden entgegen dem Uhrzeigersinn um die rechte Nd legen.

3 Den Faden auf Spannung halten und durch beide Maschen holen.

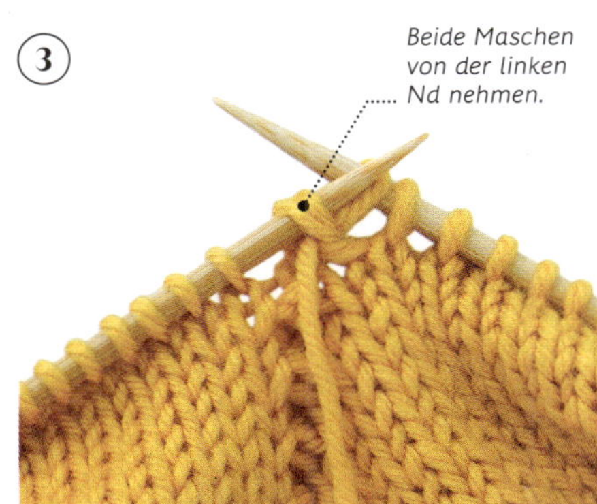

1 Masche zunehmen mit Linksneigung

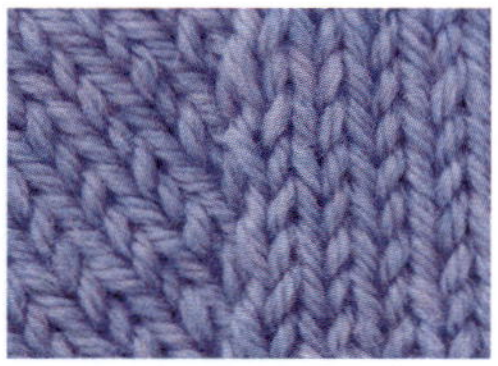

ABKÜRZUNG
1 M zun-li

SCHWIERIGKEITSGRAD
Mittel

ERGEBNIS
1 Masche wird zugenommen.

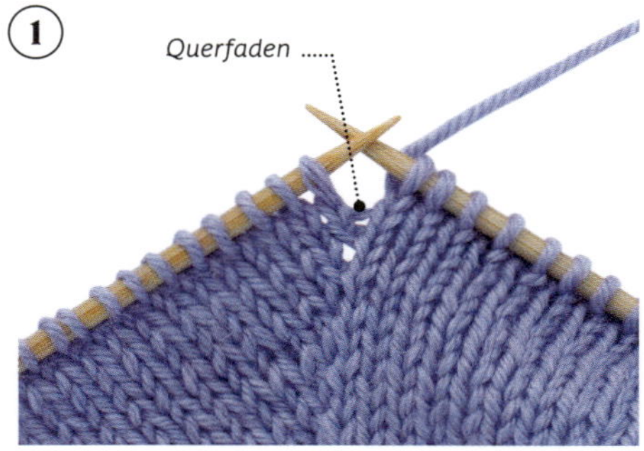

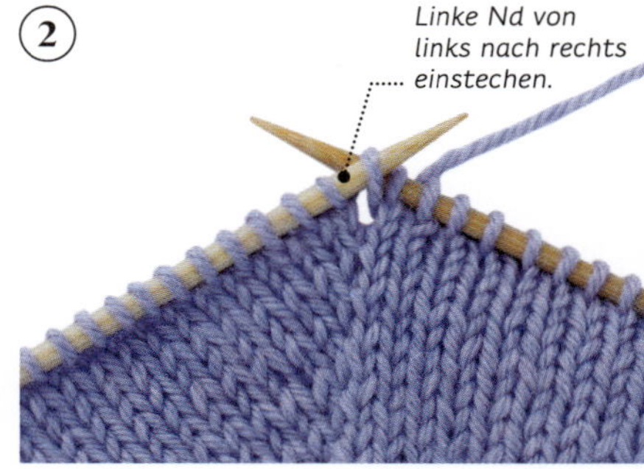

1 Die rechte Nd von hinten nach vorn in den Querfaden zwischen den Maschen einstechen.

2 Die linke Nd von links nach rechts und vor der rechten Nd unter diesen Faden schieben. Den Faden entgegen dem Uhrzeigersinn um die rechte Nd legen.

3 Den Faden auf Spannung halten und durch den gedrehten Querfaden holen.

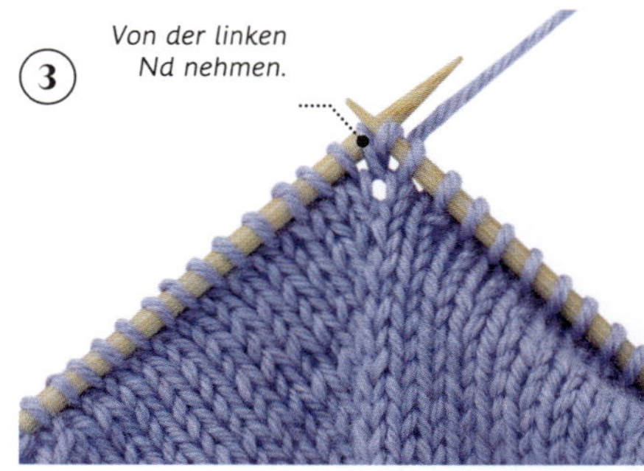

1 Masche zunehmen mit Rechtsneigung

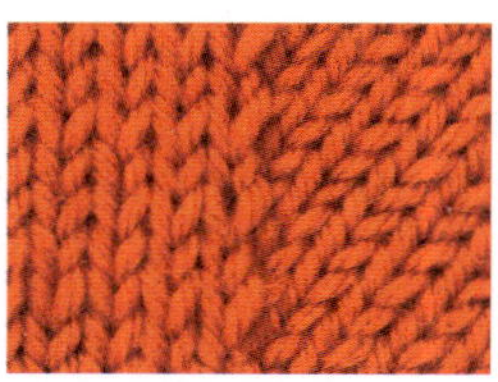

ABKÜRZUNG
1 M zun-re

SCHWIERIGKEITSGRAD
Mittel

ERGEBNIS
1 Masche wird zugenommen.

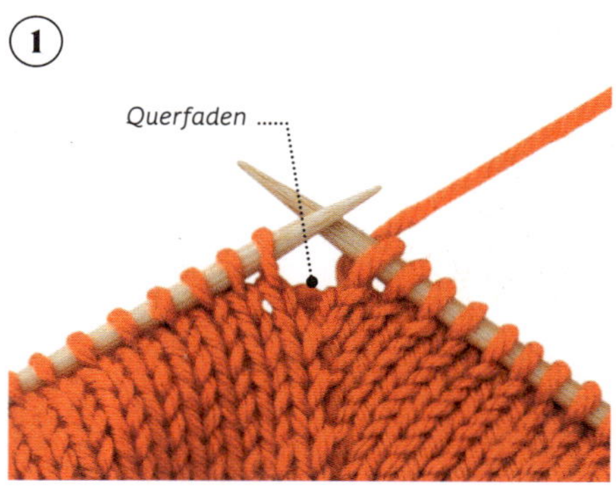

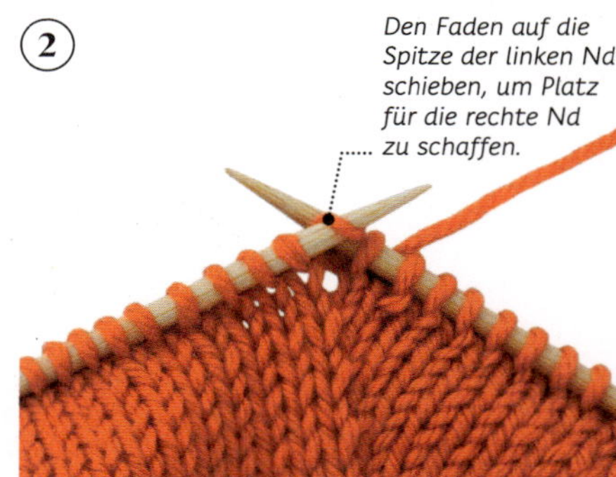

1 Die linke Nd von hinten nach vorn in den Querfaden zwischen den Maschen einstechen.

2 Die rechte Nd von links nach rechts und hinter der rechten Nd unter diesen Faden schieben. Den Faden entgegen dem Uhrzeigersinn um die rechte Nd legen.

3 Den Faden auf Spannung halten und durch den gedrehten Querfaden holen.

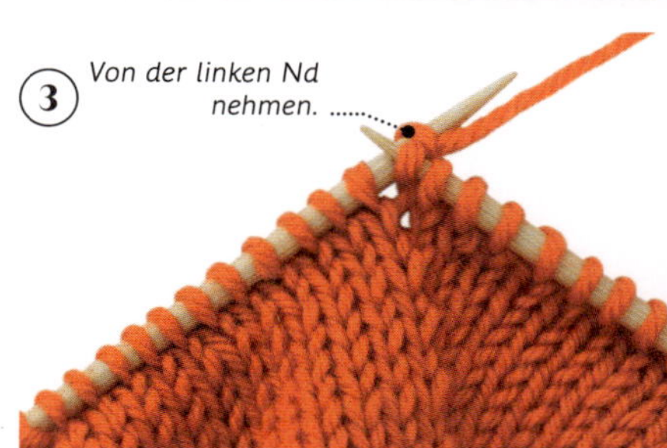

2 Maschen aus einer herausstricken

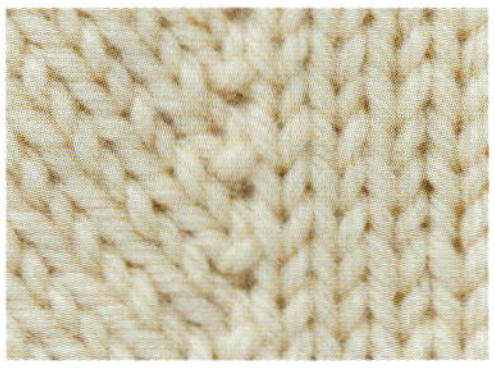

ABKÜRZUNG
2 M aus 1

SCHWIERIGKEITSGRAD
Mittel

ERGEBNIS
1 Masche wird zugenommen.

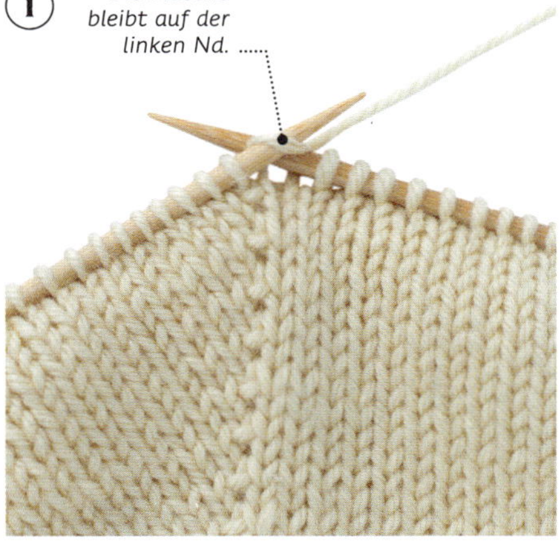

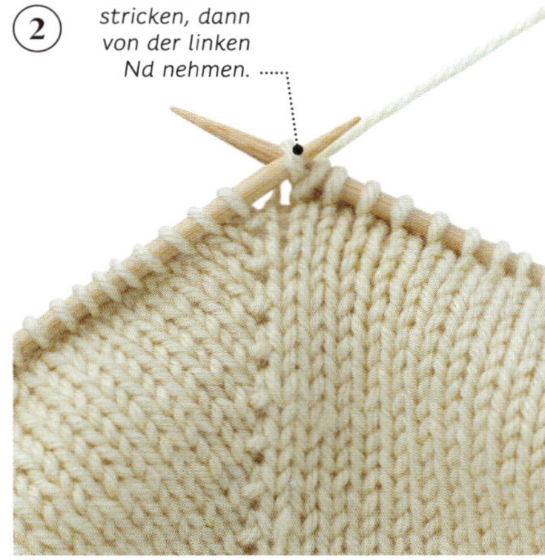

1 Der Faden liegt hinter der Arbeit. Die rechte Nd von links nach rechts in die 1. Masche auf der linken Nd einstechen. Den Faden entgegen dem Uhrzeigersinn um die rechte Nd legen und durchholen.

2 Die rechte Nd nun von rechts nach links in die gleiche Masche auf der linken Nd einstechen. Den Faden entgegen dem Uhrzeigersinn um die rechte Nd legen und durchholen. Die ursprüngliche Masche erst jetzt von der linken Nd rutschen lassen.

3 Maschen aus einer herausstricken

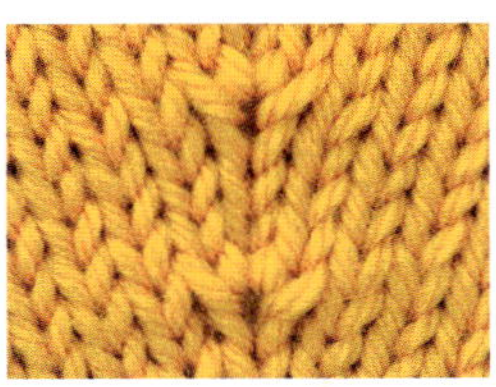

ABKÜRZUNG
3 M aus 1

SCHWIERIGKEITSGRAD
Mittel

ERGEBNIS
2 Maschen werden zugenommen.

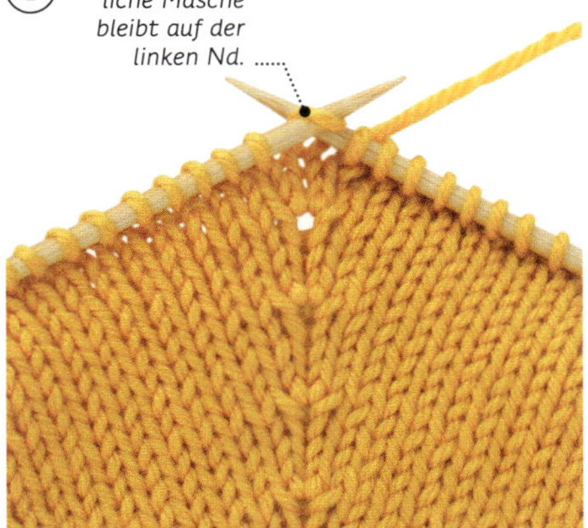

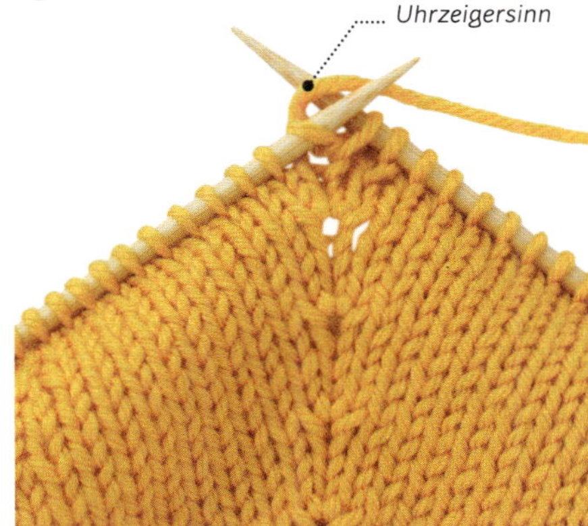

1 Der Faden liegt hinten. Die rechte Nd von links nach rechts in die 1. Masche auf der linken Nd einstechen. Den Faden entgegen dem Uhrzeigersinn um die rechte Nd legen und durchholen, aber die Masche auf der linken Nd lassen.

2 Den Faden zwischen den Nadeln nach vorn legen. [1 M rechts, 1 Umschlag, 1 M rechts] in dieselbe Masche. Dann erst die ursprüngliche M von der linken Nd nehmen.

Umschläge

Durch einen Umschlag entsteht eine Zunahme und ein Loch im Maschenwerk. Bei den folgenden Beispielen hängt die Bildung des Umschlags von den benachbarten Maschen ab. Grundsätzlich wird ein Umschlag entgegen dem Uhrzeigersinn einmal ganz um die rechte Nadel geschlungen, bis der Faden so liegt, wie er für die nächste Masche gebraucht wird.

Rechts-Umschlag-rechts

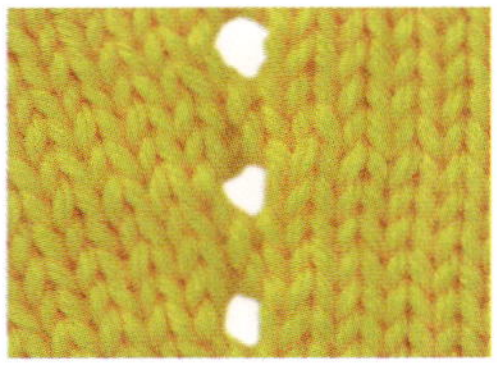

ABKÜRZUNG
U

SCHWIERIGKEITSGRAD
Mittel

ERGEBNIS
1 Masche wird zugenommen, dabei entsteht ein Loch.

(1)

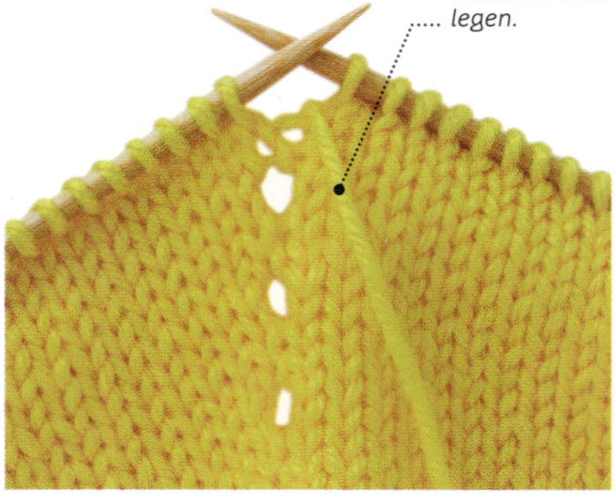

(2)

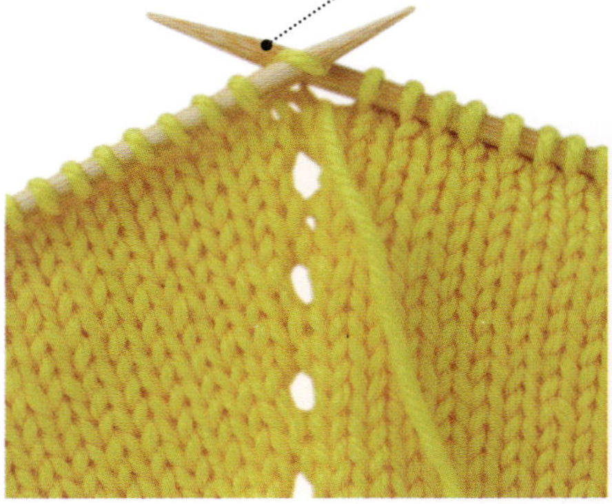

1 Eine Masche rechts stricken. Den Faden vor die Arbeit legen.

2 Die rechte Nd von links nach rechts in die nächste Masche einstechen.

3 Die nächste Masche wie gewohnt rechts stricken. Der Umschlag entsteht, weil der Faden zunächst nach vorn gelegt wurde und darum über die rechte Nd verläuft.

(3)

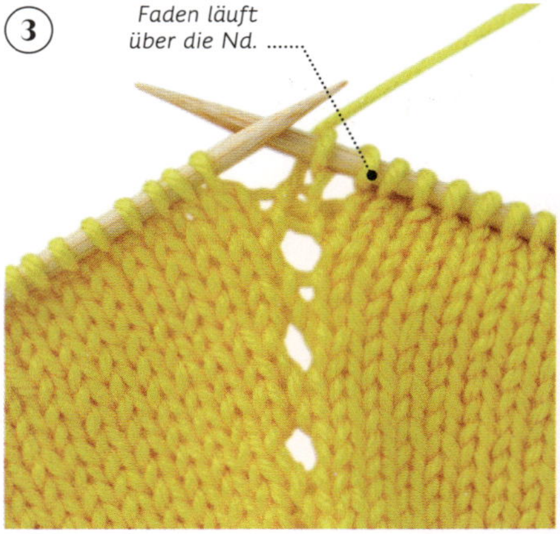

Links-Umschlag-links

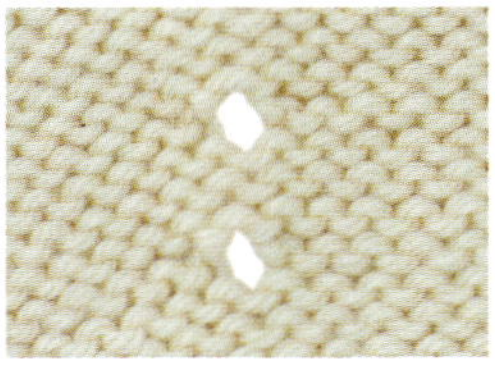

Eine Masche links stricken, der Faden ist vorn. Den Faden über die rechte Nd nach hinten und zwischen den Nadeln nach vorn legen. Die nächste Masche links stricken.

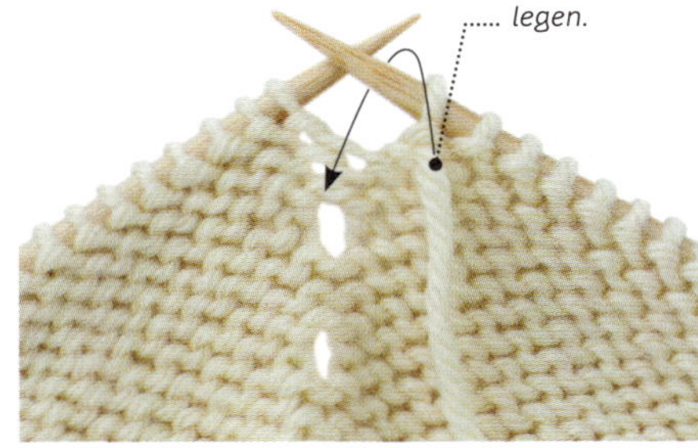

ABKÜRZUNG
U

SCHWIERIGKEITSGRAD
Mittel

ERGEBNIS
1 Masche wird zugenommen, dabei entsteht ein Loch.

Rechts-Umschlag-links

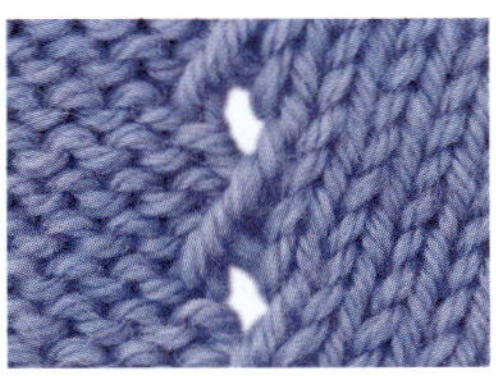

Eine Masche rechts stricken. Den Faden vor die Arbeit legen. Den Faden über die rechte Nd und zwischen den Nd wieder nach vorn führen. Die nächste Masche links stricken.

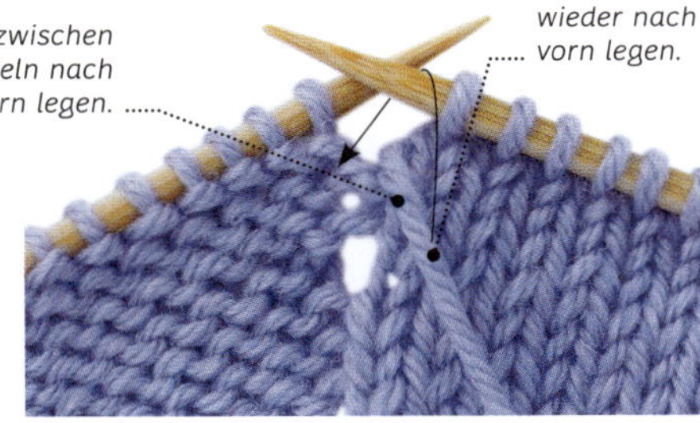

ABKÜRZUNG
U

SCHWIERIGKEITSGRAD
Mittel

ERGEBNIS
1 Masche wird zugenommen, dabei entsteht ein Loch.

Links-Umschlag-rechts

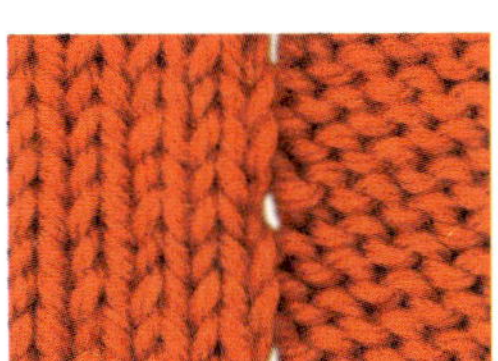

ABKÜRZUNG
U

SCHWIERIGKEITSGRAD
Mittel

ERGEBNIS
1 Masche wird zugenommen, dabei entsteht ein Loch.

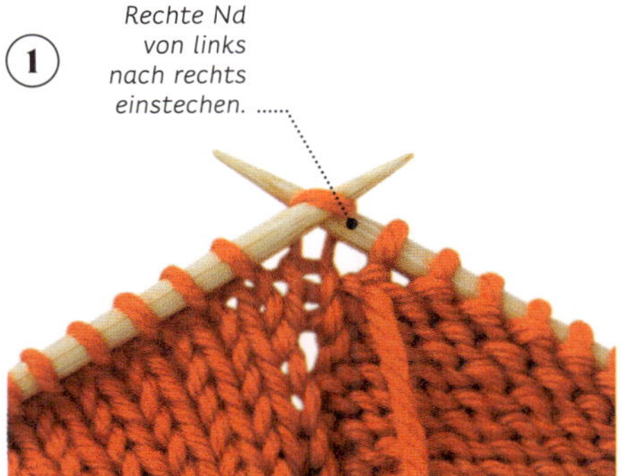

1 Der Faden liegt vorn. Die rechte Nd von links nach rechts in die nächste Masche einstechen.

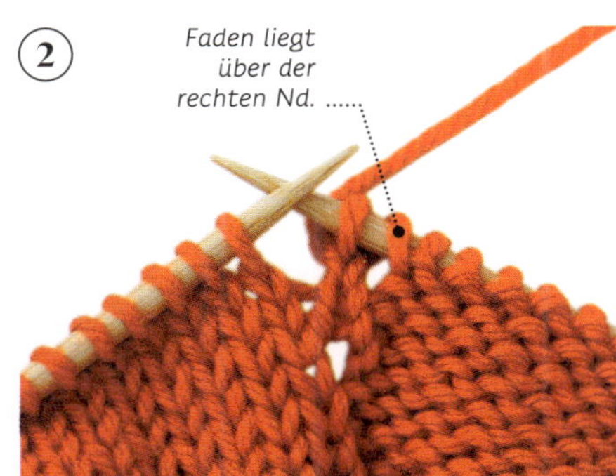

2 Die nächste Masche rechts stricken. Der Umschlag entsteht, weil der Faden über die rechte Nd gelegt wurde.

3 Maschen rechts überzogen zusammenstricken

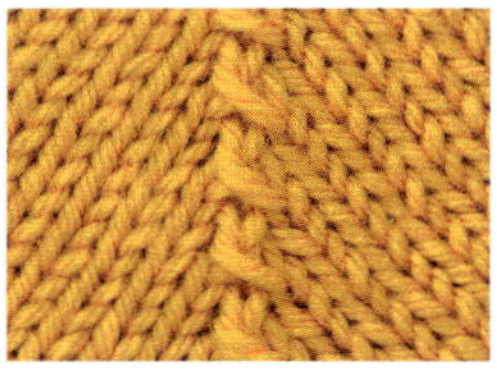

ABKÜRZUNG
3 M re überz zus-str

SCHWIERIGKEITSGRAD
Mittel

ERGEBNIS
2 Maschen werden abgenommen.

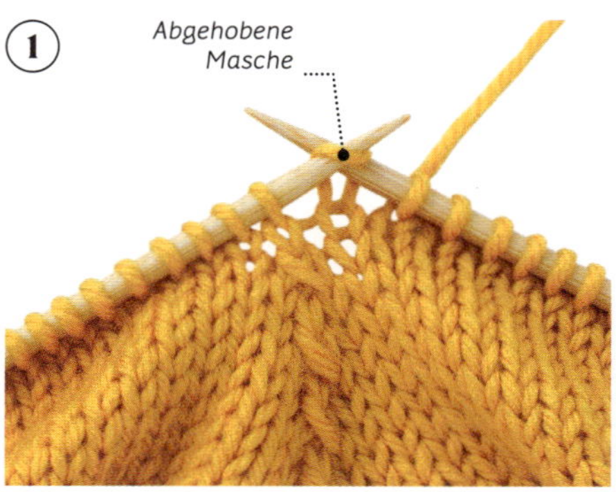

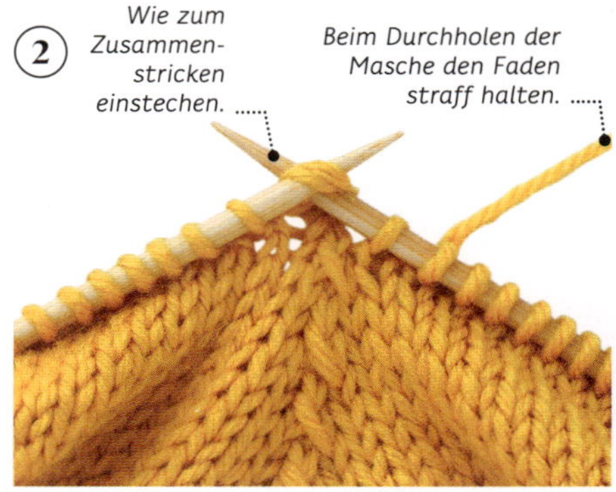

1 Die 1. Masche von der linken Nd abheben, dabei mit der rechten Nd von links nach rechts einstechen.

2 Die rechte Nd von links nach rechts in die 2. und dann in die 1. Masche einstechen (wie zum Zusammenstricken, siehe S. 38). Den Faden entgegen dem Uhrzeigersinn um die rechte Nd legen und durch beide Maschen holen, dann die Maschen von der linken Nd rutschen lassen.

3 Die linke Nd von links nach rechts in die abgehobene Masche einstechen und über die soeben gestrickte Masche ziehen.

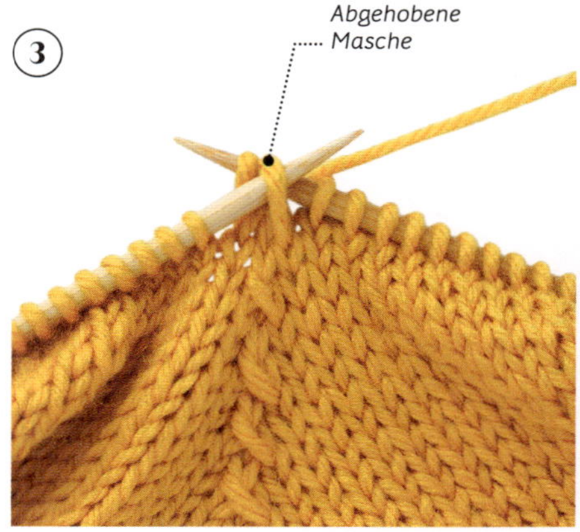

Mittige Doppelabnahme

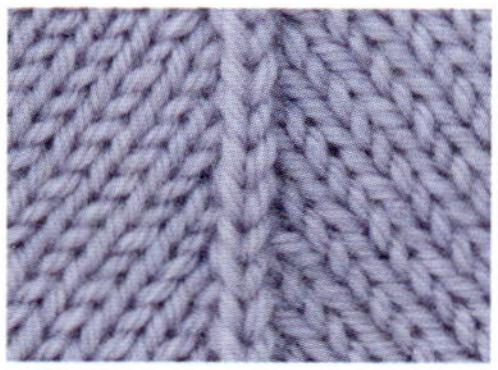

ABKÜRZUNG
MDA

SCHWIERIGKEITSGRAD
Anspruchsvoll

ERGEBNIS
2 Maschen werden abgenommen.

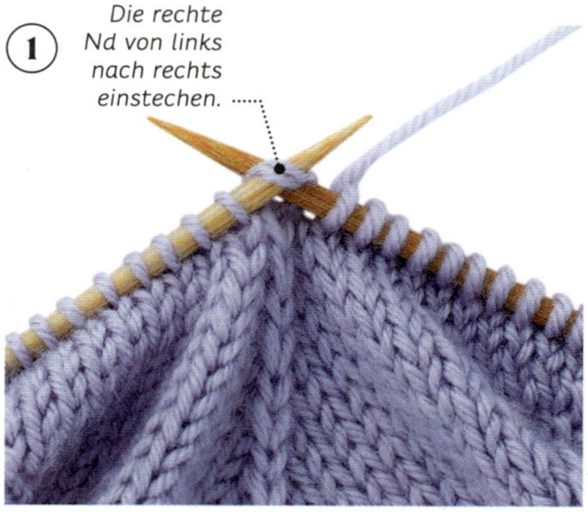

1 2 Maschen zusammen abheben (dabei wie zum Zusammenstricken einstechen, siehe S. 38). Die nächste Masche rechts stricken.

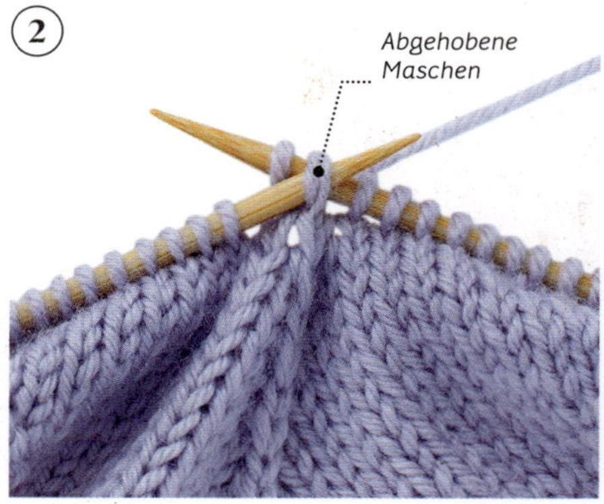

2 Die linke Nd von links nach rechts in die beiden abgehobenen Maschen einstechen und beide zusammen über die soeben gestrickte Masche ziehen.

1 Masche abheben, Faden vor der Arbeit

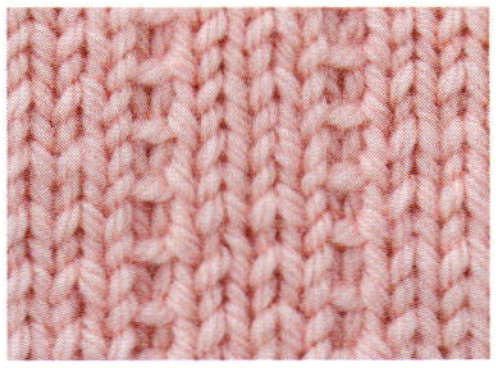

ABKÜRZUNG
1 M abh Fv

SCHWIERIGKEITSGRAD
Mittel

ERGEBNIS
Hebemasche

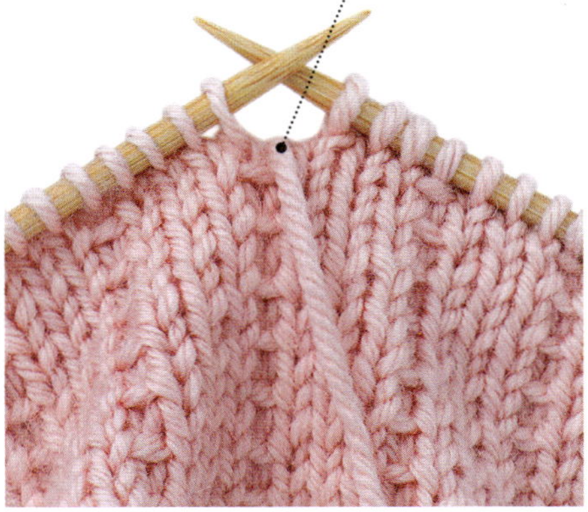

1 Den Faden zwischen den Nd vor die Arbeit legen.

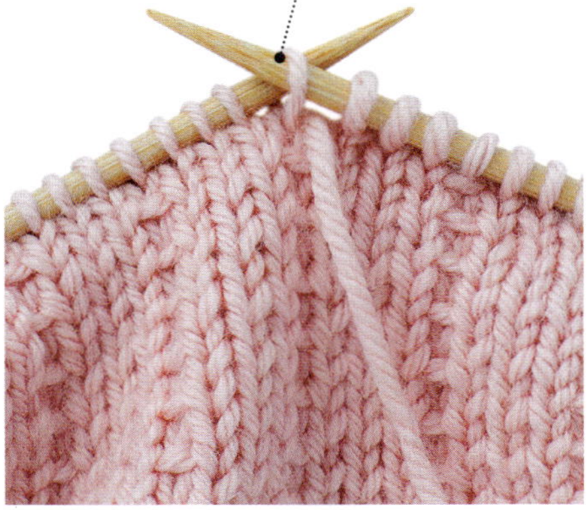

2 Die nächste Masche auf die rechte Nd abheben. Falls eine rechte Masche folgt, den Faden zwischen den Nd wieder nach hinten legen und wie gewohnt fortfahren.

1 Masche abheben, Faden hinter der Arbeit

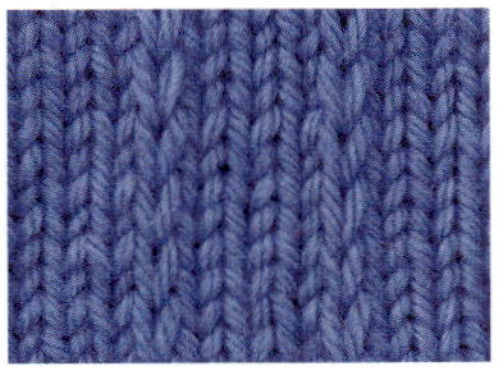

ABKÜRZUNG
1 M abh Fh

SCHWIERIGKEITSGRAD
Einfach

ERGEBNIS
Hebemasche

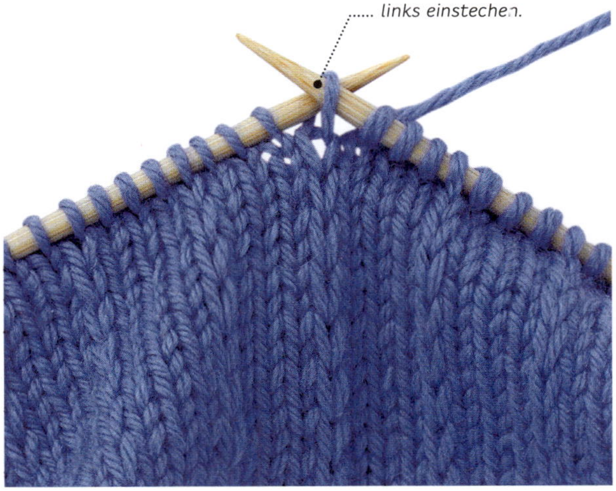

Der Faden liegt hinter der Arbeit. Die nächste Masche auf die rechte Nd abheben und wie gewohnt weiterstricken.

Hebemaschen-Rippen

Für diese Variante werden Reihe 1 und 2 des Vogelaugenmusters (siehe S. 69) wiederholt, sodass Rippen entstehen. Sie werden oft für die Ferse von Socken verwendet.

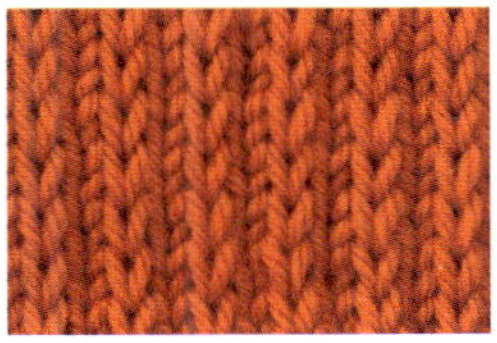

Rechte & linke Maschen

Einfache Strukturen

Rechte und linke Maschen (siehe S. 36) bilden die Grundlage aller Strickarbeiten. Die Muster in diesem Kapitel sind besonders einfach zu stricken, weil sie nur aus diesen beiden Grundmaschen bestehen. Einige der folgenden Muster sehen auf beiden Seiten gleich aus, andere sind einseitig. Letztere haben also eine Vorderseite oder rechte Seite – aber in manchen Fällen sieht auch die Rückseite attraktiv aus. Manche der Strukturmuster sind recht dezent und kommen am besten zur Geltung, wenn man sie mit glatten Garnen in hellen bis mittleren Farbtönen strickt. In flauschigem Garn oder Effektgarn würden die Muster kaum auffallen.

Diese Strukturmuster eignen sich gerade wegen ihres unaufdringlichen Charakters für Strickarbeiten aller Art. Traditionell wurden sie für die Pullover der Fischer von den Kanalinseln verwendet und mit dünnen Nadeln gestrickt, um ein sehr festes, winddichtes Maschenwerk zu erhalten.

Perlmuster

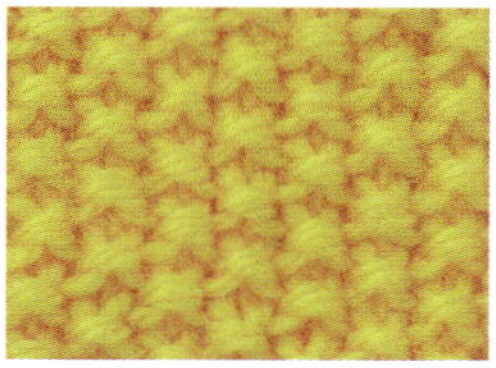

SCHWIERIGKEITSGRAD
Einfach

MUSTERSATZ
2 (+1) Maschen; 2 Reihen

VERWENDETE MASCHEN
rechte M, linke M

AUSSEHEN
Wendbar

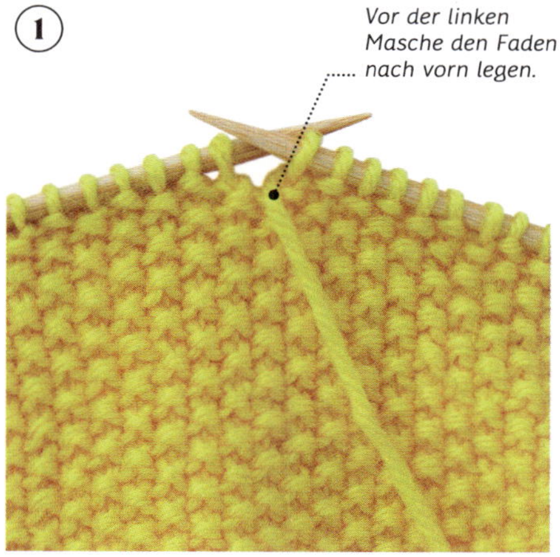

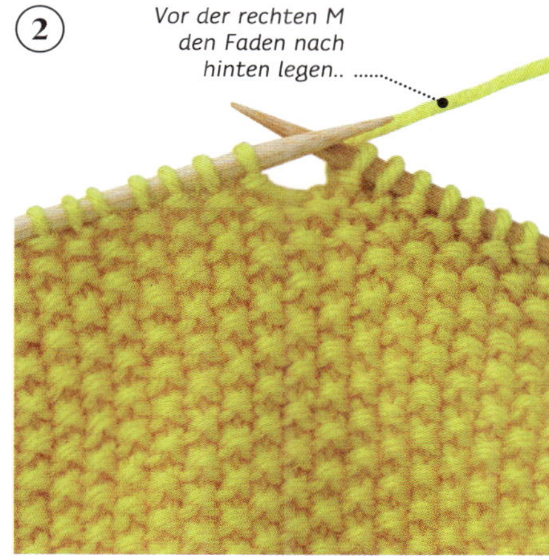

1 **R 1:** Der Faden liegt hinter der Arbeit. 1 M re. *Den Faden zwischen den Nadeln nach vorn legen. 1 M li.

2 Den Faden zwischen den Nadeln nach hinten legen. 1 M re. Ab * bis zum Ende der Reihe wdh.
R 2: Wie Reihe 1.

Großes Perlmuster

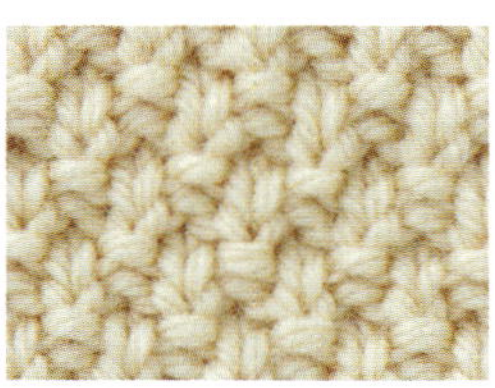

SCHWIERIGKEITSGRAD
Einfach

MUSTERSATZ
2 Maschen; 4 Reihen

VERWENDETE MASCHEN
rechte M, linke M

AUSSEHEN
Wendbar

R 1: 1 M re, 1 M li.
R 2: Wie Reihe 1.
R 3: 1 M li, 1 M re.
R 4: Wie Reihe 3.

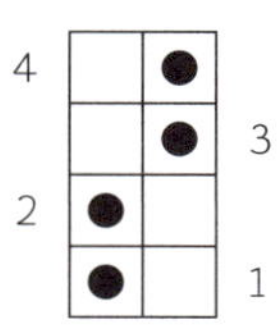

Kraus-rechts-Streifen

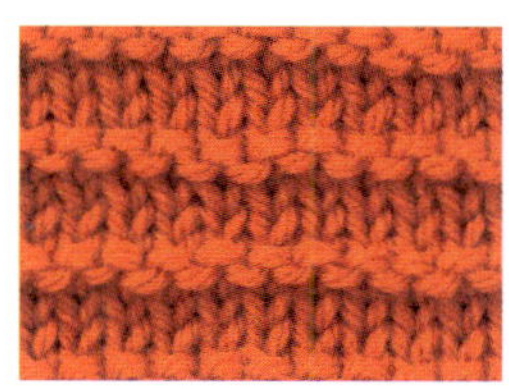

SCHWIERIGKEITSGRAD
Einfach

MUSTERSATZ
1 Masche; 4 Reihen

VERWENDETE MASCHEN
rechte M, linke M

AUSSEHEN
Einseitig

R 1: re M str.
R 2: li M str.
R 3: re M str.
R 4: re M str.

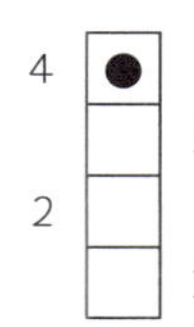

Telegrafiemuster

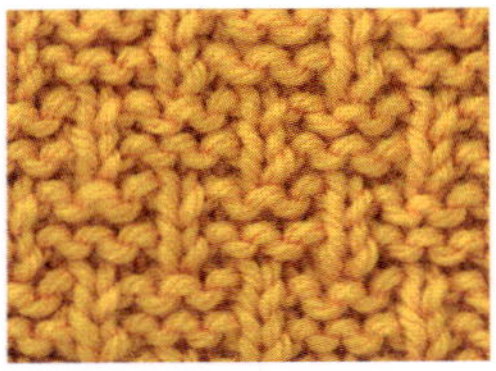

SCHWIERIGKEITSGRAD
Einfach

MUSTERSATZ
4 Maschen; 8 Reihen

VERWENDETE MASCHEN
rechte M, linke M

AUSSEHEN
Einseitig

R 1: re M str.
R 2: 1 M li, 3 M re.
R 3: re M str.
R 4: 1 M li, 3 M re.
R 5: re M str.
R 6: 2 M re, 1 M li, 1 M re.
R 7: re M str.
R 8: 2 M re, 1 M li, 1 M re.

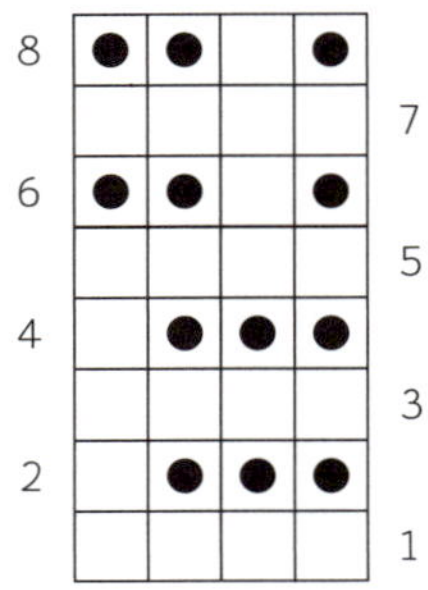

Querstriche

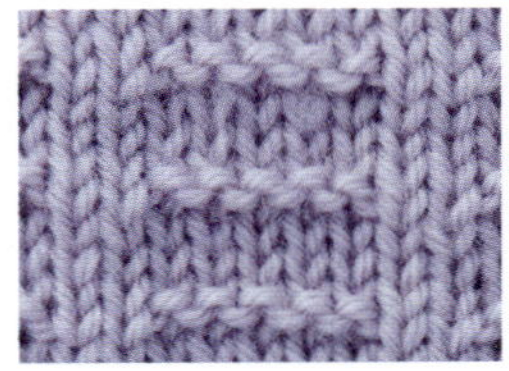

SCHWIERIGKEITSGRAD
Einfach

MUSTERSATZ
7 (+2) Maschen; 4 Reihen

VERWENDETE MASCHEN
rechte M, linke M

AUSSEHEN
Einseitig

R 1: re M str.
R 2: li M str.
R 3: re M str.
R 4: 2 M li, *5 M re, 2 M li. Ab * wdh bis zum Ende.

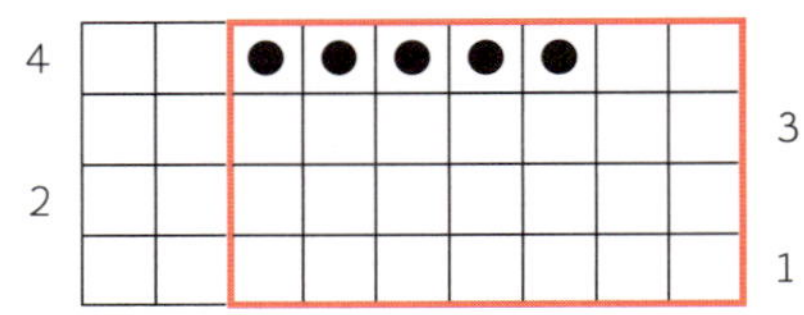

Falsche Rippen

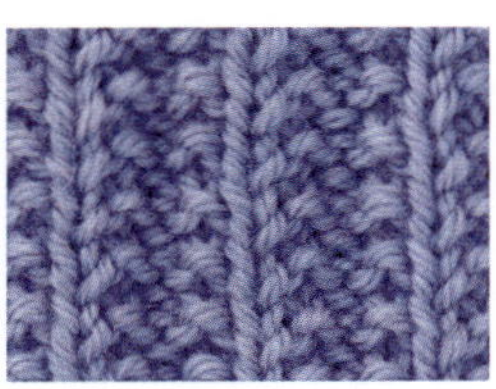

SCHWIERIGKEITSGRAD
Einfach

MUSTERSATZ
4 (+1) Maschen; 2 Reihen

VERWENDETE MASCHEN
rechte M, linke M

AUSSEHEN
Wendbar

R 1: 1 M li, *3 M re, 1 M li. Ab * wdh bis zum Ende.
R 2: *2 M re, 1 M li, 1 M re. Ab * wdh bis zur letzten M, 1 M re.

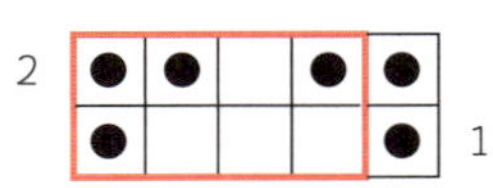

Flechtmuster

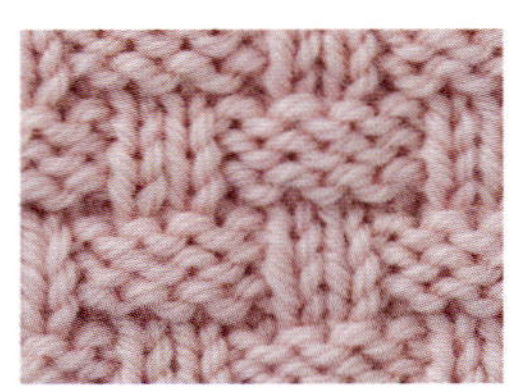

SCHWIERIGKEITSGRAD
Einfach

MUSTERSATZ
6 Maschen; 8 Reihen

VERWENDETE MASCHEN
rechte M, linke M

AUSSEHEN
Einseitig

R 1: re M str.
R 2: 4 M re, 2 M li.
R 3: 2 M re, 4 M li.
R 4: 4 M re, 2 M li.
R 5: re M str.
R 6: 1 M re, 2 M li, 3 M re.
R 7: 3 M li, 2 M re, 1 M li.
R 8: 1 M re, 2 M li, 3 M re.

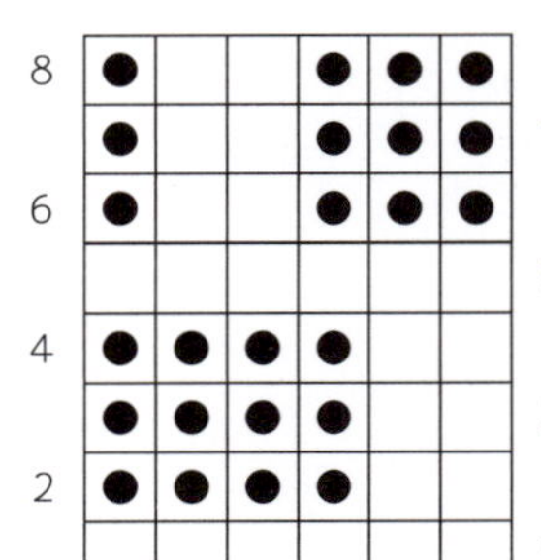

Wabenmuster

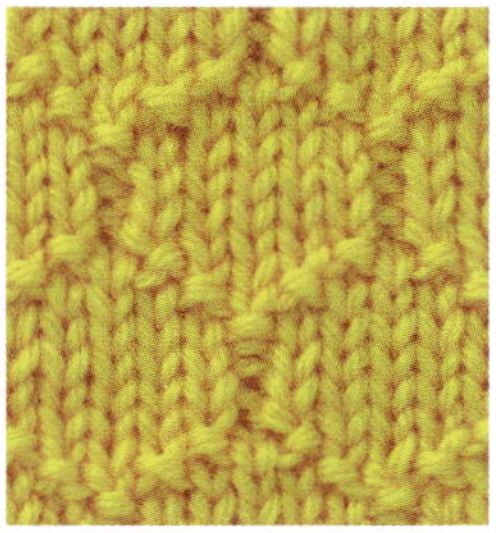

R 1 + 3: 1 M li, 5 M re.
R 2 + 4: 5 M li, 1 M re.
R 5: 1 M re, 1 M li, 3 M re, 1 M li.
R 6: (1 M li, 1 M re) 2×, 2 M li.
R 7: 3 M re, 1 M li, 2 M re.
R 8: 2 M li, 1 M re, 3 M li.
R 9: 3 M re, 1 M li, 2 M re.
R 10: 2 M li, 1 M re, 3 M li.
R 11: 2 M re, (1 M li, 1 M re) 2×.
R 12: 1 M re, 3 M li, 1 M re, 1 M li.

SCHWIERIGKEITSGRAD
Einfach

MUSTERSATZ
6 Maschen; 12 Reihen

VERWENDETE MASCHEN
rechte M, linke M

AUSSEHEN
Beide Seiten können als rechte Seite verwendet werden.

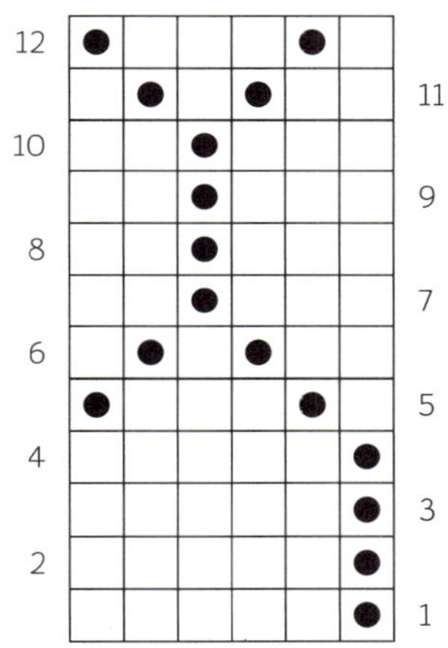

Schachbrettmuster

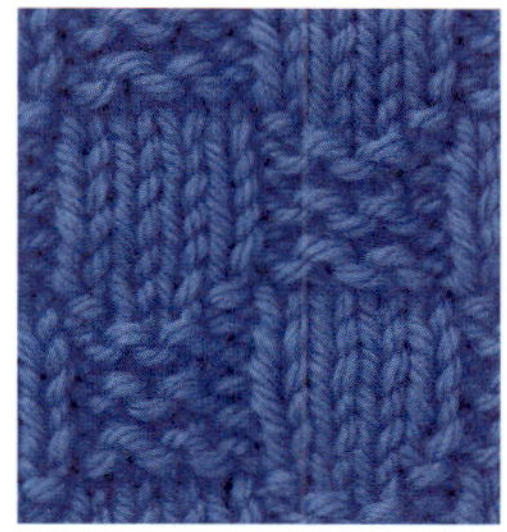

R 1: 4 M li, 4 M re.
R 2: 4 M li, 1 M re, 2 M li, 1 M re.
R 3: 4 M li, 4 M re.
R 4: 4 M li, 1 M re, 2 M li, 1 M re.
R 5: 4 M li, 4 M re.
R 6: 4 M li, 1 M re, 2 M li, 1 M re.
R 7: 4 M re, 4 M li.
R 8: 1 M re, 2 M li, 1 M re, 4 M li.
R 9: 4 M re, 4 M li.
R 10: 1 M re, 2 M li, 1 M re, 4 M li.
R 11: 4 M re, 4 M li.
R 12: 1 M re, 2 M li, 1 M re, 4 M li.

SCHWIERIGKEITSGRAD
Einfach

MUSTERSATZ
8 Maschen; 12 Reihen

VERWENDETE MASCHEN
rechte M, linke M

AUSSEHEN
Einseitig

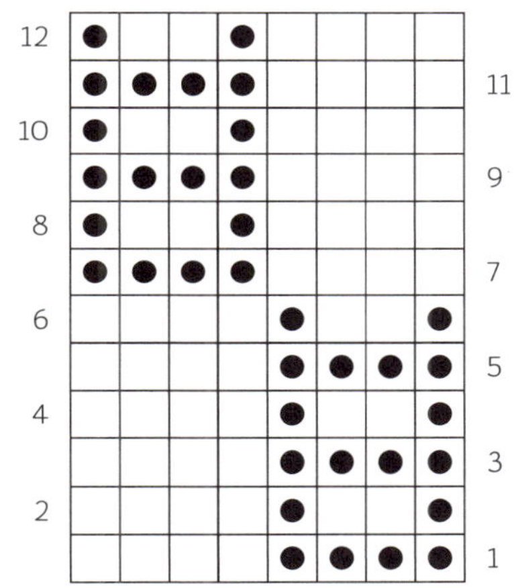

Pflastersteinmuster

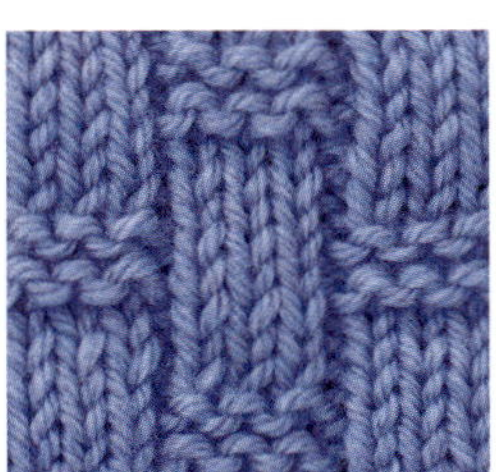

R 1: *1 M li, 3 M re. Ab * wdh bis zur letzten M, 1 M li.
R 2: 1 M re, *4 M re, 3 M li, 1 M re. Ab * wdh bis zum Ende.
R 3: Wie Reihe 1.
R 4: 1 M re, *3 M li, 1 M re. Ab * wdh bis zum Ende.
R 5: Wie Reihe 1.
R 6: 1 M re, *3 M li, 5 M re. Ab * wdh bis zum Ende.
R 7: Wie Reihe 1.
R 8: Wie Reihe 6.
R 9: Wie Reihe 1.
R 10: Wie Reihe 4.
R 11: Wie Reihe 1.
R 12: Wie Reihe 2.

SCHWIERIGKEITSGRAD
Einfach

MUSTERSATZ
8 (+1) Maschen; 12 Reihen

VERWENDETE MASCHEN
rechte M, linke M

AUSSEHEN
Einseitig

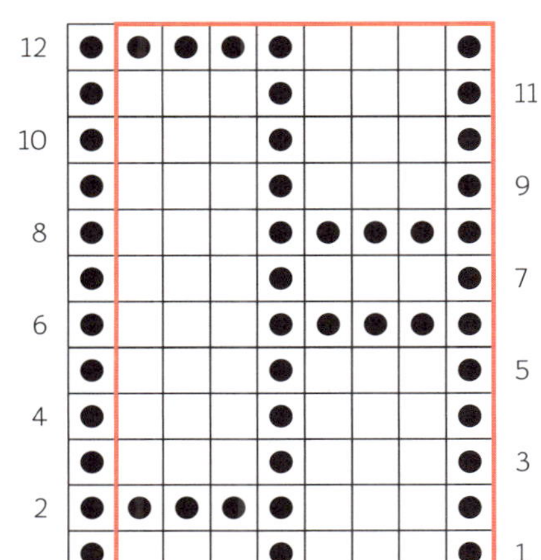

Rippenmuster

Rippenmuster entstehen, wenn rechte und linke Maschen in senkrechten Spalten oder Säulen übereinander angeordnet werden. Manche bestehen nur aus einfachen rechten und linken Maschen. Manchmal werden die Maschen aber auch verschränkt gestrickt. Dadurch entsteht ein prägnanteres Maschenbild, aber solche Rippen sind weniger elastisch – was durchaus gewollt sein kann.

Die meisten Rippenmuster sind relativ dehnbar und ziehen sich, wenn sie nicht dauerhaft unter Spannung stehen, wieder zusammen. Der Wechsel aus rechten und linken Maschen bewirkt auch, dass sie sich an den Rändern nicht einrollen, darum werden sie gern für Bündchen und Kanten verwendet. Man kann sie aber auch mit weniger dehnbaren Strickmustern wie »glatt rechts« kombinieren, um ein Kleidungsstück der Körperform anzupassen, beispielsweise in der Taille.

Einerrippen

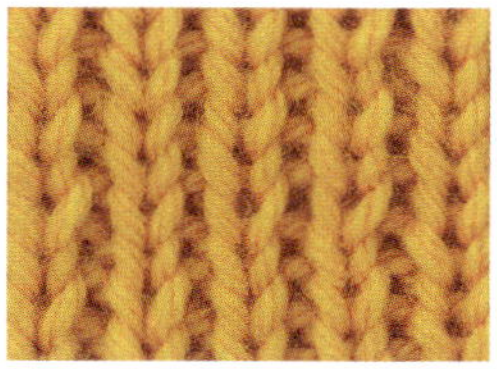

SCHWIERIGKEITSGRAD
Einfach

MUSTERSATZ
2 (+1) Maschen; 2 Reihen

VERWENDETE MASCHEN
rechte M, linke M

AUSSEHEN
Wendbar

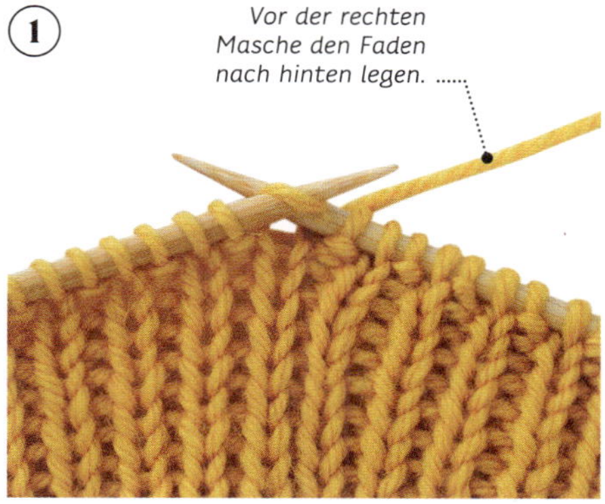

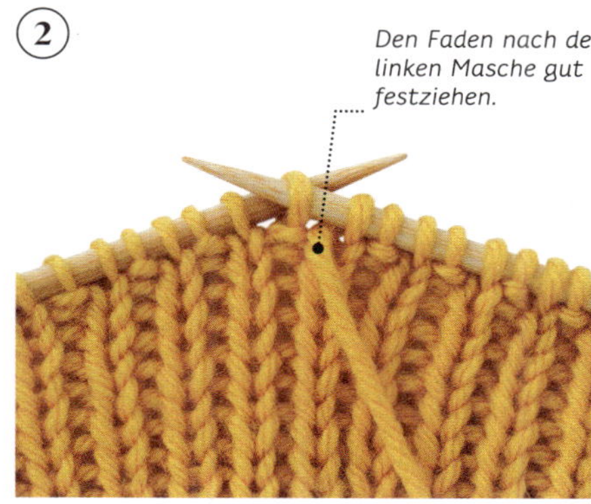

1 **R 1:** *Der Faden liegt hinter der Arbeit. 1 M rechts.

2 Den Faden zwischen den Nd nach vorn legen. 1 M links. Den Faden zwischen den Nadeln wieder nach hinten leger. Ab * wdh bis zur letzten Masche. 1 M rechts.
R 2: 1 M links. *Den Faden zwischen den Nd nach hinten legen. 1 M rechts. Den Faden zwischen den Nd nach vorn legen. 1 M links. Ab * wdh bis zum Ende.

Zweierrippen

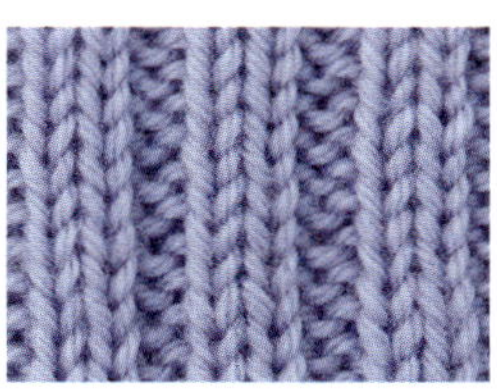

SCHWIERIGKEITSGRAD
Einfach

MUSTERSATZ
4 (+2) Maschen; 2 Reihen

VERWENDETE MASCHEN
rechte M, linke M

AUSSEHEN
Wendbar

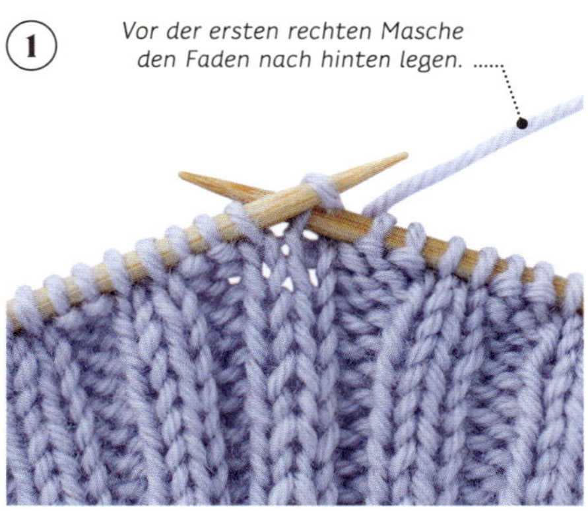

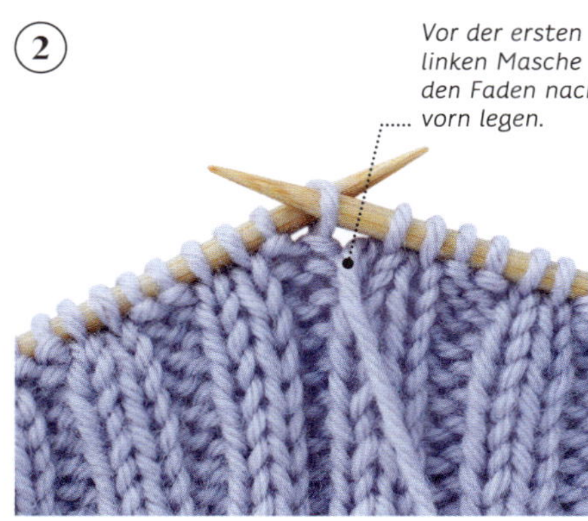

1 **R 1:** *2 M rechts. Den Faden zwischen den Nd nach vorn legen. 2 M links. Den Faden zwischen den Nd nach hinten legen. Ab * wdh bis zu den letzten 2 Maschen. 2 M rechts.

2 **R 2:** 2 M links. *Den Faden zwischen den Nd nach hinten legen. 2 M rechts. Den Faden zwischen den Nd nach vorn legen. 2 M links . Ab * wdh bis zum Ende.

3 rechts, 2 links

Die Anzahl der rechten und linken Maschen – und damit die Rippenbreite – kann verändert werden. Hier wurden abwechselnd 3 M rechts und 2 M links gestrickt.

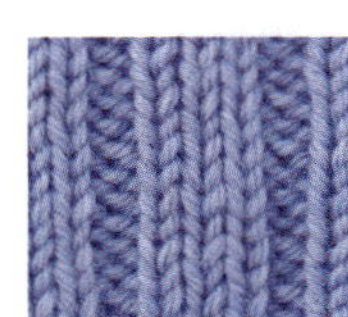

Durchbrochene Rippen

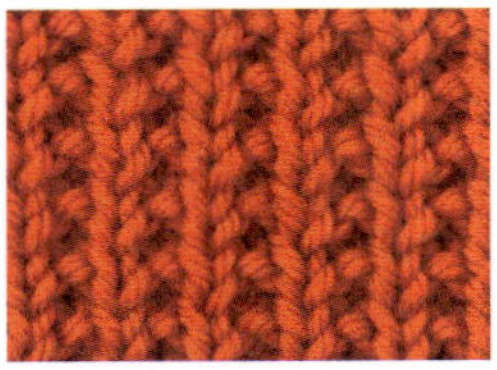

SCHWIERIGKEITSGRAD
Einfach

MUSTERSATZ
2 (+1) Maschen; 2 Reihen

VERWENDETE MASCHEN
rechte M, linke M

AUSSEHEN
Einseitig

(1)

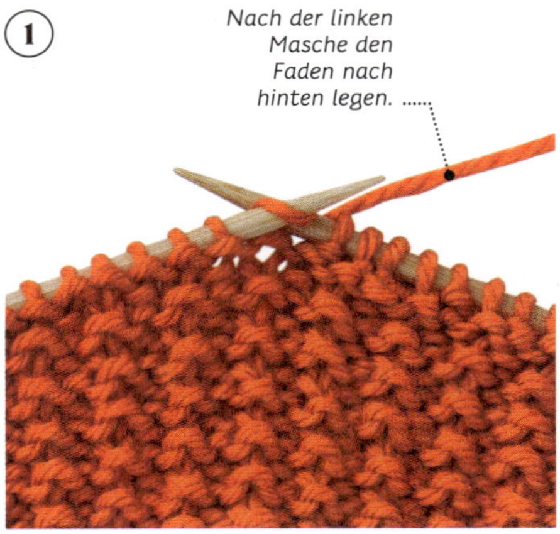

(2)

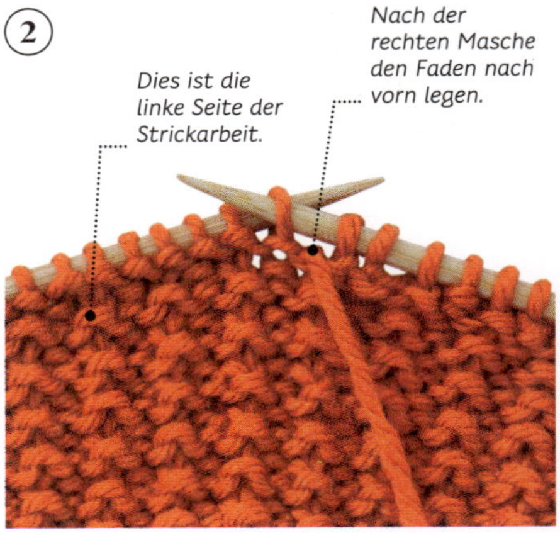

1 **R 1:** Alle M rechts stricken.
R 2: *1 M links. Den Faden zwischen den Nd nach hinten legen.

2 1 M rechts. Den Faden zwischen den Nd nach vorn legen. Ab * wdh bis zur letzten Masche. 1 M links.

Gedrehte Rippen

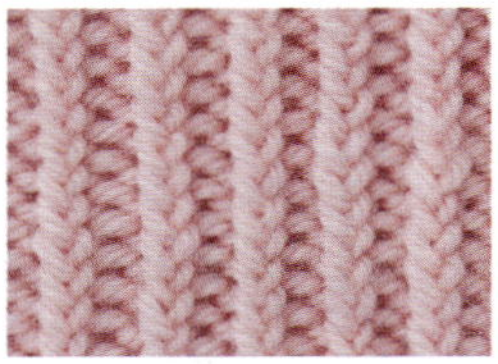

SCHWIERIGKEITSGRAD
Einfach

MUSTERSATZ
2 (+1) Maschen; 2 Reihen

VERWENDETE MASCHEN
rechte M, linke M, rechts verschränkt, links verschränkt

AUSSEHEN
Einseitig (auf der Rückseite erscheinen normale Einerrippen)

(1)

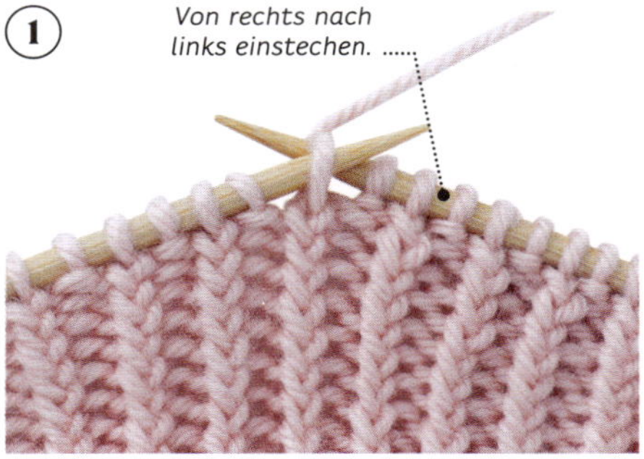

(2)

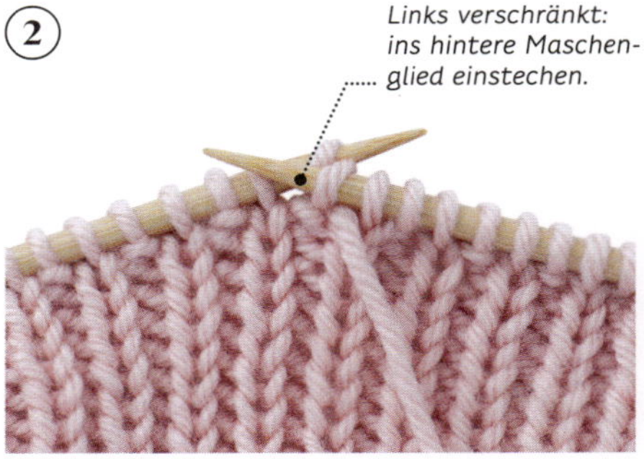

1 **R 1:** *1 M rechts verschränkt (re verschr, siehe S. 37). Den Faden zwischen den Nd nach vorn legen. 1 M links. Ab * wdh bis zur letzten Masche. 1 M rechts verschränkt.

2 **R 2:** 1 M links verschränkt. *Dafür mit der rechten Nd hinter der linken Nd ins hintere Maschenglied einstechen und die Masche links stricken.* *Den Faden zwischen den Nd nach hinten legen. 1 M rechts. Den Faden nach vorn legen. 1 M links verschränkt. Ab * wdh bis zum Ende.

Breitere gedrehte Rippen

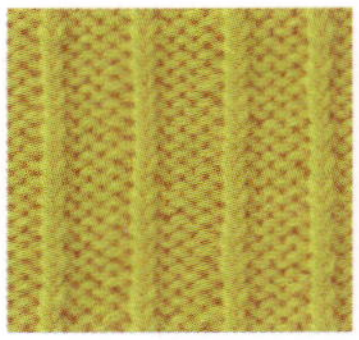

Um die Breite der Rippen zu verändern, kann die Anzahl der linken Maschen erhöht werden, sodass die rechts verschränkten Maschen schmale Säulen bilden. Es ist eher unüblich, mehrere rechts verschränkte M nebeneinander zu arbeiten. In diesem Beispiel wurden in Hinreihen abwechselnd 3 M links und 1 M rechts verschränkt gestrickt, in Rückreihen 3 M rechts und 1 M links verschränkt.

Strickleiterrippen

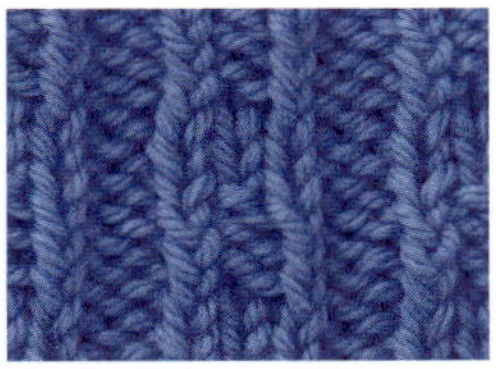

SCHWIERIGKEITSGRAD
Einfach

MUSTERSATZ
5 (+2) Maschen; 6 Reihen

VERWENDETE MASCHEN
rechte M, linke M,
re-verschr, li-verschr

AUSSEHEN
Einseitig

(1)

Die rechte Nd von rechts nach links einstechen.

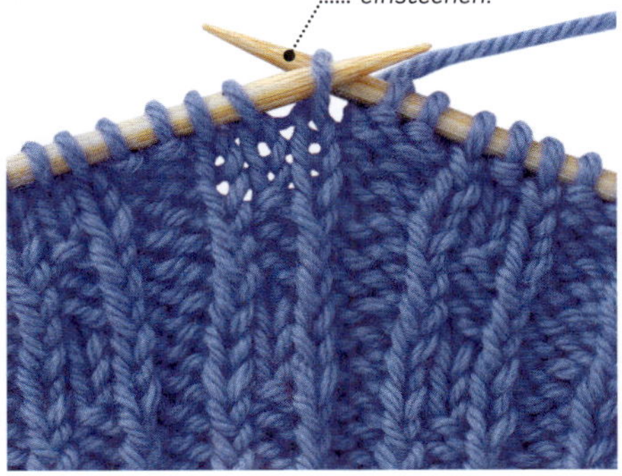

(2)

Ins hintere Maschenglied einstechen.

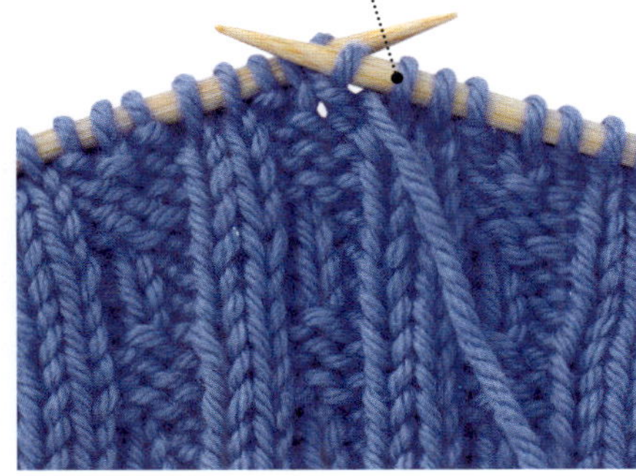

(3)

Den Faden nach hinten legen, dann die Masche stricken.

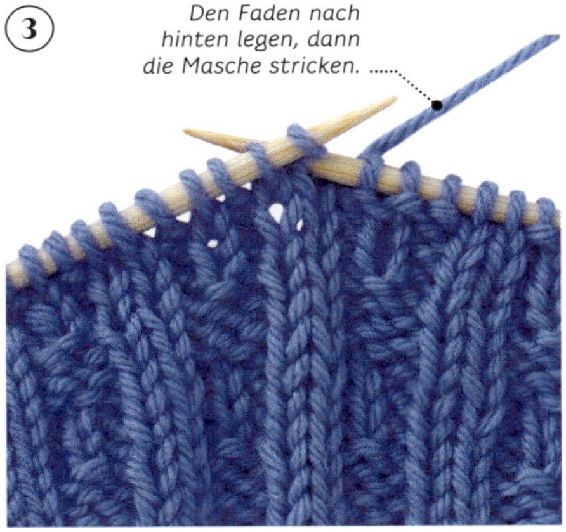

(4)

Faden nach vorn legen, dann die Masche stricken.

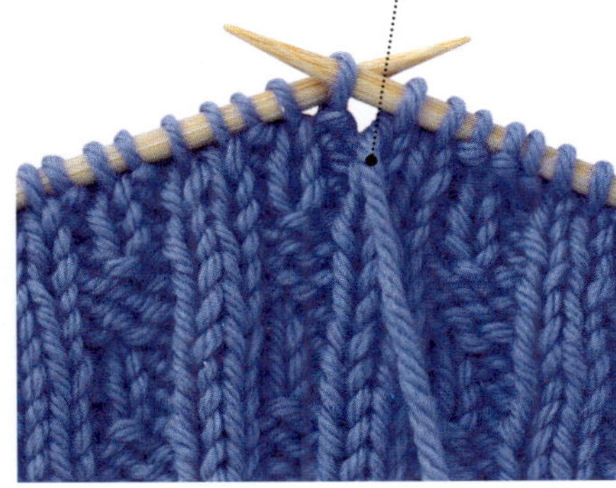

1 **R 1:** 2 M links. *Den Faden nach hinten legen. 1 M rechts verschränkt: *Die rechte Nd von rechts nach links ins hintere Maschenglied der 1. Masche auf der linken Nd einstechen. Die Masche rechts abstricken.* Den Faden nach vorn legen. 1 M links. Den Faden nach hinten legen. 1 M rechts verschränkt. Den Faden nach vorn legen. 2 M links. Ab * wdh bis zum Ende.

2 **R 2:** *2 M rechts. Den Faden nach vorn legen. 1 Masche links verschränkt: *Die rechte Nd von links nach rechts ins hintere Maschenglied der 1. Masche auf der linken Nd einstechen. Die Masche links abstricken.* Den Faden nach hinten legen. 1 M rechts. Den Faden nach vorn legen. 1 M links verschränkt. Den Faden nach hinten legen. Ab * wdh bis zu den letzten 2 Maschen. 2 M rechts.
R 3: Wie Reihe 1.

3 **R 4 (Rück-R):** 2 M rechts. Den Faden nach vorn legen.

4 3 M links. Den Faden nach hinten legen. Ab * wdh bis zu den letzten 2 Maschen. 2 M rechts. **R 5:** 2 M links. *Den Faden nach hinten legen. 3 Maschen rechts. Den Faden nach vorn legen. 2 M links. Ab * wdh bis zum Ende. **R 6:** Wie Reihe 4.

Stundenglasrippen

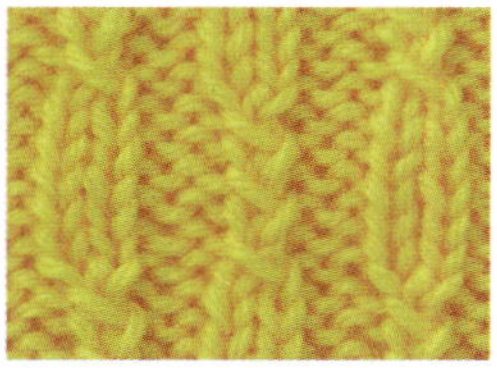

SCHWIERIGKEITSGRAD
Mittel

MUSTERSATZ
8 Maschen; 12 Reihen

VERWENDETE MASCHEN
rechte M, linke M, abh, U

AUSSEHEN
Einseitig

①

Faden über die rechte Nd und zwischen den Nd nach vorn legen (1 U).

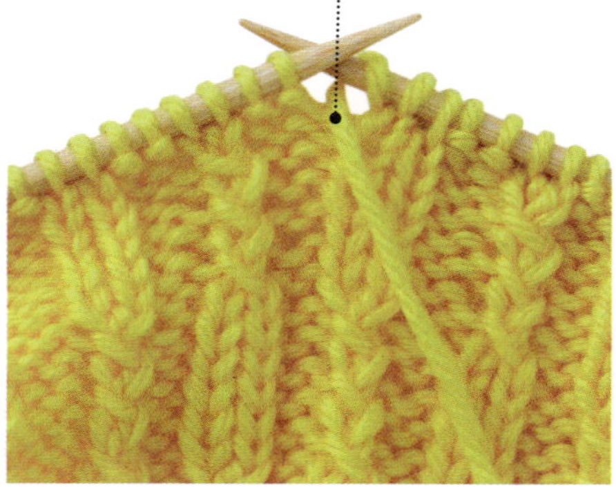

②

Die abgehobene M über U und rechte M ziehen.

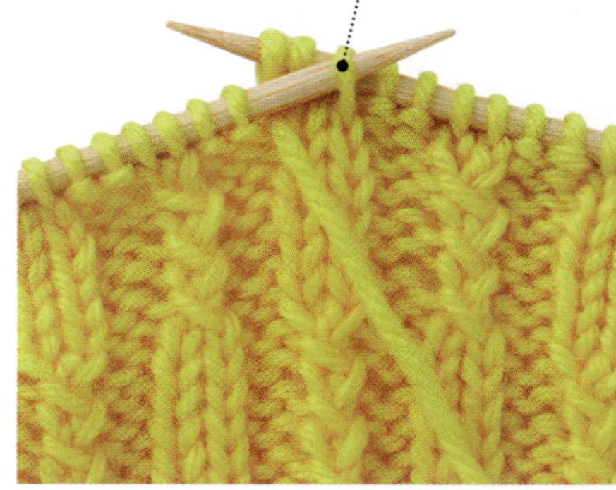

1 **R 1:** 1 M links. Den Faden nach hinten legen. 1 Masche wie zum Rechtsstricken abheben. 1 Umschlag, 1 M rechts.

2 Die linke Nd von links nach rechts in die abgehobene M einstechen. Diese über den Umschlag und die rechte M ziehen. 2 M links. Den Faden nach hinten legen. 2 M rechts. Den Faden nach vorn legen. 1 M links.
R 2: *1 M rechts. Den Faden nach vorn legen. 2 M links. Den Faden nach hinten legen. 1 M rechts. Ab * wdh.
R 3–6: Reihen 1 und 2 noch 2× wdh.
R 7: 1 M links. Den Faden nach hinten legen. 2 M rechts. Den Faden nach vorn legen. 2 M links. Den Faden nach hinten legen. 1 Masche abheben, 1 Umschlag, 1 M re, abgehobene M über Umschlag und re M ziehen. Den Faden nach vorn legen. 1 M links.
R 8: Wie Reihe 2.
R 9–12: Reihen 7 und 8 noch 2× wdh.

Zählmuster: Stundenglasrippen

Die längliche Blattform steht hier für die abgehobene Masche, die über die rechte Masche und den Umschlag gezogen wird. Sie nimmt 2 Kästchen ein.

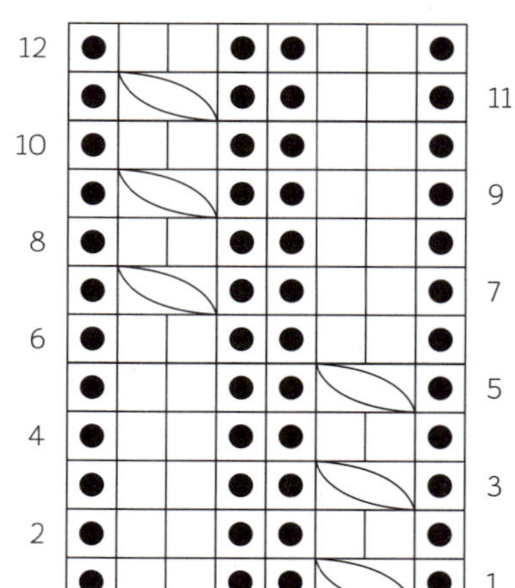

Zweierlei Rippen

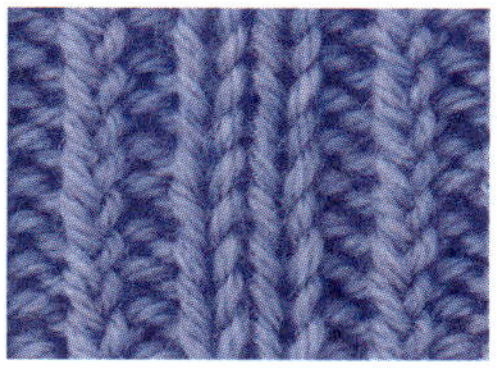

SCHWIERIGKEITSGRAD
Einfach

MUSTERSATZ
5 (+2) Maschen; 2 Reihen

VERWENDETE MASCHEN
rechte M, linke M, rechts verschränkt, links verschränkt

AUSSEHEN
Einseitig

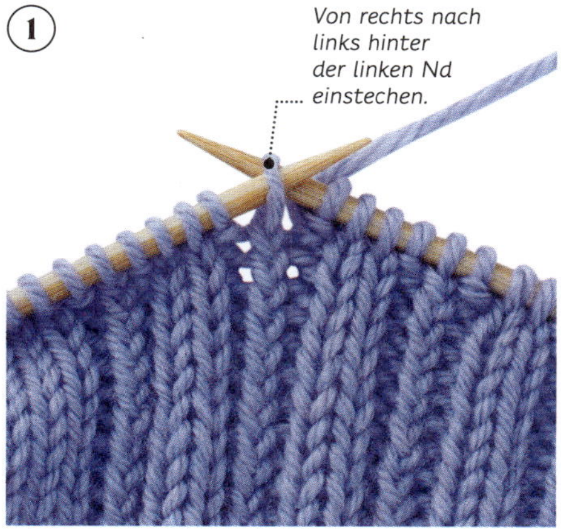

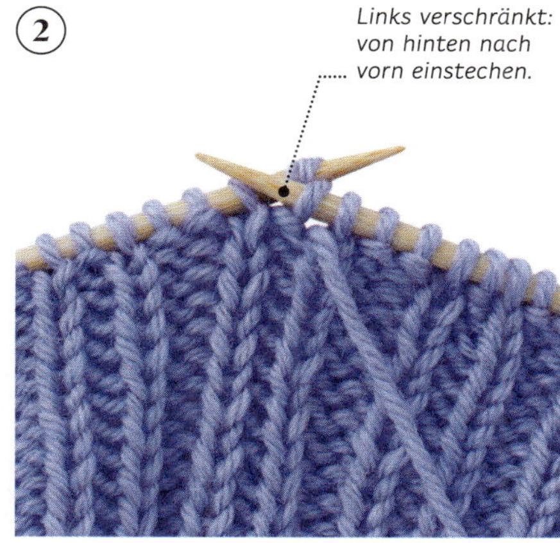

1 **R 1:** *2 M rechts. Den Faden nach vorn legen. 1 M links. Den Faden nach hinten legen. 1 M rechts verschränkt: *Die rechte Nd von rechts nach links hinter der linken Nd ins hintere Maschenglied einstechen. Die M rechts abstricken.* Den Faden nach vorn legen. 1 M links. Den Faden nach hinten legen. Ab * wdh bis zu den letzten 2 Maschen. 2 M rechts.

2 **R 2:** 2 M links. *Den Faden nach hinten legen. 1 M rechts. Den Faden nach vorn legen. 1 M links verschränkt: *Die rechte Nd hinter der linken Nd von links nach rechts ins hintere Maschenglied der linken M einstechen. Die M links abstricken.* Den Faden nach hinten legen. 1 M rechts. Den Faden nach vorn legen. 2 M links. Ab * wdh bis zum Ende.

Knötchenrippen

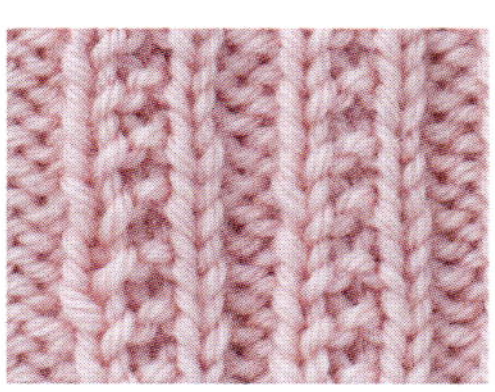

SCHWIERIGKEITSGRAD
Einfach

MUSTERSATZ
5 (+2) Maschen; 2 Reihen

VERWENDETE MASCHEN
rechte M, linke M

AUSSEHEN
Die Seiten sehen zwar unterschiedlich aus, aber beide können als rechte Seite verwendet werden.

R 1: *2 M li, 3 M re. Ab * wdh bis zu den letzten 2 M, 2 M li.
R 2: 2 M re, *1 M li, 1 M re, 1 M li, 2 M re. Ab * wdh bis zum Ende.

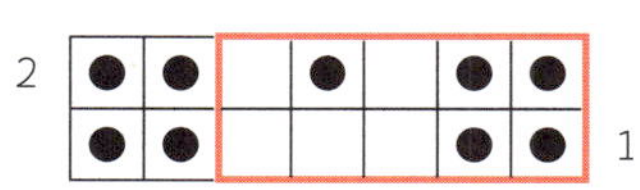

Kraus-rechts-Rippen

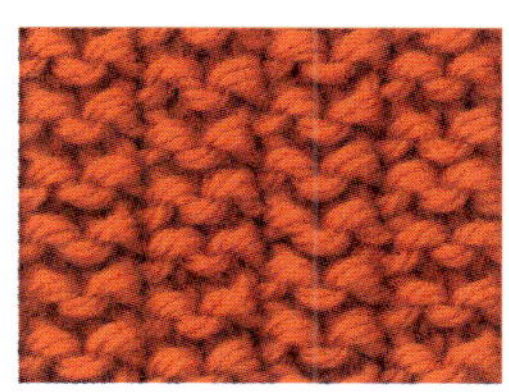

SCHWIERIGKEITSGRAD
Einfach

MUSTERSATZ
4 Maschen; 2 Reihen

VERWENDETE MASCHEN
rechte M, linke M

AUSSEHEN
Wendbar

R 1: 2 M re, 2 M li.
R 2: 2 M li, 2 M re.

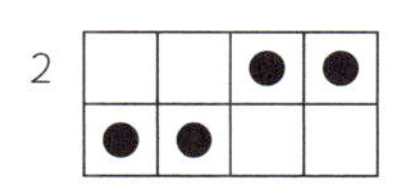

Zunahmen, Abnahmen & Hebemaschen

Zunahmen & Abnahmen

Zunahmen und Abnahmen werden normalerweise verwendet, um Teilen von Kleidungsstücken, beispielsweise Ärmeln oder Armausschnitten, ihre Form zu geben. Kombiniert man sie aber miteinander, lassen sich auf der gestrickten Fläche interessante Muster wie Bögen oder Zacken gestalten. Wichtig ist, dass die Anzahl der Zu- und Abnahmen innerhalb des Musters sich aufhebt, damit die Gesamtmaschenzahl unverändert bleibt. Bei Lochmuster und Lacemuster (siehe S. 114–121) wird immer mit Umschlägen zugenommen, denn die dabei entstehenden Löcher sind erwünscht. In diesem Kapitel werden die Zunahmen auf andere Weise gearbeitet, sodass keine Löcher entstehen.

Diese Muster lassen sich nicht gut mit anderen Strickmustern kombinieren, weil sich ihre Laufrichtung ändern kann oder die Maschenprobe andere Abmessungen hat. Die folgenden Muster eignen sich vor allem für Accessoires wie Schals und Tücher, bei denen es nicht auf die zentimetergenaue Abmessung ankommt.

Kraus-rechts-Zacken

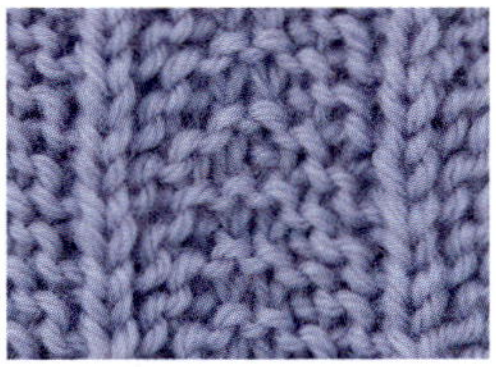

SCHWIERIGKEITSGRAD
Einfach

MUSTERSATZ
9 (+2) Maschen; 2 Reihen

VERWENDETE MASCHEN
rechte M, linke M,
2 M aus 1, MDA

AUSSEHEN
Einseitig

1

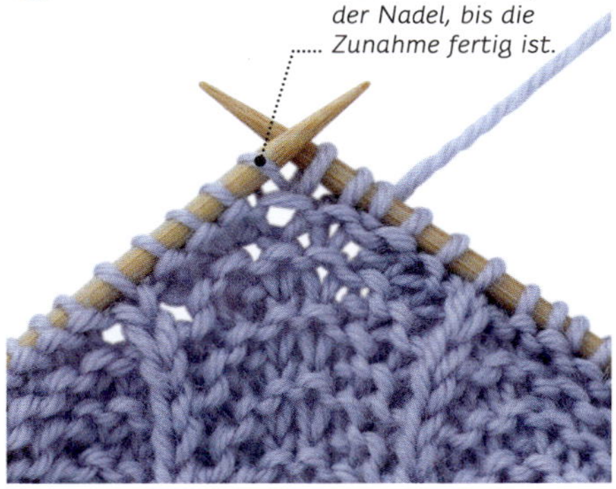

2

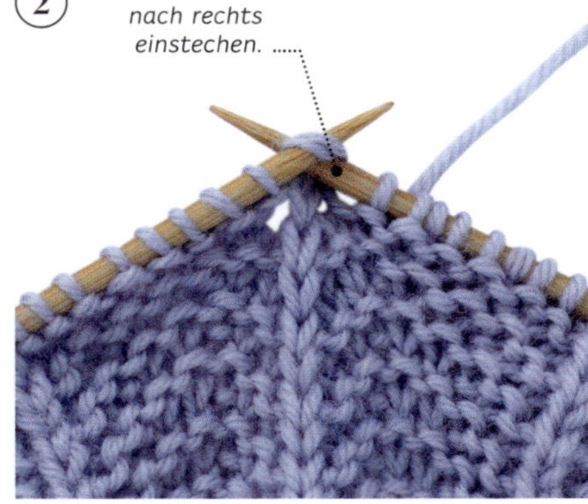

3

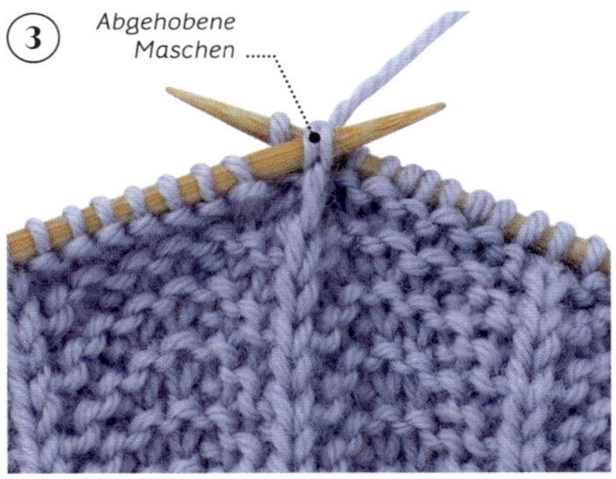

4

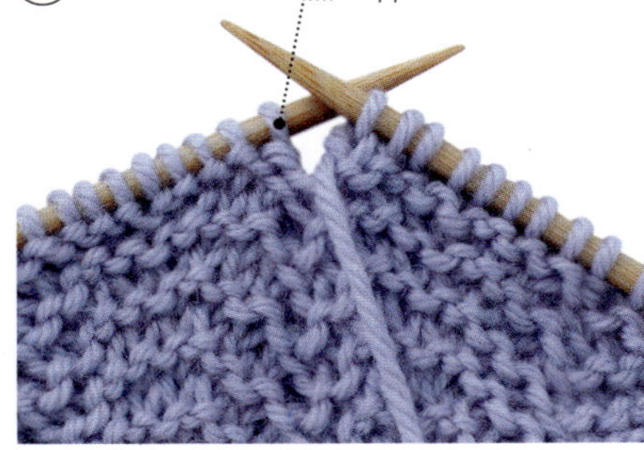

1 **R 1:** 1 M rechts. * 2 rechte M aus einer herausstricken: *1 M re, die ursprüngliche M noch nicht von der linken Nd rutschen lassen. Die rechte Nd von rechts nach links und ins hintere Maschenglied der ursprünglichen M einstechen. Die Masche rechts stricken, dann die ursprüngliche M von der linken Nd rutschen lassen.* 2 M rechts.

2 Mittige Doppelabnahme: *2 M zusammen abheben, dabei in beide gleichzeitig von links nach rechts einstechen (wie zum Zusammenstricken). 1 M rechts.*

3 *Die linke Nd von links nach rechts in die beiden abgehobenen M einstechen und beide zusammen über die rechte M ziehen.* 1 M rechts. 2 M re aus 1 herausstricken. 1 M rechts. Ab * wdh bis zur letzten Masche. 1 M rechts.

4 **R 2:** 1 M rechts. *4 M rechts. 1 M links. 4 M rechts. Ab * wdh bis zur letzten Masche. 1 M rechts.

Zählmuster: Kraus-rechts-Zacken

Der Mustersatz umfasst 2 einfache Zunahmen und eine mittige Doppelabnahme. Die Maschenzahl bleibt also konstant.

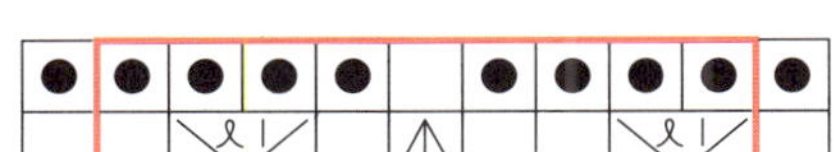

Glatt-rechts-Zacken

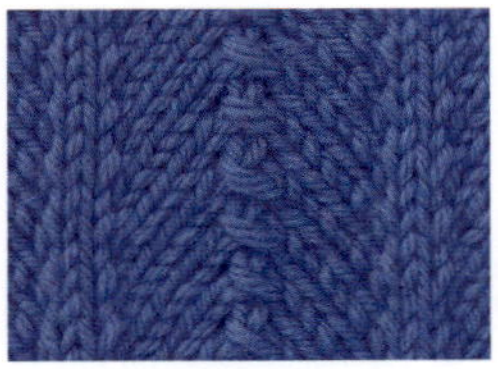

SCHWIERIGKEITSGRAD
Mittel

MUSTERSATZ
11 Maschen; 2 Reihen

VERWENDETE MASCHEN
rechte M, linke M,
1 M zun-li, 1 M zun-re,
3 M re überz zus-str

AUSSEHEN
Einseitig

1
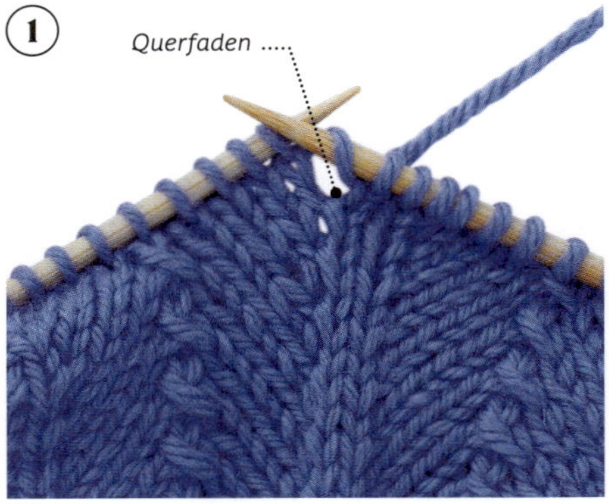

2
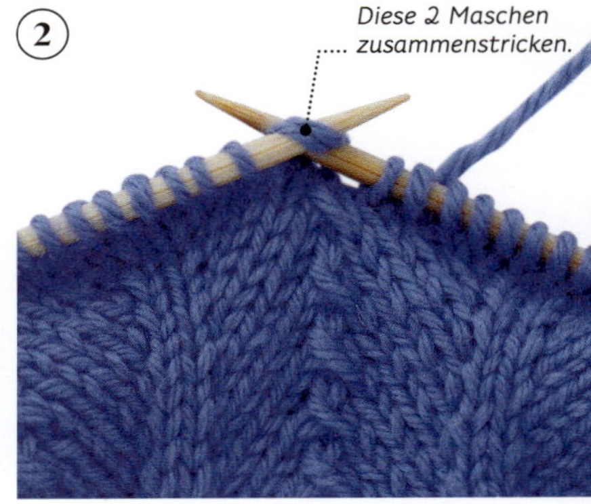

3
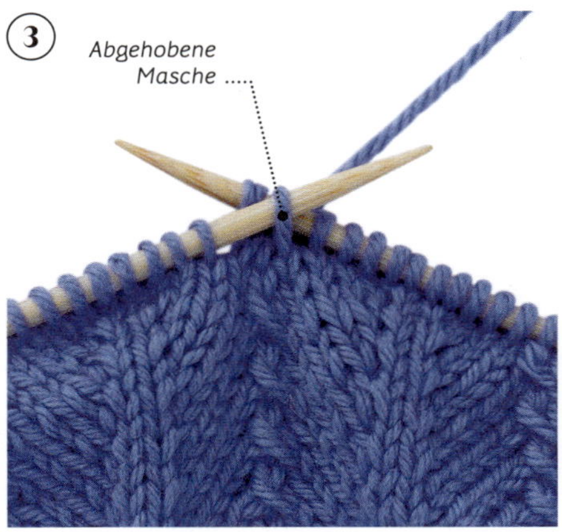

4
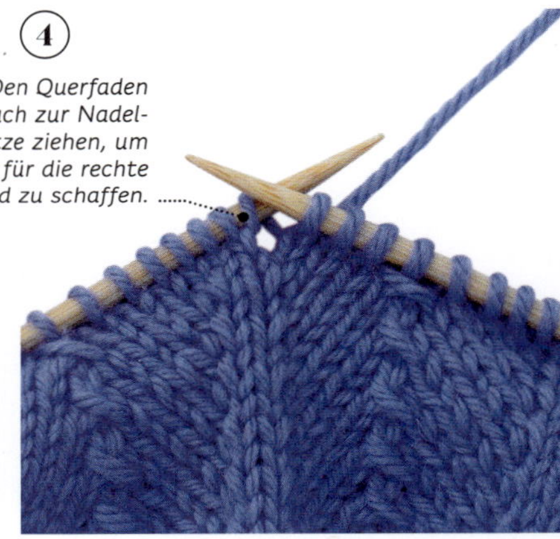

1 **R 1:** 1 M rechts. 1 M zunehmen mit Linksneigung: *Die rechte Nd von hinten nach vorn unter den Querfaden zwischen den Maschen einstechen. Die linke Nd von links nach rechts ins vordere Maschenglied des Querfadens einstechen. Die linke Nd liegt dann vor der rechten Nd. Die M rechts stricken.* 3 M rechts.

2 2 Maschen rechts überzogen zusammenstricken: *1 Masche wie zum Rechtsstricken abheben. Die nächsten 2 Maschen rechts zusammenstricken (siehe S. 38), dabei die rechte Nd von links nach rechts in die 2. und dann in die 1. einstechen.*

3 *Die linke Nd von links nach rechts in die abgehobene Masche einstechen und diese über die zusammengestrickte ziehen.* 3 M rechts.

4 1 M zunehmen mit Rechtsneigung: *Die linke Nd von hinten nach vorn in den Querfaden zwischen den Maschen einstechen. Die rechte Nd von links nach rechts ins vordere Maschenglied des Querfadens einstechen. Die rechte Nd liegt danach hinter der linken. Die Masche rechts stricken.* 1 M rechts.
R 2: Alle M links stricken.

Fischgratmuster

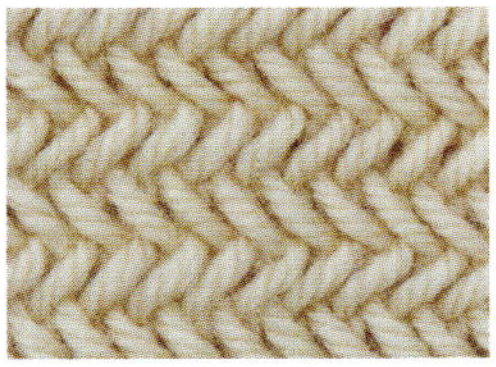

SCHWIERIGKEITSGRAD
Mittel

MUSTERSATZ
2 Maschen; 2 Reihen

VERWENDETE MASCHEN
rechts verschränkt,
linke M,
2 M re verschr zus-str,
2 M li zus-str

AUSSEHEN
Beide Seiten sehr verschieden, aber beide attraktiv.

MATERIALIEN
Dickere Stricknadel (ca. 4 mm dicker als für das Garn empfohlen)

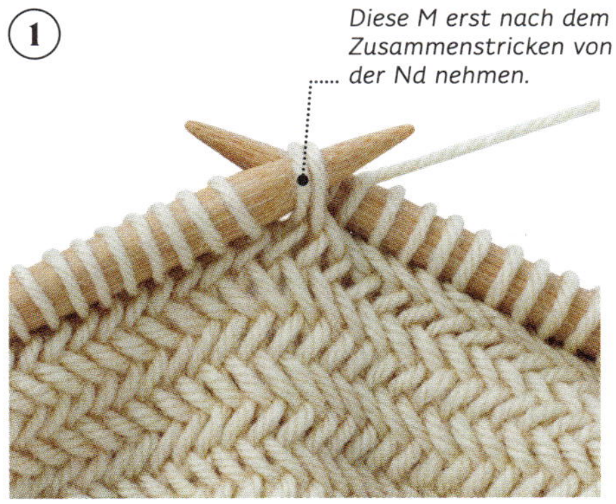

1 **R 1:** *(2 M re verschr zus-str) 2×: *Die rechte Nd von rechts nach links nach hinten in die 1., dann in die 2. M auf der linken Nd einstechen. Beide M zus-str, aber nur die 1. von der linken Nd rutschen lassen.* Ab * wdh bis zum Ende. Die letzte einzelne doppelt gestrickte Masche verschränkt stricken: *Die rechte Nd von rechts nach links nach hinten einstechen und die Masche rechts stricken.*

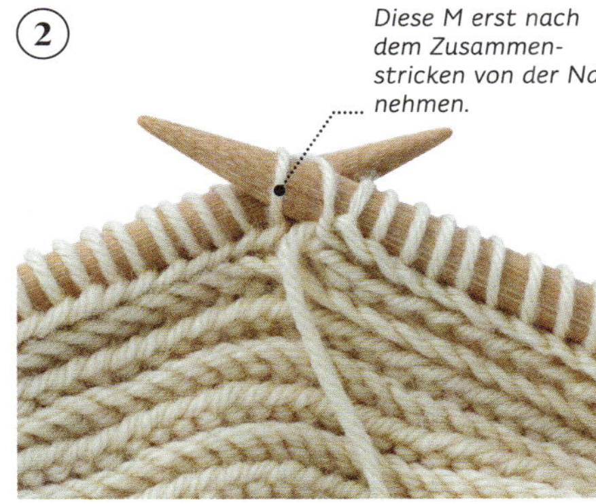

2 **R 2:** *(2 M links zus-str) 2×: *Die rechte Nd von rechts nach links in die 1., dann in die 2. M auf der linken Nd einstechen. Beide M links zus-str, aber nur die 1. von der linken Nd rutschen lassen.* Ab * wdh bis zum Ende. Die letzte einzelne doppelt gestrickte Masche links stricken.

Wellenkammmuster

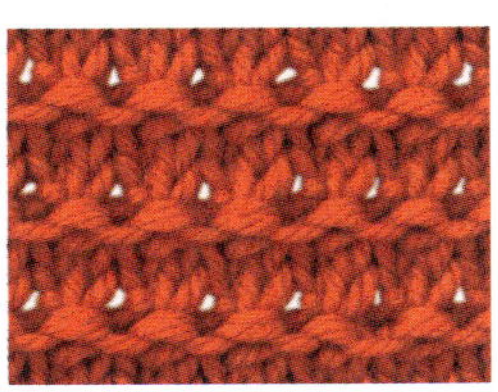

SCHWIERIGKEITSGRAD
Mittel

MUSTERSATZ
2 Maschen; 4 Reihen

VERWENDETE MASCHEN
rechte M, linke M,
2 M re zus-str, 2 M aus 1

AUSSEHEN
Einseitig

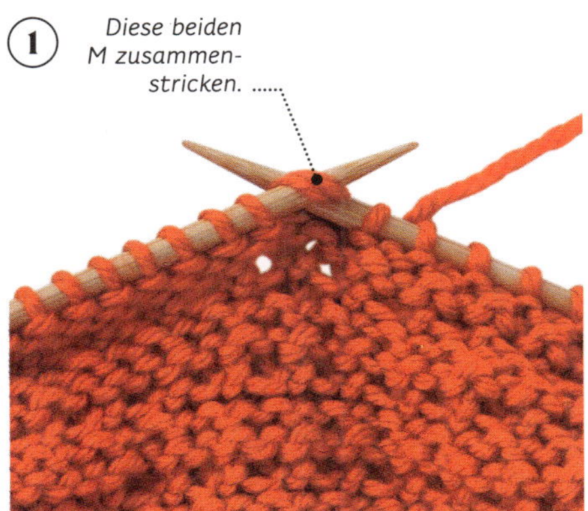

1 **R 1:** Alle M rechts str. **R 2:** 2 M rechts zusammenstricken: *Die rechte Nd von links nach rechts in die 2., dann in die 1. M auf der linken Nd einstechen. Die beiden Maschen zusammenstricken.*

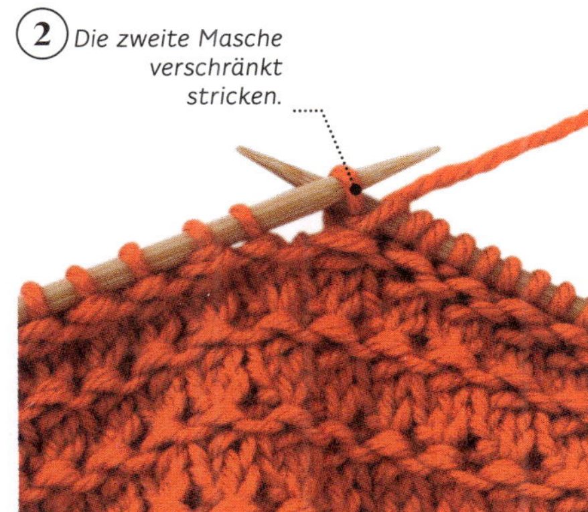

2 **R 3:** 2 M aus einer herausstricken: *1 M rechts, die ursprüngliche M auf der Nd lassen. Die rechte Nd von rechts nach links ins hintere Maschenglied der M auf der linken Nd einstechen. 1 M rechts, dann die ursprüngliche M von der linken Nd nehmen.* **R 4:** Alle M links str.

Mogel-Zopf

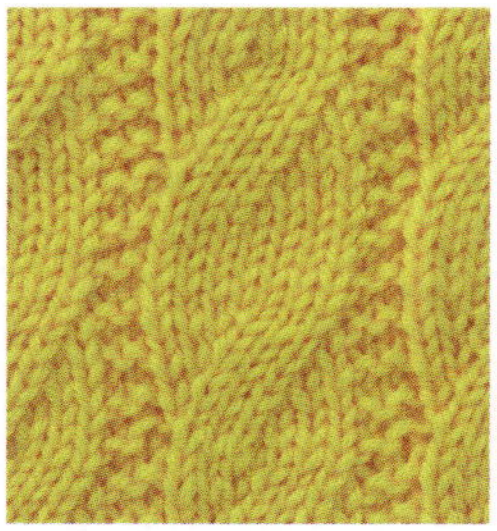

SCHWIERIGKEITSGRAD
Mittel

MUSTERSATZ
9 Maschen; 20 Reihen

VERWENDETE MASCHEN
rechte M, linke M,
1 M zun-li, 2 M re zus-str

AUSSEHEN
Einseitig

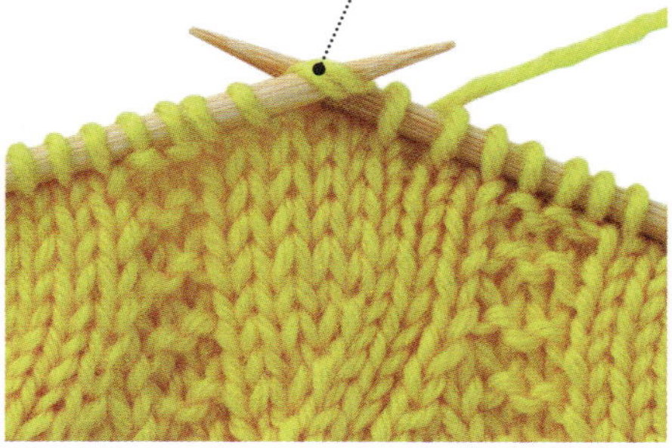

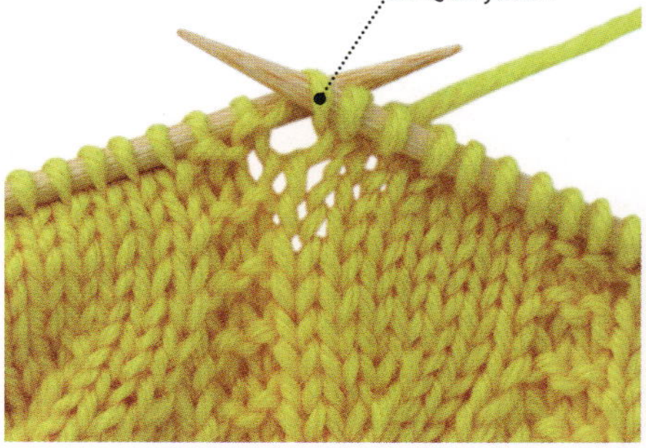

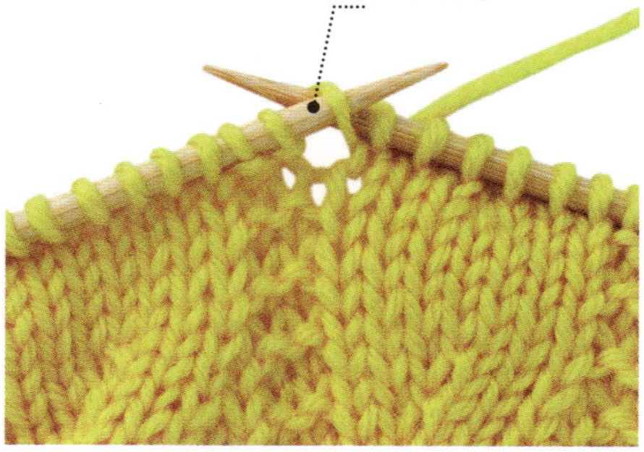

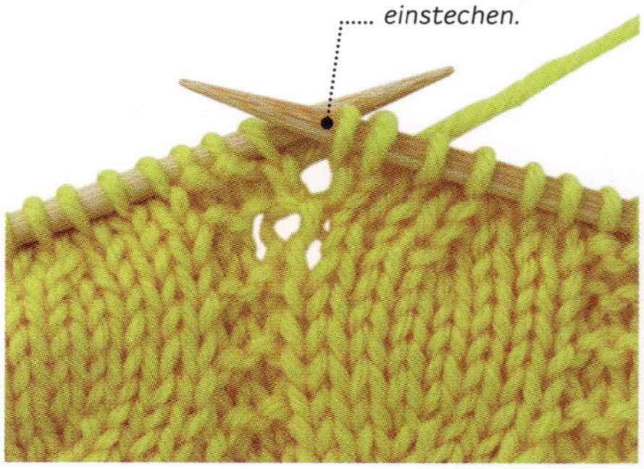

1 **R 1:** 4 M rechts, 2 M rechts zusammenstricken: *Die rechte Nd von links nach rechts in die 2., dann in die 1. M auf der linken Nd einstechen. Beide M zusammenstricken.* 2 M rechts.

2 1 M zunehmen mit Linksneigung: *Die rechte Nd von hinten nach vorn unter den Querfaden zwischen den Maschen einstechen.*

3 *Die linke Nd von links nach rechts ins vordere Maschenglied dieses Querfadens schieben. Sie liegt vor der rechten Nd. Die M rechts str.* 1 M rechts. **R 2 und alle geraden R einschließlich R 20:** 1 M rechts, 7 M links, 1 M rechts.

4 **R 3:** 3 M rechts, 2 M rechts zus-str, 2 M rechts, 1 M zunehmen mit Linksneigung, 2 M rechts.
R 5: 2 M rechts, 2 M rechts zus-str, 2 M rechts, 1 M zunehmen mit Linksneigung, 3 M rechts.
R 7: 1 M rechts, 2 M rechts zus-str, 2 M rechts, 1 M zunehmen mit Linksneigung, 4 M rechts.
R 9–16: Wie Reihen 1–8.
R 17 und 19: Alle M rechts stricken.

Falscher Zopf

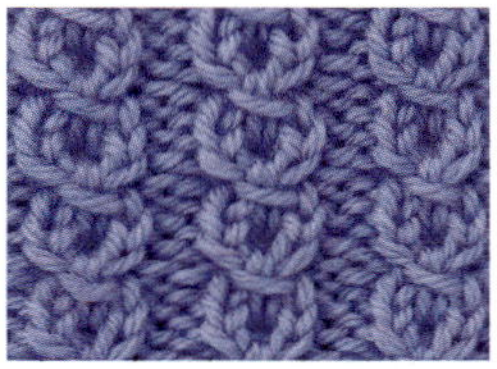

SCHWIERIGKEITSGRAD
Mittel

MUSTERSATZ
5 Maschen; 4 Reihen

VERWENDETE MASCHEN
rechte M, linke M, U

AUSSEHEN
Einseitig

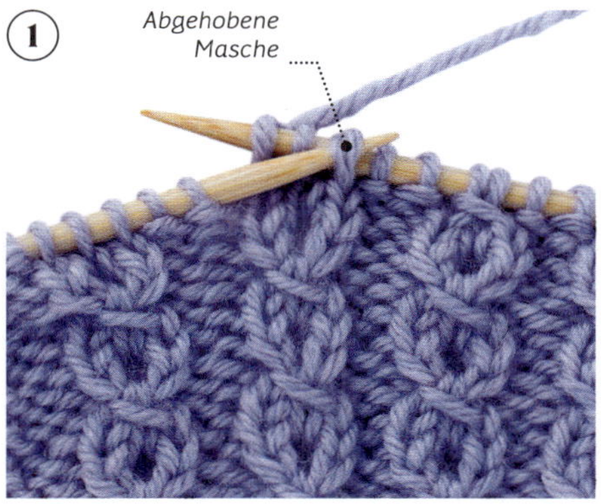

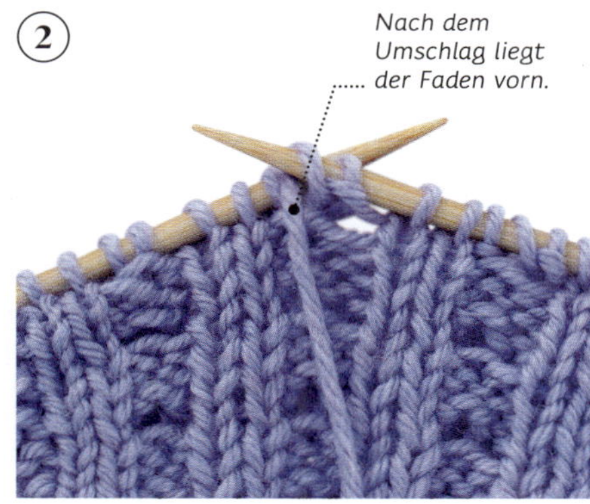

1 **R 1:** 1 M links, 3 M rechts, 1 M links.
R 2: 1 M rechts, 3 M links, 1 M rechts.
R 3: 1 M links, 1 M abheben, dabei die rechte Nd von rechts nach links in die nächste M auf der linken Nd einstechen. 2 M rechts. Die linke Nd von links nach rechts in die abgehobene M einstechen und diese über die beiden zuletzt gestrickten M ziehen (= 1 M abgen), 1 M links.

2 **R 4:** 1 M rechts, 1 M links, 1 U, 1 M links, 1 M rechts.

Rüschen

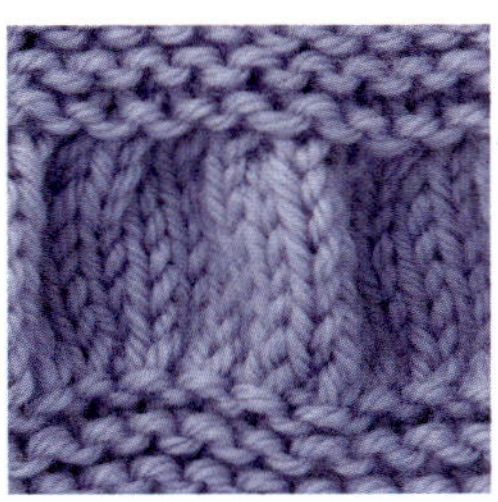

SCHWIERIGKEITSGRAD
Mittel

MUSTERSATZ
1 Masche; 16 Reihen

VERWENDETE MASCHEN
rechte M, linke M, 2 M aus 1, 2 M re zus-str

AUSSEHEN
Einseitig

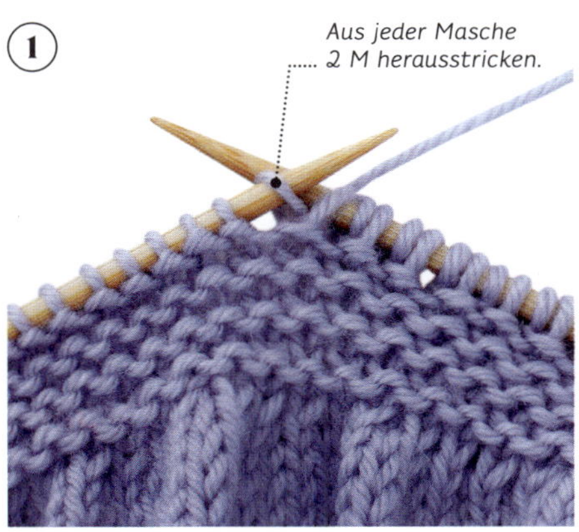

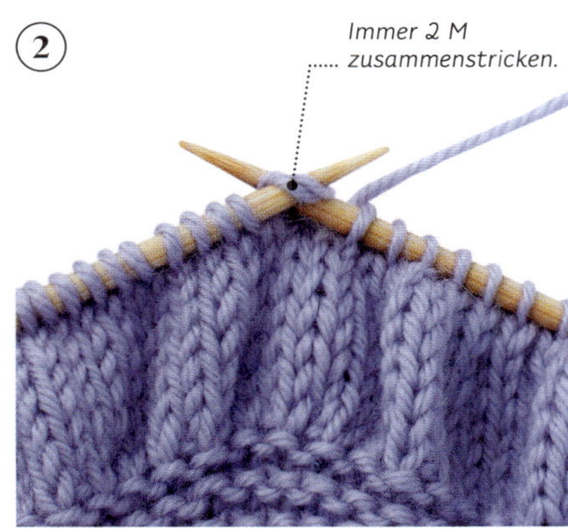

1 **R 1–4:** Kraus rechts stricken: *Alle M rechts stricken.* **R 5:** Immer 2 M aus einer herausstricken (siehe S. 41).
R 6–12: Glatt rechts *(Hin-R rechts, Rück-R links),* mit einer Links-Reihe beginnen.

2 **R 13:** Immer 2 M rechts zusammenstricken: *Die rechte Nd von links nach rechts in die 2., dann in die 1. M auf der linken Nd einstechen. Beide M zus-str.*
R 14–16: 3 Reihen kraus rechts: *Alle M in Hin- und Rückreihen rechts stricken.*

Kleine Blätterrippen

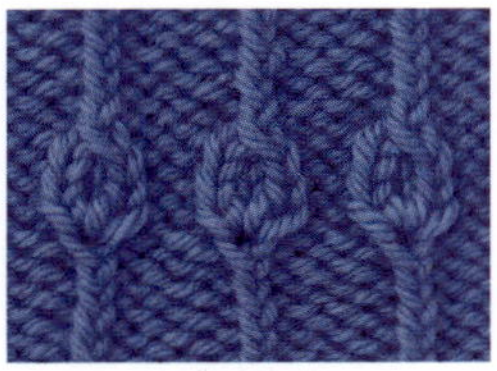

SCHWIERIGKEITSGRAD
Anspruchsvoll

MUSTERSATZ
4 (+1) Maschen; 10 Reihen

VERWENDETE MASCHEN
rechte M, linke M,
rechts verschränkt,
links verschränkt,
3 M aus 1,
3 M re überz zus-str

AUSSEHEN
Einseitig

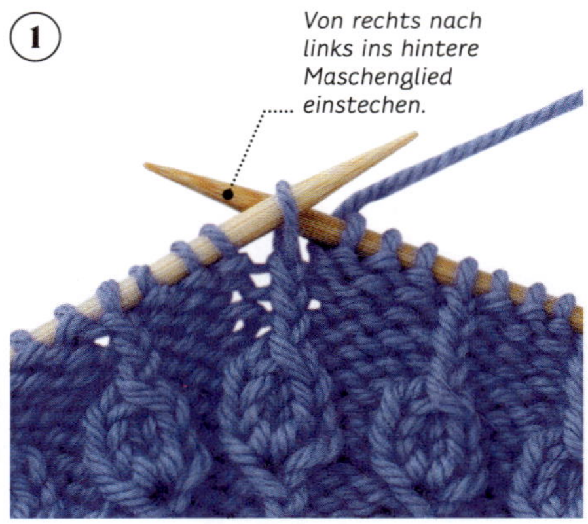

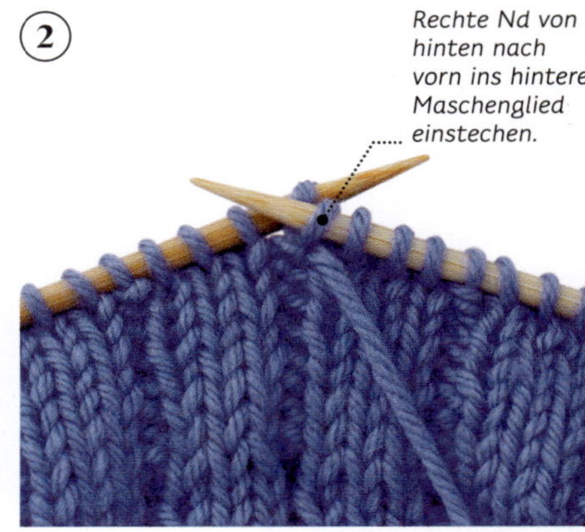

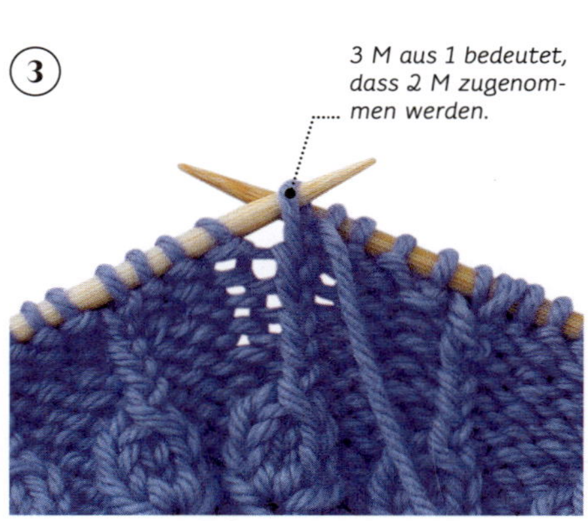

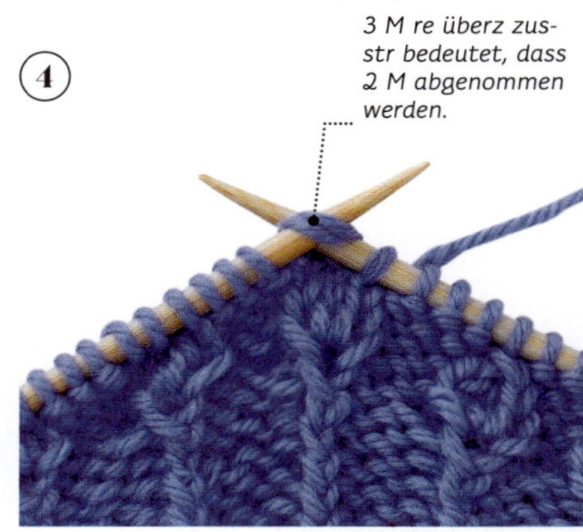

1 **R 1:** 1 M links, *1 M links, 1 M rechts verschränkt (siehe S. 37), 2 M links. Ab * stets wdh.

2 **R 2:** *2 M rechts, 1 M links verschränkt (siehe S. 37), 1 M rechts. Ab * wdh bis zur letzten Masche, 1 M rechts.

3 **R 3:** 1 M links, *1 M links, 3 M aus einer herausstricken: *1 M rechts verschränkt, die ursprüngliche M bleibt auf der linken Nd. 1 Umschlag. 1 M rechts verschränkt. Die ursprüngliche M von der linken Nd rutschen lassen.* 2 M links. Ab* stets wdh.
R 4: *2 M rechts, 3 M links, 1 M rechts. Ab * wdh bis zur letzten Masche, 1 M rechts.
R 5: 1 M links, *1 M links, 3 M rechts, 2 M links. Ab * stets wdh.
R 6: Wie Reihe 4.

4 **R 7:** 1 M links, *1 M links, 3 M rechts überzogen zus-str (siehe S. 44), 2 M links.
R 8–10: Reihe 2, dann Reihe 1 und nochmals Reihe 2 wiederholen.

Zählmuster: Kleine Blätterrippen

Graue Kästchen bedeuten »keine Masche« und können ignoriert werden. Sie dienen nur dazu, Versatz im Zählmuster zu vermeiden.

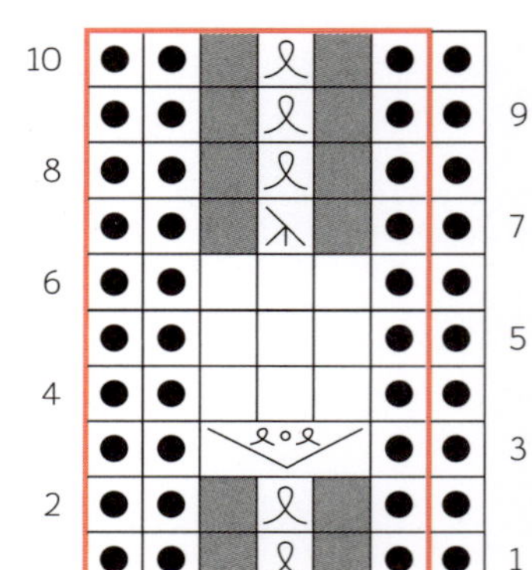

Dornenmuster

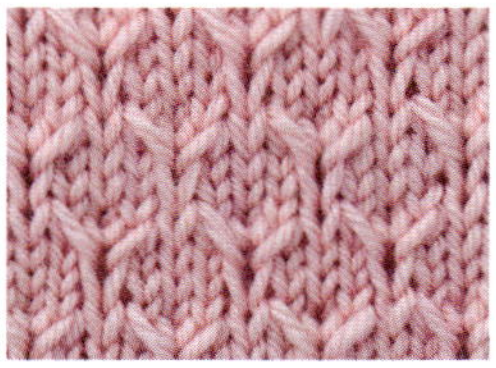

SCHWIERIGKEITSGRAD
Anspruchsvoll

MUSTERSATZ
4 (+5) Maschen; 8 Reihen

VERWENDETE MASCHEN
rechte M, linke M,
3 M aus 1,
abh Fv, abh Fh,
2 M re zus-str,
2 M re abgeh zus-str

AUSSEHEN
Einseitig

1

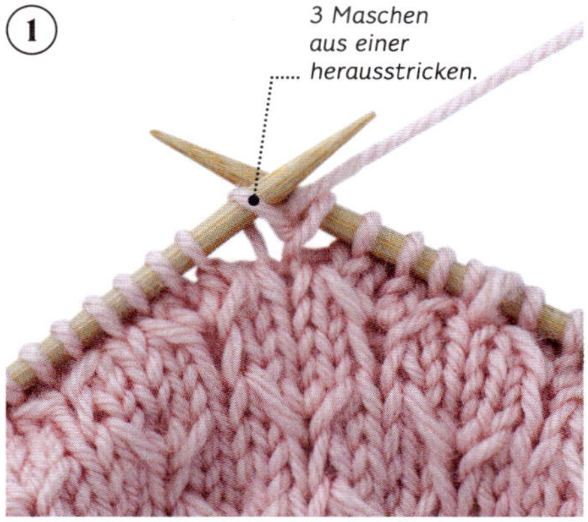

2

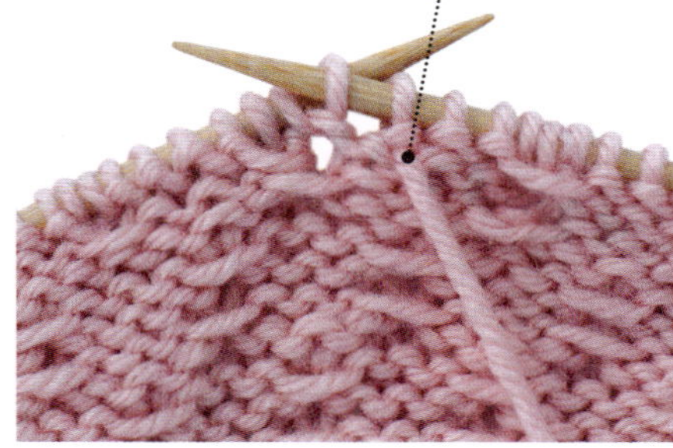

3

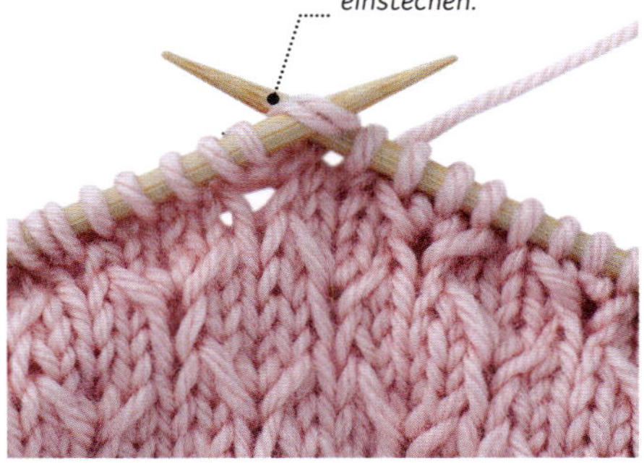

4

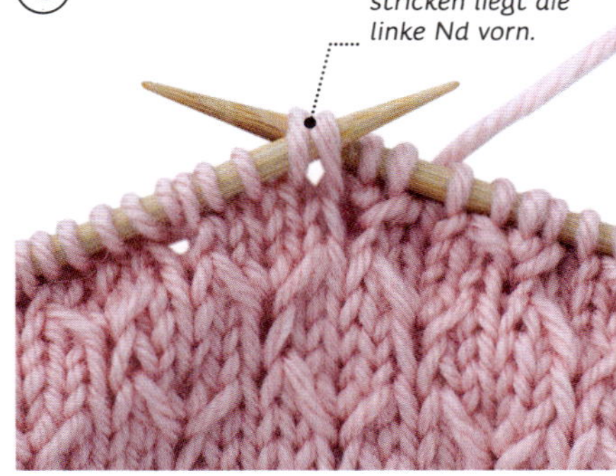

1 **R 1:** 2 M rechts. *3 M aus einer herausstricken: *1 M rechts, die ursprüngliche M bleibt noch auf der linken Nd. 1 Umschlag. 1 M rechts in die gleiche M ins hintere Maschenglied. Die ursprüngliche Masche von der linken Nd rutschen lassen.* 3 M rechts. Ab * wdh bis zu den letzten 3 Maschen, 3 M aus 1, 2 M rechts.

2 **R 2:** 2 M links. 3 M abheben/Faden vorn: *Der Faden liegt vorn. 3 Maschen abheben, dabei die rechte Nd von rechts nach links einstechen.* *3 M links, 3 M abheben/Faden vorn. Ab * wdh bis zu den letzten 2 Maschen, 2 M links.

3 **R 3:** 1 M rechts. *2 M rechts zus-str (siehe S. 38), 1 M abheben, Faden hinten: *Der Faden liegt hinten, 1 M abheben, dabei die rechte Nd von rechts nach links einstechen.*

4 2 M re abgeh zus-str (siehe S. 38), 1 M rechts. Ab * wdh bis zum Ende.
R 4: 1 M links, *3 M links, 1 M abh Fv. Ab * wdh, die letzten 4 Maschen links.
R 5: 4 M rechts, *3 M aus 1, 3 M rechts. Ab * wdh; die letzte Masche rechts.
R 6: 1 M links, *3 M links, 3 M abh Fv. Ab * wdh, die letzten 4 Maschen links.
R 7: 3 M rechts, *2 M rechts zus-str, 1 M abh Fh, 2 M re abgeh zus-str, 1 M rechts. Ab * wdh, die letzten 2 Maschen rechts.
R 8: 2 M links, *1 M abh Fv, 3 M links. Ab * wdh bis zu den letzten 3 Maschen, 1 M abh Fv, 2 M links.

Muster mit Hebemaschen

Eine Hebemasche wird nicht abgestrickt, sondern einfach von einer Nadel auf die andere abgehoben. Das Aussehen wird dadurch beeinflusst, ob der Arbeitsfaden beim Abheben vor der Arbeit oder dahinter liegt. In beiden Fällen wird eine Masche aus der vorherigen Reihe hochgezogen. Liegt der Faden vorn, bildet er auf der Dekorseite der Arbeit einen sichtbaren Querriegel über der Masche. Auf diese Weise kann man mit Hebemaschen sowohl senkrechte als auch waagerechte Oberflächenstrukturen gestalten.

Dass Hebemaschen in der jeweiligen Reihe nicht gestrickt werden, kann sich auf beide Richtungen der Maschenprobe auswirken. Durch die Querfäden wird der Strick dicker, darum eignen sich solche Muster gut für stark strapazierte Bereiche, etwa die Fersen von Socken. Es gibt aber auch sehr dekorative Muster mit Hebemaschen. Beim kleinen Zeltmuster (siehe S. 72) und beim Spaliermuster (siehe S. 73) werden die Querfäden in höheren Reihen eingestrickt, um interessante schräge Strukturen auf der rechten Seite der Arbeit zu erzeugen.

Vogelaugenmuster

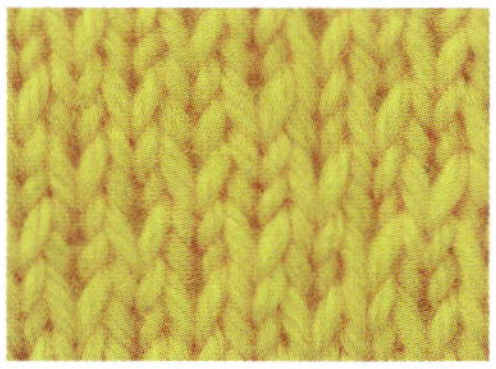

SCHWIERIGKEITSGRAD
Einfach

MUSTERSATZ
2 (+2) Maschen; 4 Reihen

VERWENDETE MASCHEN
rechte M, linke M, abh Fh

AUSSEHEN
Einseitig

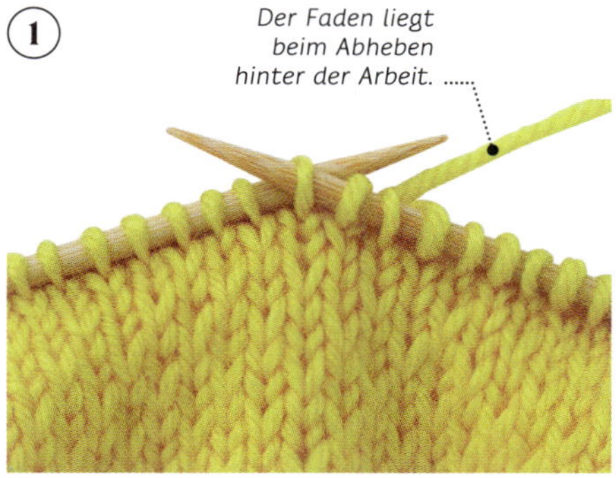

1 **R 1:** 1 M rechts, *1 M abh Fh: *Der Faden liegt hinter der Arbeit, 1 M abheben, dabei die rechte Nd von rechts nach links in die 1. M auf der linken Nd einstechen.* 1 M rechts. Ab * wdh bis zur letzten Masche, 1 M rechts.

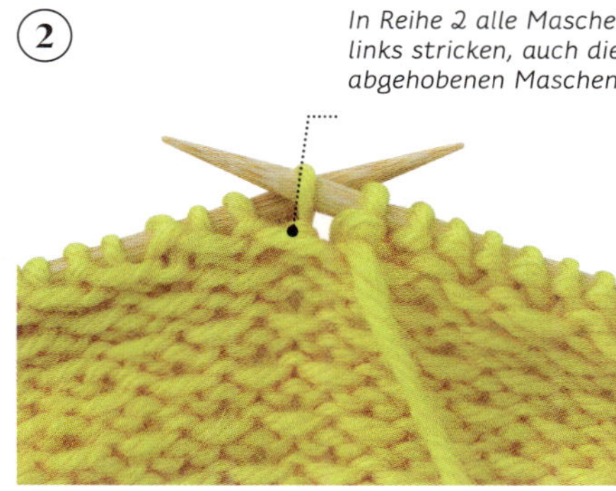

2 **R 2:** Alle M links stricken.
R 3: 1 M rechts, * 1 M rechts, 1 M abh Fh. Ab * wdh bis zur letzten Masche, 1 M rechts.
R 4: Alle M links stricken.

Zählmuster: Vogelaugenmuster

Die Hebemaschen werden in die nächste Reihe hochgezogen und sehen dadurch länger aus. Dies wird durch das V im Zählmuster symbolisiert.

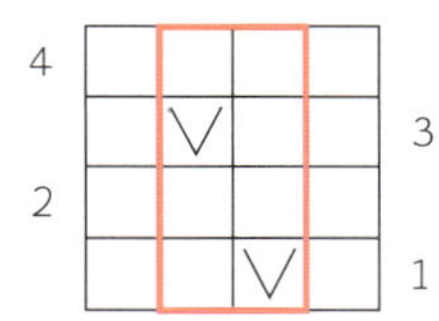

Leinenmuster

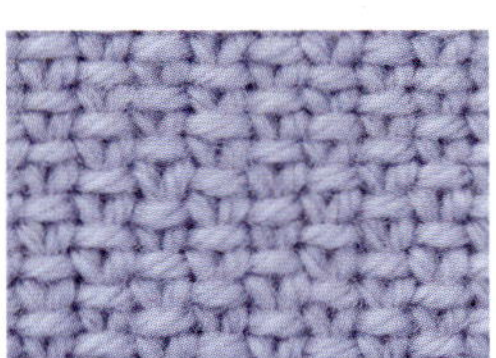

SCHWIERIGKEITSGRAD
Einfach

MUSTERSATZ
2 (+2) Maschen; 2 Reihen

VERWENDETE MASCHEN
rechte M, linke M, abh Fv, abh Fh

AUSSEHEN
Einseitig (auf der Rückseite erscheint das Perlmuster)

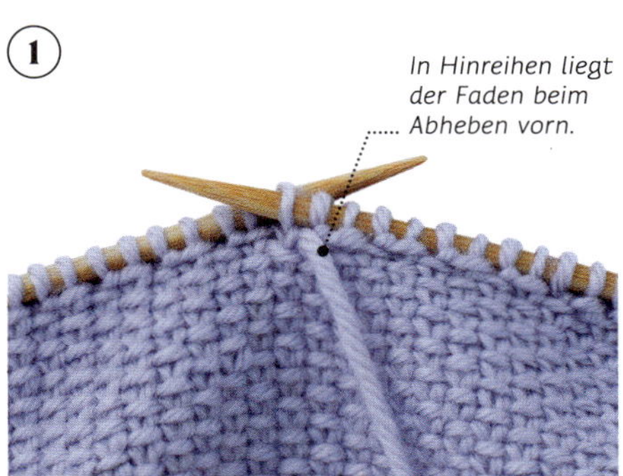

1 **R 1:** 1 M rechts, *1 M abh Fv: *Den Faden nach vorn legen, 1 M abheben, dafür mit der rechten Nd von rechts nach links in die 1. M auf der linken Nd einstechen. Den Faden nach hinten legen.* 1 M rechts. Ab * wdh bis zur letzten Masche, 1 M rechts.

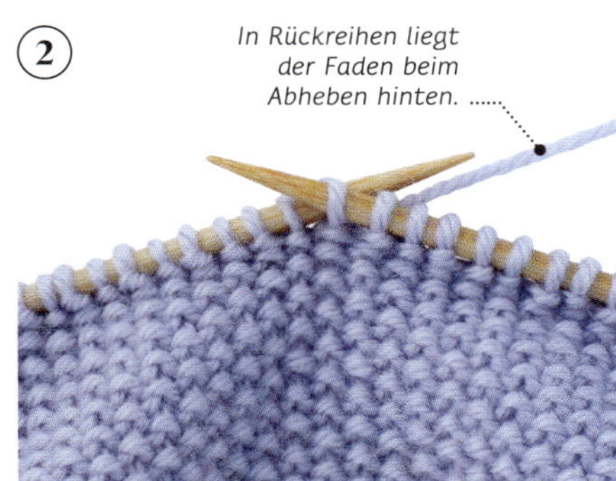

2 **R 2:** 1 M links, *1 M abh Fh: *Den Faden nach hinten legen. 1 M abheben, dafür mit der rechten Nd von rechts nach links in die 1. M auf der linken Nd einstechen. Den Faden nach vorn legen.* 1 M links. Ab * wdh bis zur letzten M, 1 M links.

Überfangkaros

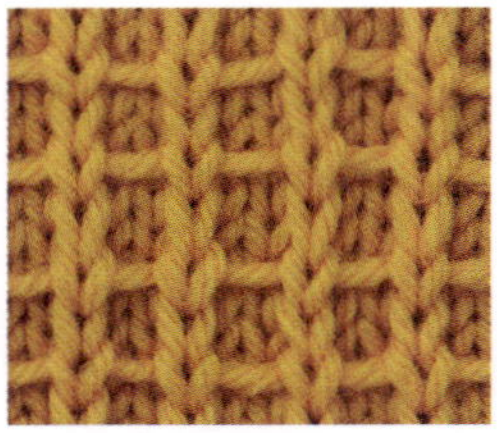

SCHWIERIGKEITSGRAD
Mittel

MUSTERSATZ
3 (+3) Maschen; 4 Reihen

VERWENDETE MASCHEN
rechte M, linke M, abh Fh, abh Fv

AUSSEHEN
Einseitig

1

1 Masche auf die rechte Nadel abheben.

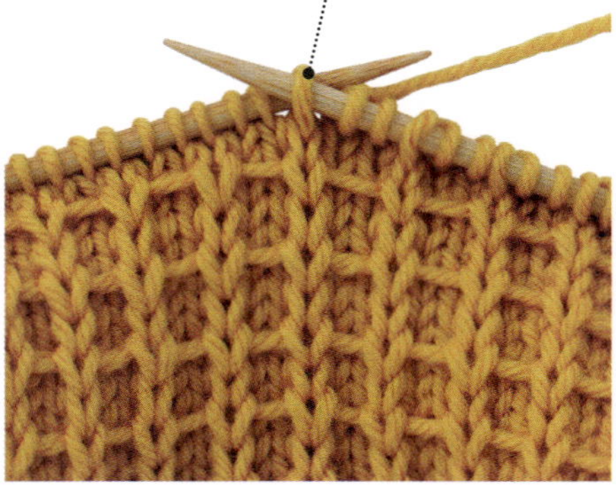

2

Der Faden liegt vor dem Abheben bereits vorn.

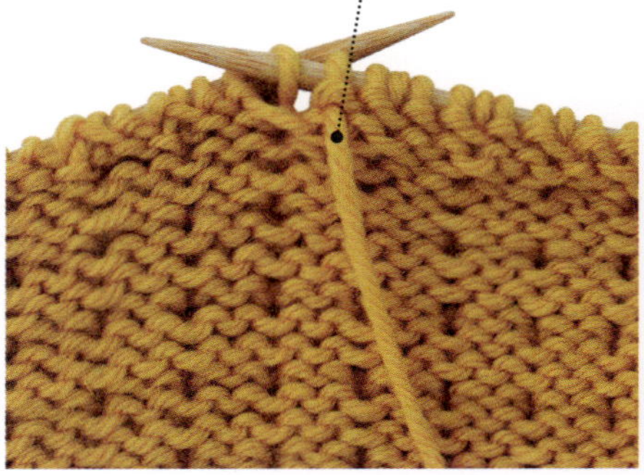

3

Den Faden vor dem Abheben nach vorn legen.

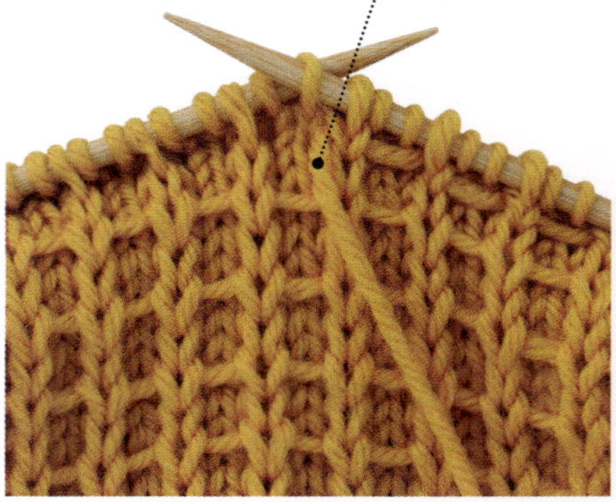

1 **R 1:** 1 M rechts, *1 M abh Fh: *Der Faden liegt hinten. 1 M abheben, dabei mit der rechten Nd von rechts nach links einstechen.* 2 M rechts. Ab * wdh bis zu den letzten 2 Maschen, 1 M abh Fh, 1 M rechts.

2 **R 2:** 1 M links. 1 M abh Fv: *Der Faden liegt vorn. 1 M abheben, dabei mit der rechten Nd von rechts nach links einstechen.* *2 M links. 1 M abh Fv. Ab * wdh bis zur letzten Masche, 1 M links.

3 **R 3:** 1 M rechts. *1 M rechts. 2 M abh Fv: *Den Faden nach vorn legen. 2 Maschen nacheinander abheben, dabei mit der rechten Nd von rechts nach links einstechen. Den Faden nach hinten legen.* Ab * wdh bis zu den letzten 2 Maschen, 2 M rechts.
R 4: Alle M links stricken.

Zählmuster: Überfangkaros

Das Zählmuster enthält zwei Symbole für die Hebemaschen. Das V mit Strich steht für die Hebemaschen, bei denen der Faden vorn liegt und als Querfaden auf der rechten Seite sichtbar ist.

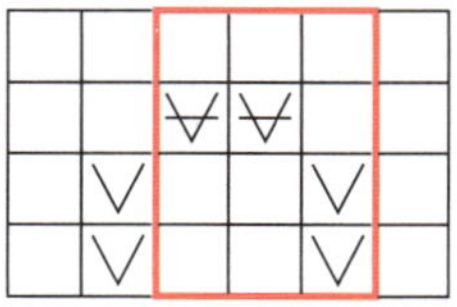

Webmuster

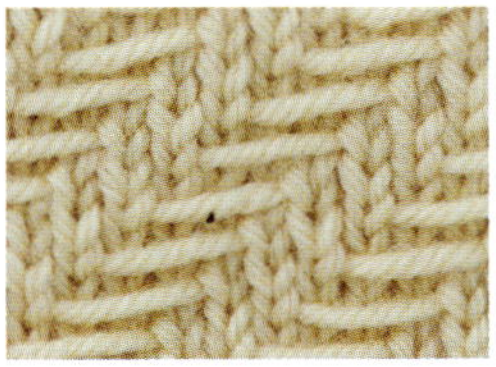

SCHWIERIGKEITSGRAD
Mittel

MUSTERSATZ
5 (+2) Maschen; 10 Reihen

VERWENDETE MASCHEN
rechte M, linke M, abh Fv

AUSSEHEN
Einseitig

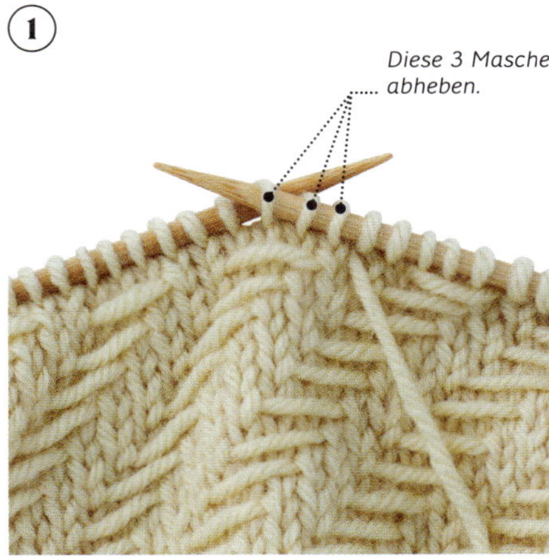

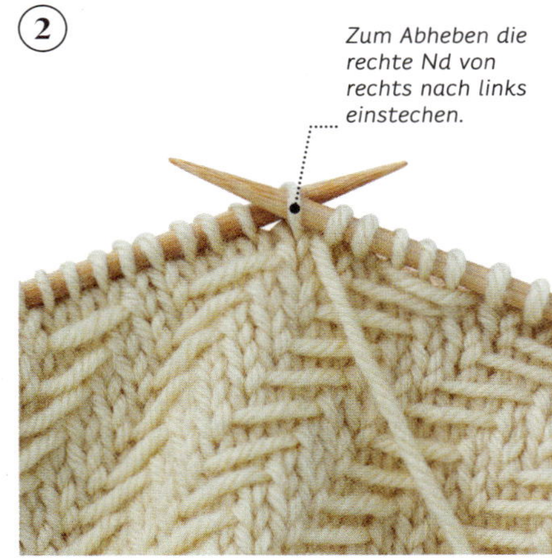

1 **R 1:** 1 M rechts. *3 M abh Fv: *Den Faden nach vorn legen. 3 Maschen abheben, dafür die rechte Nd von rechts nach links in die M auf der linken Nd einstechen. Den Faden nach hinten legen.* 2 M rechts. Ab * wdh bis zur letzten Masche, 1 M rechts.
R 2 und alle geraden R einschließlich R 10: alle M links stricken.

2 **R 3:** (Achtung: Wenn mehrere Mustersätze gestrickt werden, den Faden nicht nach hinten legen, wenn eine Hebemasche folgt.) 1 M rechts. 2 M abh Fv: *Den Faden nach vorn legen. 2 Maschen nacheinander abheben, dabei die rechte Nd von rechts nach links in die M auf der linken Nd einstechen. Den Faden nach hinten legen.* 2 M rechts. 1 M abh Fv: *Den Faden nach vorn legen. 1 M abheben, dabei die rechte Nd von rechts nach links in die M auf der linken Nd einstechen. Den Faden nach hinten legen.* Ab * wdh bis zur letzten Masche, 1 M rechts.
R 5: 1 M rechts. *1 M abh Fv. 2 M rechts. 2 M abh Fv. Ab * wdh bis zur letzten Masche, 1 M rechts.
R 7: 1 M rechts. *2 M rechts. 3 M abh Fv. Ab * wdh bis zur letzten Masche, 1 M rechts.
R 9: 1 M rechts. *1 M rechts. 3 M abh Fv. 1 M rechts. Ab * wdh bis zur letzten Masche, 1 M rechts.

Zählmuster: Webmuster

Ein V-förmiges Symbol mit einem Querstrich bedeutet, dass der Faden beim Abheben vor der Arbeit liegt. Werden mehrere Maschen nacheinander abgehoben, bleibt der Faden vorn und wird erst nach der letzten Hebemasche wieder nach hinten gelegt.

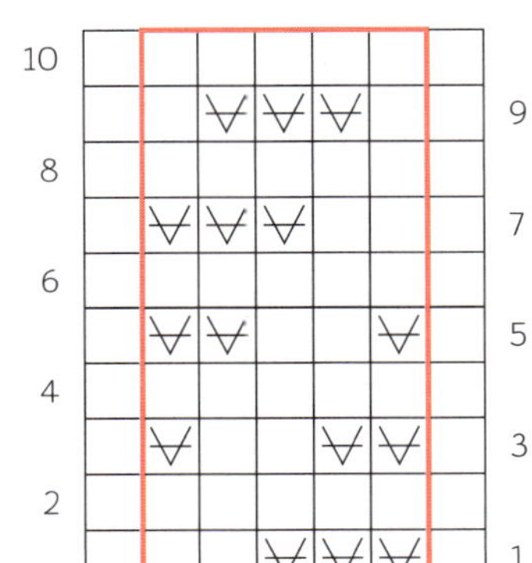

Kleines Zeltmuster

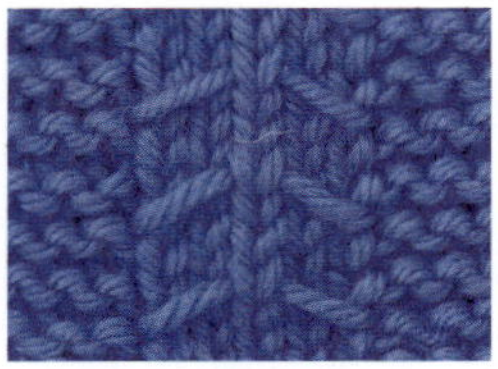

SCHWIERIGKEITSGRAD
Anspruchsvoll

MUSTERSATZ
8 (+1) Maschen; 4 Reihen

VERWENDETE MASCHEN
rechte M, linke M,
abh Fv,
Querfaden einstricken

AUSSEHEN
Einseitig

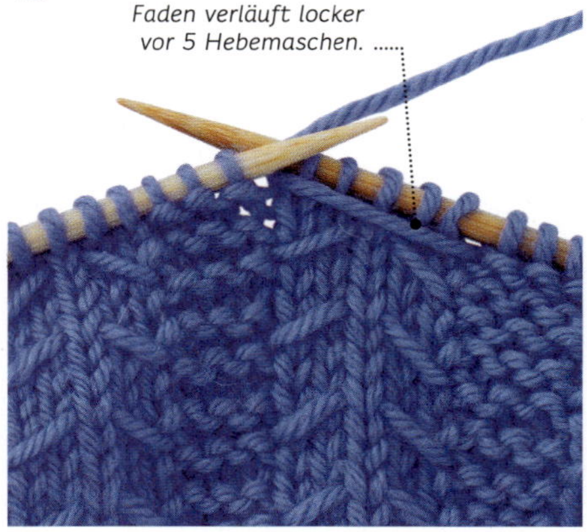

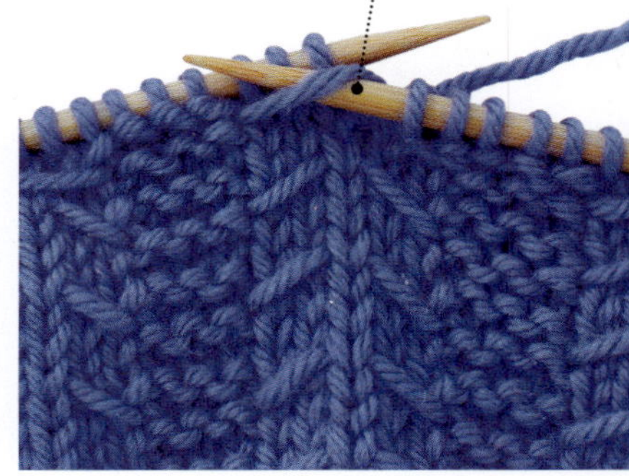

1 **R 1:** 1 M rechts. *1 M rechts. 5 M abh Fv: *Den Faden nach vorn legen. 5 Maschen nacheinander abheben, dabei die rechte Nd von rechts nach links in jede M auf der linken Nd einstechen. Den Faden nach hinten legen.* 2 M rechts. Ab * wdh bis zum Ende.
R 2 und 4: *2 M rechts. 5 M links. 1 M rechts. Ab * wdh bis zur letzten Masche, 1 M rechts.

2 **R 3:** 1 M rechts. *3 M rechts. Den Querfaden einstricken: *Mit der rechten Nd unter dem Querfaden einstechen und hochziehen.*

3 *Die rechte Nd von links nach rechts in die 1. M auf der linken Nd einstechen und diese mit dem Querfaden zusammenstricken.* 4 M rechts. Ab * wdh bis zum Ende.

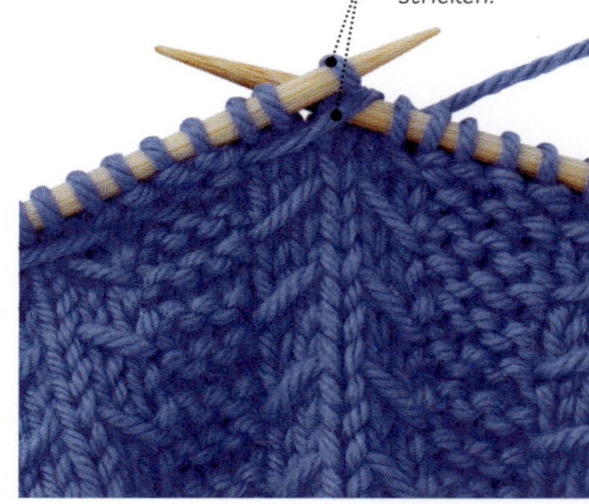

Zählmuster: Kleines Zeltmuster

Die waagerechten Striche symbolisieren die abgehobenen Maschen mit dem davor verlaufenden Faden in Reihe 1. Das U-förmige Symbol steht für die Stelle, an der dieser Querfaden mit einer Masche zusammengestrickt wird.

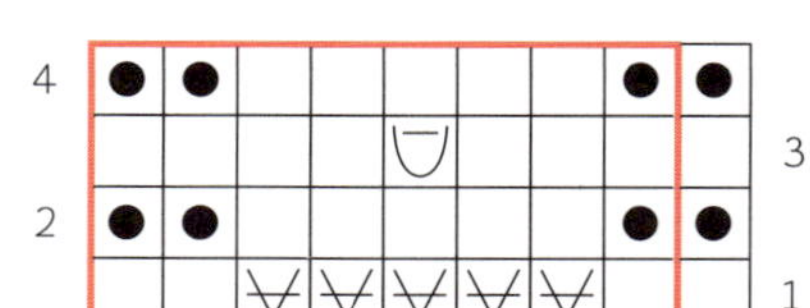

Spaliermuster

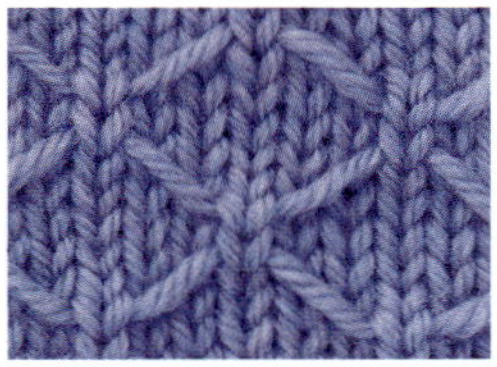

SCHWIERIGKEITSGRAD
Anspruchsvoll

MUSTERSATZ
6 (+3) Maschen; 8 Reihen

VERWENDETE MASCHEN
rechte M, linke M,
abh Fv,
Querfaden einstricken

AUSSEHEN
Einseitig

1

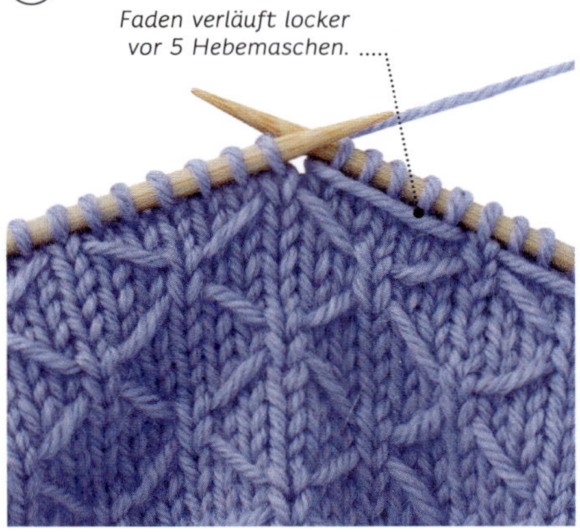

2

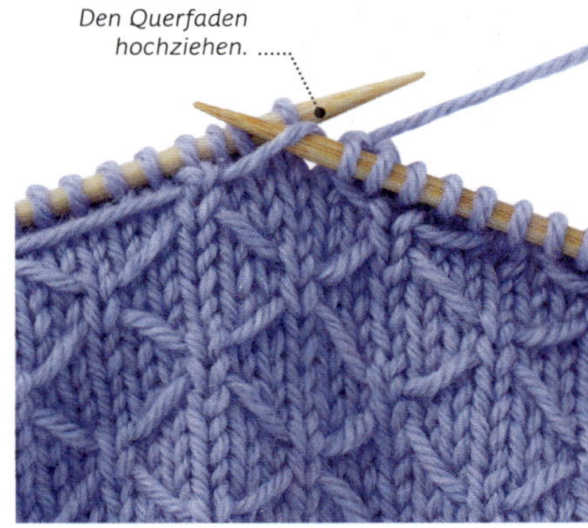

3

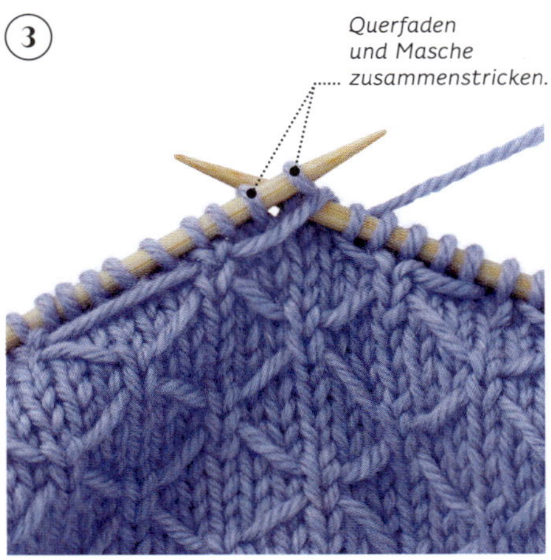

4

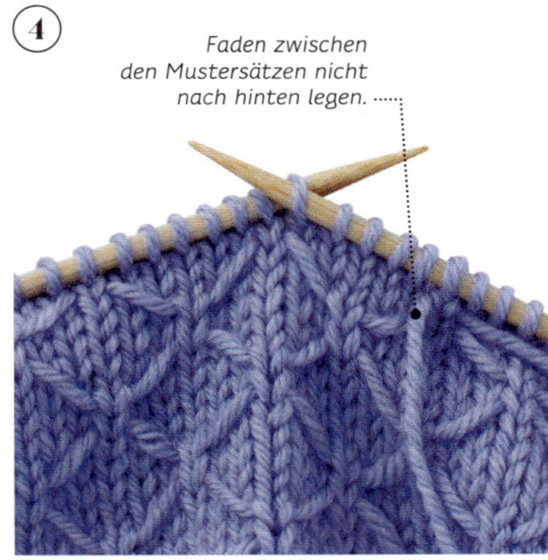

1 **R 1:** 1 M rechts. *1 M rechts. 5 M abh Fv: *Den Faden nach vorn legen. 5 Maschen nacheinander abheben, dabei die rechte Nd von rechts nach links in jede M auf der linken Nd einstechen. Den Faden nach hinten legen.* Ab * wdh bis zu den letzten 2 Maschen, 2 M rechts.
R 2 und alle geraden R einschließlich R 8: Alle M links stricken.

2 **R 3:** 1 M rechts. *3 M rechts. Den Querfaden einstricken: *Mit der rechten Nd unter dem Querfaden einstechen und hochziehen.*

3 *Die rechte Nd von links nach rechts in die 1. M auf der linken Nd einstechen und diese mit dem Querfaden zusammenstricken.* 2 M rechts. Ab * wdh bis zu den letzten 2 Maschen, 2 M rechts.

4 **R 5:** 1 M rechts. *3 M abh Fv (siehe S. 45). 1 M rechts. 2 M abh Fv (siehe S. 45). Ab * wdh bis zu den letzten 2 Maschen, 1 M abh Fv (siehe S. 45), 1 M rechts.
R 7: 1 M rechts. *Querfaden einstricken. 5 M rechts. Ab * wdh bis zu den letzten 2 Maschen, Querfaden einstricken, 1 M rechts.

Streuselmuster

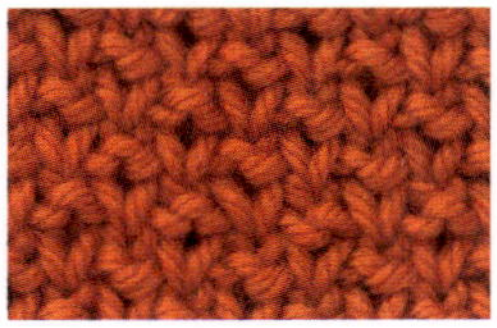

R 1: 1 M re, *1 M li, 1 M abh Fh, ab * wdh bis zur letzten Masche, 1 M re.
R 2: li M str.
R 3: 1 M re, *1 M abh Fh, 1 M li, ab * wdh bis zur letzten Masche, 1 M re.
R 4: li M str.

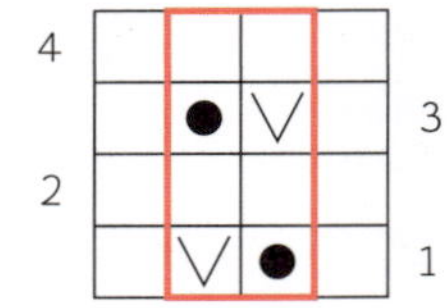

SCHWIERIGKEITSGRAD
Mittel

MUSTERSATZ
2 (+2) Maschen; 4 Reihen

VERWENDETE MASCHEN
rechte M, linke M, abh Fh

AUSSEHEN
Einseitig

Doppelsprossen

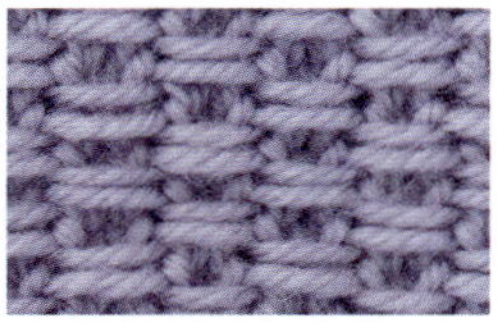

R 1: 1 M re, *2 M abh Fv, 2 M re, ab * wdh bis zur letzten M, 1 M re.
R 2: 1 M li, *2 M li, 2 M abh Fh, ab * wdh bis zur letzten M, 1 M li.
R 3: 1 M re, *2 M re, 2 M abh Fv, ab * wdh bis zur letzten M, 1 M re.
R 4: 1 M li, *2 M abh Fh, 2 M li, ab * wdh bis zur letzten M, 1 M li.

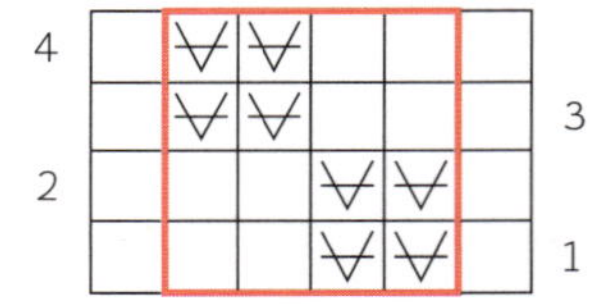

SCHWIERIGKEITSGRAD
Mittel

MUSTERSATZ
4 (+2) Maschen; 4 Reihen

VERWENDETE MASCHEN
rechte M, linke M, abh Fh, abh Fv

AUSSEHEN
Einseitig

Wasserwellenmuster

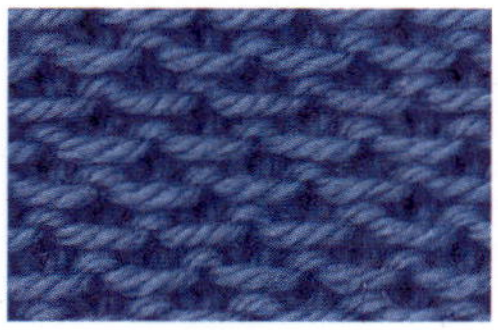

R 1: re M str.
R 2: 1 M re, *1 M re, 1 M abh Fh, ab * wdh bis zur letzten M, 1 M re.
R 3: re M str.
R 4: 1 M re, *1 M abh Fh, 1 M re, ab * wdh bis zur letzten M, 1 M re.

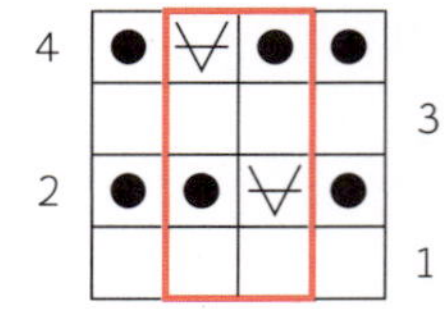

SCHWIERIGKEITSGRAD
Einfach

MUSTERSATZ
2 (+2) Maschen; 4 Reihen

VERWENDETE MASCHEN
rechte M, linke M, 1 M abh Fh

AUSSEHEN
Einseitig

Halbes Leinenmuster

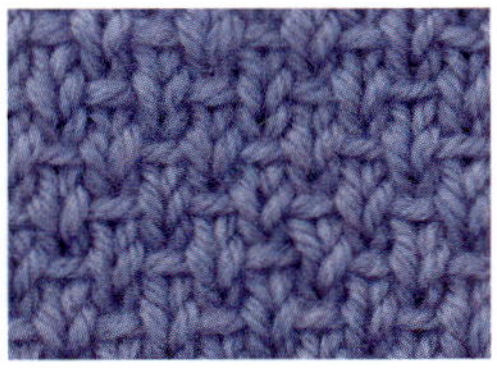

R 1: 1 M re, *1 M abh Fv, 1 M re, ab * wdh bis zur letzten M, 1 M re.
R 2: li M str.
R 3: 1 M re, *1 M re, 1 M abh Fv, ab * wdh bis zur letzten M, 1 M re.
R 4: li M str.

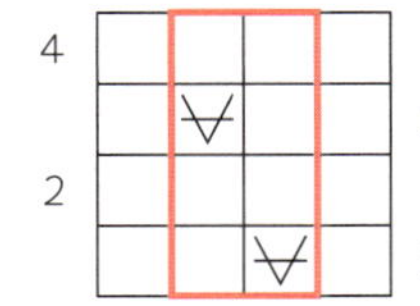

SCHWIERIGKEITSGRAD
Einfach

MUSTERSATZ
2 (+2) Maschen; 4 Reihen

VERWENDETE MASCHEN
rechte M, linke M, abh Fv

AUSSEHEN
Einseitig

Backsteinmuster

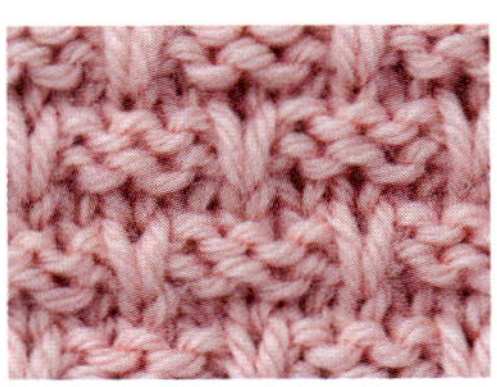

R 1: re M str.
R 2: li M str.
R 3: 1 M li, *1 M abh Fh, 3 M li, ab * wdh bis zum Ende.
R 4: *3 M re, 1 M abh Fv, ab * wdh bis zur letzten M, 1 M re.
R 5: re M str.
R 6: li M str.
R 7: 1 M li, *2 M li, 1 M abh Fh, 1 M li, ab * wdh bis zum Ende.
R 8: *1 M re, 1 M abh Fv, 2 M re, ab * wdh bis zur letzten M, 1 M re.

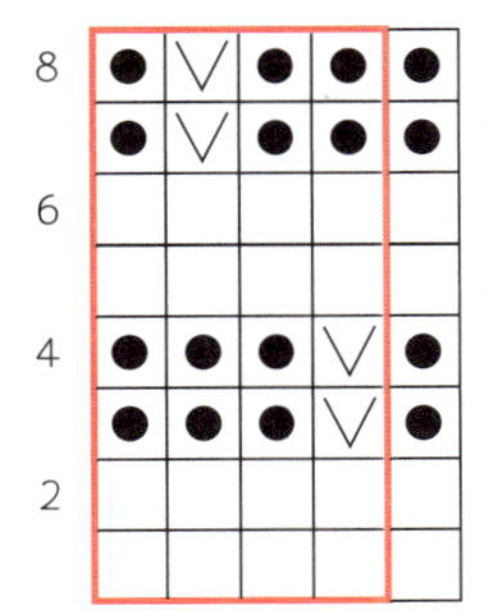

SCHWIERIGKEITSGRAD
Mittel

MUSTERSATZ
4 (+1) Maschen; 8 Reihen

VERWENDETE MASCHEN
rechte M, linke M, abh Fh, abh Fv

AUSSEHEN
Einseitig

Mehrfarbige Muster

Einfache mehrfarbige Muster

Im Grunde kann man jedes Strickmuster auch mit mehreren Garnfarben stricken. Das folgende Kapitel beginnt mit einfachen Streifen und Blöcken in Kontrastfarben.

Die meisten Muster in diesem Abschnitt bestehen nur aus rechten und linken Maschen, lediglich beim Kordelmuster (siehe S. 82) kommen auch Zu- und Abnahmen zum Einsatz. In jeder Reihe wird nur mit einer Garnfarbe gearbeitet. Dadurch sind die Muster einfach zu arbeiten. Wichtig ist aber, dass das gerade nicht benutzte Garn auf der richtigen Seite hängen bleibt, damit es später wieder aufgenommen werden kann. Das bedeutet im Idealfall, dass mit jeder Garnfarbe eine gerade Anzahl von Reihen gestrickt wird. Wenn ungerade Reihenzahlen mit den einzelnen Farben gestrickt werden, arbeitet man am besten in Hin- und Rückreihen auf einer Rundstricknadel und schiebt die Maschen beim Farbwechsel an das Ende, an dem die benötigte Farbe hängt.

Für Intarsienmuster (siehe S. 83) verwendet man am besten Garnwickler für die verschiedenen Farben. So lässt sich verhindern, dass sich die Garnfarben, die gleichzeitig in einer Reihe zum Einsatz kommen, verheddern.

Streifen kraus rechts

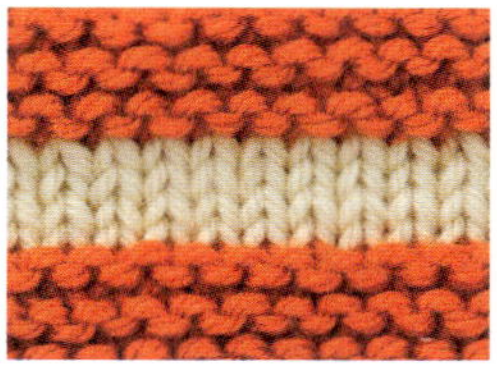

SCHWIERIGKEITSGRAD
Einfach

MUSTERSATZ
1 Masche; 10 Reihen

VERWENDETE MASCHEN
rechte M, linke M

AUSSEHEN
Einseitig

MATERIALIEN
Garne in 2 Farben

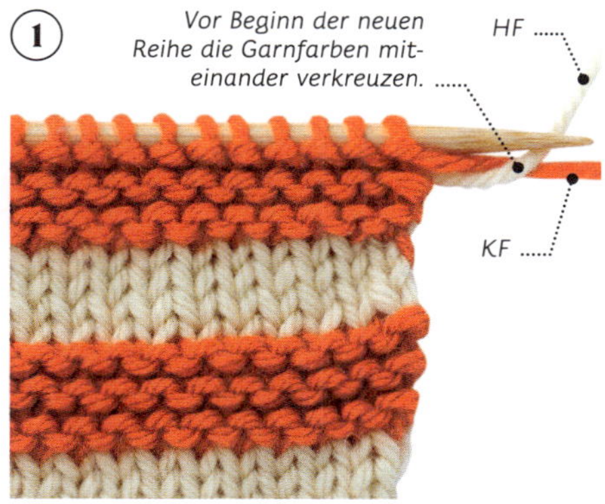

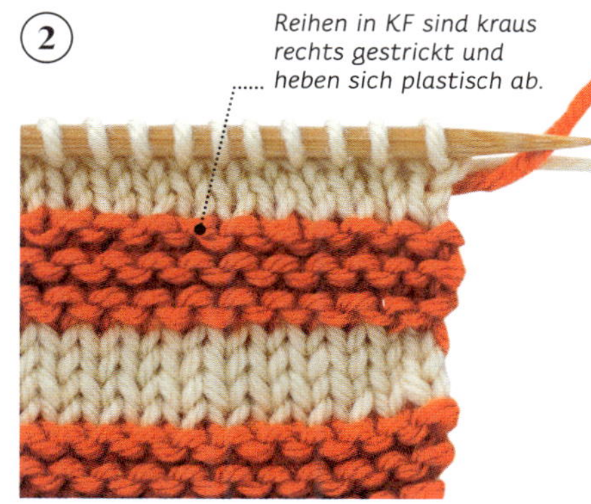

1 **R 1–4:** Mit de Hauptfarbe (HF) 4 Reihen glatt rechts stricken *(Hinreihen rechte Maschen, Rückreihen linke Maschen),* mit einer Hinreihe beginnen. Die HF nicht abschneiden.

2 **R 5–10:** Mit der Kontrastfarbe (KF) 6 Reihen kraus rechts stricken *(in Hin- und Rückreihen immer rechte Maschen).* Die KF nicht abschneiden.

Linien kraus rechts

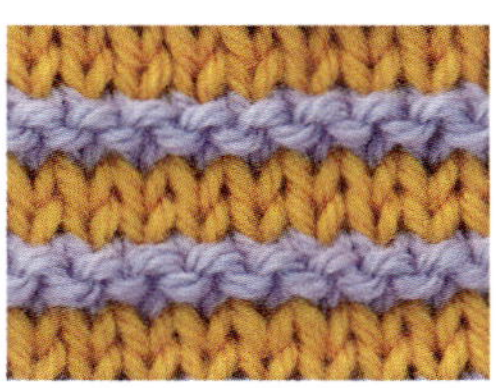

SCHWIERIGKEITSGRAD
Einfach

MUSTERSATZ
1 Masche; 4 Reihen

VERWENDETE MASCHEN
rechte M, linke M

AUSSEHEN
Einseitig

MATERIALIEN
Garne in 2 Farben

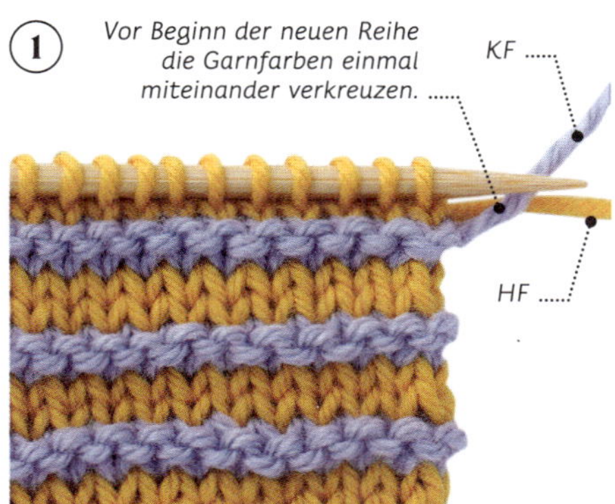

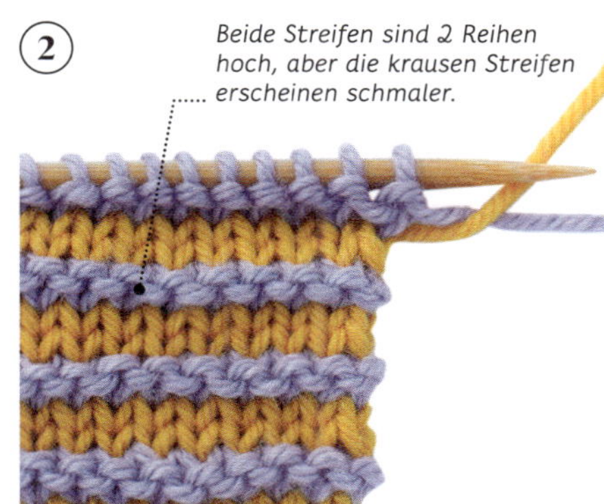

1 **R 1–2:** Mit der Hauptfarbe (HF) 2 Reihen glatt rechts stricken: *1 Hinreihe rechte M und 1 Rückreihe linke M.* Die HF nicht abschneiden.

2 **R 3–4:** Mit der Kontrastfarbe (KF) 2 Reihen kraus rechts stricken: *Hin- und Rückreihe rechte M.* Die KF nicht abschneiden.

Zählmuster: Linien kraus rechts

Das Zählmuster zeigt, dass nach jeder zweiten Reihe die Garnfarbe gewechselt wird. Weil in jeder Reihe nur ein Maschentyp gestrickt wird, ist hier nur ein Kästchen dargestellt.

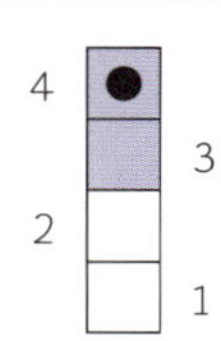

Ringel kraus rechts

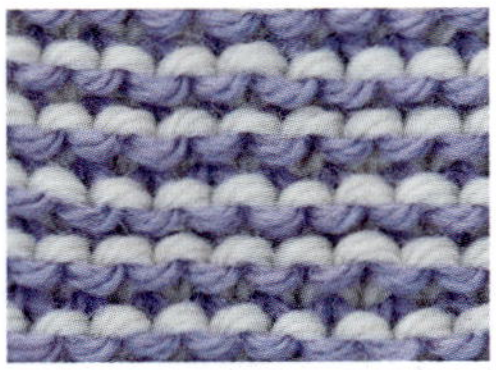

SCHWIERIGKEITSGRAD
Einfach

MUSTERSATZ
1 Masche; 4 Reihen

VERWENDETE MASCHEN
rechte M, linke M

AUSSEHEN
Wendbar (dominierende Farbe unterschiedlich)

MATERIALIEN
Garne in 2 Farben, Rundstricknadel

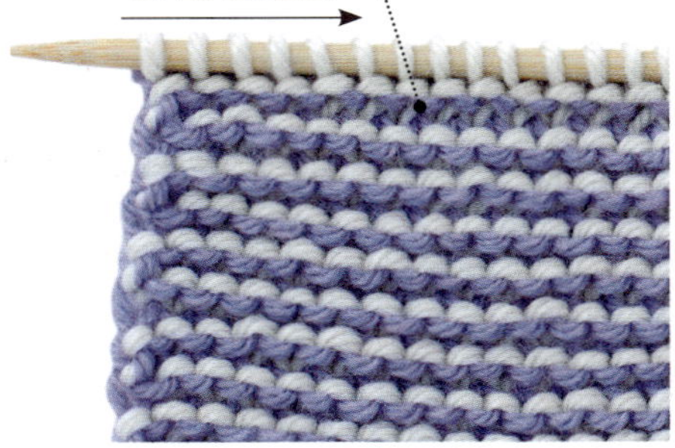

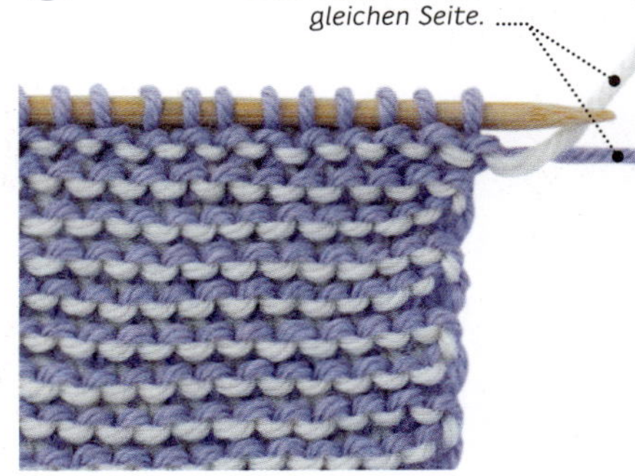

1 **R 1:** Mit der Hauptfarbe (HF) alle Maschen rechts stricken.
R 2: Die Maschen ans andere Ende der Rundstricknadel schieben. Mit der Kontrastfarbe (KF) alle Maschen links stricken. Die Arbeit wenden.

2 **R 3:** Die Maschen nicht schieben. Mit der HF alle Maschen rechts stricken.
R 4: Die Maschen ans andere Ende der Rundstricknadel schieben. Mit der KF alle Maschen rechts stricken. Die Arbeit wenden.

Zweifarbiges Perlmuster

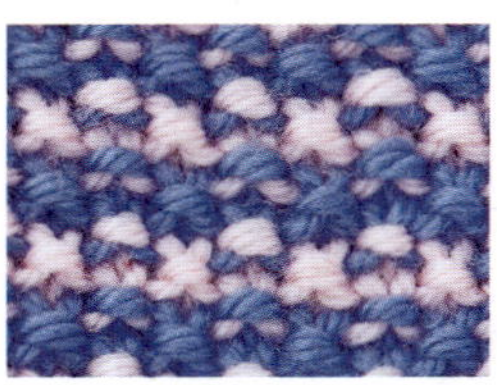

SCHWIERIGKEITSGRAD
Einfach

MUSTERSATZ
2 Maschen; 4 Reihen

VERWENDETE MASCHEN
rechte M, linke M

AUSSEHEN
Wendbar

MATERIALIEN
Garne in 2 Farben

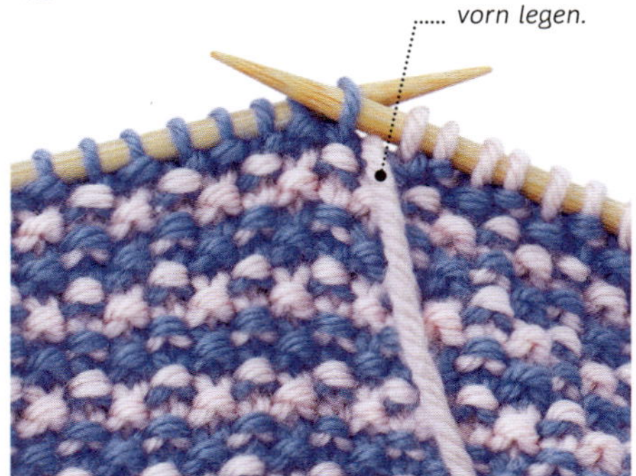

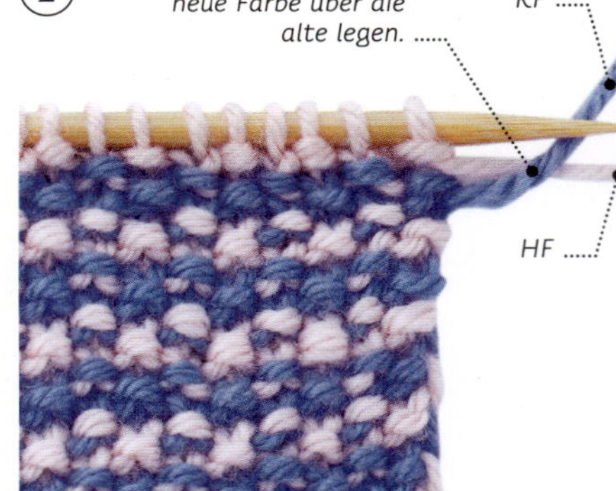

1 **R 1:** Mit der Hauptfarbe (HF) 1 M rechts, Den Faden nach vorn legen, 1 M links. Den Faden nach hinten legen.
R 2: 1 M links. Den Faden nach hinten legen, 1 M rechts. Den Faden nach vorn legen.

2 **R 3:** Mit der Kontrastfarbe (KF) 1 M rechts. Den Faden nach vorn legen. 1 M links. Den Faden nach hinten legen.
R 4: 1 M links. Den Faden nach hinten legen. 1 M rechts. Den Faden nach vorn legen.

Drei-Farben-Rechtsrippen

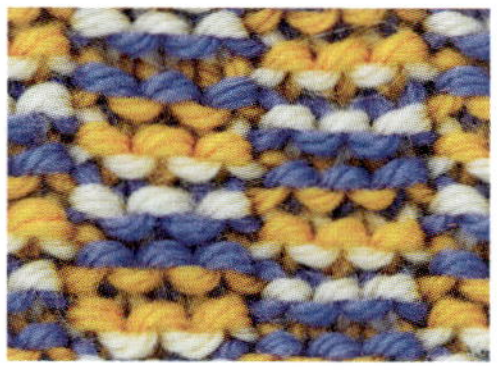

SCHWIERIGKEITSGRAD
Einfach

MUSTERSATZ
6 Maschen; 6 Reihen

VERWENDETE MASCHEN
rechte M, linke M

AUSSEHEN
Wendbar

MATERIALIEN
Garne in 3 Farben

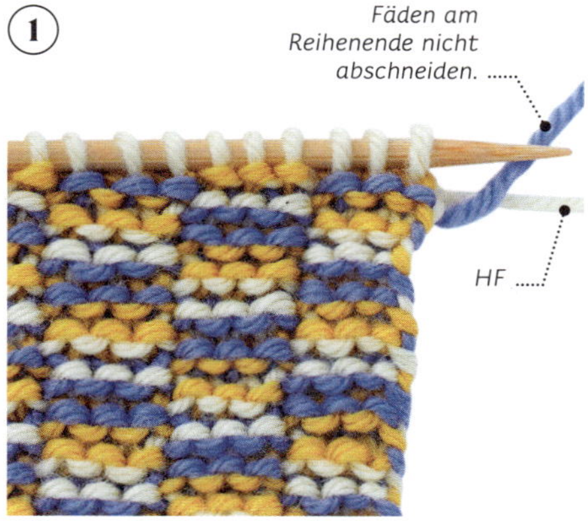

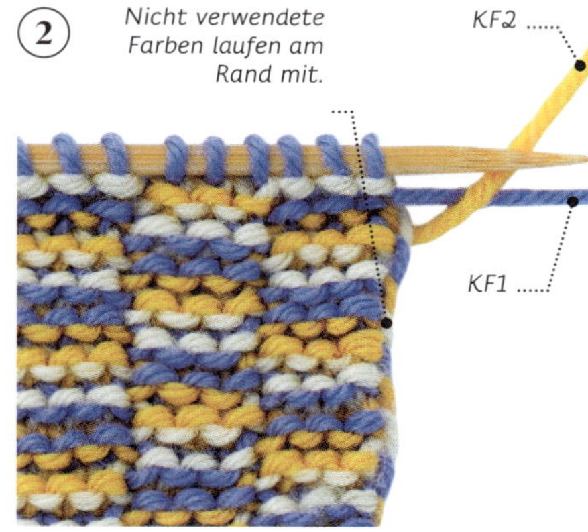

1 **R 1:** Mit der Hauptfarbe (HF),
3 M rechts. Den Faden nach vorn legen.
3 M links. Den Faden nach hinten legen.

2 **R 2:** Mit der ersten Kontrastfarbe (KF1),
3 M links. Den Faden nach hinten legen.
3 Maschen rechts. Den Faden nach vorn legen.

3 **R 3:** Mit der zweiten KF (KF2)
3 M rechts. Den Faden nach vorn legen.
3 M links. Den Faden nach hinten legen.
R 4: Mit HF Reihe 2 wdh.
R 5: Mit KF1 Reihe 1 wdh.
R 6: Mit KF2 Reihe 2 wdh.

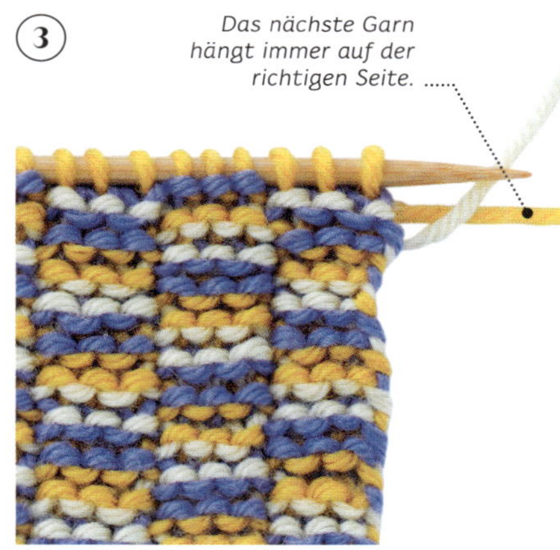

Zählmuster: Drei-Farben-Rechtsrippen

Dieses Muster wirkt wie eine optische Täuschung. Das Zählmuster zeigt, dass nach jeder Reihe ein Farbwechsel stattfindet. Durch den Wechsel aus rechten und linken Maschen entsteht aber ein Versatz. Weil mit drei Farben gestrickt wird, hängt jede Farbe schon auf der Seite, auf der sie beim nächsten Einsatz benötigt wird.

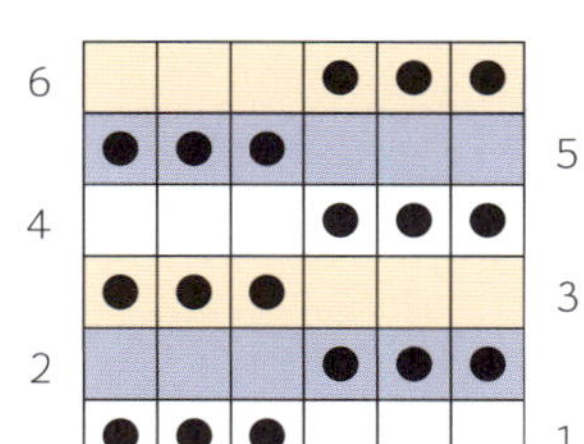

Streifen glatt rechts

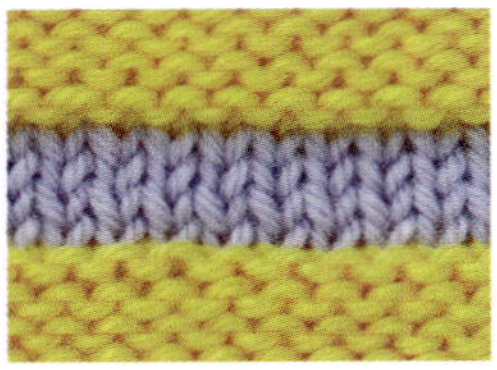

SCHWIERIGKEITSGRAD
Einfach

MUSTERSATZ
1 Masche; 10 Reihen

VERWENDETE MASCHEN
rechte M, linke M

AUSSEHEN
Beide Seiten unterschiedlich, können aber als rechte Seite dienen.

MATERIALIEN
Garne in 2 Farben

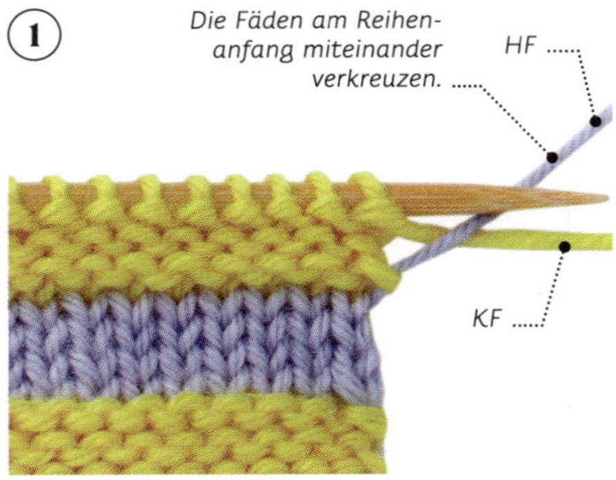

1 **R 1:** Mit der Kontrastfarbe (KF) alle M rechts stricken.
R 2–6: 5 Reihen kraus links stricken: *Hinreihen links, Rückreihen rechts.* Mit einer Rechtsreihe beginnen.

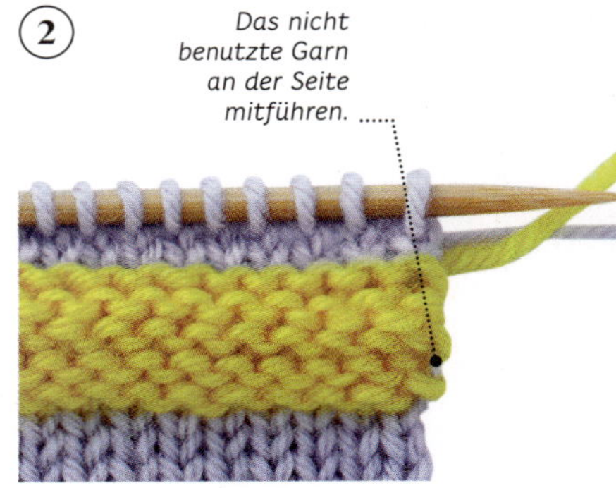

2 **R 7–10:** Mit der Hauptfarbe (HF) 4 Reihen glatt rechts stricken: *Hinreihen rechts, Rückreihen links.* Mit einer Rechtsreihe beginnen.

Kordelmuster

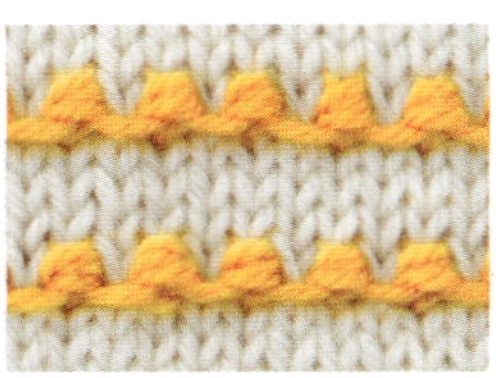

SCHWIERIGKEITSGRAD
Mittel

MUSTERSATZ
2 (+2) Maschen; 6 Reihen

VERWENDETE MASCHEN
rechte M, linke M, 3 M aus 1, abh Fh, 3 M re verschr zus-str

AUSSEHEN
Einseitig

MATERIALIEN
Garne in 2 Farben

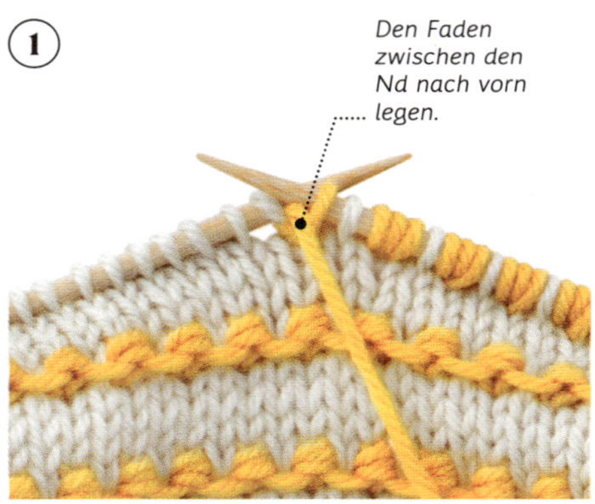

1 **R 1–2:** Mit der Hauptfarbe (HF) 2 Reihen glatt rechts stricken: *Hinreihe rechts, Rückreihe links.*
R 3: Mit der Kontrastfarbe (KF) 1 M rechts. *3 M aus 1: *1 M rechts, die ursprüngliche Masche bleibt auf der linken Nd. 1 Umschlag, 1 M rechts. Die ursprüngliche M von der rechten Nd nehmen.* 1 M abh Fh: *Der Faden liegt hinten. 1 Masche abheben, dabei von rechts nach links einstechen.* Ab * wdh bis zur letzten Masche, 1 M rechts.

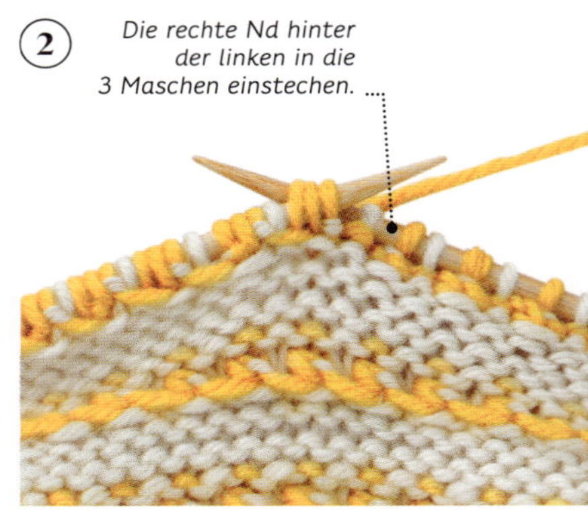

2 **R 4:** 1 M links. *1 M abh Fh. 3 M re verschr zus-str: *Die rechte Nd von rechts nach links und hinter der linken Nd in die ersten 3 M auf der linken Nd einstechen. Diese 3 M zusammenstricken.* Ab * wdh bis zur letzten Masche, 1 M links.
R 5–6: Mit der HF 2 Reihen glatt rechts stricken, mit einer Rechtsreihe beginnen.

Intarsien-Raute

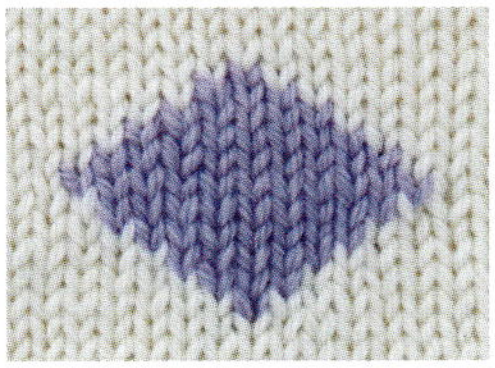

SCHWIERIGKEITSGRAD
Mittel

MUSTERSATZ
13 Maschen; 16 Reihen

VERWENDETE MASCHEN
rechte M, linke M

AUSSEHEN
Einseitig

MATERIALIEN
Garne in 2 Farben,
3 Garnwickler

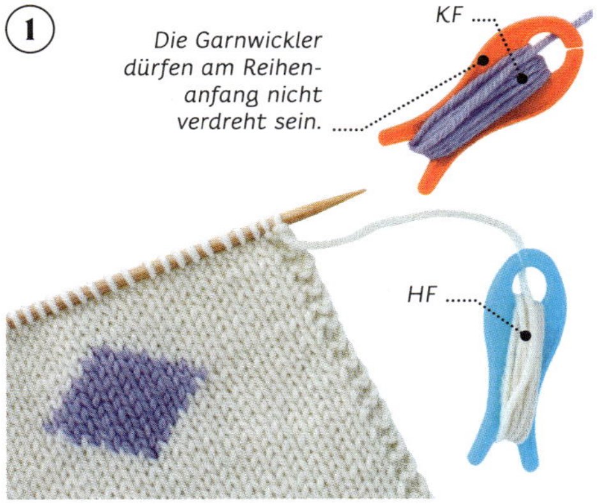

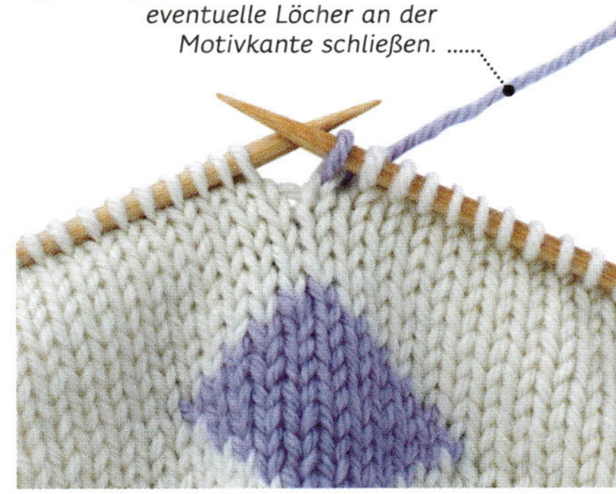

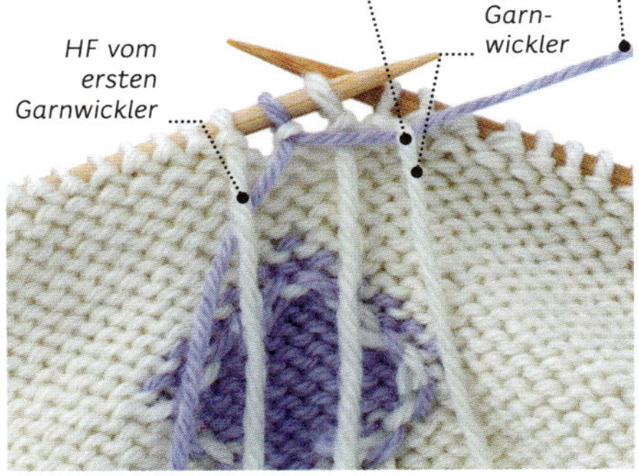

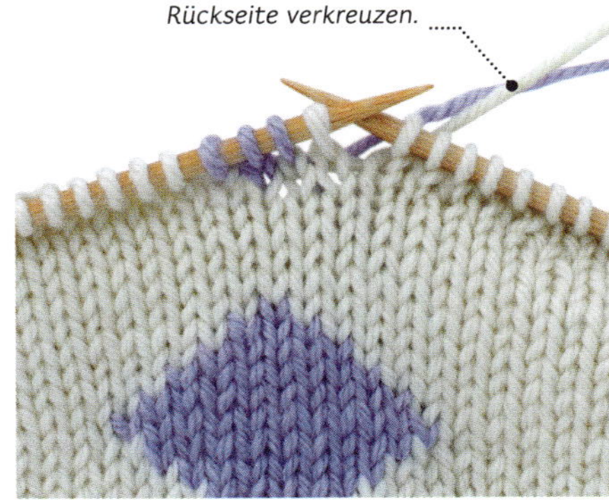

1 Die Garnwickler vorbereiten: 2 in Hauptfarbe und 1 in Kontrastfarbe. Reichlich Garn aufwickeln.

2 **R 1–2:** Mit HF 2 Reihen glatt rechts stricken: *1 Reihe rechts, 1 Reihe links.*
R 3: Mit HF vom ersten Garnwickler 6 Maschen rechts. Mit KF vom Garnwickler 1 M rechts. Mit HF vom zweiten Garnwickler 6 M rechts.

3 **R 4:** Mit HF vom aktuellen Garnwickler 5 M links. Die Fäden verkreuzen: Das gerade verwendete Garn in HF über das Garn in KF und nach links legen. 3 M links mit KF. Die Fäden verkreuzen. 5 M links mit HF von dem hier hängenden Garnwickler.

4 **R 5:** Mit HF 4 M rechts. Die Fäden hier und bei jedem weiteren Farbwechsel verkreuzen. Mit KF 5 M rechts. Mit HF 4 M rechts.
R 6: Mit HF 3 M links. Mit KF 7 M links. Mit HF 3 M links.
R 7: Mit HF 2 M rechts. Mit KF 9 M links. Mit HF 2 M rechts.
R 8: Mit HF 1 M links. Mit KF 11 M links. Mit HF 1 M links.
R 9–13: Wie Reihe 7, dann Reihe 6, dann Reihe 5, dann Reihe 4, dann Reihe 3.
R 14–16: 3 Reihen glatt rechts stricken, mit einer Linksreihe beginnen.

Bunte Muster mit Hebemaschen

Strickt man mehrfarbige Muster mit Hebemaschen, lassen sich interessante Effekte erzielen, weil die hochgezogenen Maschen oder die Querfäden vor dem andersfarbigen Grund deutlich auffallen. Trotzdem wird in jeder Reihe nur mit einer Garnfarbe gestrickt, darum sind diese Muster einfacher zu arbeiten als Muster in Norwegertechnik (siehe S. 94–103). Wie bei einfarbigen Arbeiten können sich die Hebemaschen aber auf Höhe und Breite der Maschenprobe auswirken. Die Technik eignet sich gut, um verschiedenste Projekte relativ einfach durch Muster interessanter zu gestalten.

Zu den Hebemaschenmustern gehört auch die Mosaiktechnik, die in gewisser Weise einen Sonderfall darstellt. Hier liegt der Faden beim Abheben immer auf der linken Seite der Strickarbeit, und es werden zwei gleich aussehende Reihen in jeder Farbe gestrickt. Ecksteine (siehe S. 91) sind ein Beispiel für diese Technik.

Pünktchenmuster

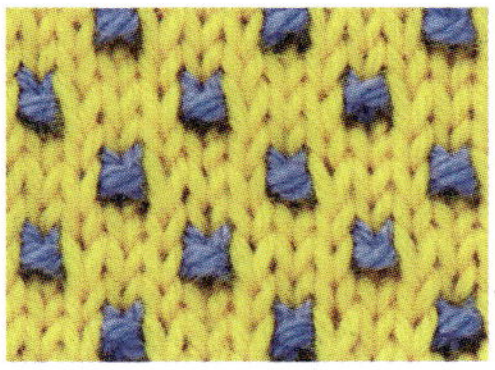

SCHWIERIGKEITSGRAD
Einfach

MUSTERSATZ
4 (+2) Maschen; 8 Reihen

VERWENDETE MASCHEN
rechte M, linke M, abh Fh, abh Fv

AUSSEHEN
Einseitig

MATERIALIEN
Garne in 2 Farben

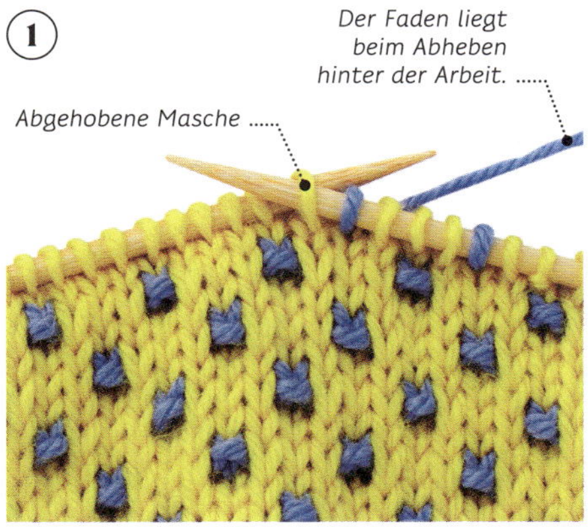

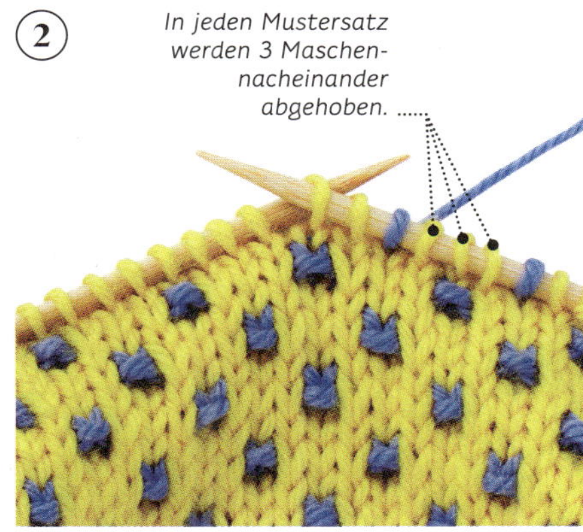

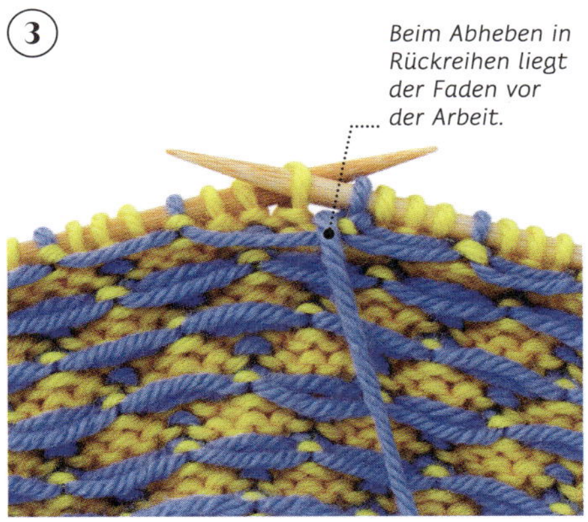

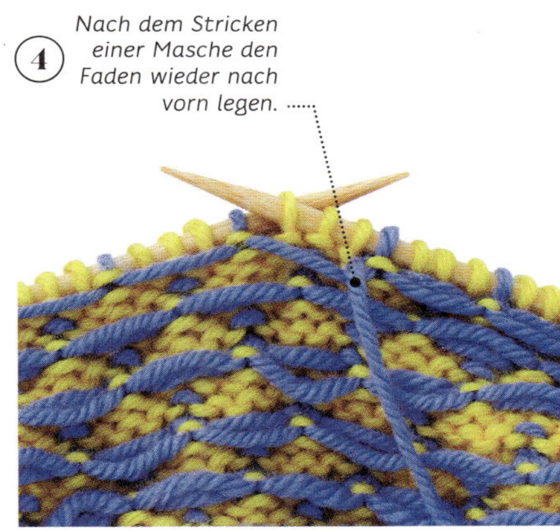

1 **R 1–2:** Mit der Hauptfarbe (HF) 2 Reihen glatt rechts stricken: *1 Reihe rechts, dann 1 Reihe links.*
R 3: Mit der Kontrastfarbe (KF) 1 M rechts. *1 M abh Fh: *1 Masche von der linken Nd abheben, dabei die rechte Nd von rechts nach links einstechen.* 1 M rechts.

2 2 M abh Fh: *2 Maschen nacheinander von der linken Nd abheben, dabei die rechte Nd von rechts nach links einstechen.* Ab * wdh bis zur letzten Masche, 1 M rechts.

3 **R 4:** 1 M rechts. *2 M abh Fv: *Den Faden nach vorn legen, dann 2 Maschen nacheinander abheben, dabei die rechte Nd von rechts nach links einstechen. Den Faden nach hinten legen.* 1 M rechts. 1 M abh Fv: *Den Faden nach vorn legen. 1 Masche von der linken Nd abheben, dabei die rechte Nd von rechts nach links einstechen. Den Faden nach hinten legen.* Ab * wdh bis zur letzten Masche, 1 M rechts.
R 5–6: Wie Reihen 1 und 2.
R 7: Mit KF 1 M rechts. *3 M abh Fh: *3 Maschen nacheinander von der linken Nd abheben, dabei die rechte Nd von rechts nach links einstechen.* 1 M rechts. Ab * wdh bis zur letzten Masche, 1 M rechts.

4 **R 8:** 1 M rechts. *1 M rechts. 3 M abh Fv: *Den Faden nach vorn legen. 3 Maschen von der linken Nd abheben,dabei die rechte Nd von rechts nach links einstechen. Den Faden nach hinten legen.* Ab * wdh bis zur letzten Masche, 1 M rechts.

Ringel und Säulen

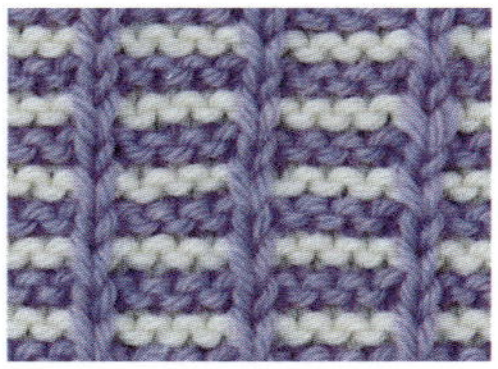

SCHWIERIGKEITSGRAD
Mittel

MUSTERSATZ
5 Maschen; 4 Reihen

VERWENDETE MASCHEN
rechte M, linke M, abh Fh, abh Fv

AUSSEHEN
Einseitig

MATERIALIEN
Garne in 2 Farben

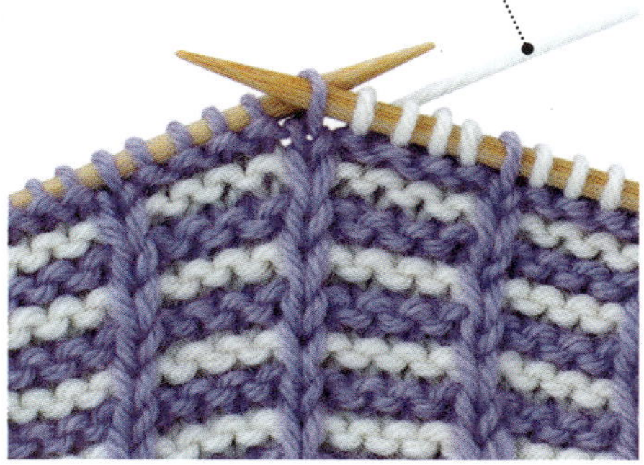

1 **R 1:** Alle Maschen mit der Hauptfarbe (HF) rechts stricken.
R 2: 2 M rechts, 1 M links, 2 M rechts.
R 3: Mit der Kontrastfarbe (KF) 2 M rechts, 1 M abh Fh: *1 Masche von der linken Nd abheben, dabei die rechte Nd von rechts nach links einstechen.* 2 M rechts.

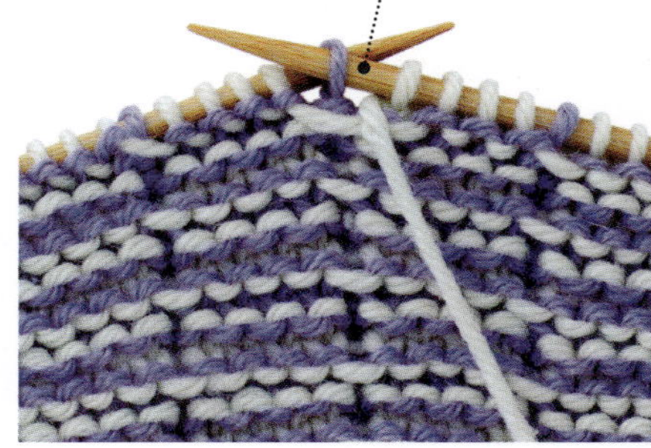

2 **R 4:** 2 M rechts, 1 M abh Fv: *Den Faden nach vorn legen. 1 Masche von der linken Nd abheben, dabei die rechte Nd von rechts nach links einstechen. Den Faden nach hinten legen.* 2 M rechts.

Hebekaros

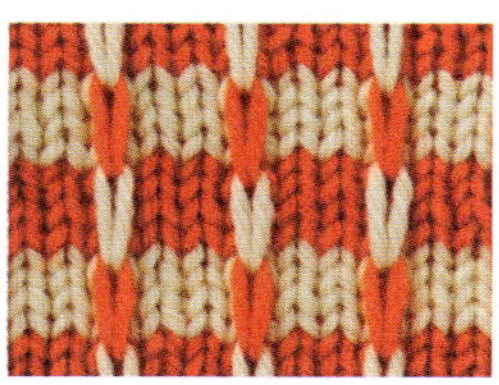

SCHWIERIGKEITSGRAD
Einfach

MUSTERSATZ
4 (+1) Maschen; 8 (+2) Reihen

VERWENDETE MASCHEN
rechte M, linke M, abh Fh, abh Fv

AUSSEHEN
Einseitig

MATERIALIEN
Garne in 2 Farben

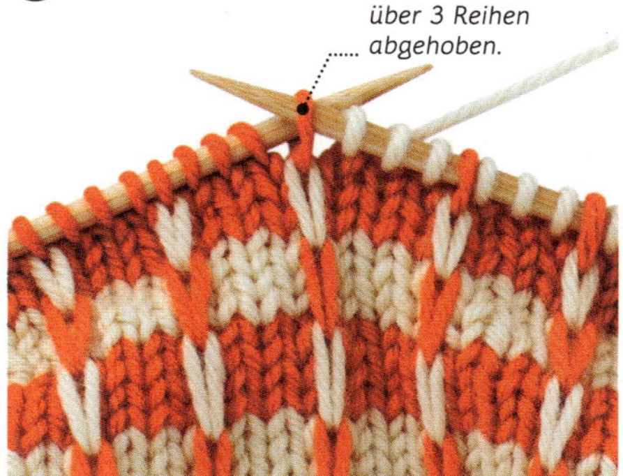

1 **Basisreihen 1–2:** Mit der Kontrastfarbe (KF) 2 Reihen glatt rechts stricken: *1 Reihe rechts, danach 1 Reihe links.*
R 3: Mit der Hauptfarbe (HF) 1 M rechts, *1 M rechts, 1 M abh Fh: *Der Faden liegt hinten. 1 Masche von der linken Nd abheben, dabei die rechte Nd von rechts nach links einstechen.* 2 M rechts. Ab * wdh bis zum Ende.

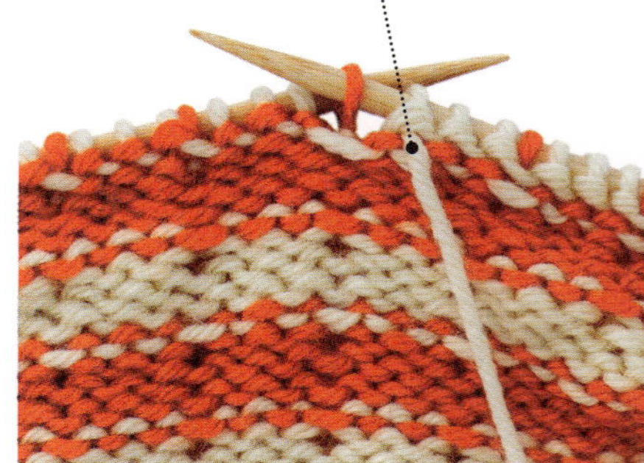

2 **R 4:** *2 M links, 2 M abh Fv: *Der Faden liegt vorn. 1 Masche von der linken Nd abheben, dabei die rechte Nd von rechts nach links einstechen.* Ab * wdh bis zur letzten Masche, 1 M links.
R 5: Wie Reihe 3.
R 6: Alle M links stricken.
R 7–10: Mit KF die Reihen 3–6 wdh.

Tweedmuster

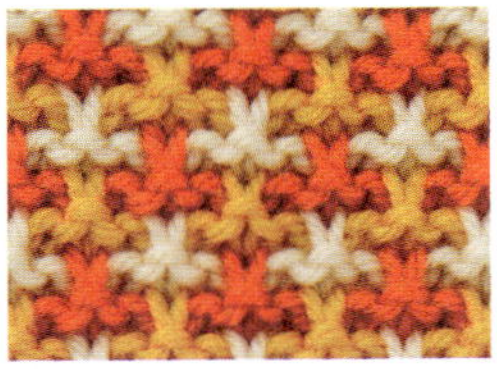

SCHWIERIGKEITSGRAD
Mittel

MUSTERSATZ
4 (+1) Maschen;
12 (+2) Reihen

VERWENDETE MASCHEN
rechte M, linke M,
abh Fh, abh Fv

AUSSEHEN
Einseitig

MATERIALIEN
Garne in 3 Kontrastfarben

1

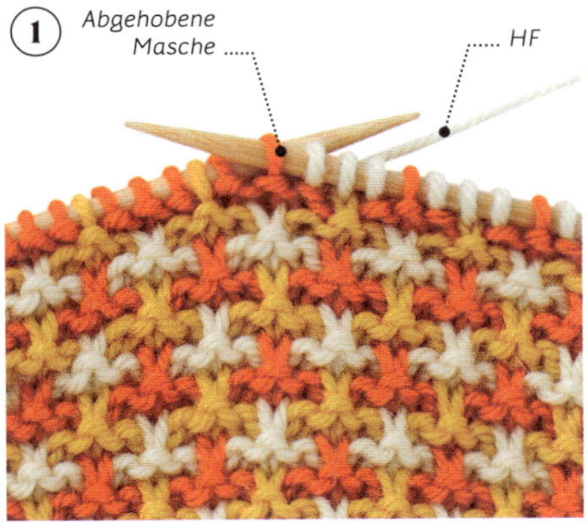

2

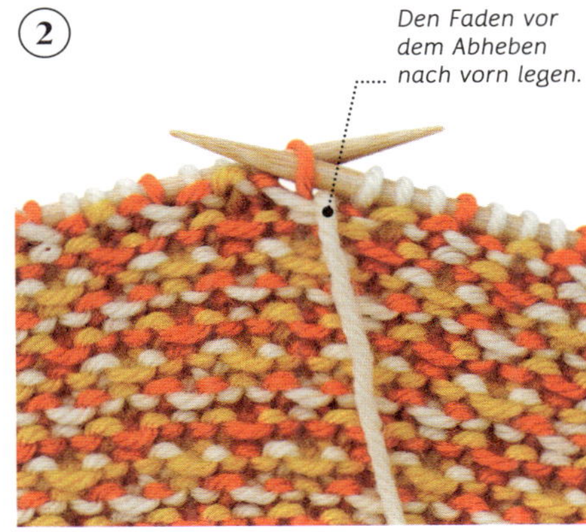

3

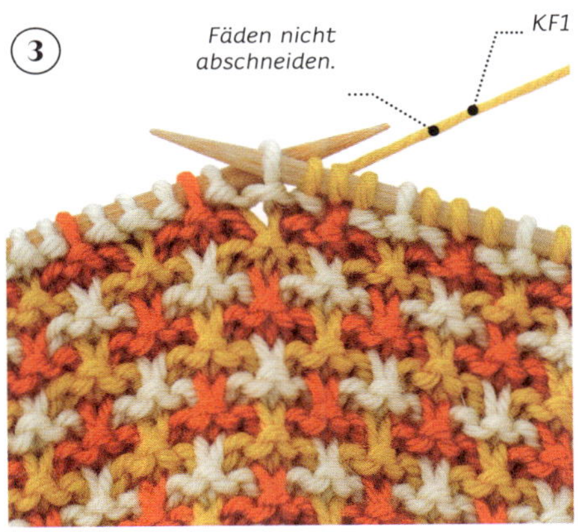

4

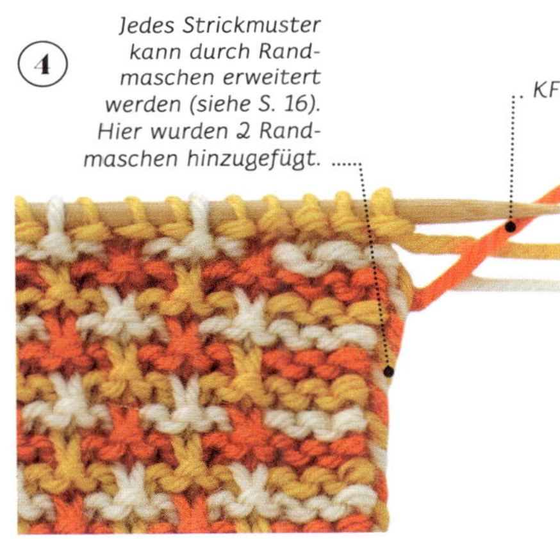

1 **Basisreihen 1–2:** Mit KF2 2 Reihen kraus rechts stricken: *Beide Reihen rechts.*
R 3: Mit HF 1 M rechts, *1 M abh Fh: *Der Faden liegt hinten. 1 Masche von der linken Nd abheben, dabei die rechte Nd von rechts nach links einstechen.* 3 M rechts. Ab * wdh bis zum Ende.

2 **R 4:** *3 M rechts, 1 M abh Fv: *Den Faden zwischen den Nd nach vorn legen, 1 Masche von der linken Nd abheben, dabei die rechte Nd von rechts nach links einstechen. Den Faden wieder nach hinten legen.* Ab * wdh bis zur letzten Masche, 1 M rechts.
R 5: Mit KF1 1 M rechts, *2 M rechts, 1 M abh Fh, 1 M rechts. Ab * wdh bis zum Ende.
R 6: *1 M rechts, 1 M abh Fv, 2 M rechts. Ab * wdh bis zur letzten Masche, 1 M rechts.

3 **R 7–8:** Mit KF2 Reihen 3 und 4 wiederholen.
R 9–10: Mit HF Reihen 5 und 6 wiederholen.
R 11–12: Mit KF1 Reihen 3 und 4 wiederholen.
R 13–14: Mit KF2 Reihen 5 und 6 wiederholen.

Schuppenmuster

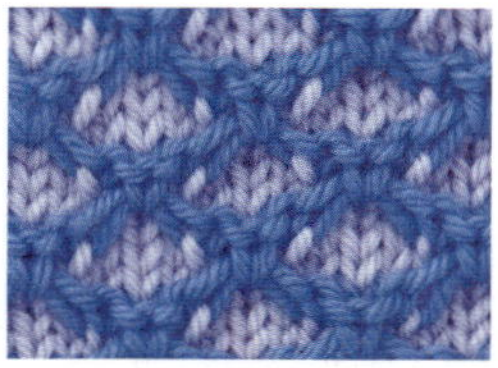

SCHWIERIGKEITSGRAD
Anspruchsvoll

MUSTERSATZ
6 (+2) Maschen;
8 (+4) Reihen

VERWENDETE MASCHEN
rechte M, linke M, abh Fh, abh Fv, Querfäden einstricken

AUSSEHEN
Einseitig

MATERIALIEN
Garne in 2 Farben

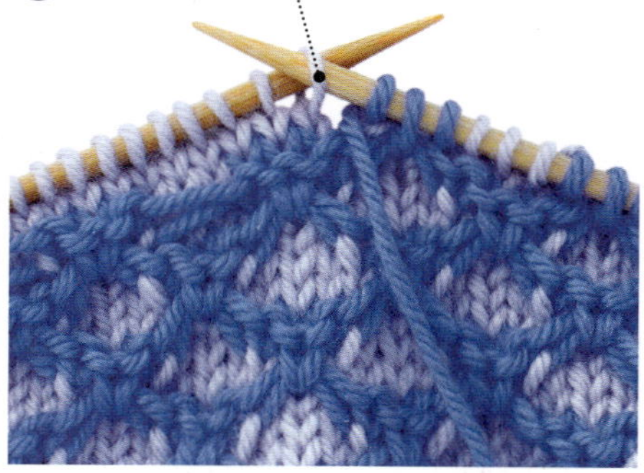

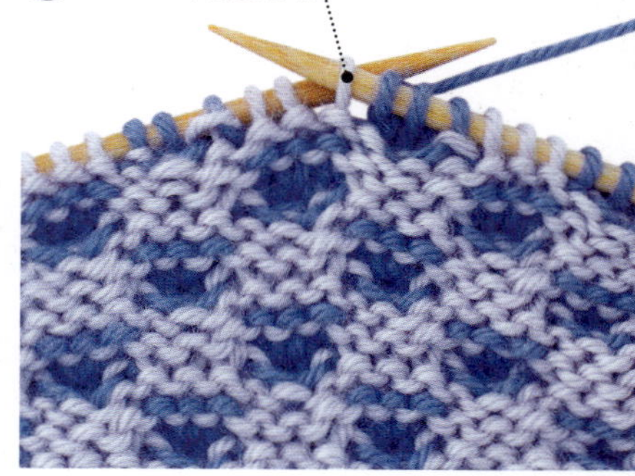

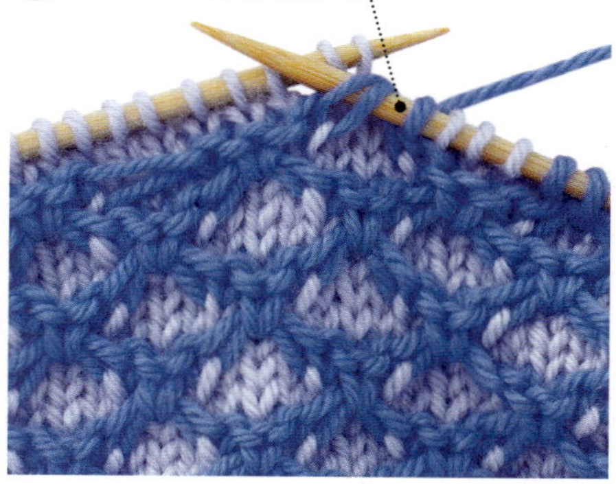

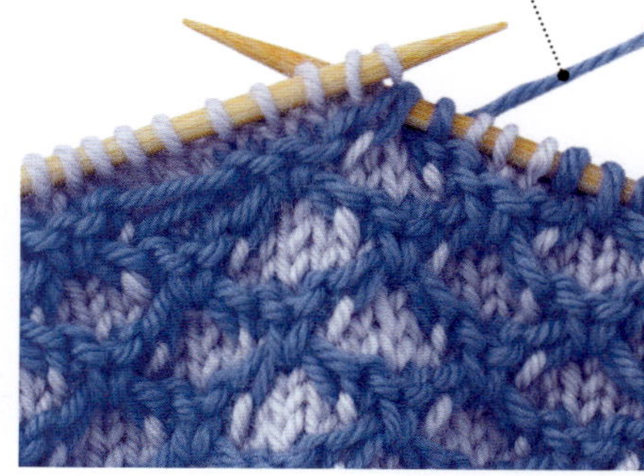

1 **Basisreihen 1–2:** Mit HF 2 Reihen glatt rechts stricken: *1 Reihe rechts, dann 1 Reihe links.* **Basisreihe 3:** Mit KF 1 M rechts. *3 M rechts, 3 M abh Fv: *Den Faden nach vorn legen. 3 Maschen nacheinander von der linken Nd abheben, dabei die rechte Nd von rechts nach links einstechen. Den Faden wieder nach hinten legen.* Ab * wdh bis zur letzten Masche, 1 M rechts.

2 **Basisreihe 4:** 1 M rechts, *3 M abh Fh: *Der Faden liegt hinten. 3 Maschen nacheinander von der linken Nd abh, dabei die rechte Nd von rechts nach links einstechen.* 3 M rechts. Ab * wdh bis zur letzten Masche, 1 M rechts.
R 5–6: Mit HF 2 Reihen glatt rechts stricken, mit einer Rechtsreihe beginnen.
R 7: Mit KF 1 M rechts, *3 M abh Fv, 1 M rechts.

3 Die beiden Querfäden einstricken: *Die rechte Nd von unten unter beide Querfäden schieben, dann von links nach rechts in die Masche auf der linken Nd einstechen.*

4 *Die Querfäden und die Masche zusammenstricken.* 1 M rechts. Ab * wdh bis zur letzten Masche, 1 M rechts.
R 8: 1 M rechts, *3 M rechts, 3 M abh Fh. Ab * wdh bis zur letzten Masche, 1 M rechts.
R 9–10: Wie die Reihen 5 und 6.
R 11: (Hinweis: Beim letzten Mustersatz statt der 3 Hebemaschen in Reihe 11 und 12 nur rechte Maschen stricken.) Mit KF 1 M rechts, *1 M rechts. Die beiden Querfäden einstricken. 1 M rechts, 3 M abh Fv. Ab * wdh bis zur letzten Masche, 1 M rechts.
R 12: 1 M rechts, *3 M abh Fh, 3 M rechts. Ab * wdh bis zur letzten Masche, 1 M rechts.

Schleifenmuster

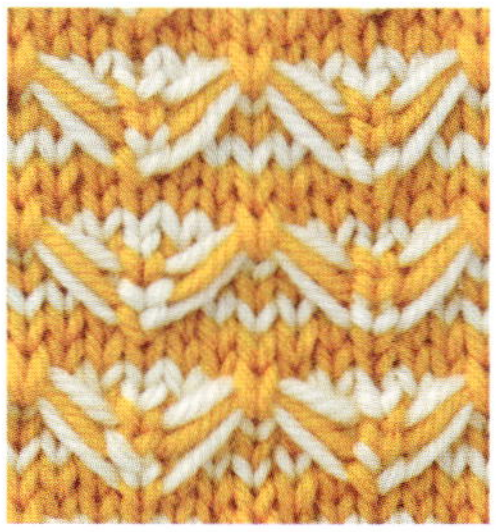

SCHWIERIGKEITSGRAD
Anspruchsvoll

MUSTERSATZ
6 (+1) Maschen;
8 (+2) Reihen

VERWENDETE MASCHEN
rechte M, linke M,
abh Fv,
Querfäden einstricken

AUSSEHEN
Einseitig

MATERIALIEN
Garne in 2 Farben

1

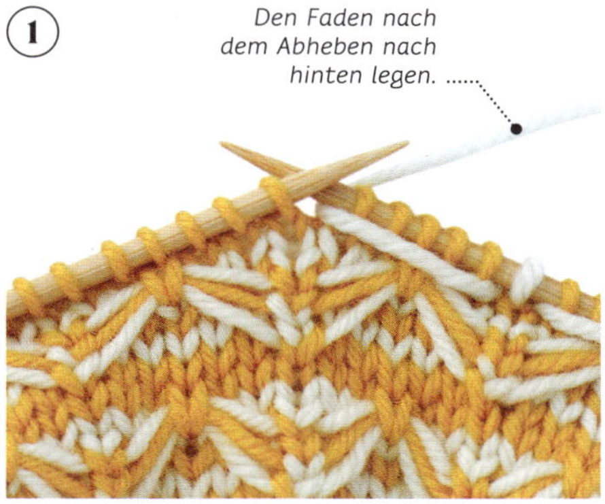

2

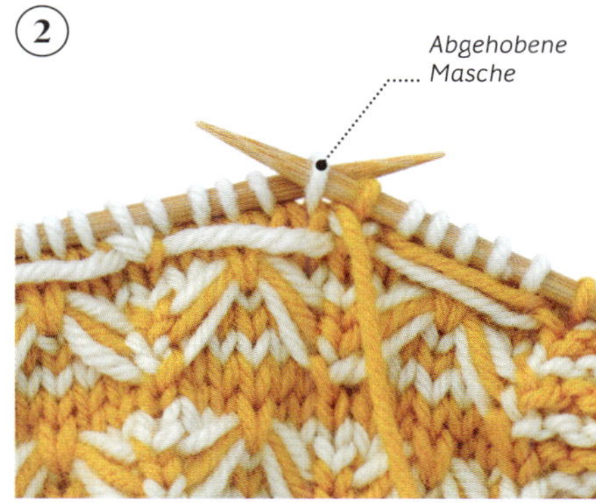

3

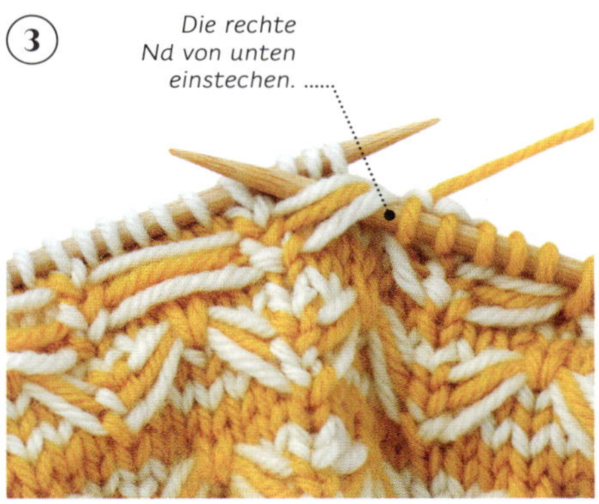

4

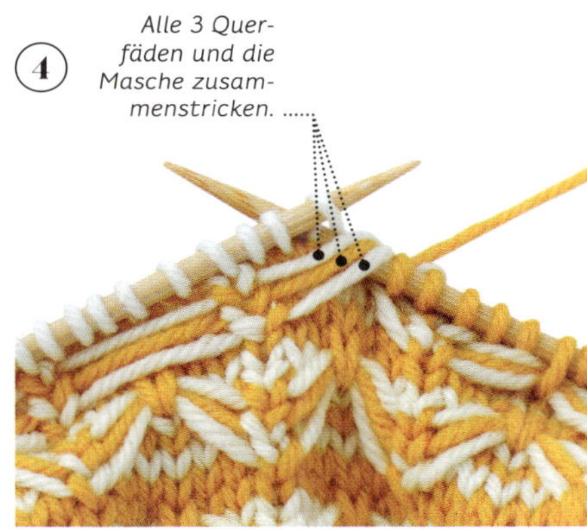

1 **Basisreihen 1–2:** Mit der Hauptfarbe (HF) 2 Reihen glatt rechts stricken: *1 Reihe rechts, dann 1 Reihe links.*
R 3: *Mit KF 1 M rechts. 5 M abh Fv: *Den Faden nach vorn legen. 5 Maschen nacheinander von der linken Nd abheben, dabei die rechte Nd von rechts nach links einstechen. Den Faden wieder nach hinten legen.*
Ab * wdh bis zur letzten Masche, 1 M rechts.
R 4: Alle M links stricken.

2 **R 5–6:** Mit HF die Reihen 3 und 4 wiederholen.
R 7–8: Mit KF die Reihen 3 und 4 wiederholen.

3 **R 9:** *3 M rechts. Die 3 Querfäden einstricken: *Die rechte Nd von unten unter die 3 Querfäden auf der Vorderseite schieben.*

4 *Die rechte Nd von links nach rechts in die erste Masche auf der linken Nd einstechen. Die Masche und die 3 Querfäden zusammenstricken.* 2 M rechts.
Ab * wdh bis zur letzten Masche, 1 M rechts.
R 10: Alle M links stricken.

Zählmuster: Schleifenmuster

Die Basisreihen 1 und 2 werden nur einmal am Anfang gestrickt. Danach werden die Reihen 3–10 wiederholt.

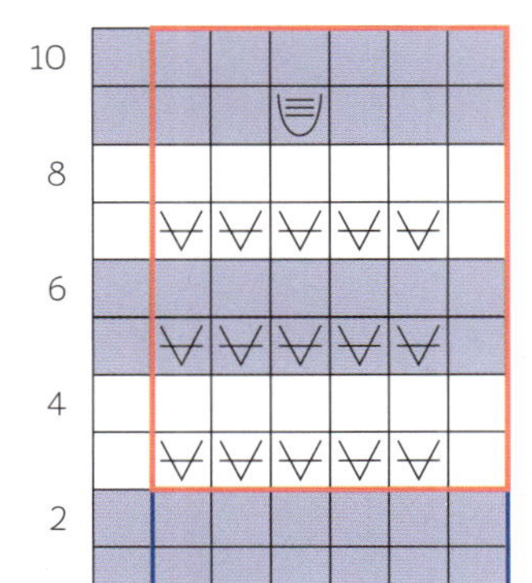

Stufenmuster

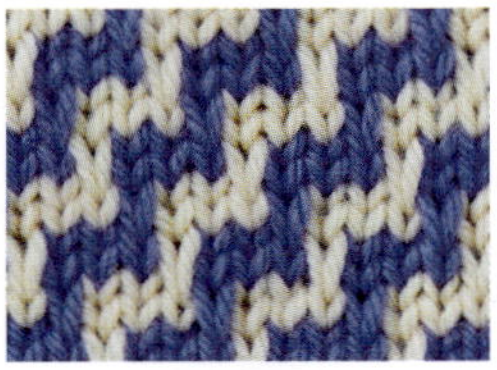

SCHWIERIGKEITSGRAD
Einfach

MUSTERSATZ
4 (+2) Maschen;
8 (+2) Reihen

VERWENDETE MASCHEN
rechte M, linke M, abh Fh, abh Fv

AUSSEHEN
Einseitig

MATERIALIEN
Garne in 2 Farben

Basisreihe 1: Mit HF re M str.
Basisreihe 2: li M str.
R 3: Mit KF 1 M re, *3 M re, 1 M abh Fh, ab * wdh bis zur letzten M, 1 M re.
R 4: 1 M li, *1 M abh Fv, 3 M li, ab * wdh bis zur letzten M, 1 M li.
R 5: Mit HF 1 M re, *1 M abh Fh, 3 M re, ab * wdh bis zur letzten M, 1 M re.
R 6: 1 M li, *3 M li, 1 M abh Fv, ab * wdh bis zur letzten M, 1 M li.
R 7: Mit KF 1 M re, *1 M re, 1 M abh Fh, 2 M re. Ab * wdh bis zur letzten M, 1 M re.
R 8: 1 M li, *2 M li, 1 M abh Fv, 1 M li, ab * wdh bis zur letzten M, 1 M li.
R 9: Mit HF 1 M re, *2 M re, 1 M abh Fh, 1 M re. Ab * wdh bis zur letzten M, 1 M re.
R 10: 1 M li, *1 M li, 1 M abh Fv, 2 M li, ab * wdh bis zur letzten M, 1 M li.

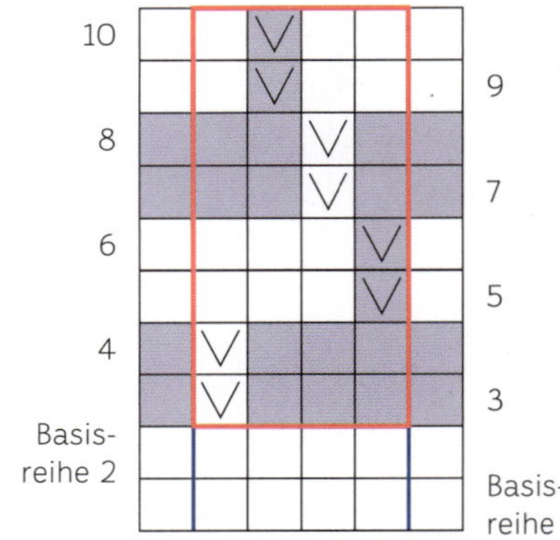

Vorn ist nicht immer die rechte Seite

Beim Stufenmuster liegt der Faden beim Abheben immer auf der linken Seite der Arbeit, also der Seite, die beim Tragen eines Kleidungsstücks innen liegt. Wenn aber von »Faden vorn« die Rede ist, bedeutet das nicht, dass der Faden immer auf der Außenseite des Werkstücks liegt. Vielmehr ist »vorn« die Seite, die Ihnen beim Stricken zugewandt ist.

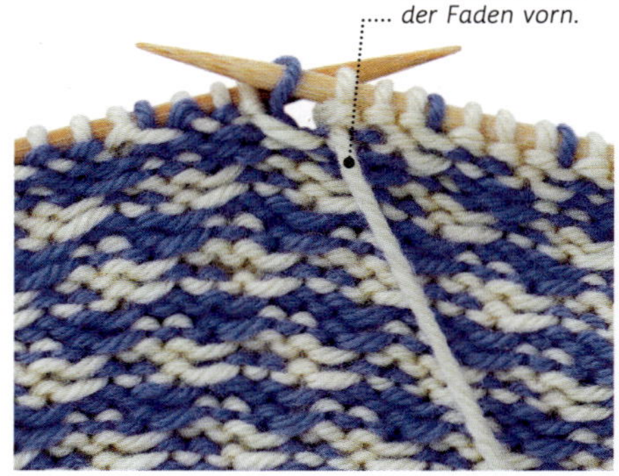

Beim Abheben in Rückreihen liegt der Faden vorn.

Ecksteine

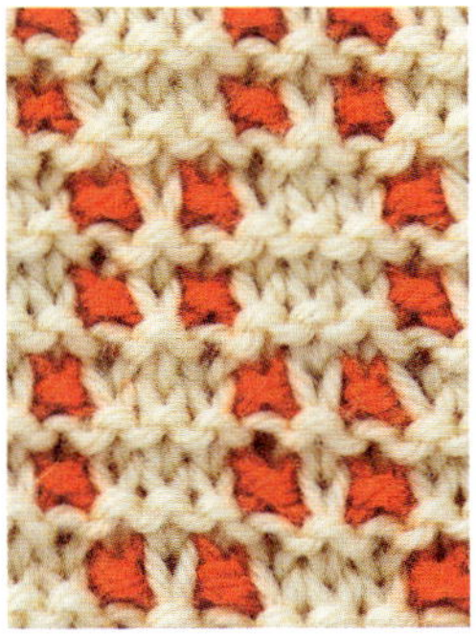

SCHWIERIGKEITSGRAD
Mittel

MUSTERSATZ
6 (+3) Maschen;
16 Reihen

VERWENDETE MASCHEN
rechte M,
abh Fh, abh Fv

AUSSEHEN
Einseitig

MATERIALIEN
Garne in 2 Farben

R 1: Mit HF re M str.
R 2: re M str.
R 3: Mit KF 1 M re, 1 M abh Fh, *(1 M abh Fh, 1 M re) 2×, 2 M abh Fh. Ab * wdh bis zur letzten M, 1 M re.
R 4: 1 M re, *2 M abh Fv, (1 M re, 1 M abh Fv) 2×. Ab * wdh bis zu den letzten 2 M, 1 M abh Fv, 1 M re.
R 5: Wie Reihe 1.
R 6: Wie Reihe 2.
R 7: Wie Reihe 3.
R 8: Wie Reihe 4.
R 9: Wie Reihe 1.
R 10: Wie Reihe 2.
R 11: Mit KF 1 M re, 1 M abh Fh, *1 M re, 3 M abh Fh, 1 M re, 1 M abh Fh. Ab * wdh bis zur letzten M, 1 M re.
R 12: 1 M re, *1 M abh Fv, 1 M re, 3 M abh Fv, 1 M re. Ab * wdh bis zu den letzten 2 M, 1 M abh Fv, 1 M re.
R 13: Wie Reihe 1.
R 14: Wie Reihe 2.
R 15: Wie Reihe 11.
R 16: Wie Reihe 12.

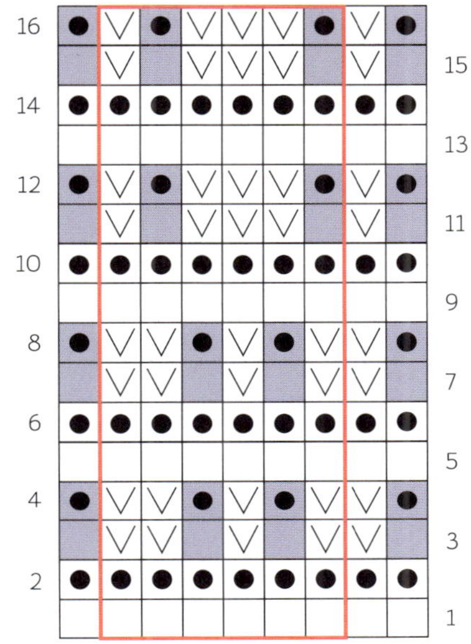

Mosaiktechnik

Ecksteine sind ein Beispiel für die Mosaiktechnik, einer besonderen Variante der Hebemuster mit mehreren Farben. Bei der Mosaiktechnik liegt der Faden immer auf der linken Seite der Arbeit, und jeweils zwei aufeinanderfolgende Reihen werden mit derselben Farbe und im selben Muster gestrickt. Dabei kann, wie bei den Ecksteinen, kraus rechts gestrickt werden, aber auch glatt rechts wie beim Stufenmuster (siehe S. 90).

Gliederkette

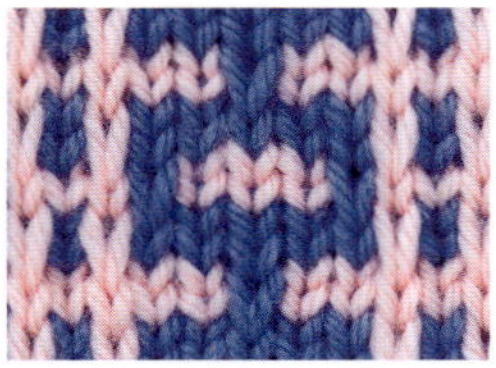

SCHWIERIGKEITSGRAD
Einfach

MUSTERSATZ
8 (+1) Maschen;
8 (+2) Reihen

VERWENDETE MASCHEN
rechte M, linke M, abh Fh, abh Fv

AUSSEHEN
Einseitig

MATERIALIEN
Garne in 2 Farben

Basisreihe 1: Mit KF re M str.
Basisreihe 2: li M str.
R 3: Mit HF 1 M re, *3 M re, 1 M abh Fh, 4 M re. Ab * wdh bis zum Ende.
R 4: *4 M li, 1 M abh Fv, 3 M li, ab * wdh bis zur letzten M, 1 M li.
R 5: Mit KF 1 M re, *1 M abh Fh, 5 M re, 1 M abh Fh, 1 M re. Ab * wdh bis zum Ende.
R 6: *1 M li, 1 M abh Fv, 5 M li, 1 M abh Fv, ab * wdh bis zur letzten M, 1 M li.
R 7: Mit HF 1 M re, *1 M re, 1 M abh Fh, 3 M re, 1 M abh Fh, 2 M re. Ab * wdh bis zum Ende.
R 8: *2 M li, 1 M abh Fv, 3 M li, 1 M abh Fv, 1 M li. Ab * wdh bis zur letzten M, 1 M li.
R 9: Mit KF 1 M re, *1 M abh Fh, 5 M re, 1 M abh Fh, 1 M re. Ab * wdh bis zum Ende.
R 10: *1 M li, 1 M abh Fv, 5 M li, 1 M abh Fv, ab * wdh bis zur letzten M, 1 M li.

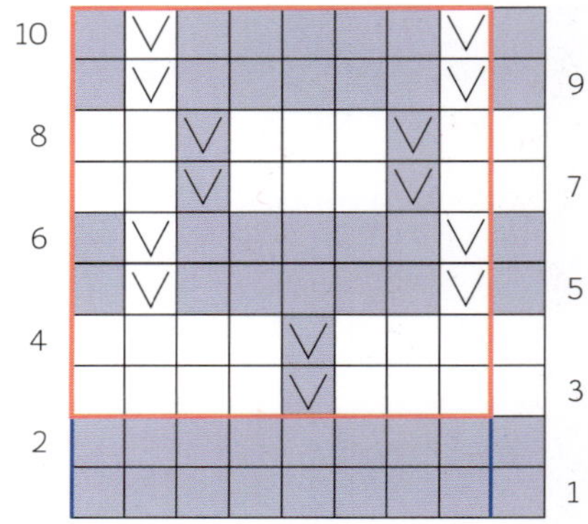

Schottenkaro

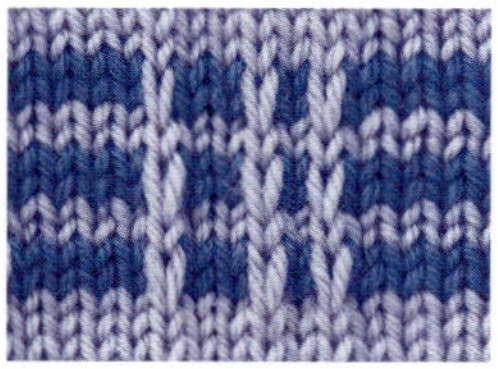

SCHWIERIGKEITSGRAD
Einfach

MUSTERSATZ
10 Maschen; 14 Reihen

VERWENDETE MASCHEN
rechte M, linke M, abh Fh, abh Fv

AUSSEHEN
Einseitig

MATERIALIEN
Garne in 2 Farben

R 1: Mit HF re M str.
R 2: li M str.
R 3: Wie Reihe 1.
R 4: Wie Reihe 2.
R 5: Mit KF 2 M re, 1 M abh Fh, 1 M re, (1 M abh Fh, 2 M re) 2×.
R 6: (2 M li, 1 M abh Fv) 2×, 1 M li, 1 M abh Fv, 2 M li.
R 7: Wie Reihe 1.
R 8: Wie Reihe 2.
R 9: Wie Reihe 5.
R 10: Wie Reihe 6.
R 11: Wie Reihe 1.
R 12: Wie Reihe 2.
R 13: Wie Reihe 5.
R 14: Wie Reihe 6.

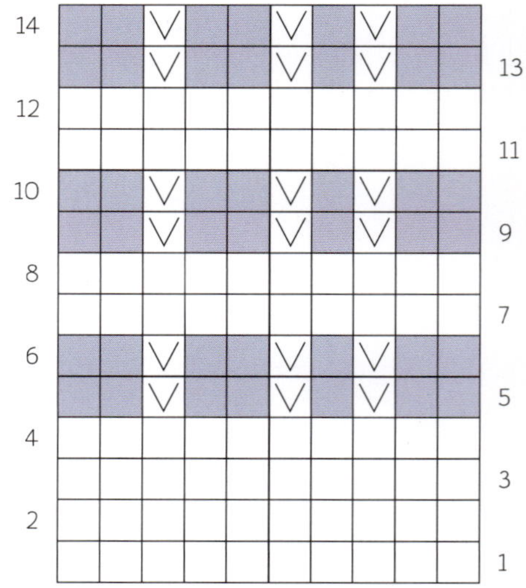

Ziegelmuster

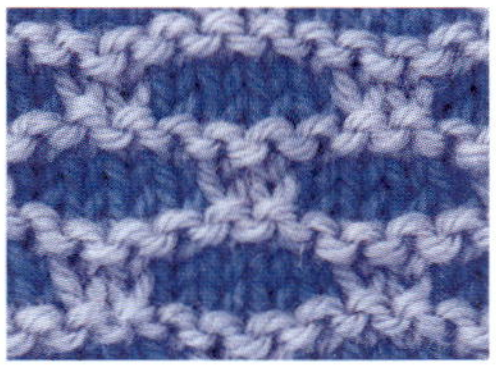

SCHWIERIGKEITSGRAD
Einfach

MUSTERSATZ
6 (+2) Maschen; 8 Reihen

VERWENDETE MASCHEN
rechte M, linke M, abh Fh, abh Fv

AUSSEHEN
Einseitig

MATERIALIEN
Garne in 2 Farben

R 1: Mit HF re M str.
R 2: re M str.
R 3: Mit KF 1 M re, *2 M abh Fh, 4 M re, ab * wdh bis zur letzten M, 1 M re.
R 4: 1 M li, *4 M li, 2 M abh Fv, ab * wdh bis zur letzten M, 1 M li.
R 5: Wie Reihe 1.
R 6: Wie Reihe 2.
R 7: 1 M re, *3 M re, 2 M abh Fh, 1 M re, ab * wdh bis zur letzten M, 1 M re.
R 8: 1 M li, *1 M li, 2 M abh Fv, 3 M li, ab * wdh bis zur letzten M, 1 M li.

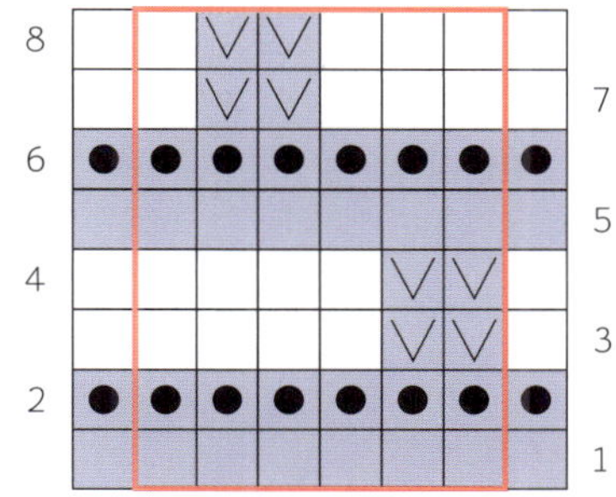

Berggipfel

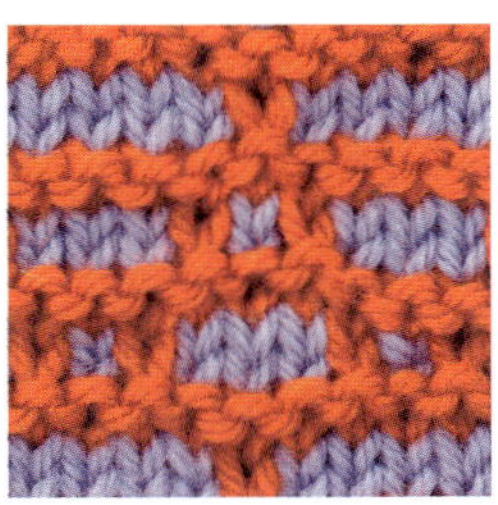

SCHWIERIGKEITSGRAD
Mittel

MUSTERSATZ
6 (+1) Maschen; 12 Reihen

VERWENDETE MASCHEN
rechte M, linke M, abh Fh, abh Fv

AUSSEHEN
Einseitig

MATERIALIEN
Garne in 2 Farben

R 1: Mit KF re M str.
R 2: re M str.
R 3: Mit HF 1 M re, *1 M abh Fh, 3 M re, 1 M abh Fh, 1 M re. Ab * wdh bis zum Ende.
R 4: *1 M li, 1 M abh Fv, 3 M li, 1 M abh Fv, ab * wdh bis zur letzten M, 1 M li.
R 5: Wie Reihe 1.
R 6: Wie Reihe 2.
R 7: 1 M re, *(1 M re, 1 M abh Fh) 2×, 2 M re. Ab * wdh bis zum Ende.
R 8: *2 M li, (1 M abh Fv, 1 M li) 2×, ab * wdh bis zur letzten M, 1 M li.
R 9: Wie Reihe 1.
R 10: Wie Reihe 2.
R 11: 1 M re, *2 M re, 1 M abh Fh, 3 M re, ab * wdh bis zum Ende.
R 12: *3 M li, 1 M abh Fv, 2 M li, ab * wdh bis zur letzten M, 1 M li.

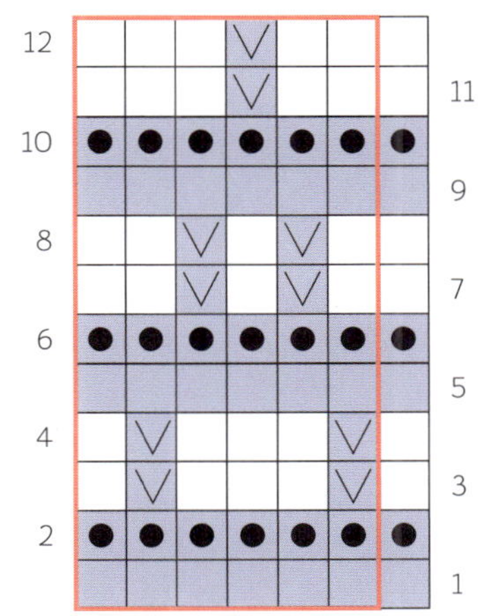

Norwegertechnik

Bei dieser Technik wird in (allen oder nur einigen) Reihen mit zwei oder mehr Garnfarben gleichzeitig gestrickt, die je nach Muster gewechselt werden. Die nicht benutzte Garnfarbe wird auf der linken Seite der Arbeit mitgeführt, dabei entstehen Spannfäden. Bei den Mustern in diesem Kapitel sind die Spannfäden relativ kurz, in keinem Fall länger als 2,5 cm. Wer Muster mit längeren Spannfäden strickt, sollte diese in regelmäßigen Abständen miteinander verdrehen, damit man beispielsweise beim Anziehen eines Kleidungsstücks nicht mit den Fingern oder Knöpfen in ihnen hängen bleibt.

Strickarbeiten in Norwegertechnik fallen meist etwas schmaler aus als Stücke, die ohne Spannfäden gestrickt werden, und sie sind zudem weniger elastisch. Andererseits ist das Maschenwerk durch die Spannfäden dicker, also wärmer. Tatsächlich werden diese Muster traditionell in kühleren Regionen gestrickt, nicht nur in Norwegen, sondern auch auf Island und auf den Shetland-Inseln vor Schottland.

In diesem Buch wird die Technik für Einsteiger erklärt. Dabei wird die Garnfarbe, die über den Zeigefinger läuft, regelmäßig gewechselt. Wer mehr Übung hat, kann beide Fäden über den rechten Zeigefinger legen oder einen über den rechten und den anderen über den linken Zeigefinger führen.

Flohmuster

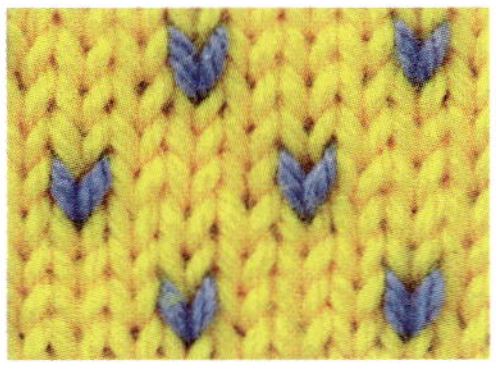

SCHWIERIGKEITSGRAD
Mittel

MUSTERSATZ
4 (+1) Maschen; 6 Reihen

VERWENDETE MASCHEN
rechte M, linke M

AUSSEHEN
Einseitig

MATERIALIEN
Garne in 2 Farben

1

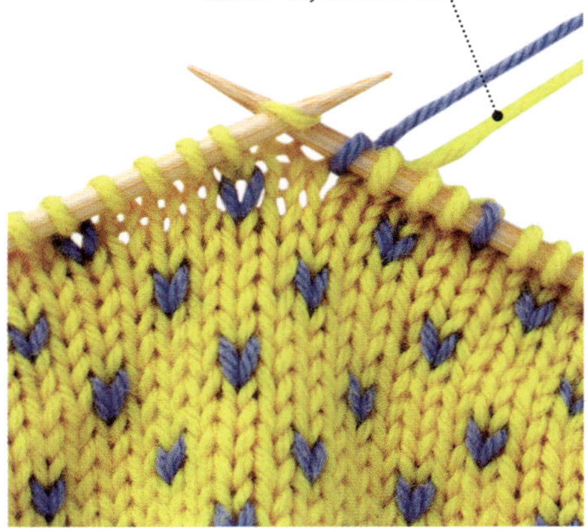

2

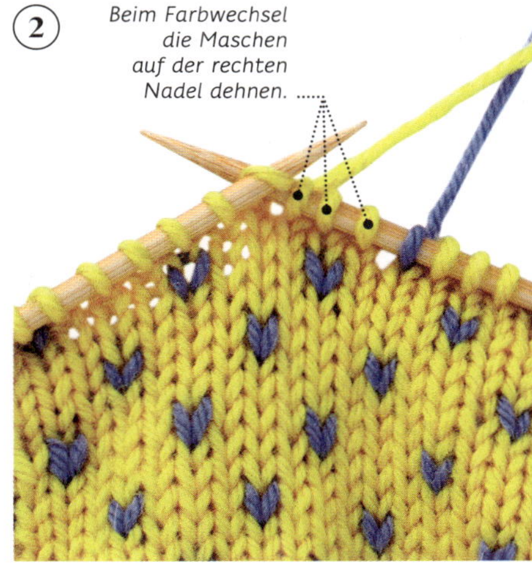

3

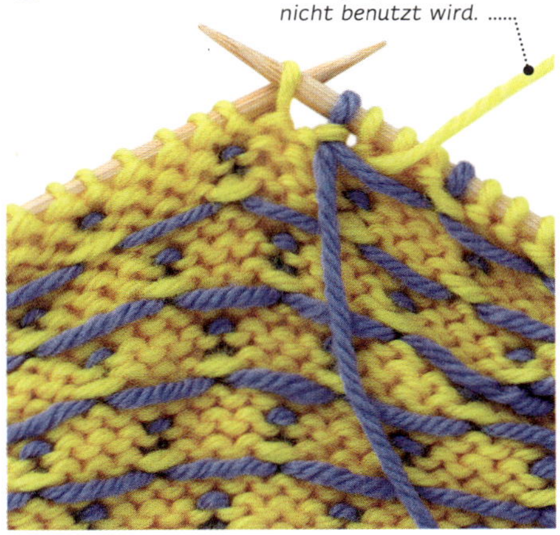

4

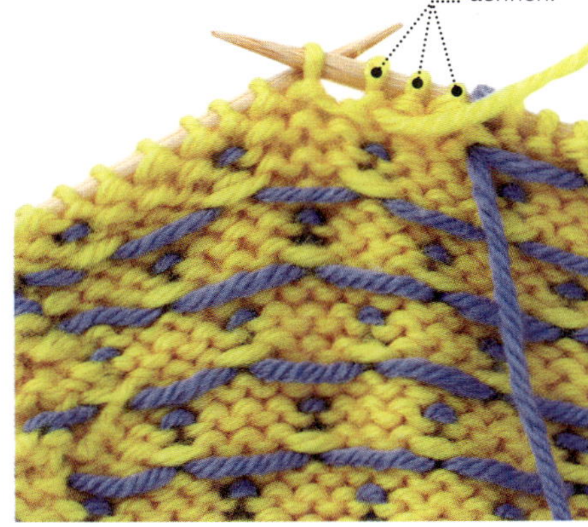

Zählmuster: Flohmuster

Weiße Kästchen im Zählmuster stehen für Maschen in der Hauptfarbe (HF) blaue Kästchen für Maschen in der Kontrastfarbe(KF).

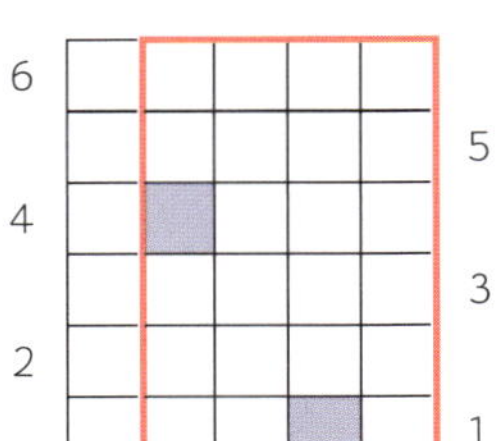

1 **R 1:** Mit der Hauptfarbe (HF) 1 M rechts. Mit der Kontrastfarbe (KF) 1 M rechts, dabei den Garnanfang wenigstens 15 cm lang lassen. Er wird später vernäht. *Mit HF 3 M rechts.

2 Mit KF 1 M rechts. Ab * wdh bis zu den letzten 3 Maschen. 3 M rechts in HF.
R 2–3: Mit HF 2 Reihen glatt rechts: *1 Reihe links, dann 1 Reihe rechts.*

3 **R 4:** Mit HF 1 M links.

4 *Mit KF 1 M links. Mit HF 3 M links. Ab * wdh bis zum Ende.
R 5–6: Mit HF 2 Reihen glatt rechts, mit einer Rechtsreihe beginnen.

Norweger 1 x 1

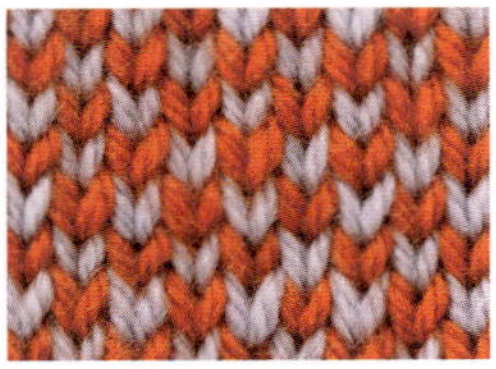

SCHWIERIGKEITSGRAD
Mittel

MUSTERSATZ
2 Maschen; 2 Reihen

VERWENDETE MASCHEN
rechte M, linke M

AUSSEHEN
Einseitig

MATERIALIEN
Garne in 2 Farben

(1)

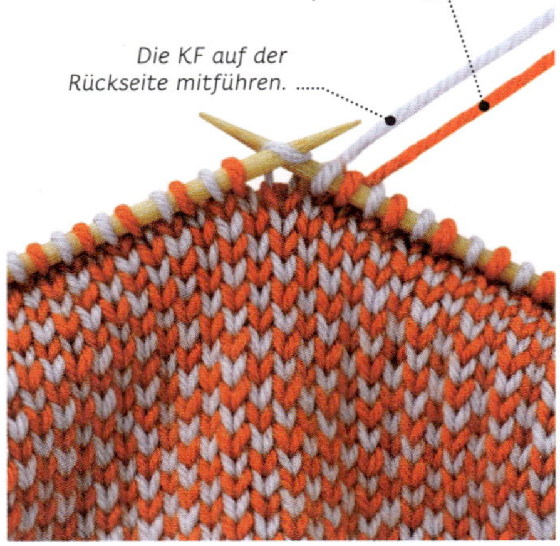

1 **R 1:** Mit der Hauptfarbe (HF) 1 M rechts. Mit der Kontrastfarbe (KF) 1 M rechts, dabei den Garnanfang wenigstens 15 cm lang lassen. Er wird später vernäht. *Mit HF 1 M rechts. Mit KF 1 M rechts. Ab * wdh bis zum Ende.

(2)

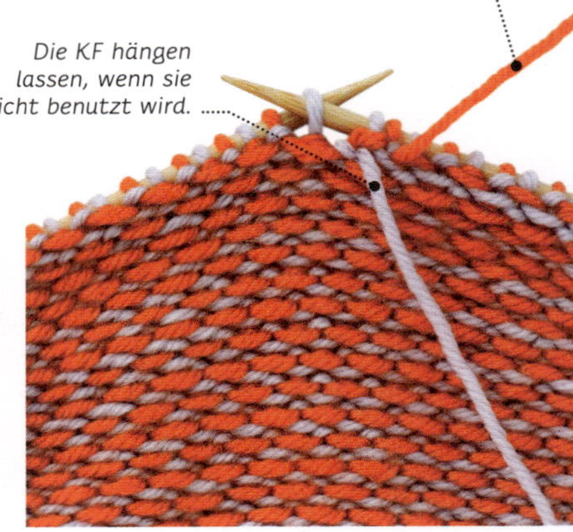

2 **R 2:** Mit HF 1 M links. Mit KF 1 M links.

Zählmuster: Norweger 1 x 1

Dies ist ein sehr einfaches Zählmuster. Gestrickt wird glatt rechts, d. h. die Kästchen stehen für rechte Maschen in Hinreihen und für linke Maschen in Rückreihen. Die Farbe wird nach jeder Masche gewechselt.

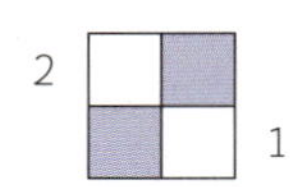

Norweger 2 x 2

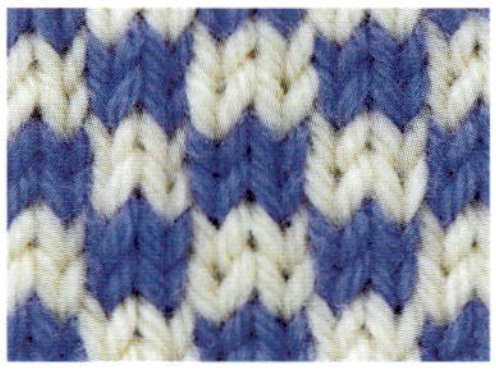

SCHWIERIGKEITSGRAD
Mittel

MUSTERSATZ
4 Maschen; 4 Reihen

VERWENDETE MASCHEN
rechte M, linke M

AUSSEHEN
Einseitig

MATERIALIEN
Garne in 2 Farben

(1) *Die Hauptfarbe von rechts wieder aufnehmen.*

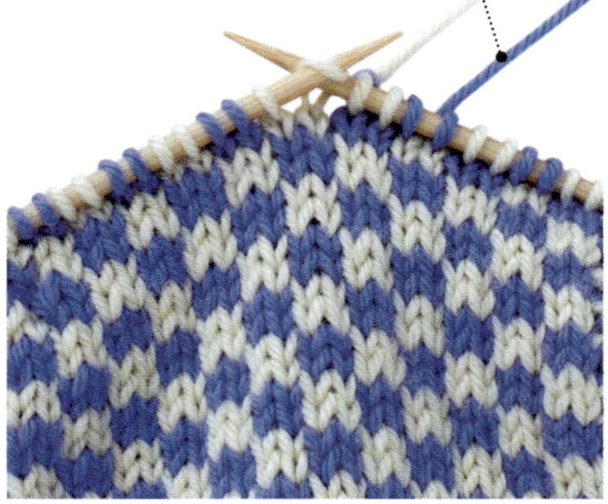

(2) *Die HF über die rechte Nadel legen, wenn sie nicht benutzt wird.*

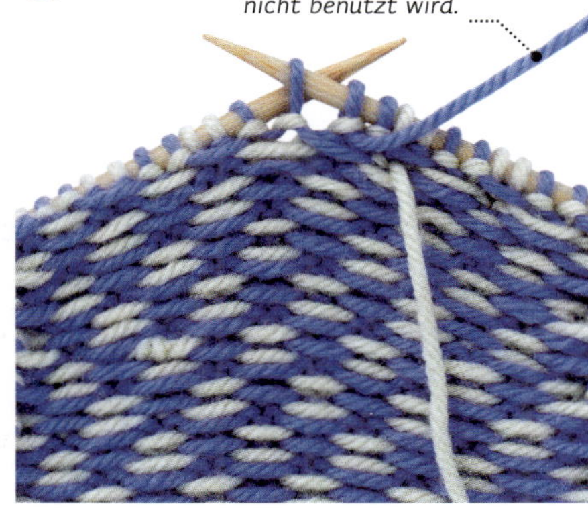

1 **R 1:** Mit der Hauptfarbe (HF) 2 M rechts. Mit der Kontrastfarbe (KF) 2 M rechts, dabei den Garnanfang wenigstens 15 cm lang lassen. Er wird später vernäht. *Mit HF 2 M rechts. Mit KF 2 M rechts. Ab * wdh bis zum Ende.

2 **R 2:** * Mit KF 2 M links. Mit HF 2 M links. Ab * wdh bis zum Ende.

3 **R 3:** * Mit KF 2 M rechts. Mit HF 2 M rechts. Ab * wdh bis zum Ende.
R 4: * Mit HF 2 M links. Mit KF 2 M links. Ab * wdh bis zum Ende.

(3) *Beim Farbwechsel die Maschen auf der rechten Nadel dehnen.*

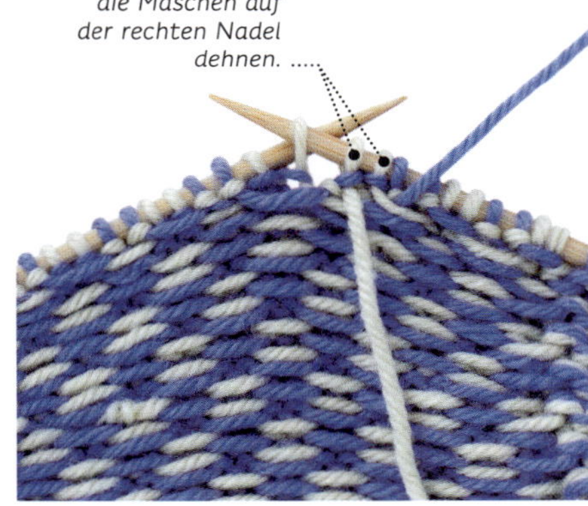

Zählmuster: Norweger 2 x 2

Im Zählmuster ist zu erkennen, dass die Farbverteilung in Hin- und Rückreihen gleich ist. Man kann sich also jederzeit an der Strickarbeit orientieren und in Rückreihen jede Masche mit der Farbe stricken, in der sie auch in der Hinreihe gestrickt wurde.

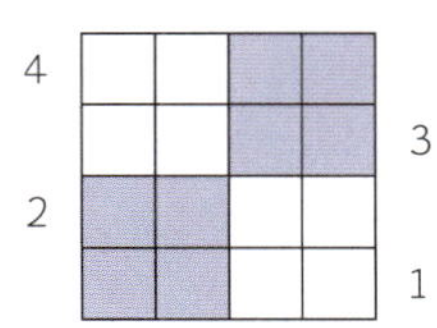

Körnchenmuster

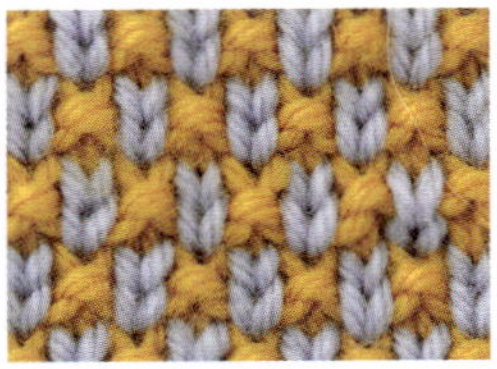

SCHWIERIGKEITSGRAD
Mittel

MUSTERSATZ
2 Maschen; 4 Reihen

VERWENDETE MASCHEN
rechte M, linke M

AUSSEHEN
Einseitig

MATERIALIEN
Garne in 2 Farben

(1)

Die HF von rechts wieder aufnehmen.

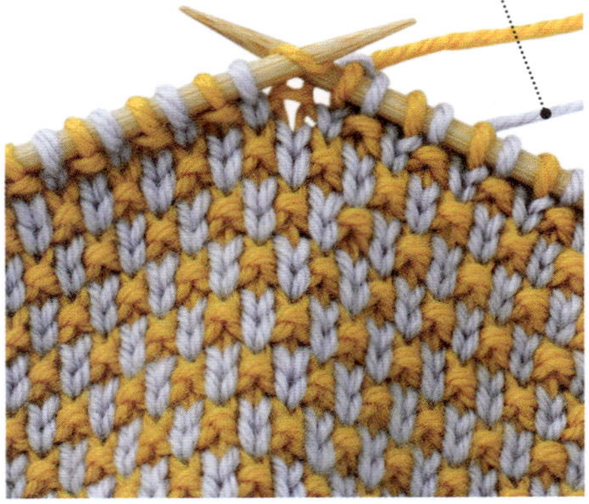

(2)

Die KF hängen lassen, wenn sie nicht benutzt wird.

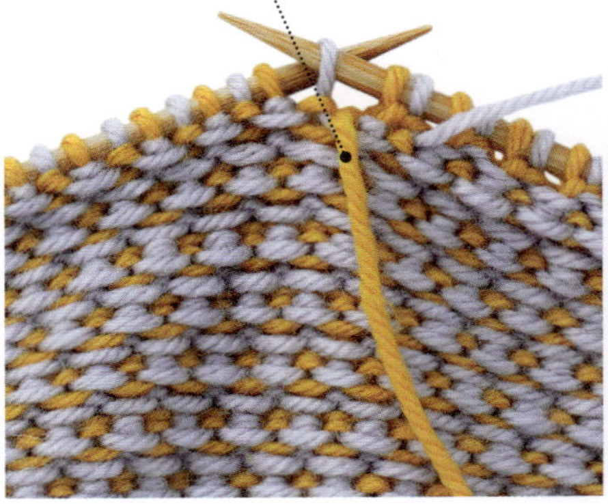

(3)

Für die Masche in KF den Faden nach hinten legen.

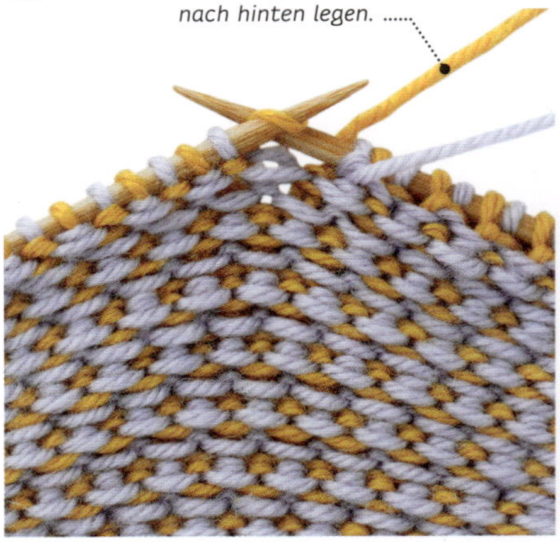

1 **R 1:** Mit der Hauptfarbe (HF) 1 M rechts. Mit der Kontrastfarbe (KF) 1 M rechts, dabei den Garnanfang wenigstens 15 cm lang lassen. Er wird später vernäht. *Mit HF 1 M rechts. Mit KF 1 M rechts. Ab * wdh bis zum Ende.

2 **R 2:** KF hinter die Arbeit legen. Mit KF 1 M rechts, dann den Faden nach vorn legen. Mit HF 1 M links.

3 **R 3:** Mit KF 1 M rechts, mit HF 1 M rechts.
R 4: Mit HF 1 M links. KF hinter die Arbeit legen. Mit KF 1 M rechts, dann den Faden wieder vor die Arbeit legen.

Zählmuster: Körnchenmuster

Hier werden zwei Farben sowie rechte und linke Maschen kombiniert. Der Punkt steht jeweils in den Rückreihen. Das bedeutet, dass in den Rückreihen die Masche in Kontrastfarbe immer rechts gestrickt wird.

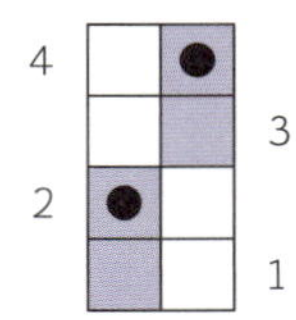

Zweifarbige Zweierrippen

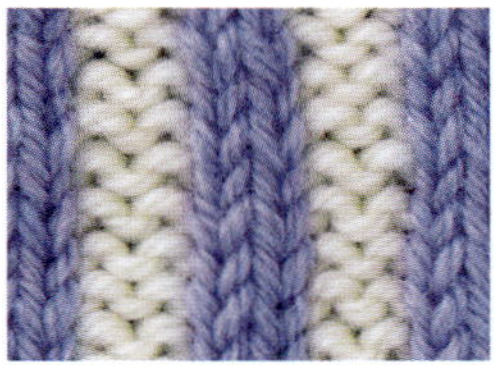

SCHWIERIGKEITSGRAD
Mittel

MUSTERSATZ
4 (+2) Maschen; 2 Reihen

VERWENDETE MASCHEN
rechte M, linke M

AUSSEHEN
Einseitig

MATERIALIEN
Garne in 2 Farben

(1)

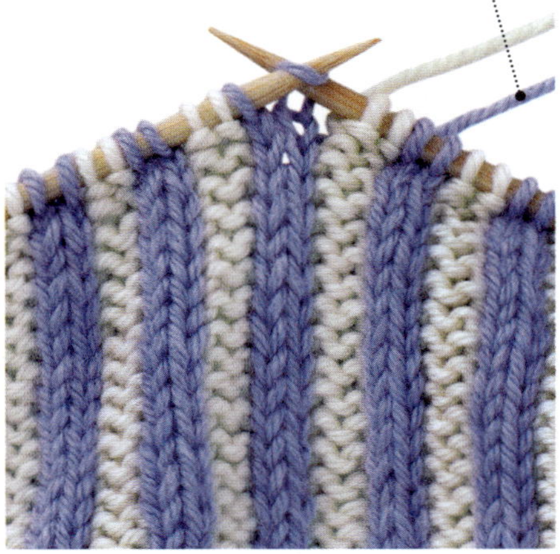

(2)

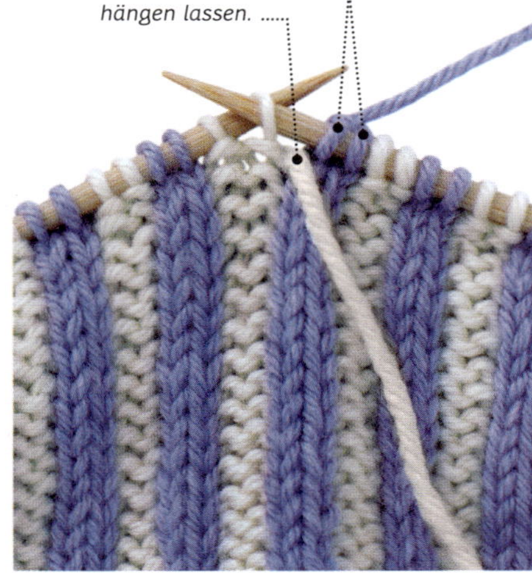

1 **R 1:** Mit der Hauptfarbe (HF) 2 M rechts. Mit der Kontrastfarbe (KF) 2 M links, dabei den Garnanfang wenigstens 15 cm lang lassen. Er wird später vernäht. Den Faden nach hinten legen. 2 M rechts.

2 *KF nach vorn legen, 2 M links, dann den Faden nach hinten legen. Mit HF 2 M rechts. Ab * wdh bis zum Ende.

3 **R 2:** *Mit HF 2 M links. KF nach hinten legen. 2 M rechts, dann den Faden nach vorn legen. Ab * wdh bis zu den letzten 2 Maschen. Mit HF 2 M links.

(3)

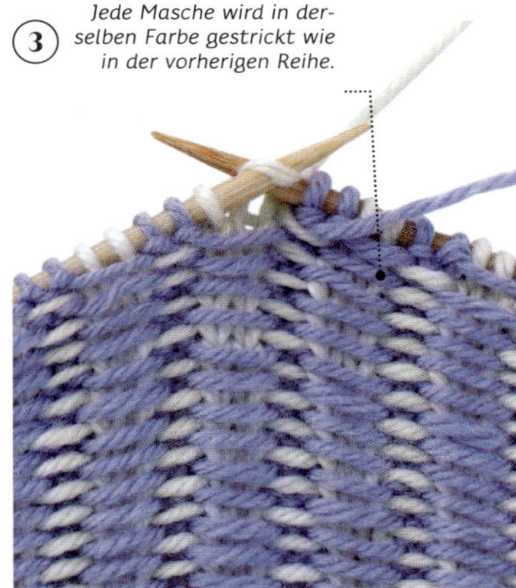

Zählmuster: Zweifarbige Zweierrippen

Die rote Kontur kennzeichnet den Mustersatz. Die beiden Maschen außerhalb werden nur einmal am Rand gestrickt, dann wird der Mustersatz bis zum Ende der Reihe stets wiederholt. Aus den Randmaschen entsteht eine zusätzliche Rippe in HF.

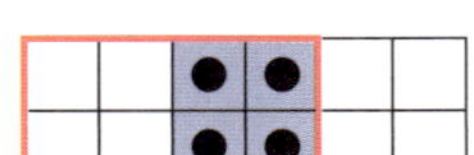

Blütenmuster

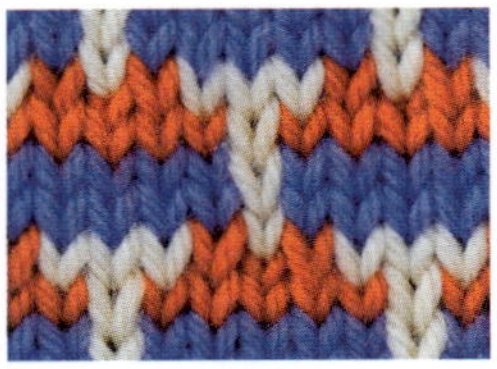

SCHWIERIGKEITSGRAD
Mittel

MUSTERSATZ
6 Maschen; 8 Reihen

VERWENDETE MASCHEN
rechte M, linke M

AUSSEHEN
Einseitig

MATERIALIEN
Garn in 3 Kontrastfarben

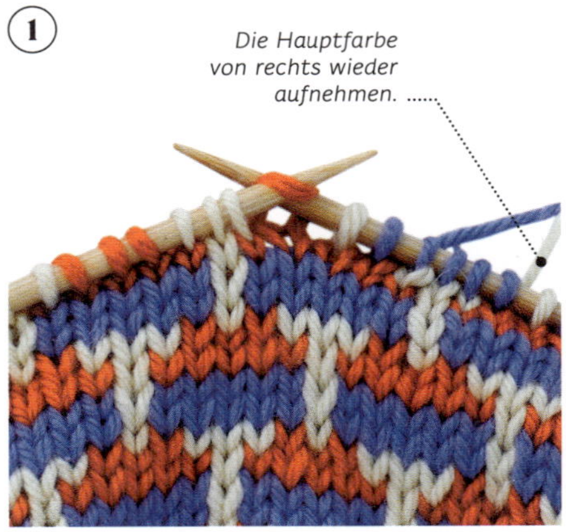

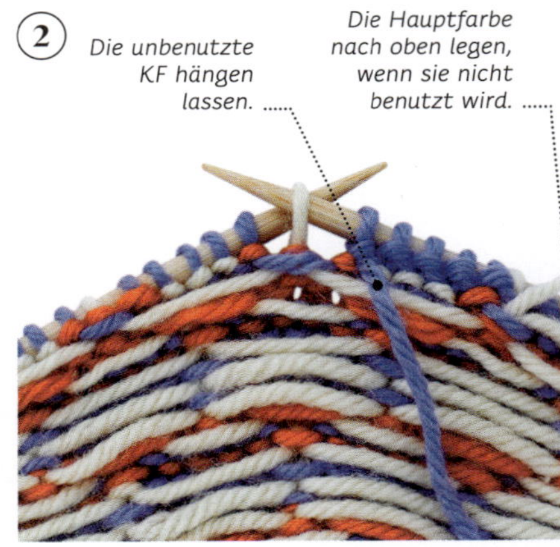

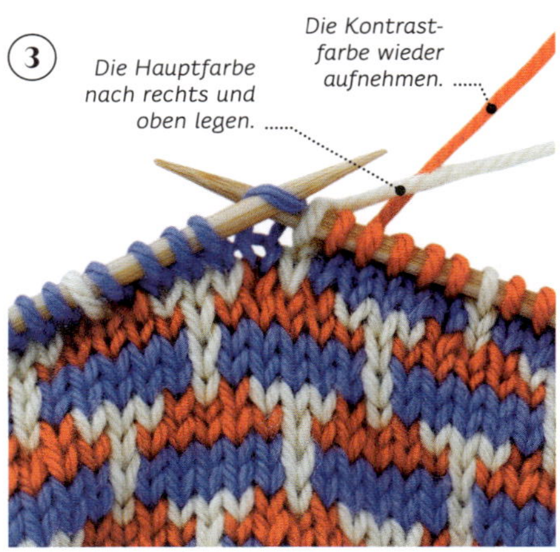

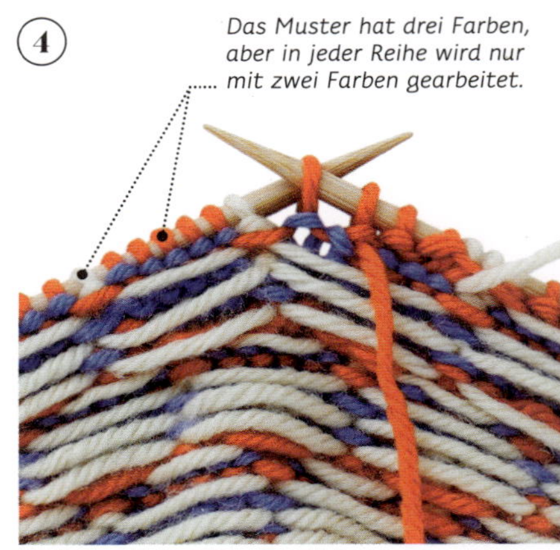

1 **R 1:** Mit KF1 2 M rechts. Mit HF 1 M rechts, dabei den Garnanfang wenigstens 15 cm lang lassen. Er wird später vernäht. Mit KF1 3 M rechts.

2 **R 2:** Mit KF1 3 M links. Mit HF 1 M links. Mit KF1 2 M links.

3 **R 3:** KF1 hängen lassen. Mit KF2 2 M rechts. Mit HF 1 M rechts. Mit KF2 3 M rechts.

4 **R 4:** Mit KF2 2 M links. Mit HF 3 M links. Mit KF2 1 M links.
R 5: KF2 hängen lassen. Mit KF1 5 M rechts. Mit HF 1 M rechts.
R 6: Mit HF 1 M links. Mit KF1 5 M links.
R 7: KF1 hängen lassen. Mit KF2 5 M rechts. Mit HF 1 M rechts.
R 8: Mit HF 2 M links. Mit KF2 3 M links. Mit HF 1 M links.

Tempelfries

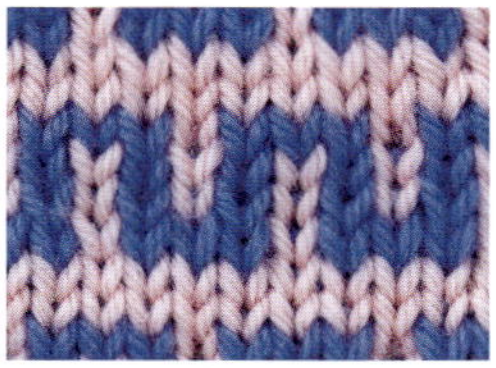

SCHWIERIGKEITSGRAD
Mittel

MUSTERSATZ
4 (+1) Maschen; 6 Reihen

VERWENDETE MASCHEN
rechte M, linke M

AUSSEHEN
Einseitig

MATERIALIEN
Garne in 2 Farben

R 1: 1 M re in KF, *1 M re in KF, 1 M re in HF, 2 M re in KF. Ab * wdh bis zum Ende.
R 2: *(1 M li in HF, 1 M li in KF) 2×, ab * wdh bis zur letzten M, 1 M li in HF.
R 3: 1 M re in HF, *(1 M re in KF, 1 M re in HF) 2×. Ab * wdh bis zum Ende.
R 4: *1 M li in HF, 3 M li in KF. Ab * wdh bis zur letzten M, 1 M li in HF.
R 5: Mit HF re M str.
R 6: li M str.

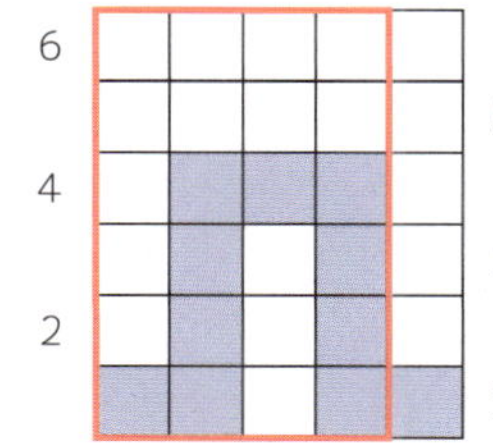

Telegrafiemuster

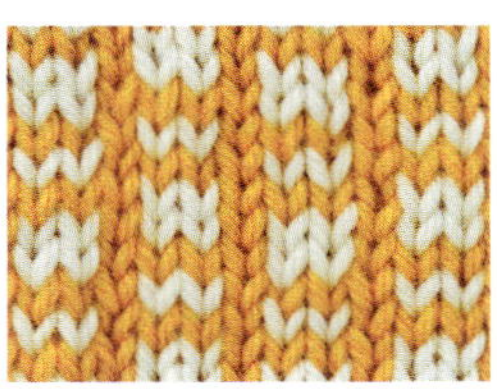

SCHWIERIGKEITSGRAD
Mittel

MUSTERSATZ
6 (+1) Maschen; 10 Reihen

VERWENDETE MASCHEN
rechte M, linke M

AUSSEHEN
Einseitig

MATERIALIEN
Garne in 2 Farben

R 1: 1 M re in KF, *2 M re in HF, 4 M re in KF. Ab * wdh bis zum Ende.
R 2: *1 M li in KF, 2 M li in HF, 3 M li in KF. Ab * wdh bis zur letzten M, 1 M li in KF.
R 3: 1 M re in KF, *(2 M re in HF, 1 M re in KF) 2×. Ab * wdh bis zum Ende.
R 4: *4 M li in KF, 2 M li in HF, ab * wdh bis zur letzten M, 1 M li in KF.
R 5: 1 M re in KF, *3 M re in KF, 2 M re in HF, 1 M re in KF. Ab * wdh bis zum Ende.
R 6: Wie Reihe 4.
R 7: Wie Reihe 5.
R 8: *(1 M li in KF, 2 M li in HF) 2×, ab * wdh bis zur letzten M, 1 M li in KF.
R 9: Wie Reihe 1.
R 10: Wie Reihe 2.

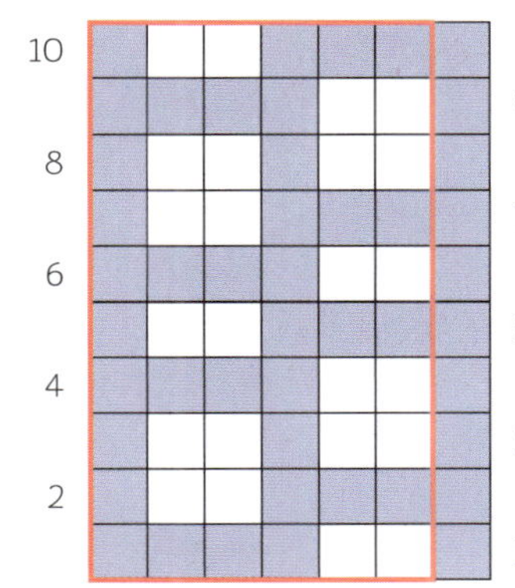

Schmetterlinge

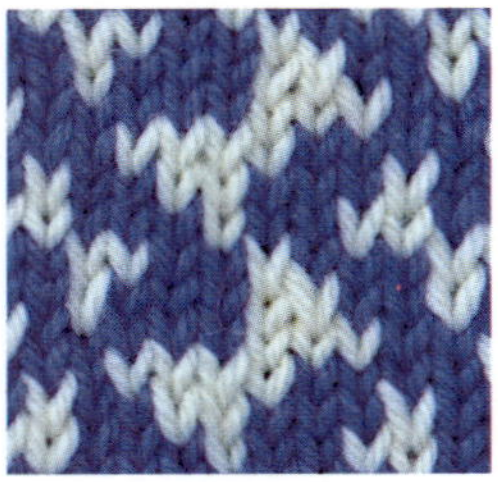

SCHWIERIGKEITSGRAD
Mittel

MUSTERSATZ
8 Maschen; 6 Reihen

VERWENDETE MASCHEN
rechte M, linke M

AUSSEHEN
Einseitig

MATERIALIEN
Garne in 2 Farben

R 1: 2 M re in HF, 2 M re in KF, 1 M re in HF, 3 M re in KF.
R 2: 2 M li in KF, 2 M li in HF, 3 M li in KF, 1 M li in HF.
R 3: 3 M re in KF, 4 M re in HF, 1 M re in KF.
R 4: 4 M li in KF, 3 M li in HF, 1 M li in KF.
R 5: 2 M re in KF, 2 M re in HF, 3 M re in KF, 1 M re in HF.
R 6: 2 M li in HF, 2 M li in KF, 1 M li in HF, 3 M li in KF.

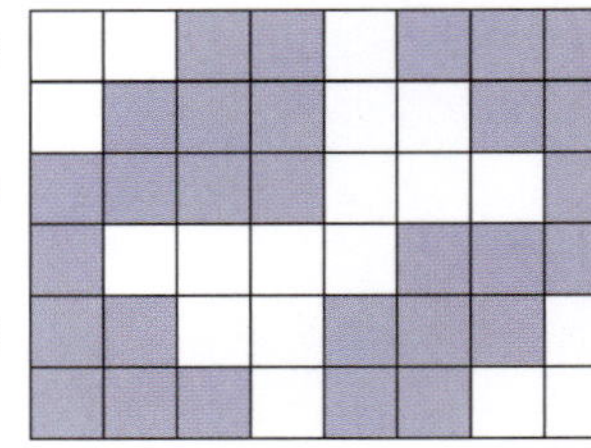

Leoprint

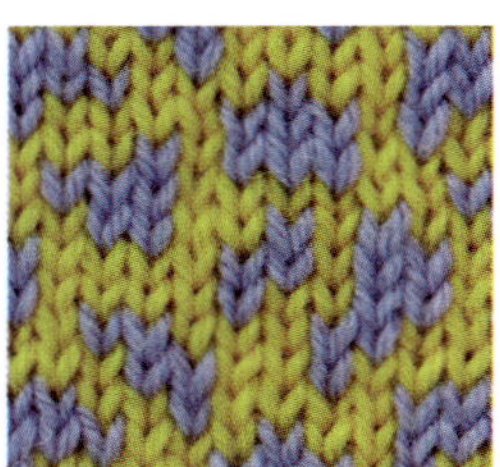

SCHWIERIGKEITSGRAD
Mittel

MUSTERSATZ
9 Maschen; 10 Reihen

VERWENDETE MASCHEN
rechte M, linke M

AUSSEHEN
Einseitig

MATERIALIEN
Garne in 2 Farben

R 1: 2 M re in HF, 1 M re in KF, 4 M re in HF, 2 M re in KF.
R 2: 2 M li in KF, 4 M li in HF, 2 M li in KF, 1 M li in HF.
R 3: 1 M re in HF, 1 M re in KF, 2 M re in HF, 2 M re in KF, 2 M re in HF, 1 M re in KF.
R 4: 2 M li in HF, 3 M li in KF, 4 M li in HF.
R 5: 3 M re in KF, 1 M re in HF, 1 M re in KF, 4 M re in HF.
R 6: 1 M li in HF, 1 M li in KF, 4 M li in HF, 3 M li in KF.
R 7: 1 M re in HF, 1 M re in KF, 3 M re in HF, 3 M re in KF, 1 M re in HF.
R 8: 1 M li in HF, 2 M li in KF, 2 M li in HF, 1 M li in KF, 3 M li in HF.
R 9: 1 M re in KF, 2 M re in HF, 2 M re in KF, 4 M re in HF.
R 10: 1 M li in KF, 2 M li in HF, 2 M li in KF, 3 M li in HF, 1 M li in KF.

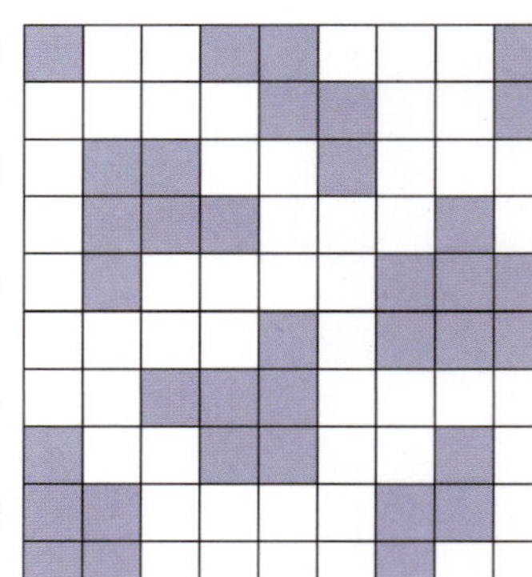

Unregelmäßige Karos

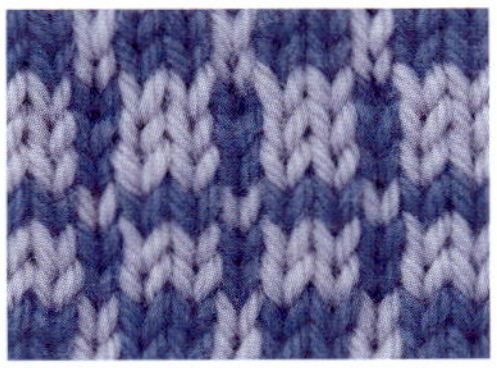

SCHWIERIGKEITSGRAD
Mittel

MUSTERSATZ
3 (+1) Maschen; 8 Reihen

VERWENDETE MASCHEN
rechte M, linke M

AUSSEHEN
Einseitig

MATERIALIEN
Garne in 2 Farben

R 1: 1 M re in HF, *2 M re in KF, 1 M re in HF, ab * wdh bis zum Ende.
R 2: *1 M li in HF, 2 M li in KF, ab * wdh bis zur letzten M, 1 M li in HF.
R 3: 1 M re in KF, *2 M re in HF, 1 M re in KF, ab * wdh bis zum Ende.
R 4: *1 M li in KF, 2 M li in HF, ab * wdh bis zur letzten M, 1 M li in KF.
R 5: Wie Reihe 1.
R 6: Wie Reihe 4.
R 7: Wie Reihe 3.
R 8: Wie Reihe 4.

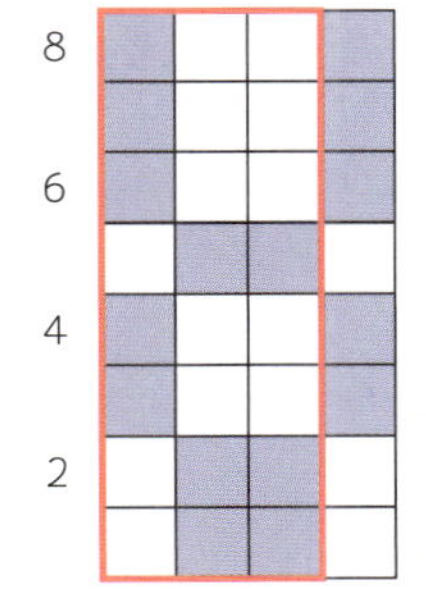

Ellipsen

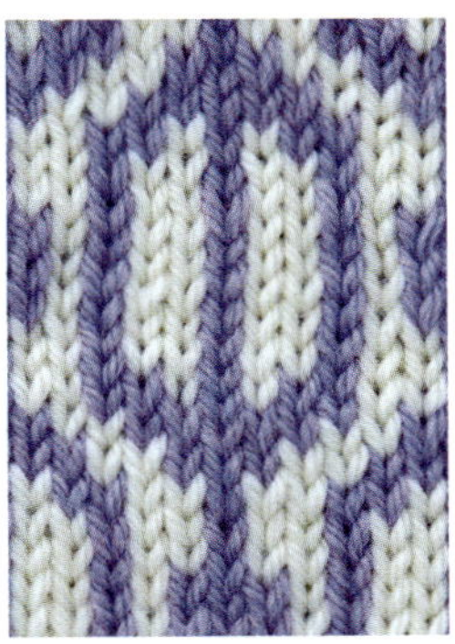

SCHWIERIGKEITSGRAD
Mittel

MUSTERSATZ
12 Maschen; 22 Reihen

VERWENDETE MASCHEN
rechte M, linke M

AUSSEHEN
Einseitig

MATERIALIEN
Garne in 2 Farben

R 1: 2 M re in KF, 1 M re in HF, (1 M re in KF, 2 M re in HF) 2×, 1 M re in KF, 1 M re in HF, 1 M re in KF.
R 2: *2 M li in HF, 1 M li in KF, ab * stets wdh.
R 3: *1 M re in KF, 2 M re in HF, ab * stets wdh.
R 4: 2 M li in HF, 2 M li in KF, 1 M li in HF, 1 M li in KF, 1 M li in HF, 2 M li in KF, 2 M li in HF, 1 M li in KF.
R 5: 2 M re in KF, 2 M re in HF, 5 M re in KF, 2 M re in HF, 1 M re in KF.
R 6: 2 M li in KF, (2 M li in HF, 3 M li in KF) 2×.
R 7: 1 M re in KF, 1 M re in HF, 2 M re in KF, 2 M re in HF, 1 M re in KF, 2 M re in HF, 2 M re in KF, 1 M re in HF.
R 8: Wie Reihe 2.
R 9: Wie Reihe 3.
R 10: 2 M li in HF, 1 M li in KF, 1 M li in HF, 3 M li in KF, 1 M li in HF, 1 M li in KF, 2 M li in HF, 1 M li in KF.
R 11: 1 M re in KF, 2 M re in HF, 1 M re in KF, 1 M re in HF, 3 M re in KF, 1 M re in HF, 1 M re in KF, 2 M re in HF.
R 12: Wie Reihe 10. **R 13:** Wie Reihe 3.
R 14: Wie Reihe 2. **R 15:** Wie Reihe 7.
R 16: Wie Reihe 6. **R 17:** Wie Reihe 1.
R 18: Wie Reihe 4. **R 19:** Wie Reihe 3.
R 20: Wie Reihe 2. **R 21:** Wie Reihe 1.
R 22: 1 M li in KF, 1 M li in HF, (1 M li in KF, 2 M li in HF) 2×, 1 M li in KF, 1 M li in HF, 2 M li in KF.

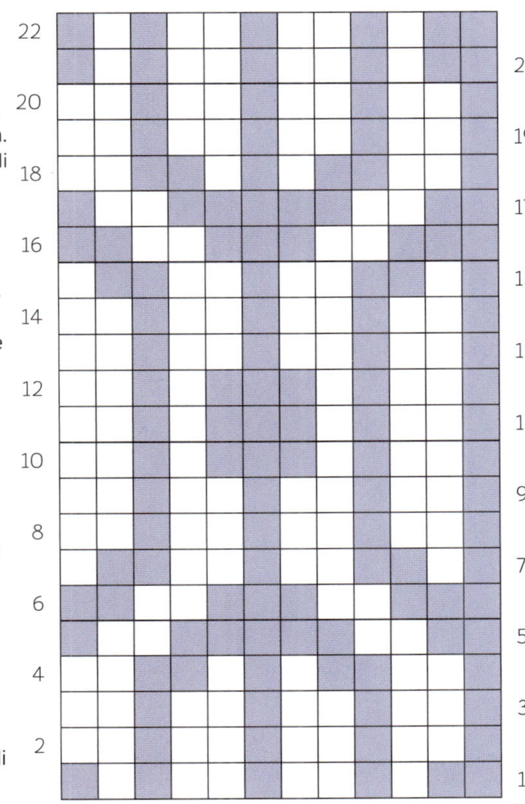

Lochmuster & Lace

Lochmuster

Lochmuster können in einen rechts oder links gestrickten Maschengrund gearbeitet werden. Generell ist aber der geschlossene Anteil immer höher als der Anteil der Löcher. Aus diesem Grund sind Lochmuster recht einfach zu stricken. Die Löcher entstehen durch Umschläge (siehe S. 42) und Abnahmen (siehe S. 44) in jeweils gleicher Anzahl. Dadurch ändert sich die Gesamtmaschenzahl nicht.

Lochmuster sehen zart aus und werden gern für dekorative Strickarbeiten wie Schals und Tücher verwendet. Sie eignen sich aber auch gut für Babykleidung oder Strickjacken.

Einfaches Lochmuster

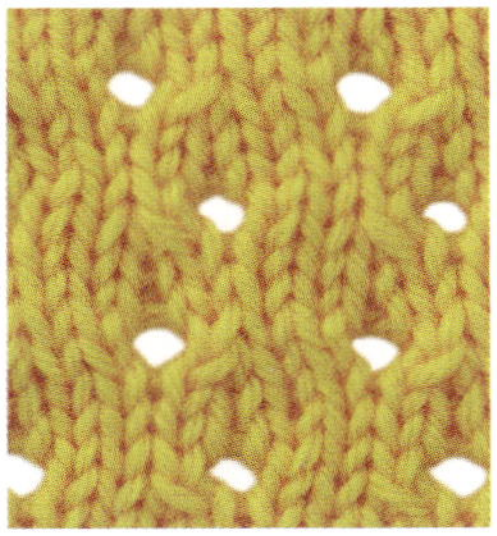

SCHWIERIGKEITSGRAD
Mittel

MUSTERSATZ
4 Maschen; 8 Reihen

VERWENDETE MASCHEN
rechte M, linke M,
2 M re zus-str,
2 M re abgeh zus-str, U

AUSSEHEN
Einseitig

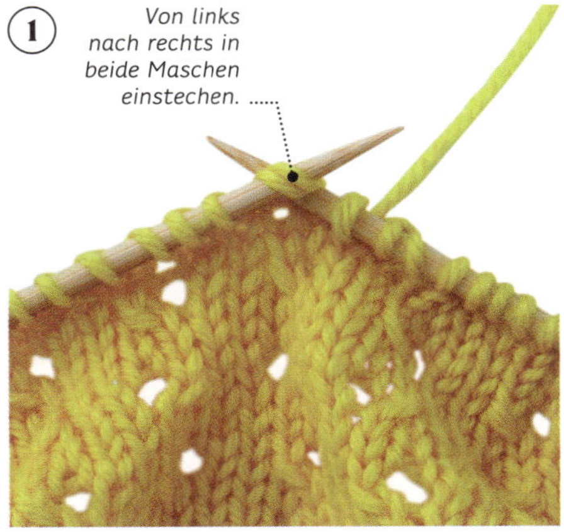

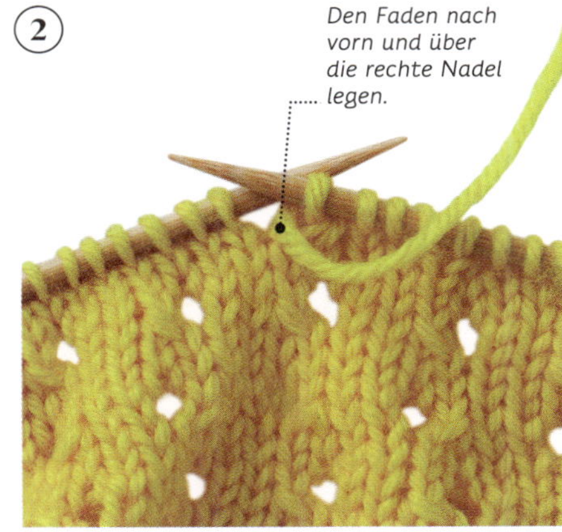

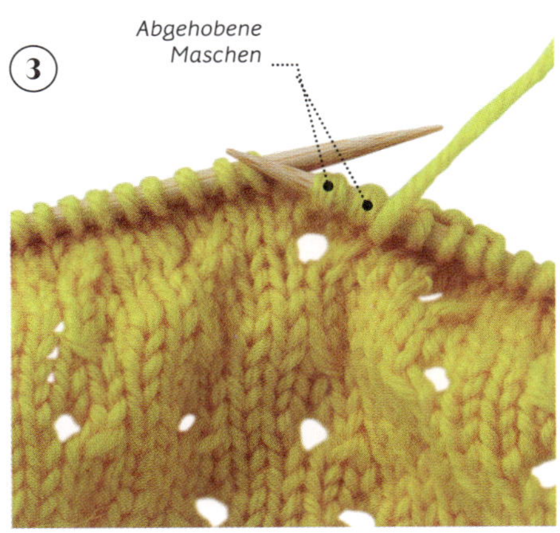

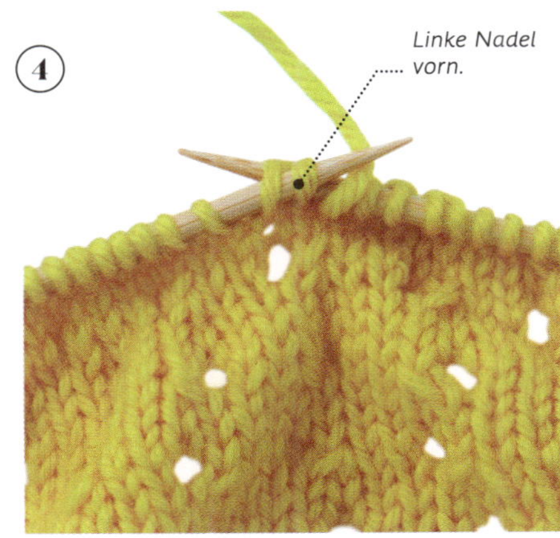

Zählmuster: Einfaches Lochmuster

Im Zählmuster sind Zu- und Abnahmen eingezeichnet, aber die Gesamtmaschenzahl bleibt gleich. Darum gibt es keine grauen Kästchen.

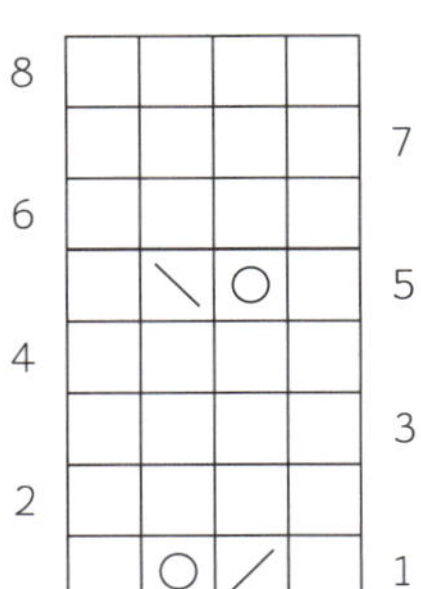

1 **R 1:** 1 M rechts. 2 M rechts zusammenstricken: *Die rechte Nd von links nach rechts in die 2. Masche, dann in die 1. Masche auf der linken Nd einstechen. Die beiden Maschen zusammen abstricken.*

2 1 Umschlag: *Den Faden zwischen den Nd nach vorn legen, dann über die rechte Nadel nach hinten, wo er für die nächste Masche gebraucht wird.* 1 M rechts.
R 2–4: 3 Reihen glatt rechts, mit einer Linksreihe beginnen.

3 **R 5:** 1 M rechts. 1 Umschlag (U). 2 M re abgeh zus-str: *Die ersten beiden Maschen nacheinander abheben, dabei mit der rechten Nd von links nach rechts einstechen.*

4 *Die linke Nd von links nach rechts und nach vorn in die beiden abgehobenen Maschen einstechen und diese zusammenstricken.* 1 M rechts.
R 6–8: 3 Reihen glatt rechts, mit einer Linksreihe beginnen.

Zacken-Lochmuster

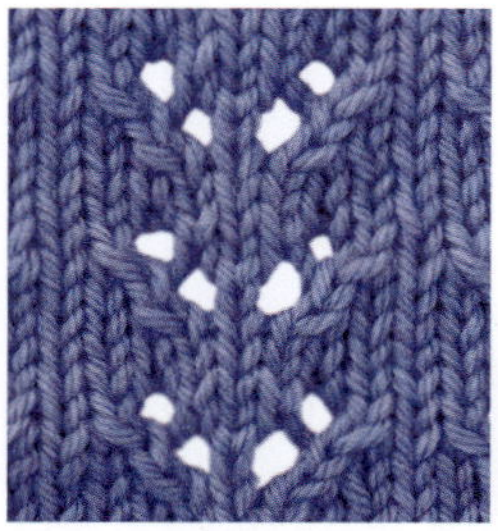

SCHWIERIGKEITSGRAD
Mittel

MUSTERSATZ
8 (+1) Maschen; 6 Reihen

VERWENDETE MASCHEN
rechte M, linke M, 2 M re zus-str, 2 M re abgeh zus-str, U

AUSSEHEN
Einseitig

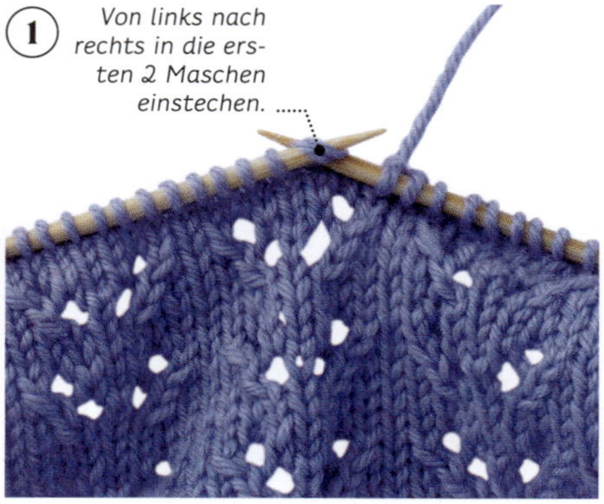

1 **R 1:** *2 M rechts. 2 M re zus-str (siehe S. 38). 1 Umschlag (siehe S. 42). Die nächste Masche rechts stricken. 1 Umschlag.

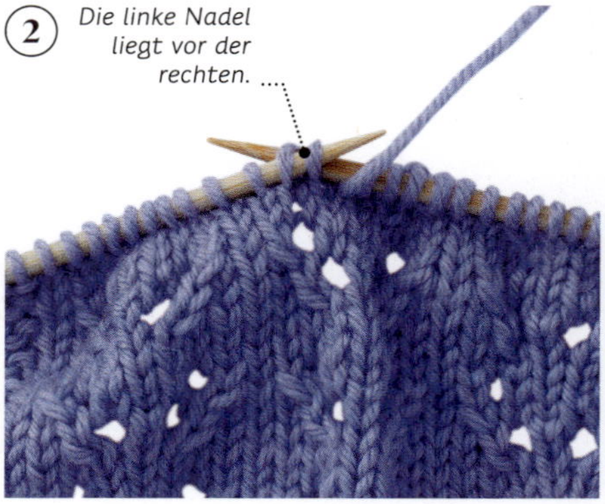

2 2 M re abgeh zus-str (siehe S. 38). 1 M rechts. Ab * wdh bis zur letzten Masche. 1 M rechts.
R 2: Alle M links stricken.
R 3: *1 M rechts. 2 M re zus-str. 1 Umschlag. 3 M rechts. 1 Umschlag. 2 M re abgeh zus-str. Ab * wdh bis zur letzten Masche. 1 M rechts.
R 4–6: 3 Reihen glatt rechts, mit einer Linksreihe beginnen.

Stanzmuster

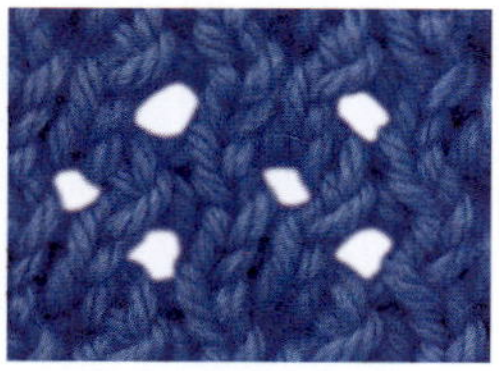

SCHWIERIGKEITSGRAD
Mittel

MUSTERSATZ
3 (+1) Maschen; 4 Reihen

VERWENDETE MASCHEN
rechte M, linke M, U, 2 M re zus-str

AUSSEHEN
Einseitig

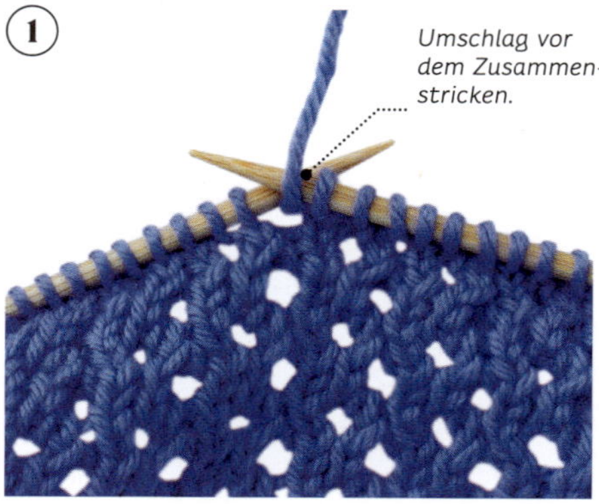

1 **R 1:** 1 M rechts. *Den Faden zwischen den Nd vor die Arbeit legen und über die rechte Nd nach hinten.

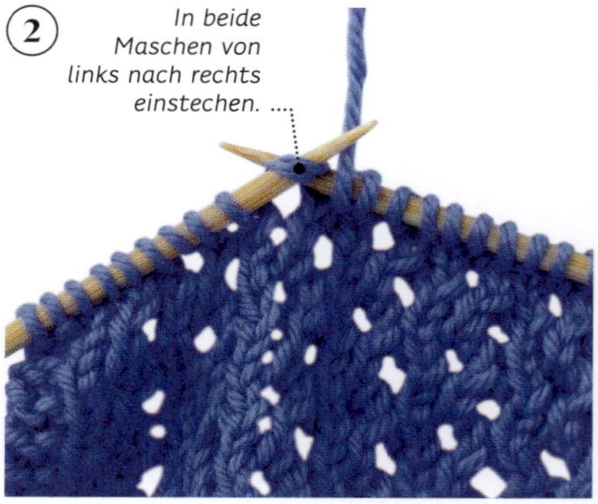

2 2 M rechts zus-str (siehe S. 38). 1 M rechts. Ab * wdh bis zum Ende.
R 2: Alle M links stricken.
R 3: 1 M rechts. *2 M rechts zus-str, 1 U, 1 M rechts. Ab * wdh bis zum Ende.
R 4: Alle M links stricken.

Lochmusterbordüre

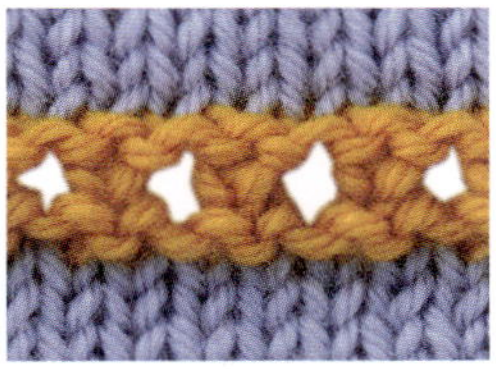

SCHWIERIGKEITSGRAD
Mittel

MUSTERSATZ
2 (+2) Maschen; 10 Reihen

VERWENDETE MASCHEN
rechte M, linke M, U, 2 M li zus-str

AUSSEHEN
Einseitig

MATERIALIEN
Garne in 2 Farben

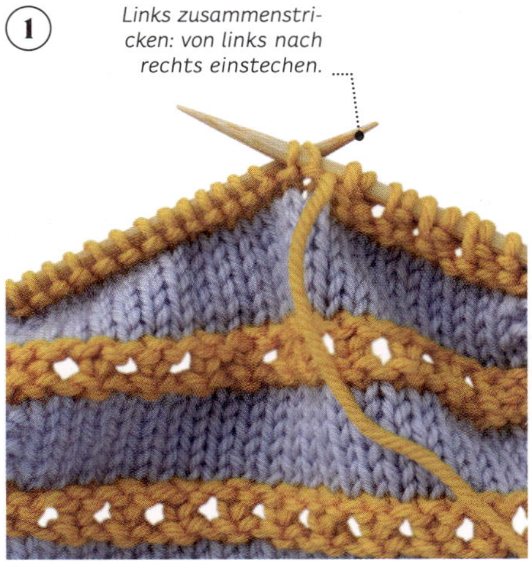

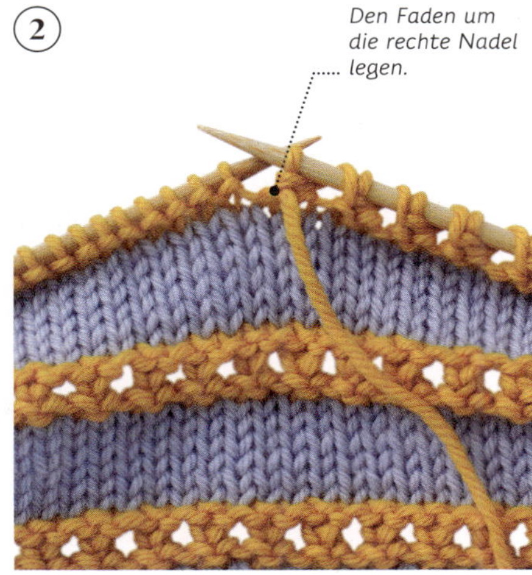

1 **R 1–4:** Mit der Hauptfarbe 4 Reihen glatt rechts stricken: *Hinreihen rechts, Rückreihen links. Mit einer Rechtsreihe beginnen.*
R 5–6: Mit der Kontrastfarbe 2 Reihen kraus rechts stricken: *alle M rechts.*
R 7: 1 M links. *2 M links zus-str (siehe S. 39).

2 1 Umschlag (siehe S. 43). Ab * wdh bis zur letzten Masche. 1 M links.
R 8: Alle M rechts stricken.
R 9–10: Mit der Hauptfarbe 2 Reihen glatt rechts stricken, mit einer Rechtsreihe beginnen.

Zählmuster: Lochmusterbordüre

Die Bordüre wird größtenteils mit linken Maschen gestrickt, sodass sie sich plastisch abhebt. Im Zählmuster ist dies an den Punkten zu erkennen.

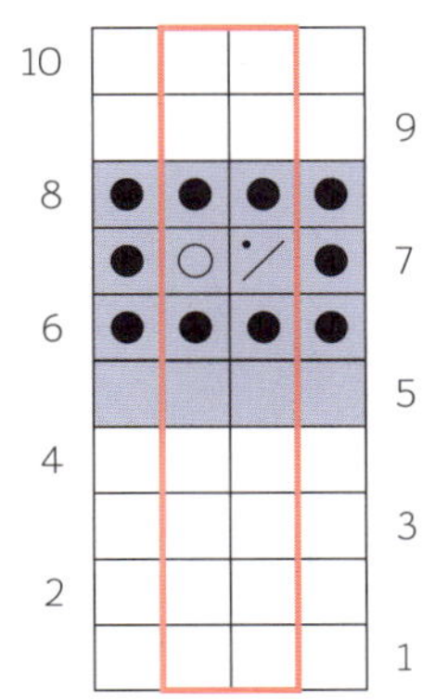

Kleeblatt-Lochmuster

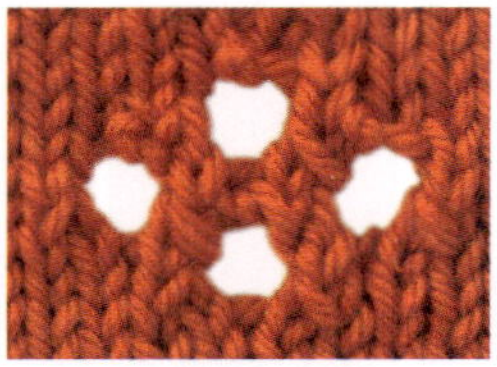

SCHWIERIGKEITSGRAD
Mittel

MUSTERSATZ
10 Maschen; 8 Reihen

VERWENDETE MASCHEN
rechte M, linke M, U, 2 M re zus-str, 2 M re abgeh zus-str

AUSSEHEN
Einseitig

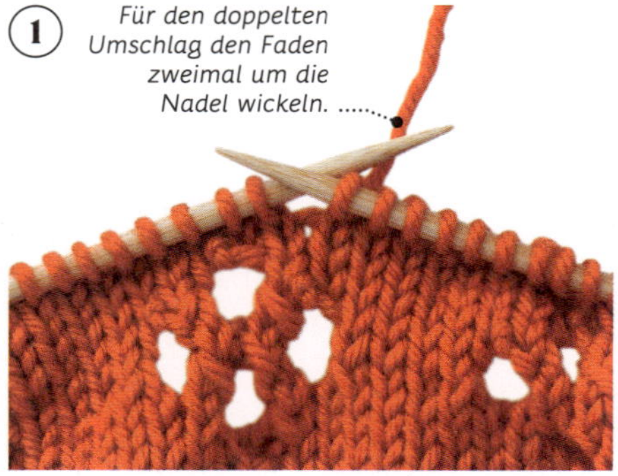

1 **R 1:** 3 M rechts. 2 M re abgeh zus-str (siehe S. 38). 1 doppelter Umschlag: *Den Faden zweimal zwischen den Nadeln nach vorn legen und über die rechte Nadel nach hinten.* 2 M rechts zus-str (siehe S. 38). 3 M rechts.

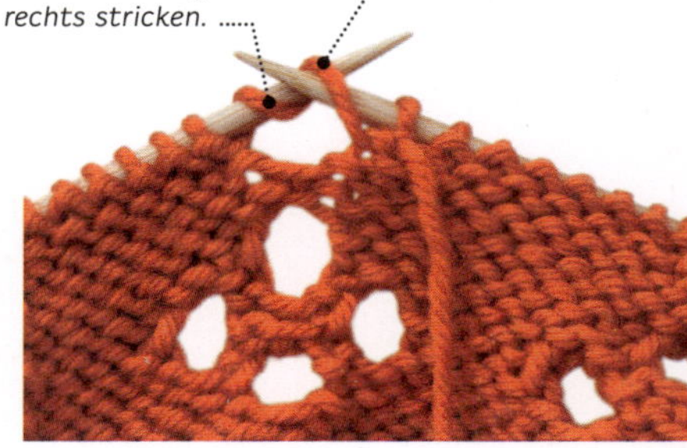

R 2: 4 M links. Den 1. Umschlag links stricken und von der linken Nd nehmen. Den Faden nach hinten legen. Den 2. Umschlag rechts stricken und von der linken Nd nehmen. Den Faden nach vorn legen. 4 M links.
R 3: 1 M rechts. *2 M re abgeh zus-str. 1 doppelter U. 2 M rechts zus-str. Ab * nochmals wdh. 1 M rechts.
R 4: *3 M links. 1 M rechts. Ab * nochmals wdh. 2 M links.
R 5–6: Wie Reihe 1–2.
R 7: Alle M rechts stricken.
R 8: Alle M links stricken.

Rippen-Lochmuster

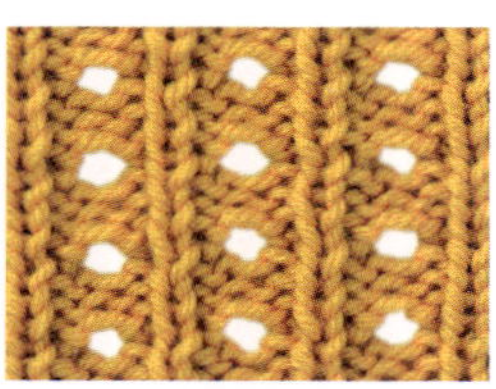

SCHWIERIGKEITSGRAD
Mittel

MUSTERSATZ
4 (+3) Maschen; 4 Reihen

VERWENDETE MASCHEN
rechte M, linke M, U, 2 M re zus-str

AUSSEHEN
Beide Seiten verschieden, aber beide können als rechte Seite verwendet werden.

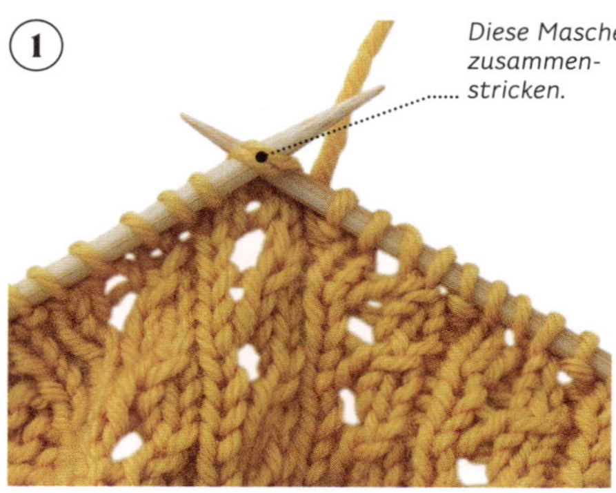

1 **R 1:** 1 M links. *1 M rechts. 3 M links. Ab * wdh bis zu den letzten 2 Maschen. 1 M rechts. 1 M links.
R 2: 1 M rechts. 1 M links. * 2 M rechts zus-str: *Die rechte Nd von links nach rechts in die 2., dann in die 1. Masche auf der linken Nd einstechen. Die beiden Maschen zusammenstricken.*

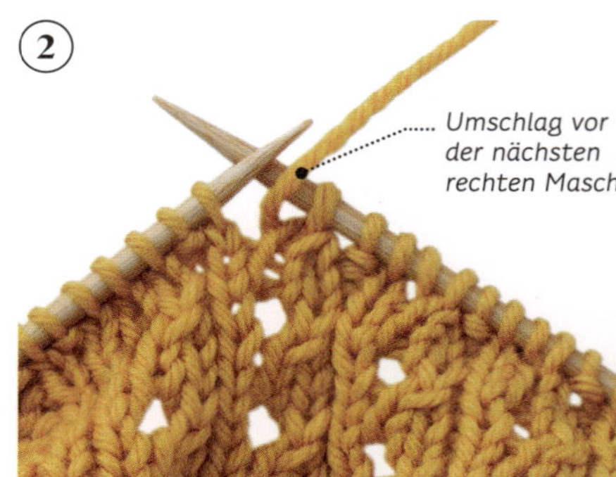

2 1 Umschlag (siehe S. 42). 1 M rechts. 1 M links. Ab * wdh bis zur letzten Masche. 1 M rechts.
R 3: Wie Reihe 1.
R 4: 1 M rechts. 1 M links. *3 M rechts. 1 M links. Ab * wdh bis zur letzten Masche. 1 M rechts.

Tropfen-Lochmuster

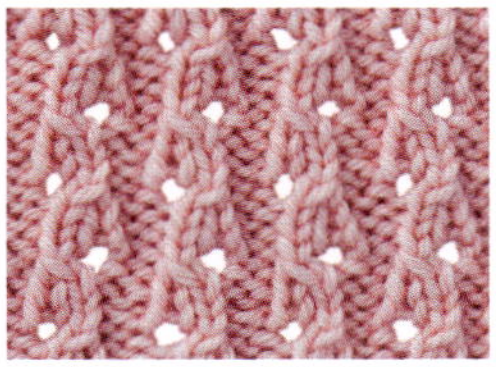

SCHWIERIGKEITSGRAD
Mittel

MUSTERSATZ
4 Maschen; 8 Reihen

VERWENDETE MASCHEN
rechte M, linke M, U, 2 M re zus-str, 2 M re abgeh zus-str

AUSSEHEN
Einseitig

R 1: 1 M li, 2 M re zus-str, 1 U, 1 M li.
R 2: 1 M re, 2 M li, 1 M re.
R 3: 1 M li, 2 M re, 1 M li.
R 4: Wie Reihe 2.
R 5: 1 M li, 1 U, 2 M re abgeh zus-str, 1 M li.
R 6: Wie Reihe 2.
R 7: Wie Reihe 3.
R 8: Wie Reihe 2.

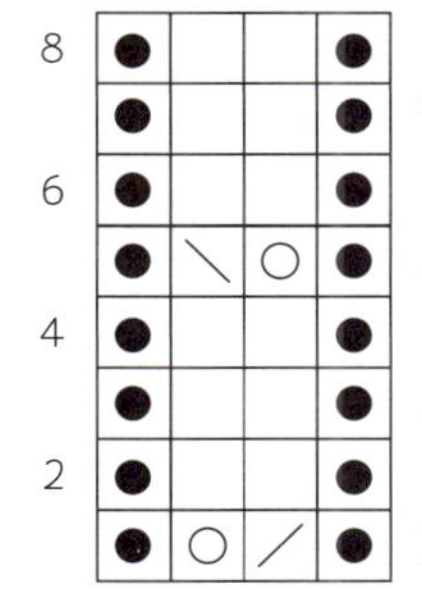

Umschläge

Umschläge können zwischen rechten und linken Maschen vorkommen (siehe S. 42–43). Wichtig ist, dass der Faden nach dem Umschlag immer dort liegt, wo er für die nächste Masche gebraucht wird (vorn für eine linke Masche, hinten für eine rechte).

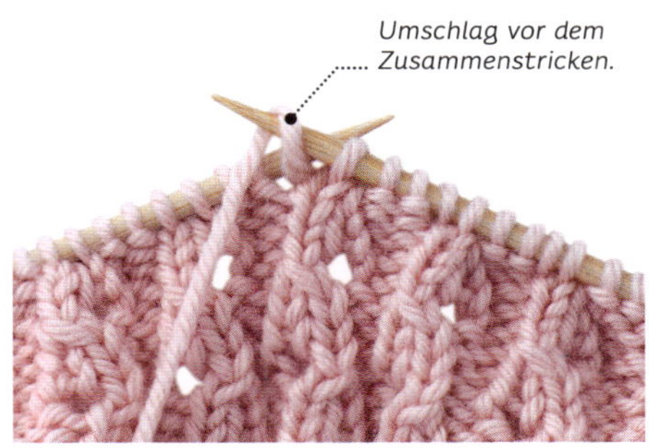

Versetztes Lochmuster

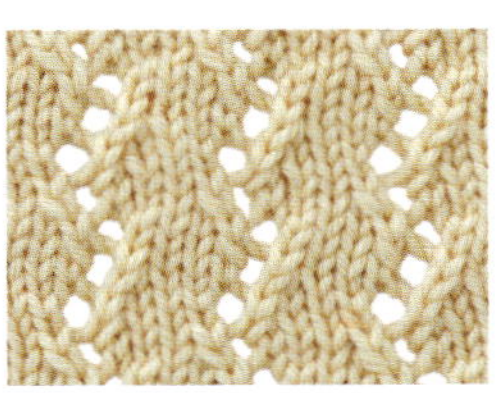

SCHWIERIGKEITSGRAD
Einfach

MUSTERSATZ
5 (+1) Maschen; 8 Reihen

VERWENDETE MASCHEN
rechte M, linke M, U, 2 M re zus-str, 2 M re abgeh zus-str

AUSSEHEN
Einseitig

R 1: 1 M re, *1 M re, 2 M re zus-str, 1 U, 2 M re, ab * wdh bis zum Ende.
R 2: li M str.
R 3: 1 M re, *2 M re zus-str, 1 U, 3 M re, ab * wdh bis zum Ende.
R 4: li M str.
R 5: 1 M re, *1 M re, 1 U, 2 M re abgeh zus-str, 2 M re. Ab * wdh bis zum Ende.
R 6: li M str.
R 7: 1 M re, *2 M re, 1 U, 2 M re abgeh zus-str, 1 M re. Ab * wdh bis zum Ende.
R 8: li M str.

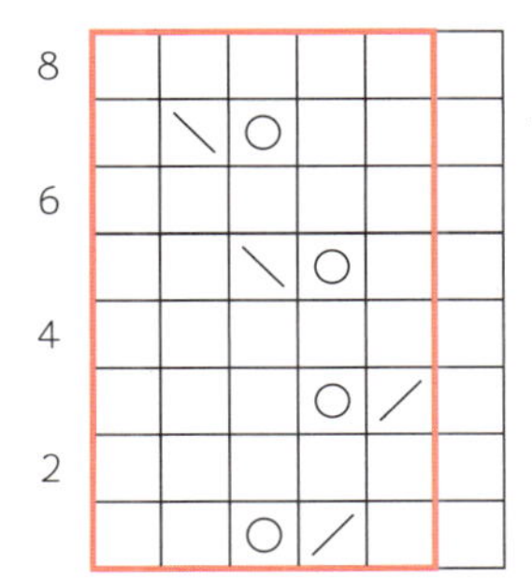

Muschel-Lochmuster

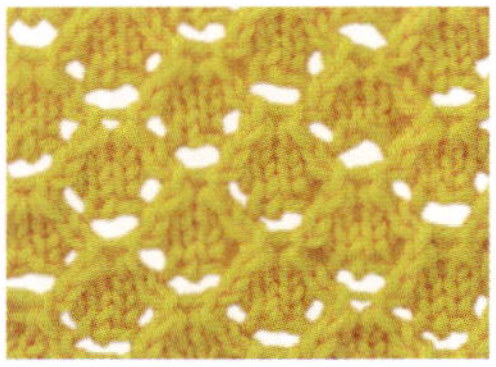

SCHWIERIGKEITSGRAD
Mittel

MUSTERSATZ
6 (+3) Maschen; 8 Reihen

VERWENDETE MASCHEN
rechte M, linke M, U, 2 M re zus-str, 2 M re abgeh zus-str

AUSSEHEN
Einseitig

R 1: 1 M re, *1 U, 2 M re abgeh zus-str, 2 M re zus-str, 1 U, 2 M re. Ab * wdh bis zu den letzten 2 M, 1 U, 2 M re abgeh zus-str.
R 2: li M str.
R 3: 1 M re, *2 M re zus-str, 2 U, 2 M re abgeh zus-str, 2 M re. Ab * wdh bis zu den letzten 2 M, 2 M re.
R 4: 2 M li, *4 M li, 1 M re, 1 M li, ab * wdh bis zur letzten M, 1 M li.
R 5: 2 M re zus-str, 1 U, *2 M re, 1 U, 2 M re abgeh zus-str, 2 M re zus-str, 1 U, ab * wdh bis zur letzten M, 1 M re.
R 6: li M str.
R 7: 2 M re, *2 M re, 2 M re zus-str, 2 U, 2 M re abgeh zus-str. Ab * wdh bis zur letzten M, 1 M re.
R 8: 1 M li, *2 M li, 1 M re, 3 M li, ab * wdh bis zu den letzten 2 M, 2 M li.

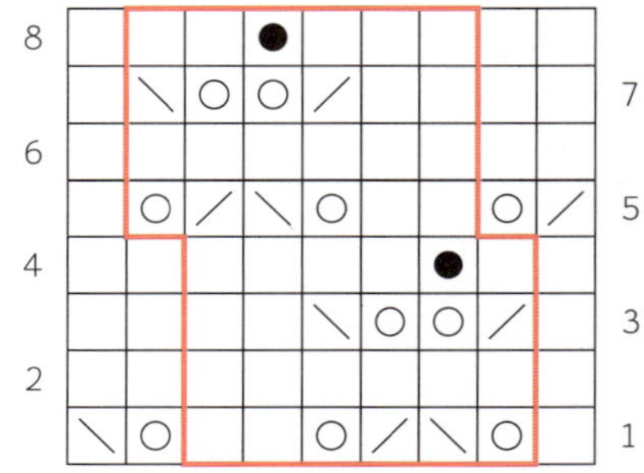

Doppelte Umschläge

Durch einen doppelten Umschlag entsteht ein größeres Loch. Erreicht man ihn in der Rückreihe, wird der 1. Umschlag links gestrickt. Danach nur diesen von der linken Nadel gleiten lassen. Anschließend den 2. Umschlag rechts stricken.

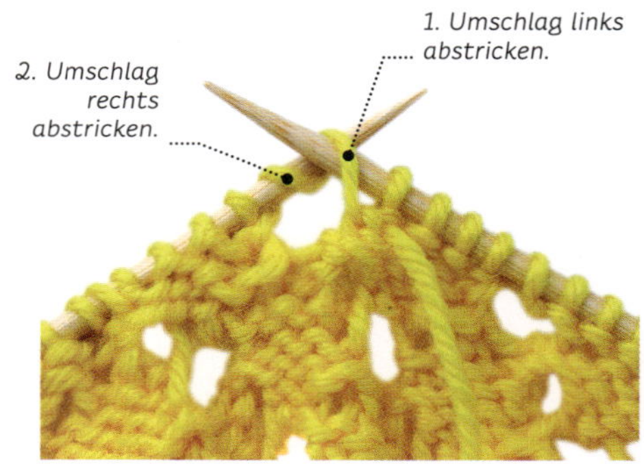

Flecht-Lochmuster

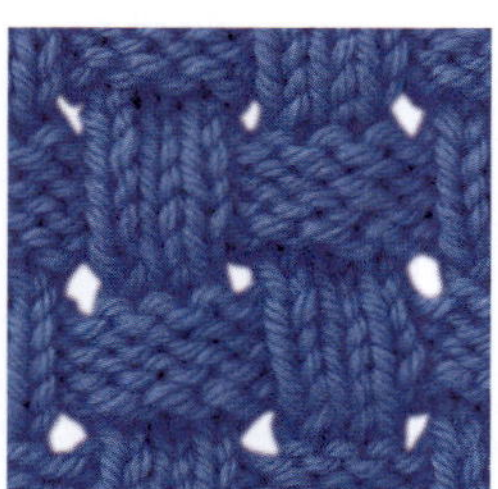

SCHWIERIGKEITSGRAD
Mittel

MUSTERSATZ
8 (+1) Maschen; 12 Reihen

VERWENDETE MASCHEN
rechte M, linke M, U, 2 M re zus-str, 2 M re abgeh zus-str

AUSSEHEN
Einseitig

R 1: 1 M re, *1 M re, 5 M li, 2 M re. Ab * wdh bis Ende.
R 2: *2 M li, 5 M re, 1 M li. Ab * wdh bis zur letzten M, 1 M li.
R 3–4: Wie Reihe 1–2.
R 5: 1 M re, *2 M re abgeh zus-str, 1 U, 3 M re, 1 U, 2 M re zus-str, 1 M re. Ab * wdh bis zum Ende.
R 6: li M str.
R 7: 1 M li, *2 M li, 3 M re, 3 M li, ab * wdh bis zum Ende.
R 8: *3 M re, 3 M li, 2 M re, ab * wdh bis zur letzten M, 1 M re.
R 9–10: Wie Reihe 7–8.
R 11: 1 M re, *1 M re, 1 U, 2 M re zus-str, 1 M re, 2 M re abgeh zus-str, 1 U, 2 M re. Ab * wdh bis Ende.
R 12: li M str.

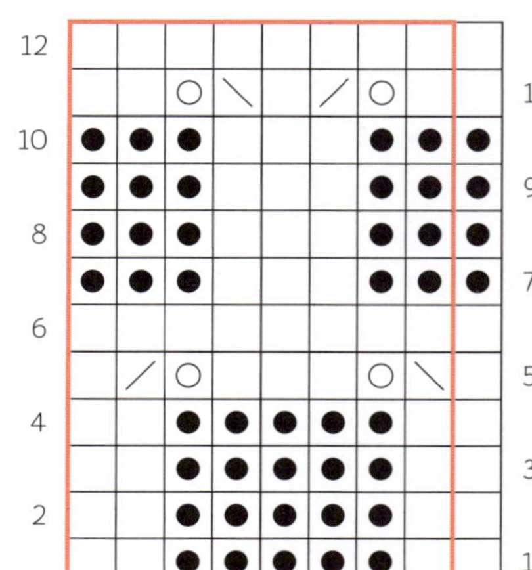

Doppel-Helix-Muster

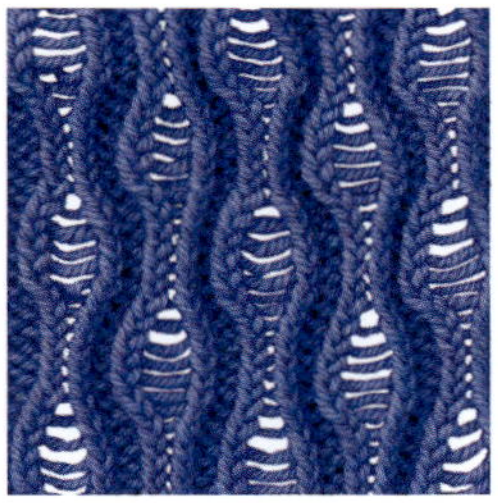

SCHWIERIGKEITSGRAD
Mittel

MUSTERSATZ
8 Maschen; 14 (+4) Reihen

VERWENDETE MASCHEN
rechte M, linke M, re verschr, li verschr, U, M fallenlassen

AUSSEHEN
Einseitig

Basisreihe 1: *1 M li, 2 M re verschr, 1 M li. Ab * wdh bis zum Ende.
Basisreihe 2: *1 M re, 2 M li verschr, 1 M re. Ab * wdh bis zum Ende.
Basisreihe 3: 1 M li, 1 M re verschr, 1 U, 1 M re verschr, 2 M li, 2 M re verschr, 1 M li.
Basisreihe 4: 1 M re, 2 M li verschr, 2 M re, 1 M li verschr, 1 M li, 1 M li verschr, 1 M re.
R 5: 1 M li, 1 M re verschr, 1 M re, 1 M re verschr, 2 M li, 2 M re verschr, 1 M li.
R 6: 1 M re, 2 M li verschr, 2 M re, 1 M li verschr, 1 M li, 1 M li verschr, 1 M re.
R 7: Wie Reihe 5.
R 8: Wie Reihe 6.
R 9: 1 M li, 1 M re verschr, 1 M fallen lassen, 1 M re verschr, 2 M li, 1 M re verschr, 1 U, 1 M re verschr, 1 M li.
R 10: 1 M re, 1 M li verschr, 1 M li, 1 M li verschr, 2 M re, 2 M li verschr, 1 M re.
R 11: 1 M li, 2 M re verschr, 2 M li, 1 M re verschr, 1 M re, 1 M re verschr, 1 M li.
R 12: 1 M re, 1 M li verschr, 1 M li, 1 M li verschr, 2 M re, 2 M li verschr, 1 M re.

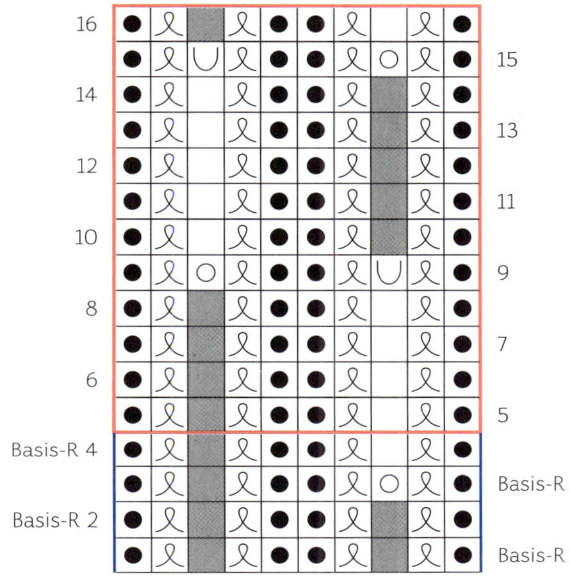

R 13: Wie Reihe 11.
R 14: Wie Reihe 12.
R 15: (Hinweis: Im letzten Mustersatz keinen Umschlag mehr arbeiten!) 1 M li, 1 M re verschr, 1 U, 1 M re verschr, 2 M li, 1 M re verschr, 1 M fallen lassen, 1 M re verschr, 1 M li.
R 16: Wie Reihe 5.

Masche fallen lassen

Für das Doppel-Helix-Muster müssen Sie absichtlich Maschen fallen lassen, sodass gezielt Laufmaschen mit lockeren Querfäden entstehen.

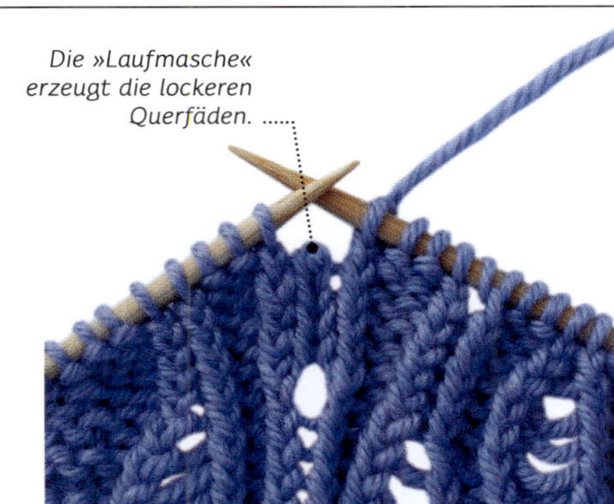

Lace

Als Lace oder Strickspitze bezeichnet man raffiniertere Lochmuster, in denen häufig verschiedene Abnahmen vorkommen, beispielsweise mittige Doppelabnahmen. Wenn die Abstände zwischen Umschlägen und Abnahmen größer sind, kann sich die Laufrichtung der Maschen verändern, sodass auch die Außenkontur des Werkstücks sich verändert. Wie Lochmuster eignet sich auch Lace vor allem für dekorative Stücke wie Schals und Tücher. Wegen der vielen Löcher wärmen solche Strickarbeiten nicht sonderlich gut, dafür sehen sie aber hinreißend aus.

Lace-Muster sind recht anspruchsvoll, vor allem, weil Fehler nicht leicht zu finden und noch schwerer zu beheben sind. Das liegt daran, dass verschiedene Maschentypen zum Einsatz kommen und das Maschenbild insgesamt komplex ist. Die Spitzenstrickerei gilt in vielen Ländern – in Estland, im russischen Orenburg und auch auf den Shetland-Inseln – als hohe Kunst, und es gibt zahlreiche traditionelle Muster, die von dort stammen.

Zweifarbiges Säulen-Lochmuster

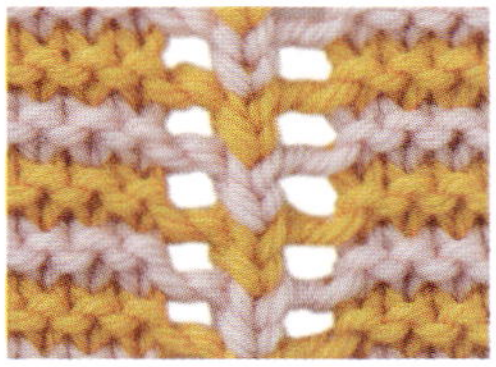

SCHWIERIGKEITSGRAD
Mittel

MUSTERSATZ
7 Maschen; 4 Reihen

VERWENDETE MASCHEN
rechte M, U, MDA

AUSSEHEN
Wendbar

MATERIALIEN
Garne in 2 Farben

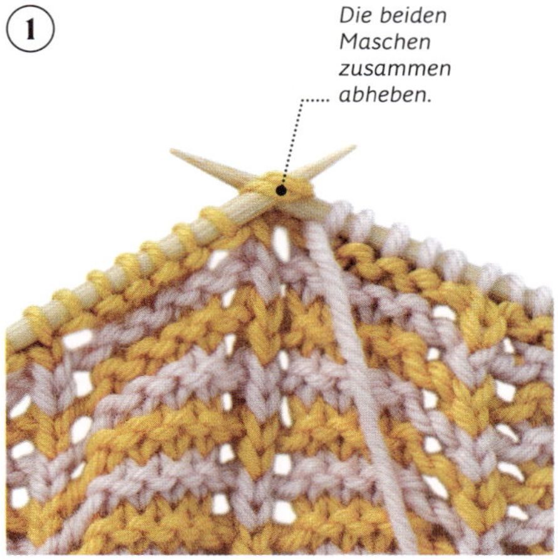

1 **R 1:** Mit der Hauptfarbe 2 M rechts, 1 Umschlag (siehe S. 42). 1 MDA: *Die beiden ersten Maschen auf der linken Nd zusammen abheben.* *1 M rechts.*

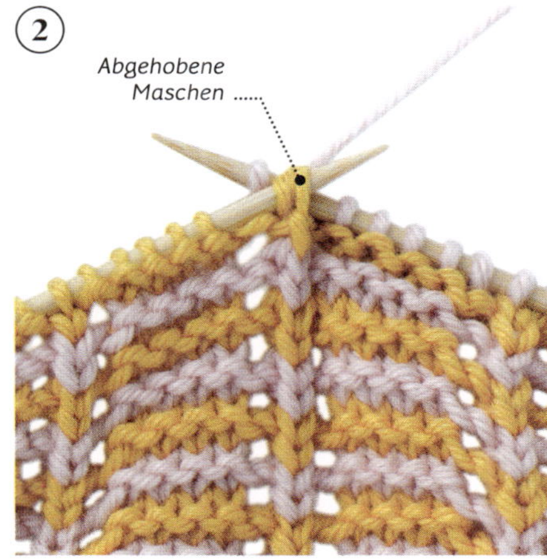

2 *Die linke Nd von links nach rechts in die abgehobenen Maschen einstechen und beide zusammen über die soeben gestrickte rechte Masche heben.* 1 Umschlag, 2 M rechts.
R 2: 3 M rechts, 1 M links, 3 M rechts.
R 3–4: Mit der Kontrastfarbe wie die Reihen 1 und 2 stricken.

Zählmuster: Zweifarbiges Säulen-Lochmuster

Hier ist gut zu sehen, dass die Farbe alle zwei Reihen wechselt. Die Abfolge der Maschen bleibt aber gleich.

4	●	●	●		●	●	●	
			○	Λ	○			3
2	●	●	●		●	●	●	
			○	Λ	○			1

Kiebitzmuster

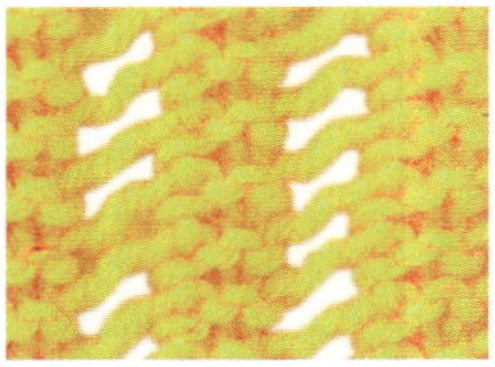

SCHWIERIGKEITSGRAD
Mittel

MUSTERSATZ
4 (+2) Maschen; 2 Reihen

VERWENDETE MASCHEN
rechte M, U,
2 M re zus-str

AUSSEHEN
Wendbar

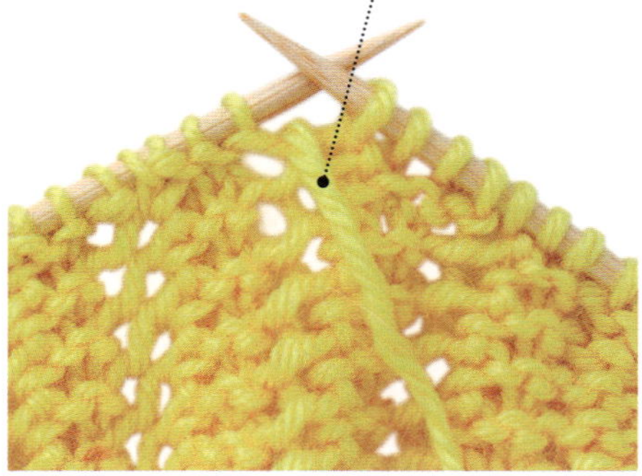

1 **R 1:** 1 M rechts. *1 Umschlag: *Den Faden zwischen den Nd nach vorn, dann über die rechte Nd nach hinten legen.*

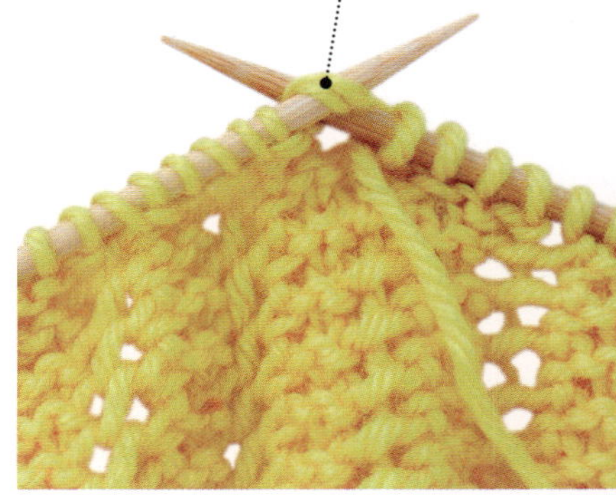

2 2 M rechts zus-str (siehe S. 38), 2 M rechts. Ab * wdh bis zur letzten Masche, 1 M rechts.
R 2: Wie Reihe 1.

Netzmuster

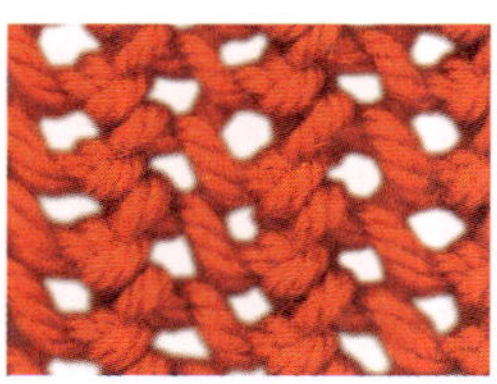

SCHWIERIGKEITSGRAD
Mittel

MUSTERSATZ
2 (+2) Maschen; 2 Reihen

VERWENDETE MASCHEN
linke M, U, 2 M li zus-str

AUSSEHEN
Einseitig

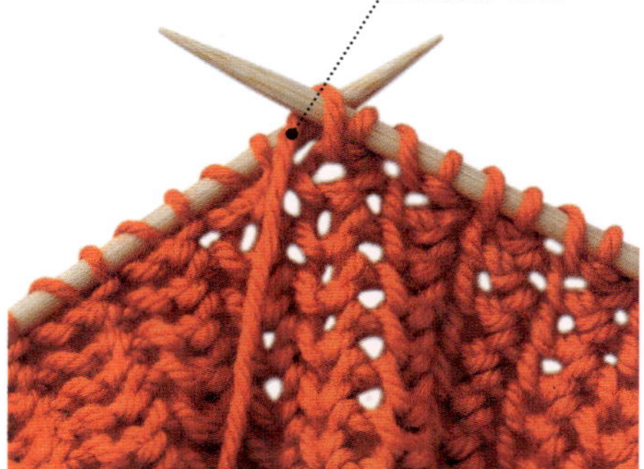

1 **R 1:** 1 M links. *1 Umschlag: *Den Faden über die rechte Nd nach hinten und zwischen den Nd wieder nach vorn legen.*

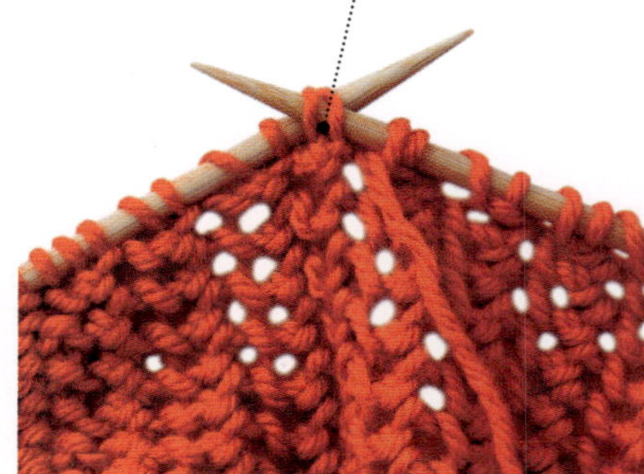

2 2 M links zus-str (siehe S. 39). Wdh bis zur letzten Masche, 1 M links.
R 2: Wie Reihe 1.

Mariposa-Muster

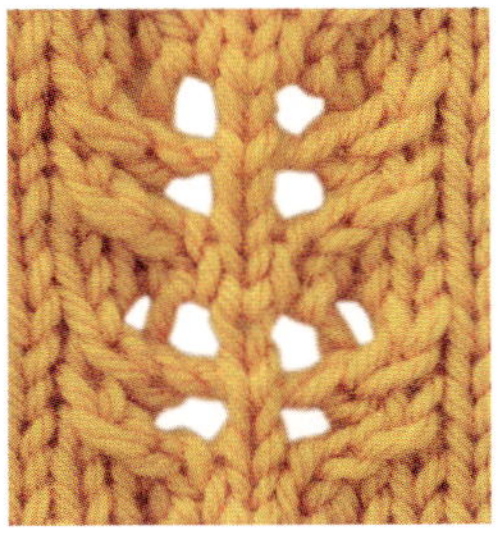

SCHWIERIGKEITSGRAD
Anspruchsvoll

MUSTERSATZ
8 (+1) Maschen; 6 Reihen

VERWENDETE MASCHEN
rechte M, linke M, U,
2 M re zus-str,
2 M re abgeh zus-str,
2 M li zus-str,
2 M li abgeh zus-str

AUSSEHEN
Einseitig

1

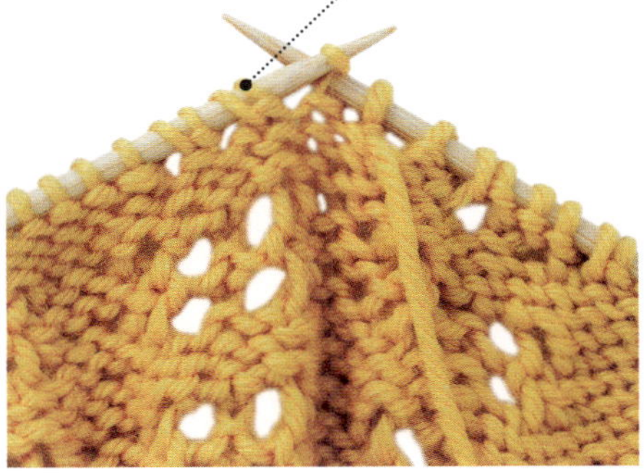

2

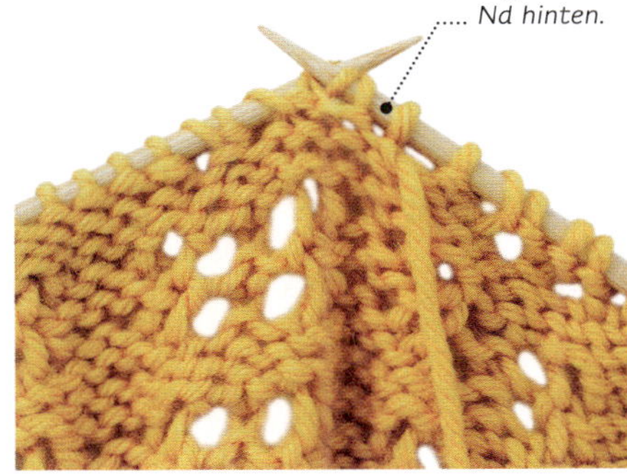

3

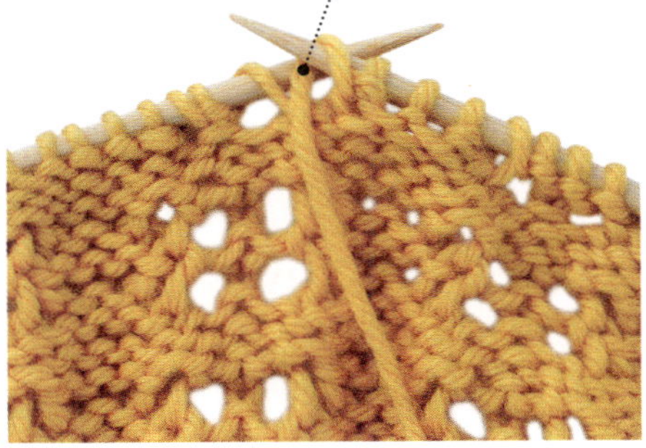

4

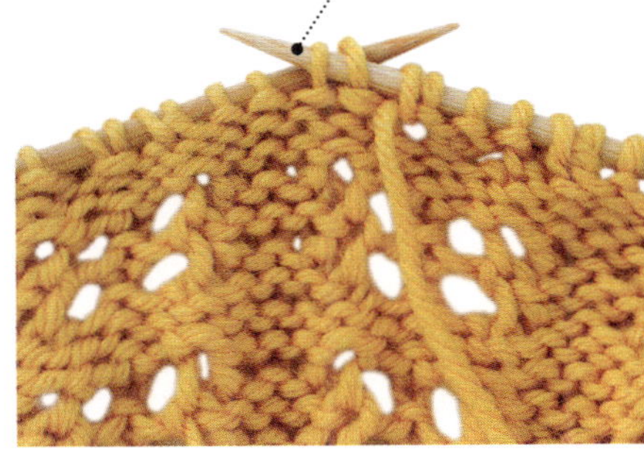

1 **R 1:** 1 M rechts, *1 M rechts, 2 M rechts zus-str (siehe S. 38), 1 Umschlag (siehe S. 42), 1 M rechts, 1 Umschlag, 2 M re abgeh zus-str (siehe S. 38), 2 M rechts. Ab * wdh bis zum Ende.
R 2: 1 M links, 2 M li abgeh zus-str: *2 Maschen zusammen von der linken Nd abheben, dabei von links nach rechts einstechen. Beide Maschen wieder auf die linke Nd legen, dabei von links nach rechts einstechen.*

2 *Die rechte Nd von links nach rechts in die 1., dann in die 2. Masche einstechen und beide links zusammenstricken.*

3 & 4 1 Umschlag (siehe S. 43), 3 M links, 1 Umschlag, 2 M links zus-str (siehe S. 39). Ab * wdh bis zur letzten Masche, 1 M links.
R 3–4: Wie die Reihen 1 und 2.
R 5–6: 2 Reihen glatt rechts: erste Reihe rechte M, zweite Reihe linke M.

Kleines Blattmuster

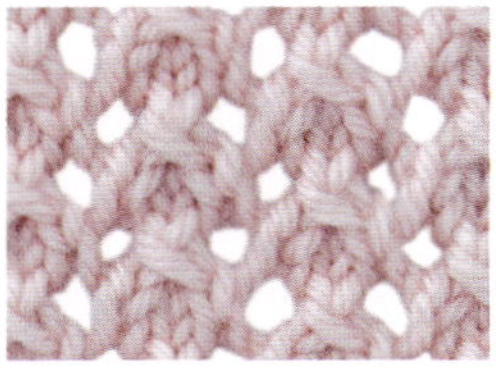

SCHWIERIGKEITSGRAD
Mittel

MUSTERSATZ
6 (+2) Maschen;
4 (+2) Reihen

VERWENDETE MASCHEN
rechte M, linke M, U,
2 M re überz zus-str,
2 M re zus-str

AUSSEHEN
Einseitig

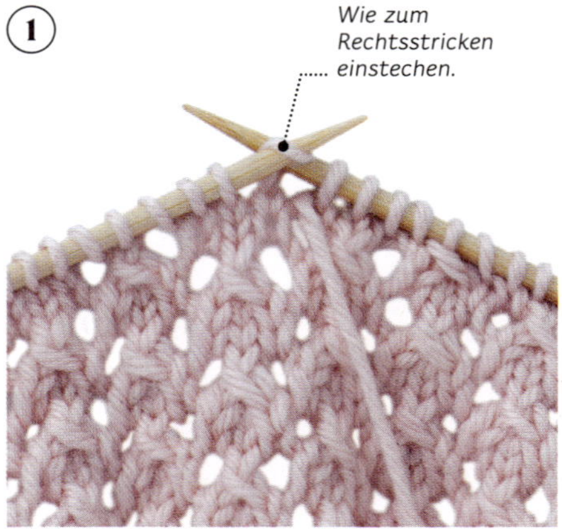

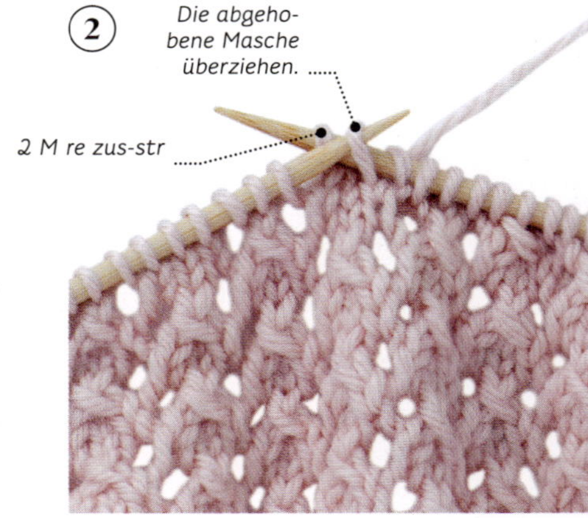

1 **Basisreihen 1–2:** 2 Reihen glatt rechts: *Hinreihe rechts, Rückreihe links.*
R 3: 1 M rechts. *1 Umschlag (siehe S. 42). 3 M re überz zus-str: *1 Masche von der linken Nd abheben, dabei von links nach rechts einstechen wie zum Rechtsstricken. 2 Maschen rechts zus-str (siehe S. 38).*

2 *Die linke Nd von links nach rechts in die abgehobene Masche einstechen und diese über die zusammengestrickte Masche ziehen.*
1 Umschlag. 3 M rechts. Ab * wdh bis zur letzten Masche. 1 M rechts.
R 4: Alle M links stricken.
R 5: 1 M rechts. *3 M rechts. 1 Umschlag. 2 M re überz zus-str. 1 Umschlag, ab * wdh bis zur letzten Masche, 1 M rechts.
R 6: Alle M links stricken.
Nur die Reihen 3–6 fortan wiederholen.

Zählmuster: Kleines Blattmuster

Die beiden Basisreihen werden nur einmal am Anfang gestrickt. Danach werden die Reihen 3–6 wiederholt.

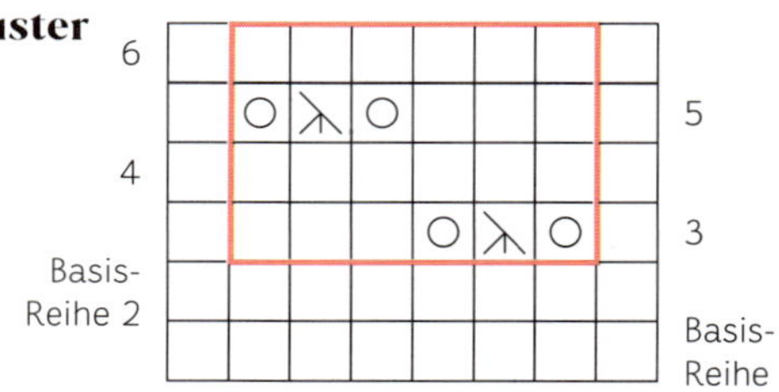

Merinette-Lochmuster

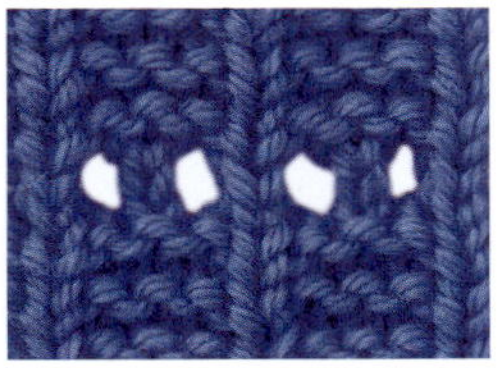

SCHWIERIGKEITSGRAD
Mittel

MUSTERSATZ
4 (+1) Maschen; 10 Reihen

VERWENDETE MASCHEN
rechte M, linke M, U, MDA

AUSSEHEN
Einseitig

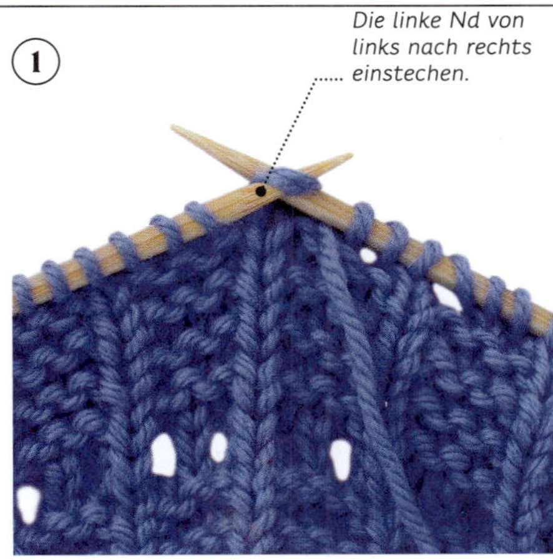

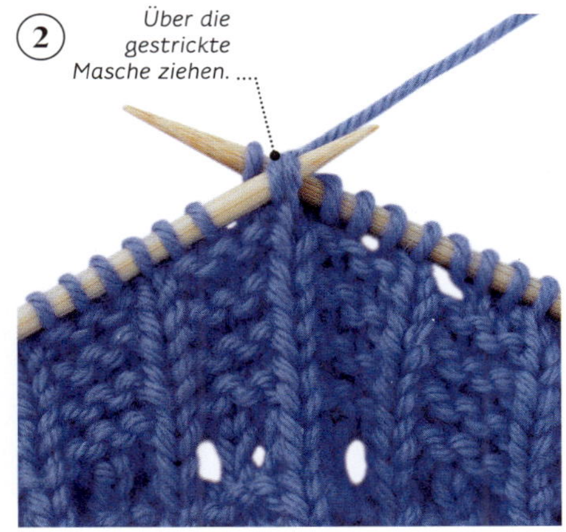

1 **R 1:** 1 M links, *1 M links, 1 M rechts, 2 M links. Ab * wdh bis zum Ende.
R 2: Alle M rechts stricken.
R 3–6: Die Reihen 1 und 2 noch 2× wdh.
R 7: 1 M rechts, *1 Umschlag (siehe S. 42). 1 mittige Doppelabnahme (MDA): *Die rechte Nd von links nach rechts in die 2., dann in die 1. Masche auf der linken Nd einstechen. Beide Maschen abheben. 1 Masche rechts.*

2 *Die linke Nd von links nach rechts in die beiden abgehobenen Maschen einstechen und beide über die soeben gestrickte Masche ziehen.*
1 Umschlag. 1 M rechts.
R 8–10: Reihe 2 einmal wiederholen, dann Reihen 1 und 2 nochmals wiederholen.

Zählmuster: Merinette-Lochmuster

Die senkrechte »Säule« aus rechten Maschen ist in der Mitte des Zählmusters gut zu erkennen. Die Doppelabnahme ist symmetrisch, sodass diese Säule optisch nicht unterbrochen wird.

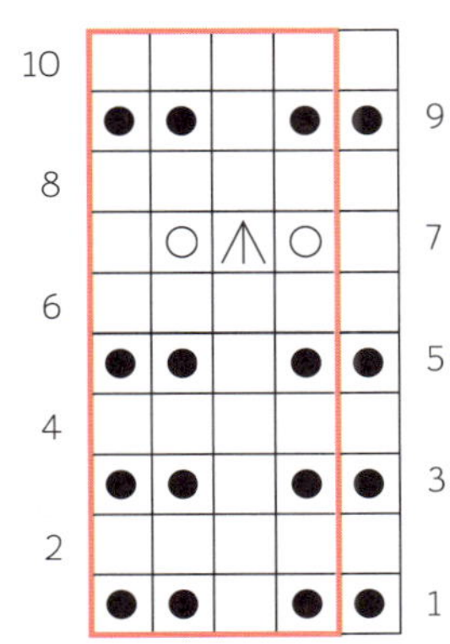

Distelmuster

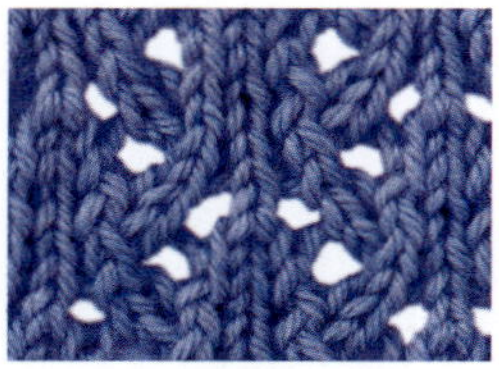

SCHWIERIGKEITSGRAD
Mittel

MUSTERSATZ
8 (+1) Maschen; 8 Reihen

VERWENDETE MASCHEN
rechte M, linke M, U, 2 M re zus-str, 2 M re abgeh zus-str

AUSSEHEN
Einseitig

R 1: 1 M re, *2 M re abgeh zus-str, [1 M re, 1 U] 2×, 1 M re, 2 M re zus-str, 1 M re. Ab * wdh bis zum Ende.
R 2 und alle geraden R: li M str.
R 3: 1 M re, *2 M re abgeh zus-str, 1 U, 3 M re, 1 U, 2 M re zus-str, 1 M re. Ab * wdh bis zum Ende.
R 5: 1 M re, *1 U, 1 M re, 2 M re zus-str, 1 M re, 2 M re abgeh zus-str, 1 M re, 1 U, 1 M re, ab * wdh bis zum Ende.
R 7: 1 M re, *1 M re, 1 U, 2 M re zus-str, 1 M re, 2 M re abgeh zus-str, 1 U, 2 M re. Ab * wdh bis zum Ende.

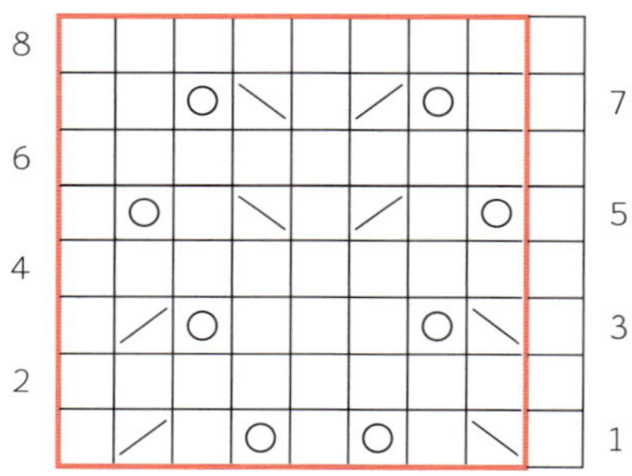

Fächer-Lochmuster

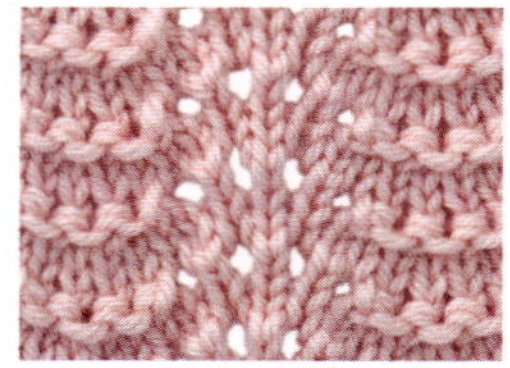

SCHWIERIGKEITSGRAD
Mittel

MUSTERSATZ
11 Maschen; 4 Reihen

VERWENDETE MASCHEN
rechte M, linke M, U, 2 M li zus-str

AUSSEHEN
Einseitig

R 1: re M str.
R 2: li M str.
R 3: 2 M li zus-str 2×, [1 U, 1 M re] 3×, 1 U, 2 M li zus-str 2×.
R 4: li M str.

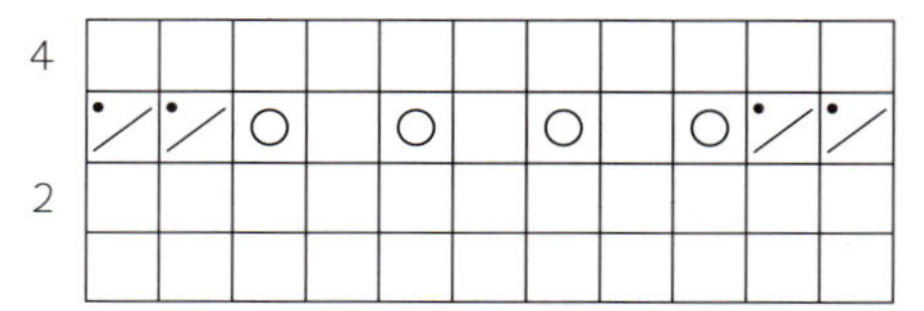

Krauses Zacken-Lochmuster

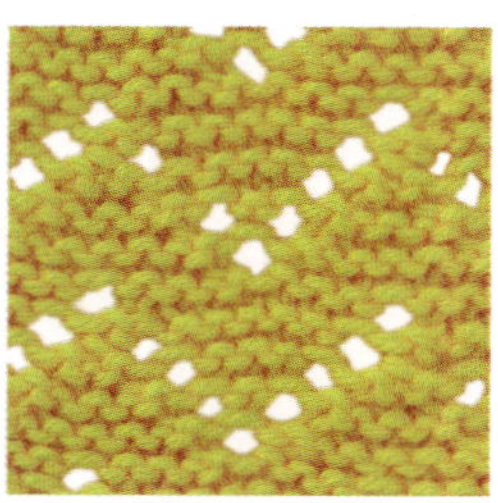

SCHWIERIGKEITSGRAD
Mittel

MUSTERSATZ
8 (+3) Maschen; 10 Reihen

VERWENDETE MASCHEN
rechte M, linke M, U, 2 M re zus-str, 2 M re abgeh zus-str, 3 M re überz zus-str

AUSSEHEN
Einseitig

R 1: 1 M re, *1 U, 2 M re abgeh zus-str, 6 M re. Ab * wdh bis zu den letzten 2 M, 1 U, 2 M re abgeh zus-str.
R 2 und alle geraden R: re M str.
R 3: 1 M re, *1 M re, 1 U, 2 M re abgeh zus-str, 3 M re, 2 M re zus-str, 1 U. Ab * wdh bis zu den letzten 2 M, 2 M re.
R 5: 1 M re, *2 M re, 1 U, 2 M re abgeh zus-str, 1 M re, 2 M re zus-str, 1 U, 1 M re. Ab * wdh bis zu den letzten 2 M, 2 M re.
R 7: 1 M re, *3 M re, 1 U, 3 M re überz zus-str, 1 U, 2 M re. Ab * wdh bis zu den letzten 2 M, 2 M re.
R 9: 1 M re, *3 M re, 2 M re zus-str, 1 U, 3 M re. Ab * wdh bis zu den letzten 2 M, 2 M re.

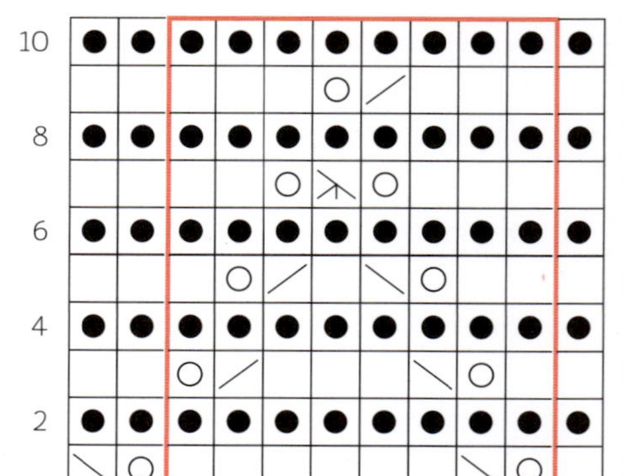

Gitter-Lochmuster

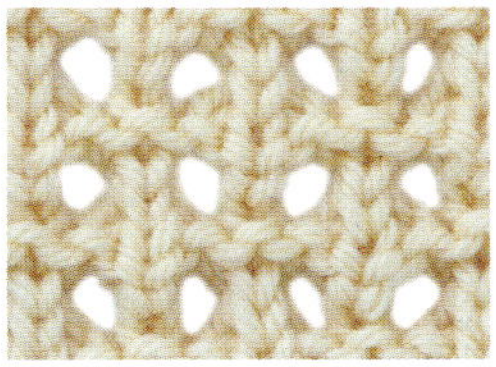

SCHWIERIGKEITSGRAD
Mittel

MUSTERSATZ
4 (+5) Maschen; 8 Reihen

VERWENDETE MASCHEN
rechte M, linke M, U, 2 M re zus-str, 2 M re abgeh zus-str, MDA

AUSSEHEN
Einseitig

R 1: 2 M re, 2 M li, *1 M li, 1 M re, 2 M li. Ab * wdh bis zur letzten M, 1 M re.
R 2 und alle geraden R: li M str.
R 3: 1 M re, 2 M re abgeh zus-str, 1 U, 1 M re, *1 U, MDA, 1 U, 1 M re. Ab * wdh bis zur letzten M, 1 M re.
R 5: 1 M re, 1 M li, *1 M li, 1 M re, 2 M li. Ab * wdh bis zu den letzten 3 M, 1 M li, 2 M re.
R 7: 2 M re, *1 U, MDA, 1 U, 1 M re. Ab * wdh bis zu den letzten 3 M, 1 U, 2 M re zus-str, 1 M re.

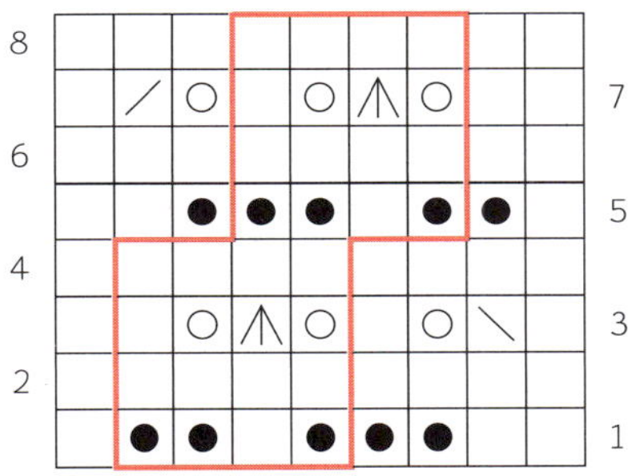

Pfeilspitzenmuster

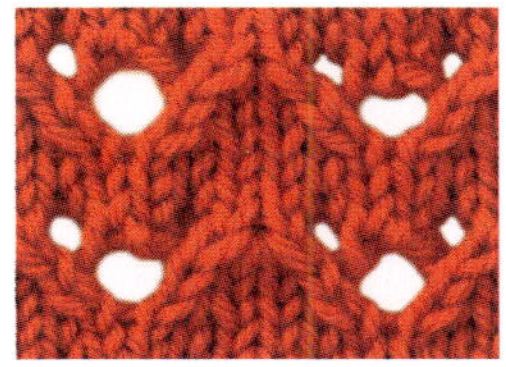

SCHWIERIGKEITSGRAD
Mittel

MUSTERSATZ
6 (+2) Maschen; 6 Reihen

VERWENDETE MASCHEN
rechte M, linke M, U, 2 M re zus-str, 2 M re abgeh zus-str

AUSSEHEN
Einseitig

R 1: 1 M re, *1 M re, 2 M re zus-str, 2 U, 2 M re abgeh zus-str, 1 M re. Ab * wdh bis zur letzten M, 1 M re.
R 2: 1 M li, *3 M li, 1 M re, 2 M li. Ab * wdh bis zur letzten M, 1 M li.
R 3: 1 M re, *2 M re zus-str, 1 U, 2 M re, 1 U, 2 M re abgeh zus-str. Ab * wdh bis zur letzten M, 1 M re.
R 4: li M str.
R 5: re M str.
R 6: li M str.

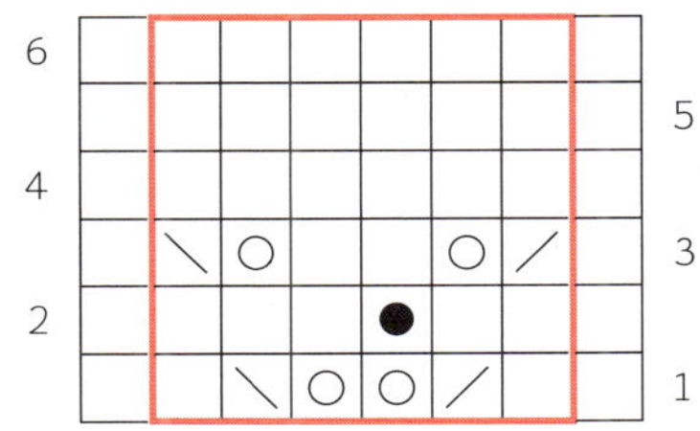

Blattrankenmuster

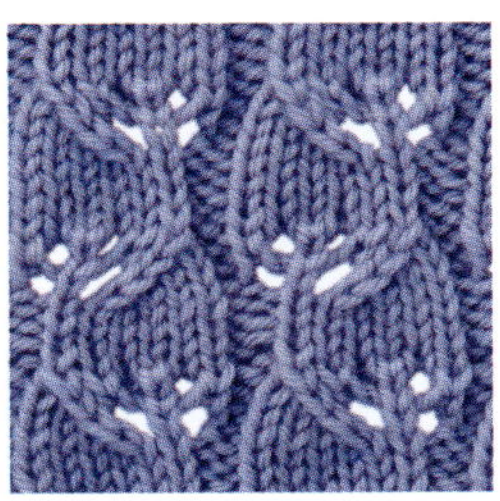

SCHWIERIGKEITSGRAD
Anspruchsvoll

MUSTERSATZ
8 Maschen; 16 Reihen

VERWENDETE MASCHEN
rechte M, linke M, U, 2 M re zus-str, 2 M re abgeh zus-str, 2 M li zus-str, 2 M li abgeh zus-str

AUSSEHEN
Einseitig

R 1: 1 M li, 1 U, 1 M re, 1 U, 2 M re abgeh zus-str, 3 M re, 1 M li (= 1 M zugenommen).
R 2: 1 M re, 2 M li, 2 M li abgeh zus-str, 3 M re, 1 M li (= 1 M abgenommen).
R 3: 1 M li, (1 M re, 1 U) 2×, 1 M re, 2 M re abgeh zus-str, 1 M re, 1 M li (= 1 M zugenommen).
R 4: 1 M re, 2 M li abgeh zus-str, 5 M li, 1 M re (= 1 M abgenommen).
R 5: 1 M li, 6 M re, 1 M li.
R 6: 1 M re, 6 M li, 1 M re.
R 7: Wie Reihe 5.
R 8: Wie Reihe 6.
R 9: 1 M li, 3 M re, 2 M re zus-str, 1 U, 1 M re, 1 U, 1 M li (= 1 M zugenommen).
R 10: 1 M re, 3 M li, 2 M li zus-str, 2 M li, 1 M re (= 1 M abgenommen).
R 11: 1 M li, 1 M re, 2 M re zus-str, (1 M re, 1 U) 2×, 1 M re, 1 M li (= 1 M zugenommen).
R 12: 1 M re, 5 M li, 2 M li zus-str, 1 M re (= 1 M abgenommen).
R 13–16: Wie Reihe 5–8.

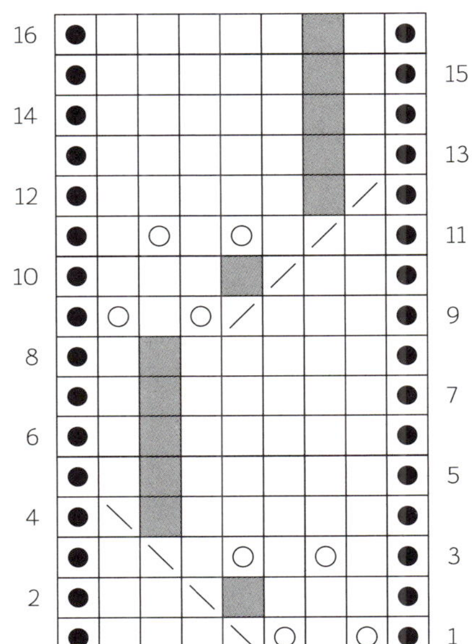

Zopfmuster & Strukturmuster

Verkreuzte Maschen & Zopfmuster

Für Zopfmuster benötigt man eine spezielle Zopfnadel (siehe S. 15), um die Positionen einiger Maschen vertauschen zu können. Auf diese Weise entstehen attraktive verschlungene Maschenmuster mit einem Reliefeffekt. Einzeln verkreuzte Maschen sind im Grunde sehr schmale Zöpfe. Eine Zopfnadel ist hierfür nicht unbedingt notwendig. Wer möchte, kann trotzdem eine Hilfsnadel verwenden.

Verkreuzte Maschen und Zopfmuster werden nur mit einfachen Grundmaschen gestrickt, allerdings erfordert die Arbeit mit der Zopfnadel etwas Übung und Geschick. Für Einsteiger empfehlen sich Muster, in denen nur hier und da Zopfelemente vorkommen, zum Beispiel der Schattenzopf (siehe S. 132). Muster mit Zöpfen oder verkreuzten Maschen sind dicht und fest, darum eignen sie sich gut für warme Winterkleidung. Auf den Aran-Inseln vor Irland werden traditionell dicke Fischerpullover mit kunstvoll verschlungenen Zopfmustern gestrickt.

Verkreuzung nach links

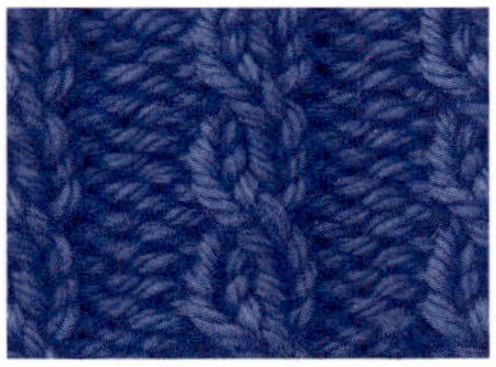

SCHWIERIGKEITSGRAD
Mittel

MUSTERSATZ
4 Maschen; 4 Reihen

VERWENDETE MASCHEN
rechte M, linke M, 1/1 l-vkr

AUSSEHEN
Einseitig

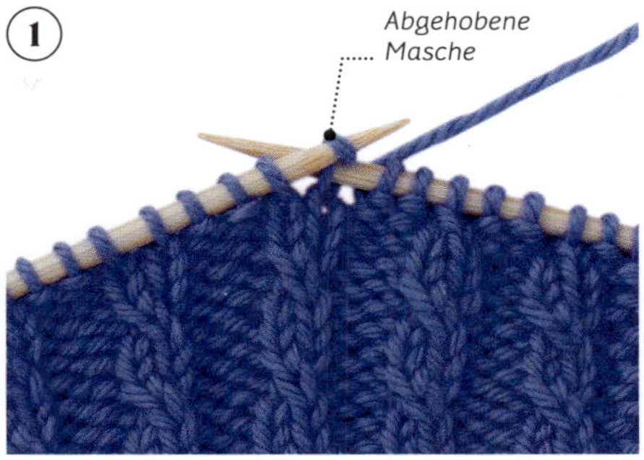

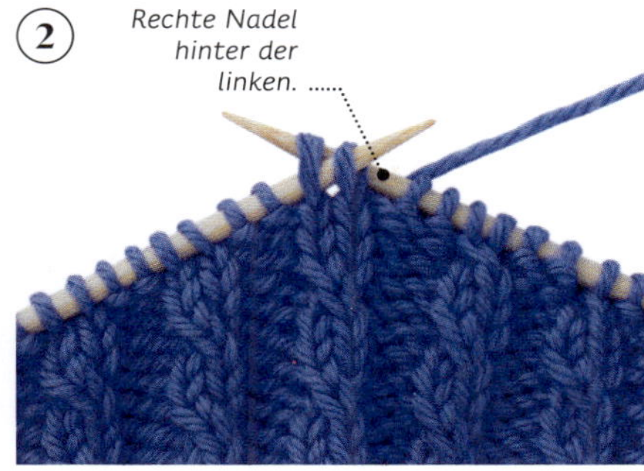

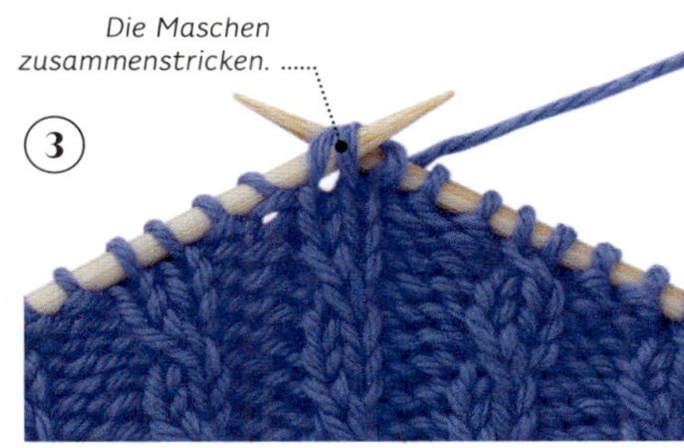

1 **R 1:** 1 M links, 2 M rechts, 1 M links.
R 2: 1 M rechts, 2 M links, 1 M rechts.
R 3: 1 M links. Den Faden nach hinten legen. 1 Verkreuzung nach links: *2 Maschen nacheinander von der linken Nd abheben, dabei von links nach rechts einstechen. Die linke Nd von links nach rechts in die abgehobenen M einstechen und beide wieder auf die linke Nd legen.*

2 *Die rechte Nd von rechts nach links in die 2. M auf der linken Nd einstechen und diese rechts stricken, aber nicht von der linken Nd nehmen.*

3 *Die rechte Nd von rechts nach links in die 1. M auf der linken Nd einstechen, dann in die 2., und beide Maschen zusammenstricken. Von der linken Nd nehmen.* 1 M links.
R 4: Wie Reihe 2.

Zählmuster: Verkreuzung nach links

Das Symbol in Reihe 3 zeigt die Verkreuzung. Die rechte Masche wird über die linke gekreuzt. Das Symbol umfasst beide Maschen, die von der Verkreuzung betroffen sind.

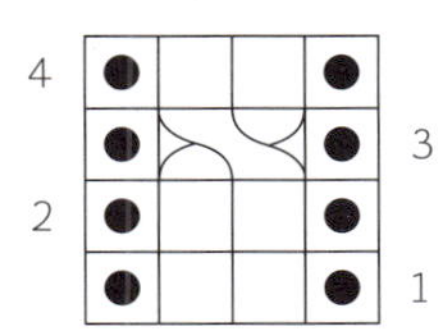

Verkreuzung nach rechts

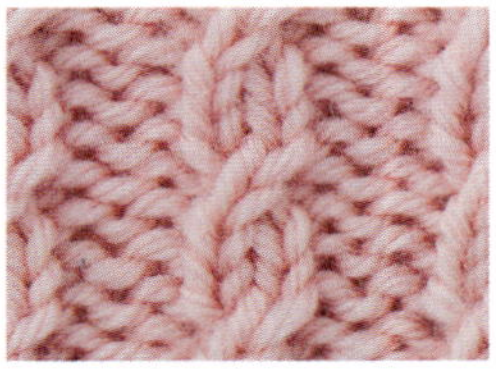

SCHWIERIGKEITSGRAD
Mittel

MUSTERSATZ
4 Maschen; 4 Reihen

VERWENDETE MASCHEN
rechte M, linke M, 1/1 r-vkr

AUSSEHEN
Einseitig

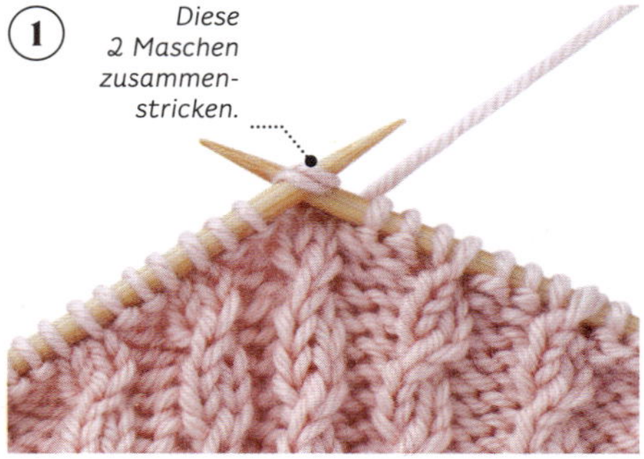

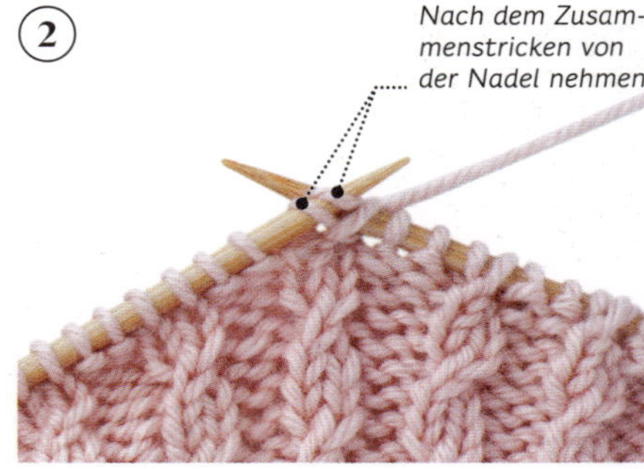

1 **R 1:** 1 M links, 2 M rechts, 1 M links.
R 2: 1 M rechts, 2 M links, 1 M rechts.
R 3: 1 M links. Den Faden nach hinten legen. Rechts verkreuzen (1/1 r-vkr): *Die rechte Nd von links nach rechts in die 2., dann in die 1. Masche auf der linken Nd einstechen und beide zusammenstricken. Nicht von der linken Nd nehmen.*

2 *Die rechte Nd von links nach rechts nur in die 1. Masche einstechen und diese rechts stricken. Dann die M von der Nd nehmen.* 1 M links.
R 4: Wie Reihe 2.

Gedrehtes Leitermuster

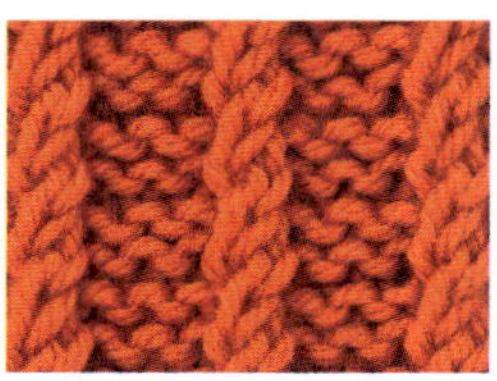

SCHWIERIGKEITSGRAD
Mittel

MUSTERSATZ
5 (+3) Maschen; 4 Reihen

VERWENDETE MASCHEN
rechte M, linke M, 1/1 r-vkr, abh Fh, abh Fv

AUSSEHEN
Einseitig

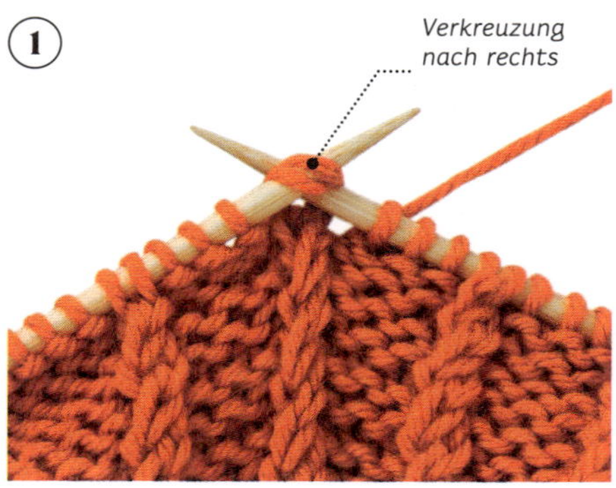

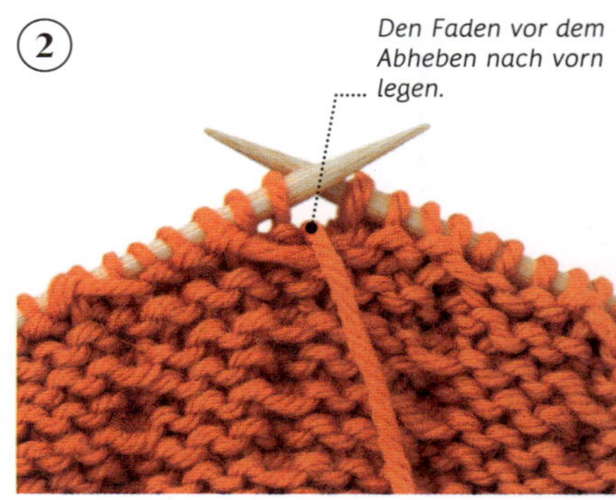

1 **R 1:** 3 M rechts, *2 M rechts verkreuzen (1/1 r-vkr): *Die rechte Nd von links nach rechts in die 2., dann in die 1. Masche auf der linken Nd einstechen und beide zusammenstricken. Nicht von der linken Nd nehmen. Die rechte Nd von links nach rechts nur in die 1. Masche einstechen und diese rechts stricken. Dann die M von der Nd nehmen.* 3 M rechts. Ab * wdh bis zum Ende.
R 2: *3 M rechts, 2 M links. Ab * wdh bis zu den letzten 3 Maschen, 3 M rechts.

R 3: 3 M rechts, *2 M abh Fh (siehe S. 45), 3 M rechts. Ab * wdh bis zum Ende.
R 4: *3 M rechts. Den Faden zwischen den Nd nach vorn legen. 2 M abheben. Den Faden zwischen den Nd nach hinten legen. Ab * wdh bis zu den letzten 3 Maschen, 3 M rechts.

Zopf nach rechts

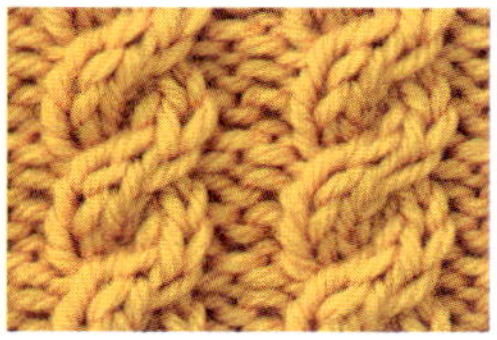

SCHWIERIGKEITSGRAD
Mittel

MUSTERSATZ
6 Maschen; 4 Reihen

VERWENDETE MASCHEN
rechte M, linke M, Z2/2-R

AUSSEHEN
Einseitig

MATERIALIEN
Zopfnadel

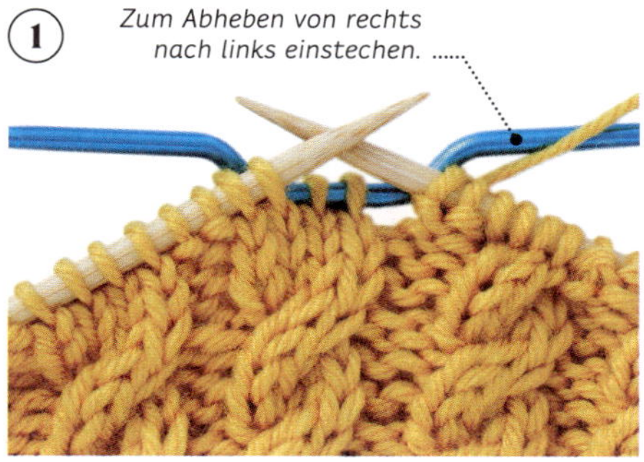

1 **R 1:** 1 M links, 4 M rechts, 1 M links.
R 2: 1 M rechts, 4 M links, 1 M rechts.
R 3: 1 M links, Z2/2-R: *Die nächsten beiden Maschen wie zum Linksstricken auf eine Zopfnadel nehmen und hinter die Arbeit legen.*

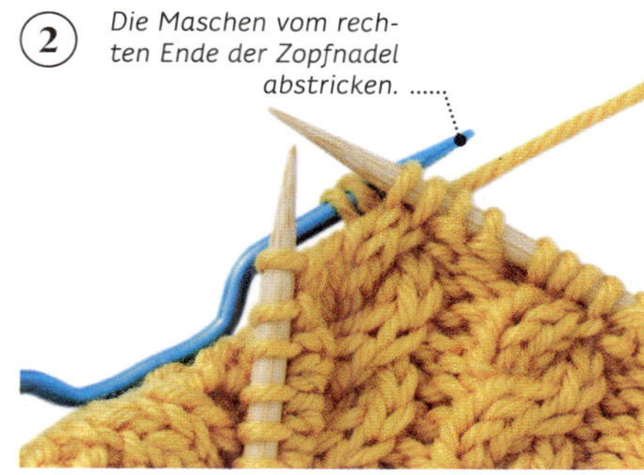

2 *Die nächsten 2 Maschen von der linken Nd rechts stricken, dann die beiden Maschen von der Zopfnadel rechts stricken.* 1 M links.
R 4: Wie Reihe 2.

Zopf nach links

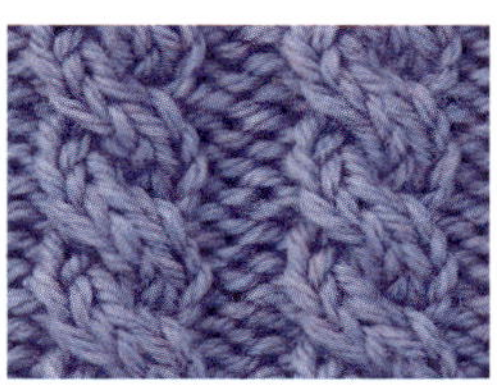

SCHWIERIGKEITSGRAD
Mittel

MUSTERSATZ
6 Maschen; 4 Reihen

VERWENDETE MASCHEN
rechte M, linke M, Z2/2-L

AUSSEHEN
Einseitig

MATERIALIEN
Zopfnadel

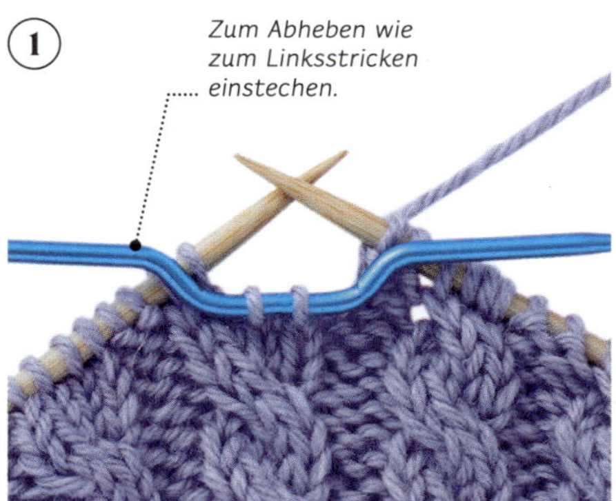

1 **R 1:** 1 M links, 4 M rechts, 1 M links.
R 2: 1 M rechts, 4 M links, 1 M rechts.
R 3: 1 M links, Z2/2-R: *Die nächsten beiden Maschen wie zum Linksstricken auf eine Zopfnadel nehmen und vor die Arbeit legen.*

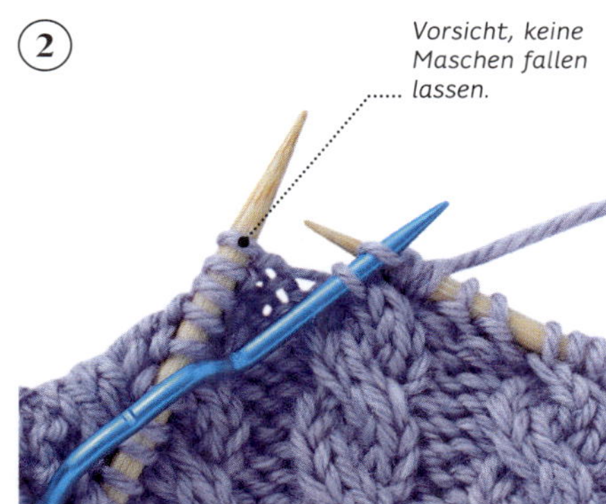

2 *Die nächsten 2 Maschen von der linken Nd rechts stricken, dann die beiden Maschen von der Zopfnadel rechts stricken.* 1 M links.
R 4: Wie Reihe 2.

Zählmuster: Zopf nach links

Das Symbol Z2/2-L in Reihe 3 umfasst 4 Maschen. Die beiden ersten Maschen tauschen ihre Position mit den beiden folgenden.

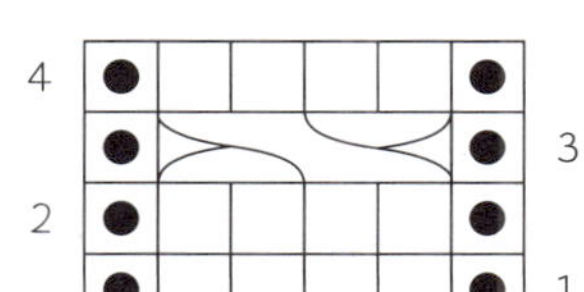

Zickzackrippen

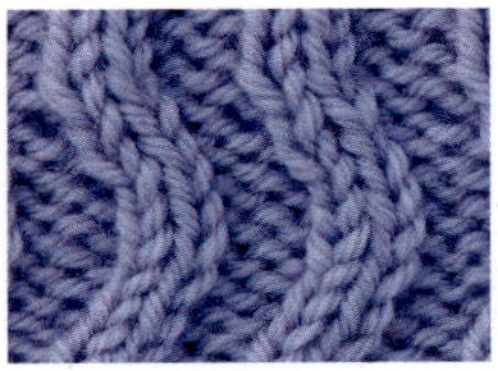

SCHWIERIGKEITSGRAD
Anspruchsvoll

MUSTERSATZ
5 (+1) M; 12 Reihen

VERWENDETE MASCHEN
rechte M, linke M, 2/1 l-vkr, 2/1 r-vkr

AUSSEHEN
Einseitig

MATERIALIEN
Zopfnadel

1

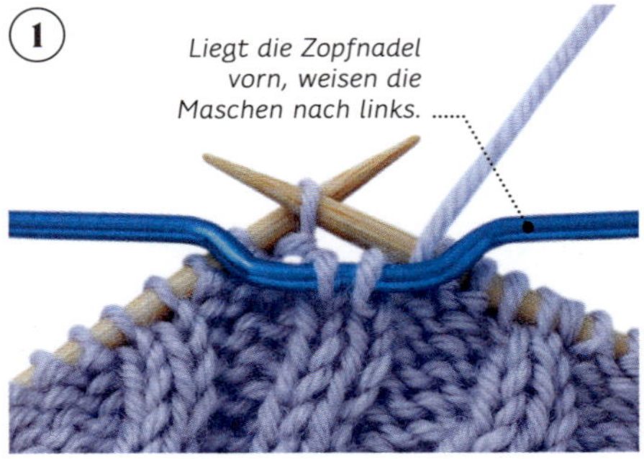

2

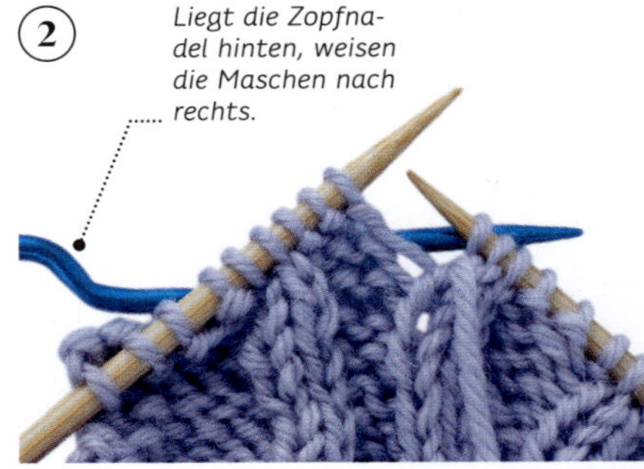

1 **R 1:** 1 M links, *2 M rechts, 3 M links. Ab * wdh bis zum Ende. **R 2:** *3 M rechts, 2 M links. Ab * wdh bis zur letzten Masche, 1 M rechts. **R 3:** 1 M links, *2 Maschen über 1 nach links verkreuzen (2/1 l-vkr): *Die nächsten beiden Maschen nacheinander wie zum Linksstricken auf die Zopfnadel abheben. Die Zopfnadel vor die Arbeit legen. Die nächste M von der linken Nd links stricken. Die beiden M von der Zopfnadel rechts stricken.* 2 M links. Ab * wdh bis Ende.
R 4: *2 M rechts, 2 M links, 1 M rechts. Ab * wdh bis zur letzten Masche, 1 M rechts.
R 5: 1 M links, *1 M links, 2/1 l-vkr, 1 M links. Ab * wdh bis zum Ende.
R 6: 1 M rechts, 2 M links, 2 M rechts. Ab * wdh bis zur letzten Masche, 1 M rechts.
R 7: 1 M links, *2 M links, 2 M rechts, 1 M links. Ab * wdh bis zum Ende. **R 8:** Wie Reihe 6.

2 **R 9:** 1 M links, *1 M links, 2 Maschen über 1 nach rechts verkreuzen (2/1 r-vkr): *Die nächste Masche wie zum Linksstricken auf die Zopfnadel abheben und hinter die Arbeit legen. Die nächsten beiden Maschen von der linken Nd rechts stricken, dann die M von der Zopfnadel rechts stricken.* 1 M links. Ab * wdh bis zum Ende.
R 10: Wie Reihe 4. **R 11:** 1 M links, *2/1 r-vkr, 2 M links. Ab * wdh bis zum Ende.
R 12: Wie Reihe 2.

Großes Hufeisenmuster

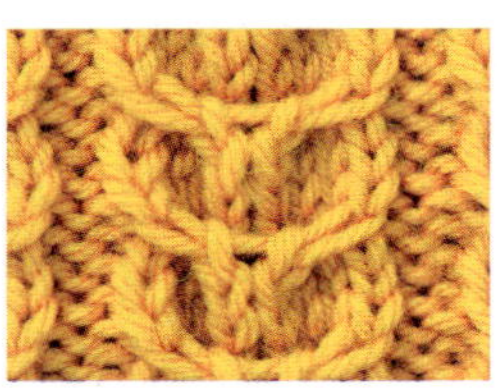

SCHWIERIGKEITSGRAD
Mittel

MUSTERSATZ
10 Maschen; 4 Reihen

VERWENDETE MASCHEN
rechte M, linke M, Z1/3-R, Z1/3-L

AUSSEHEN
Einseitig

MATERIALIEN
Zopfnadel

1

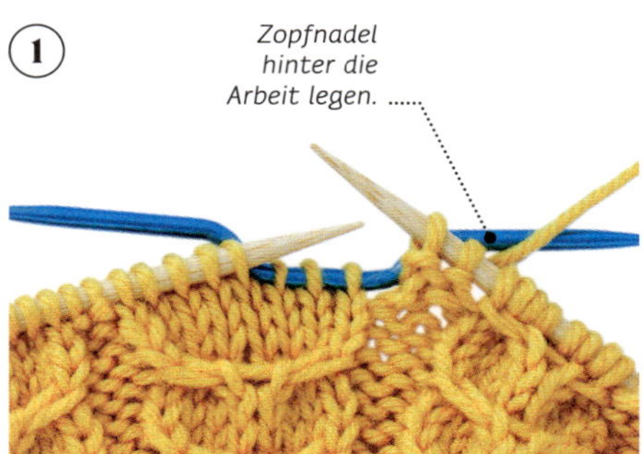

2

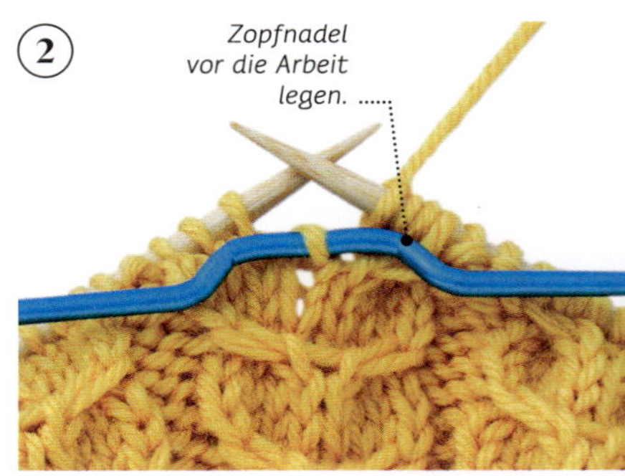

1 **R 1:** 1 M links, 8 M rechts, 1 M links.
R 2: 1 M rechts, 8 M links, 1 M rechts.
R 3: 1 M links, die nächsten 3 M wie zum Linksstricken auf die Zopfnadel nehmen und hinter die Arbeit legen. 1 M rechts von der linken Nd, dann die 3 M von der Zopfnadel rechts stricken.

2 Die nächste M wie zum Linksstricken auf die Zopfnadel nehmen und vor die Arbeit legen. 3 M rechts von der linken Nd, dann die M von der Zopfnadel rechts stricken. 1 M links.
R 4: Wie Reihe 2.

Gekreuzte Rippen

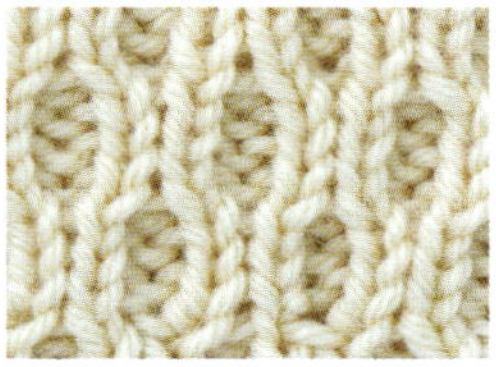

SCHWIERIGKEITSGRAD
Mittel

MUSTERSATZ
4 (+2) Maschen; 8 Reihen

VERWENDETE MASCHEN
rechte M, linke M, Z1/1li-R, Z1li/1-L

AUSSEHEN
Wendbar

MATERIALIEN
Zopfnadel

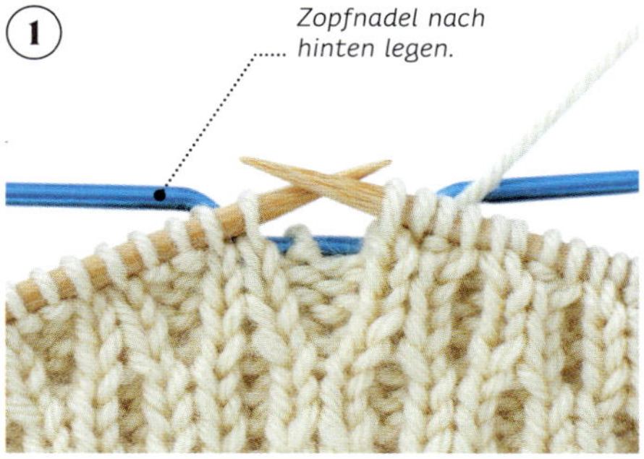

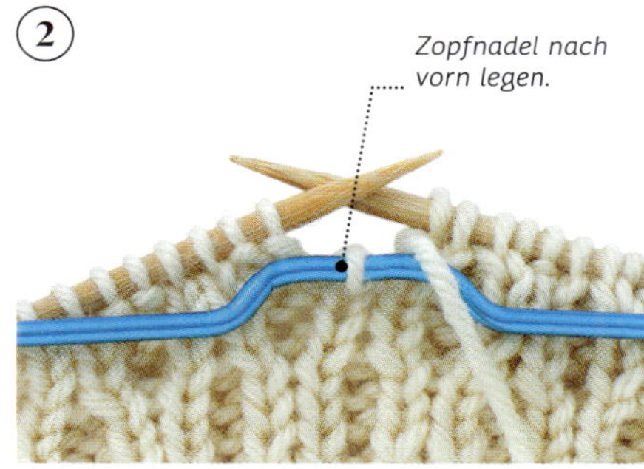

1 **R 1:** 1 M links, *1 M links, 2 M rechts. 1 M links. Ab * wdh bis zur letzten Masche, 1 M links.
R 2: 1 M rechts, *1 M rechts, 2 M links. 1 M rechts. Ab * wdh bis zur letzten Masche, 1 M rechts.
R 3: 1 M links. *Z1/1li-R: *Die nächste Masche auf die Zopfnadel abheben, dabei von rechts nach links einstechen. Die Zopfnadel hinter die Arbeit legen. Die nächste M von der linken Nd rechts stricken. Die M von der Zopfnadel links stricken.*

2 Z1li/1-L: *Die nächste Masche auf die Zopfnadel abheben, dabei von rechts nach links einstechen. Die Zopfnadel vor die Arbeit legen. Die nächste M von der linken Nd links stricken. Die M von der Zopfnadel rechts stricken.* Ab * wdh bis zur letzten Masche, 1 M links.
R 4: 1 M rechts, *1 M links, 2 M rechts, 1 M links. Ab * wdh bis zur letzten Masche, 1 M rechts.
R 5: 1 M links, *1 M rechts, 2 M links, 1 M rechts. Ab * wdh bis zur letzten Masche, 1 M links.
R 6: Wie Reihe 4.
R 7: 1 M links, *Z1li/1-L, Z1/1li-R. Ab * wdh bis zur letzten Masche, 1 M links.
R 8: Wie Reihe 2.

Zählmuster: Gekreuzte Rippen

Bei diesem Muster werden 1 linke und 1 rechte Masche miteinander verkreuzt. Im Zählmuster ist dies durch die kleinen Punkte im Hintergrund des Zopfsymbols zu erkennen. Die jeweils rechte Masche verläuft schräg vor dem Hintergrund aus linker Masche.

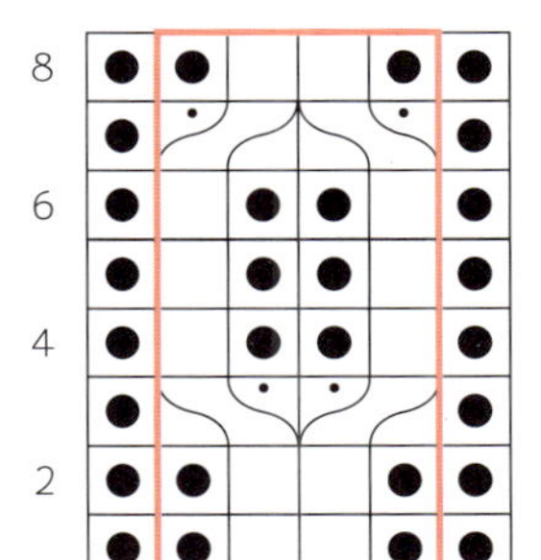

Kleines Wabenmuster

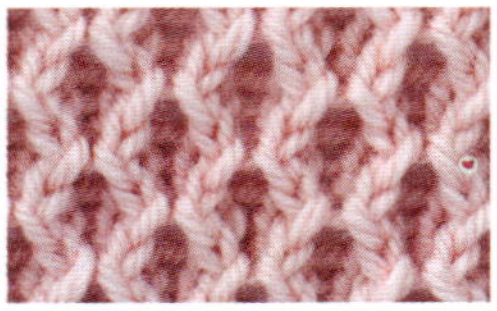

R 1: 1/1 r-vkr, 1/1 l-vkr.
R 2: li M str.
R 3: 1/1 l-vkr, 1/1 r-vkr.
R 4: li M str.

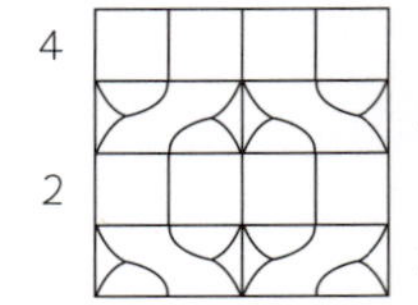

SCHWIERIGKEITSGRAD
Einfach

MUSTERSATZ
4 Maschen; 4 Reihen

VERWENDETE MASCHEN
linke M, 1/1 l-vkr, 1/1 r-vkr

AUSSEHEN
Einseitig

Blitzmuster

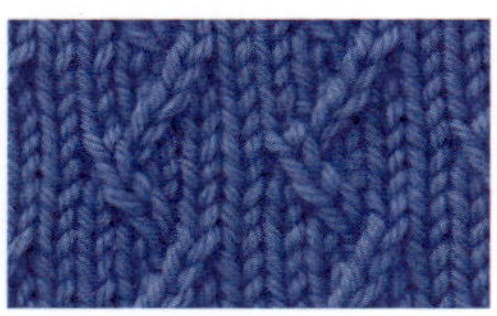

R 1: 1 M re, *1 M re, 1/1 r-vkr, 2 M re. Ab * wdh bis zum Ende.
R 2: li M str.
R 3: 1 M re, *1/1 r-vkr, 3 M re, ab * wdh bis zum Ende.
R 4: li M str.
R 5: 1 M re, *1 M re, 1/1 l-vkr, 2 M re. Ab * wdh bis zum Ende.
R 6: li M str.
R 7: 1 M re, *2 M re, 1/1 l-vkr, 1 M re. Ab * wdh bis zum Ende.
R 8: li M str.

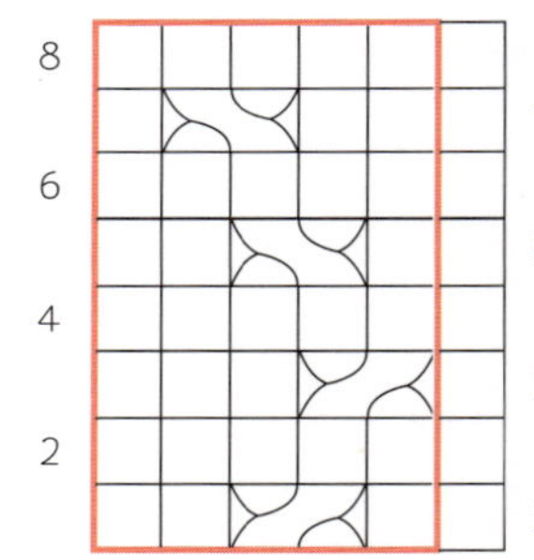

SCHWIERIGKEITSGRAD
Mittel

MUSTERSATZ
5 (+1) Maschen; 8 Reihen

VERWENDETE MASCHEN
rechte M, linke M, 1/1 l-vkr, 1/1 r-vkr

AUSSEHEN
Einseitig

Dreierzopf

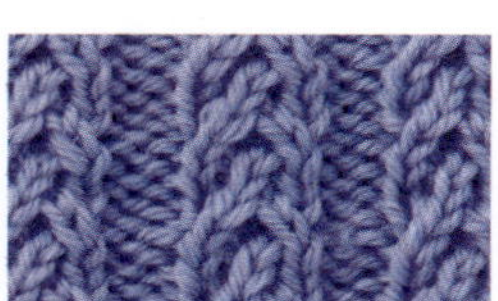

R 1: 1 M li, 1/1 l-vkr, 1/1 r-vkr, 1 M li.
R 2: 1 M re, 4 M li, 1 M re.
R 3: 1 M li, 1 M re, 1/1 r-vkr, 1 M re, 1 M li.
R 4: Wie Reihe 2.

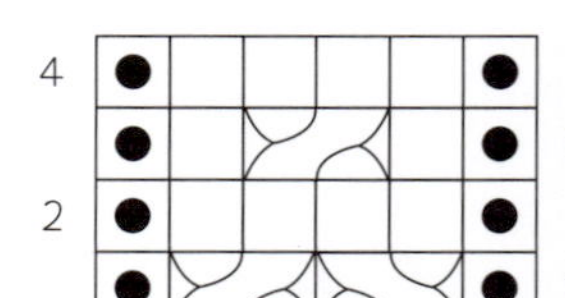

SCHWIERIGKEITSGRAD
Mittel

MUSTERSATZ
6 Maschen; 4 Reihen

VERWENDETE MASCHEN
rechte M, linke M, 1/1 l-vkr, 1/1 r-vkr

AUSSEHEN
Einseitig

Kettenzopf

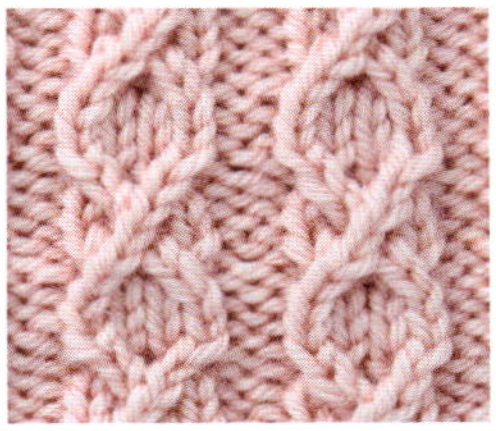

SCHWIERIGKEITSGRAD
Mittel

MUSTERSATZ
6 Maschen; 8 Reihen

VERWENDETE MASCHEN
rechte M, linke M,
1/1 l-vkr, 1/1 r-vkr

AUSSEHEN
Einseitig

R 1: 1 M li, 1 M re, 1/1 r-vkr, 1 M re, 1 M li.
R 2: 1 M re, 4 M li, 1 M re.
R 3: 1 M li, 1/1 r-vkr, 1/1 l-vkr, 1 M li.
R 4: Wie Reihe 2.
R 5: 1 M li, 4 M re, 1 M li.
R 6: Wie Reihe 2.
R 7: 1 M li, 1/1 l-vkr, 1/1 r-vkr, 1 M li.
R 8: Wie Reihe 2.

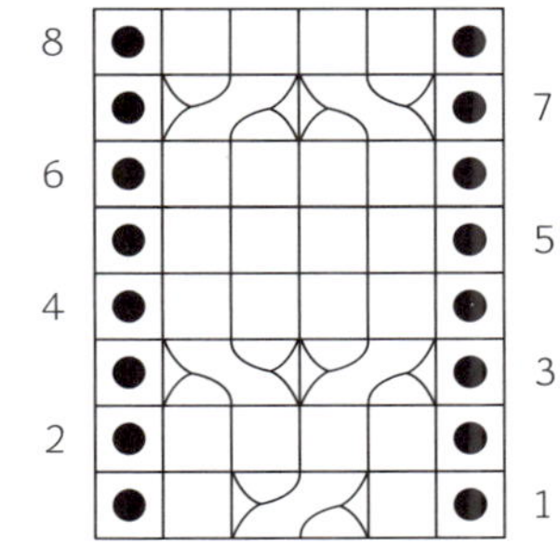

Wabenrippen

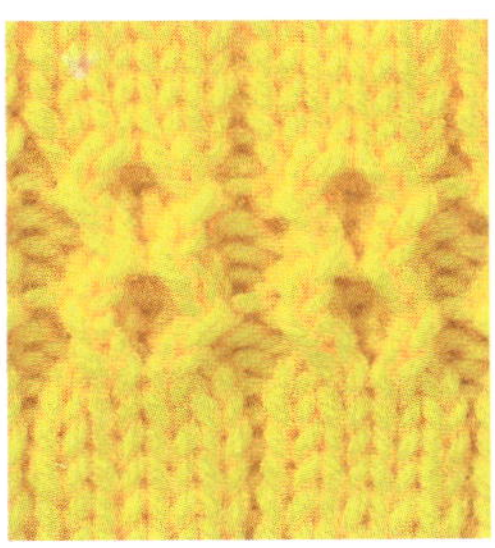

SCHWIERIGKEITSGRAD
Mittel

MUSTERSATZ
5 (+1) Maschen; 16 Reihen

VERWENDETE MASCHEN
rechte M, linke M,
1/1 l-vkr, 1/1 r-vkr

AUSSEHEN
Einseitig

R 1: 1 M li, *4 M re, 1 M li, ab * wdh bis zum Ende.
R 2: *1 M re, 4 M li, ab * wdh bis zur letzten M, 1 M re.
R 3: Wie Reihe 1.
R 4: Wie Reihe 2.
R 5: Wie Reihe 1.
R 6: Wie Reihe 2.
R 7: 1 M li, *1/1 r-vkr, 1/1 l-vkr, 1 M li. Ab * wdh bis zum Ende.
R 8: Wie Reihe 2.
R 9: 1 M li, *1/1 l-vkr, 1/1 r-vkr, 1 M li. Ab * wdh bis zum Ende.
R 10: Wie Reihe 2.
R 11: Wie Reihe 7.
R 12: Wie Reihe 2.
R 13: Wie Reihe 9.
R 14: Wie Reihe 2.
R 15: Wie Reihe 1.
R 16: Wie Reihe 2.

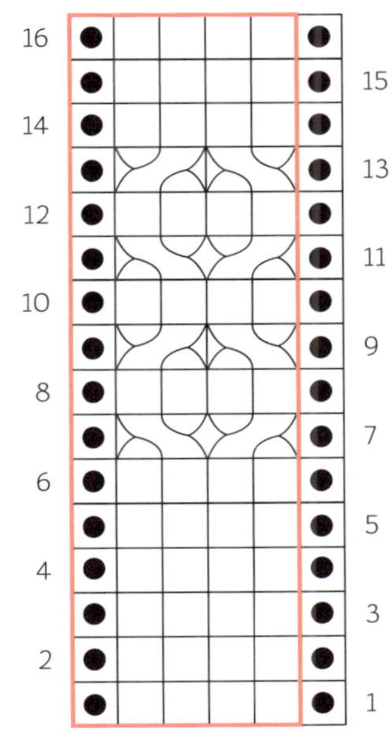

Großes Wabenmuster

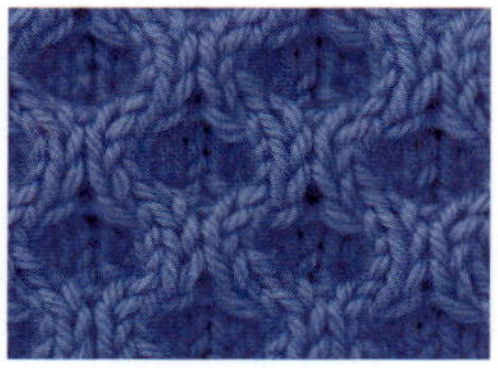

SCHWIERIGKEITSGRAD
Mittel

MUSTERSATZ
8 Maschen; 8 Reihen

VERWENDETE MASCHEN
rechte M, linke M, Z2/2-L, Z2/2-R

AUSSEHEN
Einseitig

R 1: Z2/2-R, Z2/2-L.
R 2: li M str.
R 3: re M str.
R 4: Wie Reihe 2.
R 5: Z2/2-L, Z2/2-R.
R 6: Wie Reihe 2.
R 7: Wie Reihe 3.
R 8: Wie Reihe 2.

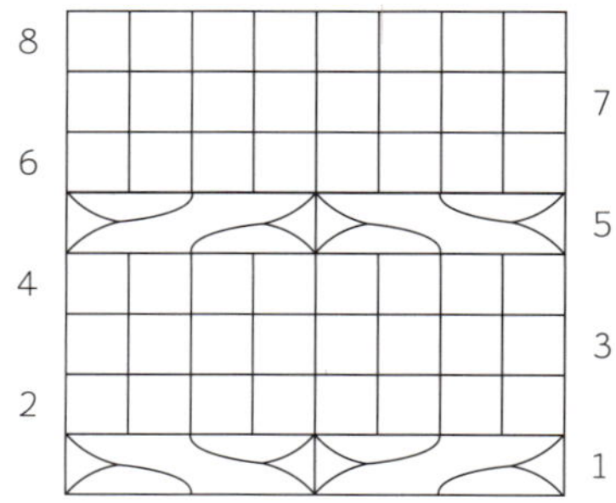

Schattenzopf

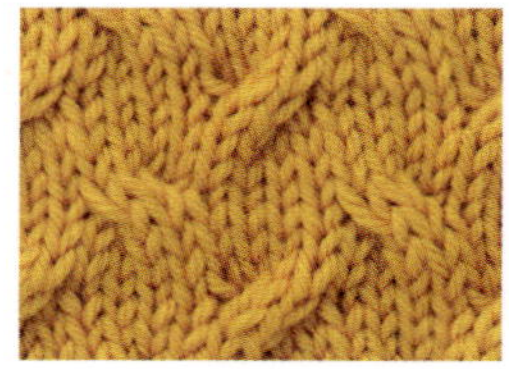

SCHWIERIGKEITSGRAD
Mittel

MUSTERSATZ
8 Maschen; 8 Reihen

VERWENDETE MASCHEN
rechte M, linke M, Z2/2-L, Z2/2-R

AUSSEHEN
Einseitig

R 1: re M str.
R 2: li M str.
R 3: Z2/2-L, 4 M re.
R 4: Wie Reihe 2.
R 5: Wie Reihe 1.
R 6: Wie Reihe 2.
R 7: 4 M re, Z2/2-R.
R 8: Wie Reihe 2.

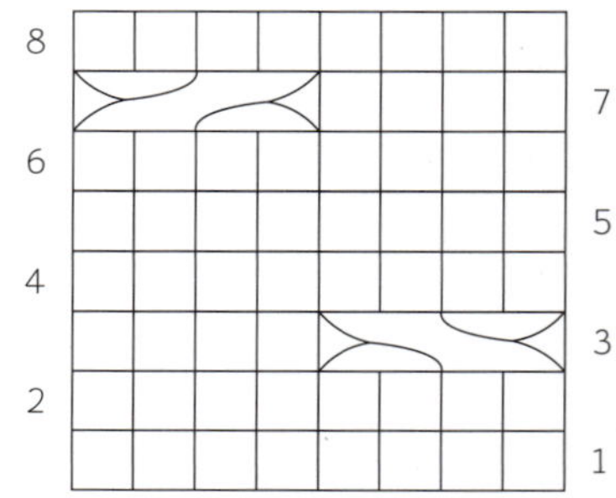

Kleiner Hufeisenzopf

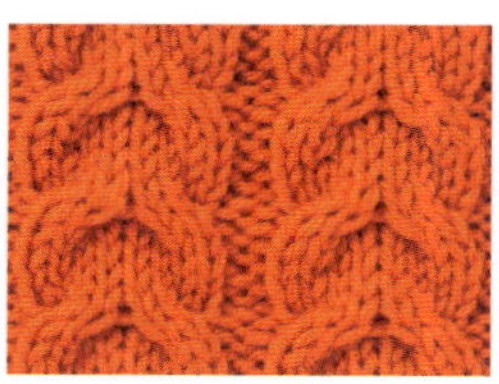

SCHWIERIGKEITSGRAD
Mittel

MUSTERSATZ
10 Maschen; 6 Reihen

VERWENDETE MASCHEN
rechte M, linke M, Z2/2-L, Z2/2-R

AUSSEHEN
Einseitig

R 1: 1 M li, 8 M re, 1 M li.
R 2: 1 M re, 8 M li, 1 M re.
R 3: 1 M li, Z2/2-L, Z2/2-R, 1 M li.
R 4: Wie Reihe 2.
R 5: Wie Reihe 1.
R 6: Wie Reihe 2.

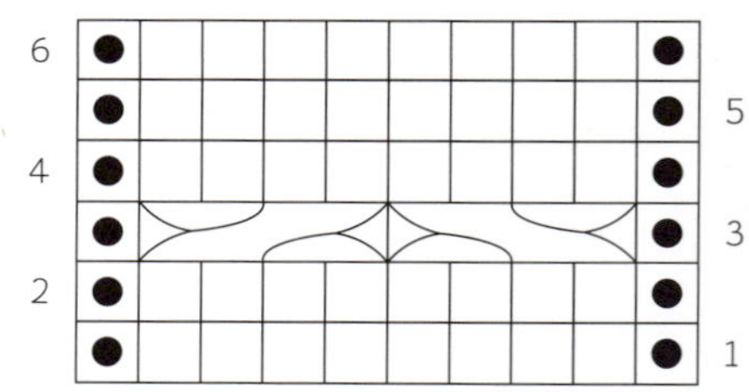

Breiter Zopf auf krausem Grund

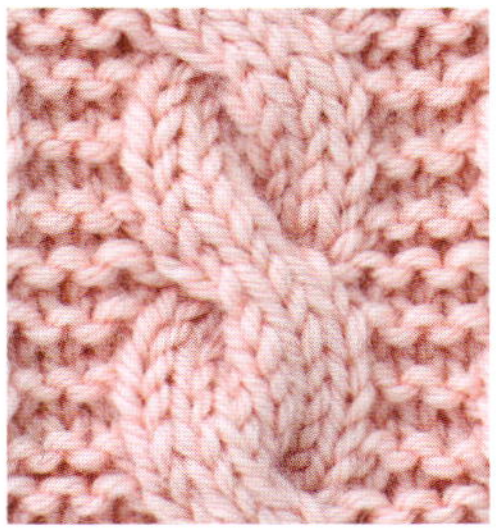

SCHWIERIGKEITSGRAD
Mittel

MUSTERSATZ
9 (+1) Maschen; 8 Reihen

VERWENDETE MASCHEN
rechte M, linke M, Z3/3-L

AUSSEHEN
Einseitig

R 1: re M str.
R 2: *2 M re, 6 M li, 1 M re, ab * wdh bis zur letzten M, 1 M re.
R 3: 1 M re, *1 M re, Z3/3-L: *Die nächsten 3 Maschen wie zum Linksstricken auf die Zopfnadel abheben und vor die Arbeit legen. 3 M re, dann 3 M re von der Zopfnadel.* 2 M re. Ab * wdh bis zum Ende.
R 4: Wie Reihe 2.
R 5: Wie Reihe 1.
R 6: Wie Reihe 2.
R 7: Wie Reihe 1.
R 8: Wie Reihe 2.

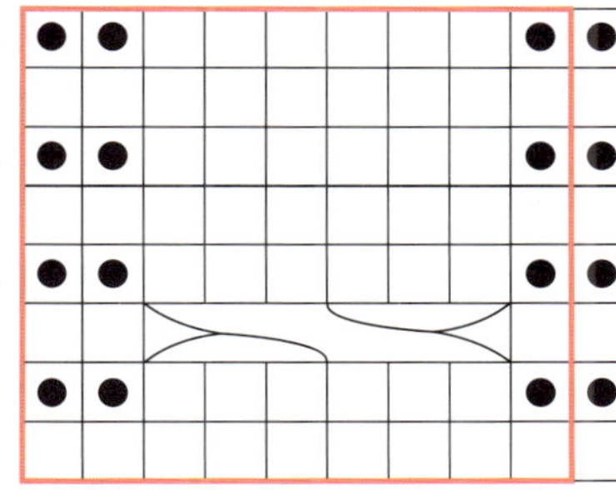

Wellenzopf

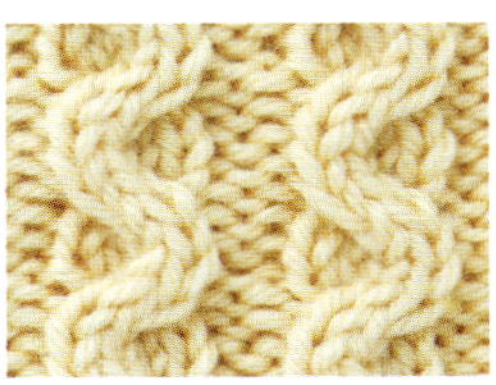

SCHWIERIGKEITSGRAD
Mittel

MUSTERSATZ
6 Maschen; 8 Reihen

VERWENDETE MASCHEN
rechte M, linke M, Z2/2-L, Z2/2-R

AUSSEHEN
Einseitig

R 1: 1 M li, 4 M re, 1 M li.
R 2: 1 M re, 4 M li, 1 M re.
R 3: 1 M li, Z2/2-R, 1 M li.
R 4: Wie Reihe 2.
R 5: Wie Reihe 1.
R 6: Wie Reihe 2.
R 7: 1 M li, Z2/2-L, 1 M li.
R 8: Wie Reihe 2.

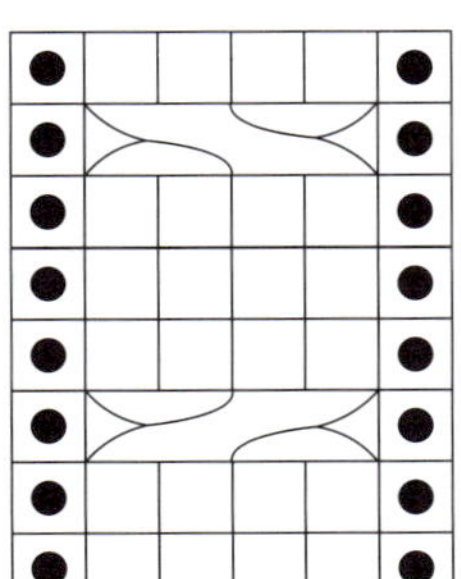

Zopfgeflecht

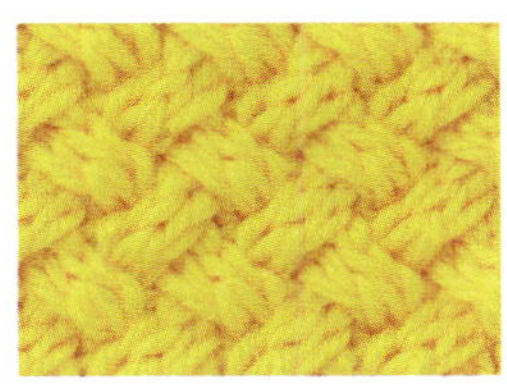

SCHWIERIGKEITSGRAD
Mittel

MUSTERSATZ
4 (+2) Maschen; 4 Reihen

VERWENDETE MASCHEN
rechte M, linke M, Z2/2-L, Z2/2-R

AUSSEHEN
Einseitig

R 1: *Z2/2-L. Ab * wdh bis zu den letzten 2 M, 2 M re.
R 2: li M str.
R 3: 2 M re, *Z2/2-R. Ab * wdh bis zum Ende.
R 4: li M str.

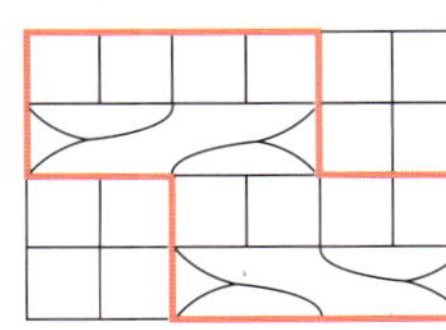

Markante Strukturen

Die Muster in diesem Kapitel heben sich reliefartig von ihrem Untergrund ab und fallen deutlich ins Auge. Jedes wird auf seine ganz eigene Weise gestrickt, darum eignen sich diese Muster eher für Geübte.

Weil für diese Strukturmuster mehr Garn benötigt wird als für glatt rechts, und weil das Stricken länger dauert, werden sie meist nur locker eingestreut und selten für eine größere Fläche verwendet. Die plastischen Popcornmaschen und Noppen beispielsweise (siehe S. 135–136) können sehr gut mit Zopfmustern kombiniert werden. Schlaufen (siehe S. 137) nehmen viel Zeit (und Garn) in Anspruch, darum verwendet man sie meist nur für kleine Bereiche, etwa für die Mähne eines gestrickten Spielzeuglöwen oder als Bordüre.

Popcornmaschen

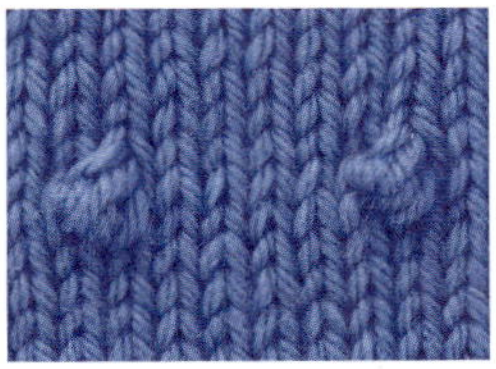

SCHWIERIGKEITSGRAD
Mittel

MUSTERSATZ
6 (+1) Maschen; 8 Reihen

VERWENDETE MASCHEN
rechte M, linke M,
4 M aus 1, 4 M li zus-str

AUSSEHEN
Einseitig

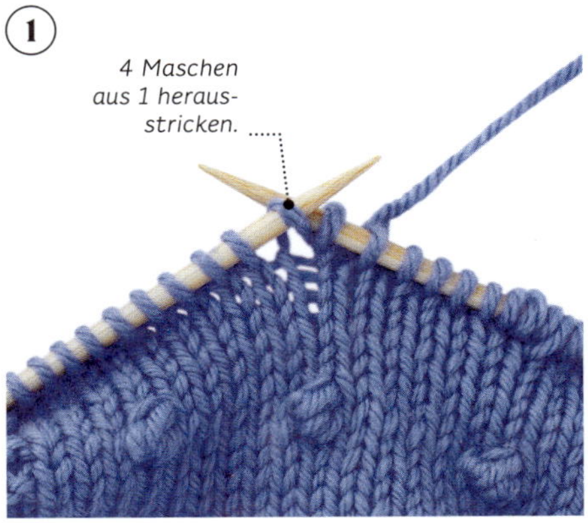

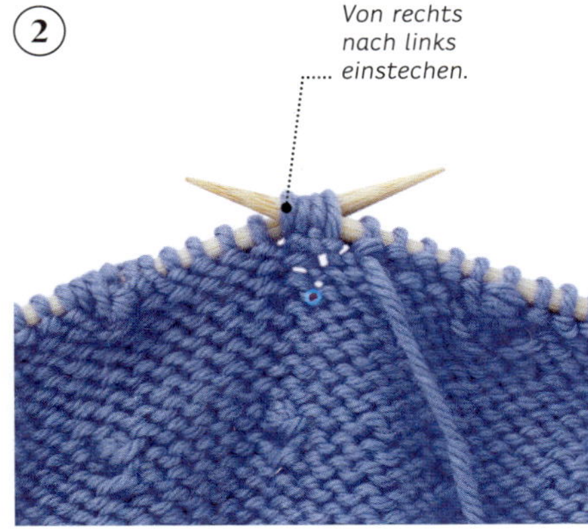

1 **R 1–6:** 6 Reihen glatt rechts stricken (siehe S. 36), dabei mit einer Rechtsreihe beginnen.
R 7: 1 M rechts. *2 M rechts. 4 Maschen aus 1 herausstricken: *Abwechselnd von vorn und hinten einstechen. Die ursprüngliche Masche bleibt auf der linken Nd, bis alle 4 Maschen gestrickt sind.* 3 M rechts. Ab * wdh bis zum Ende.

2 **R 8:** *3 M links. Die rechte Nd von rechts nach links in die nächsten 4 Maschen einstechen und alle 4 Maschen links zusammenstricken. 2 M links. Ab * wdh bis zur letzten Masche, 1 M links.

Büschelmaschen

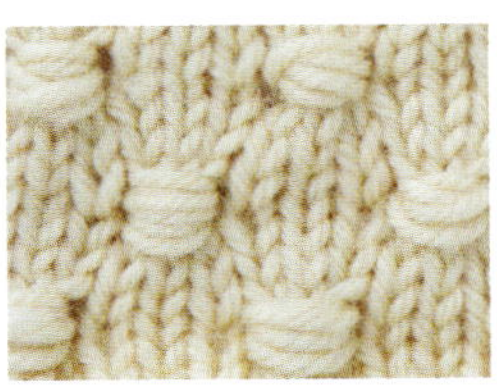

SCHWIERIGKEITSGRAD
Anspruchsvoll

MUSTERSATZ
6 (+2) Maschen; 8 Reihen

VERWENDETE MASCHEN
rechte M, linke M,
Büschelmasche

AUSSEHEN
Einseitig

MATERIALIEN
Zopfnadel

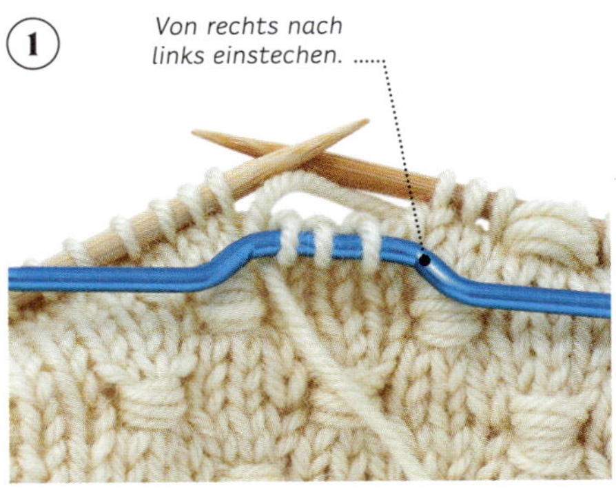

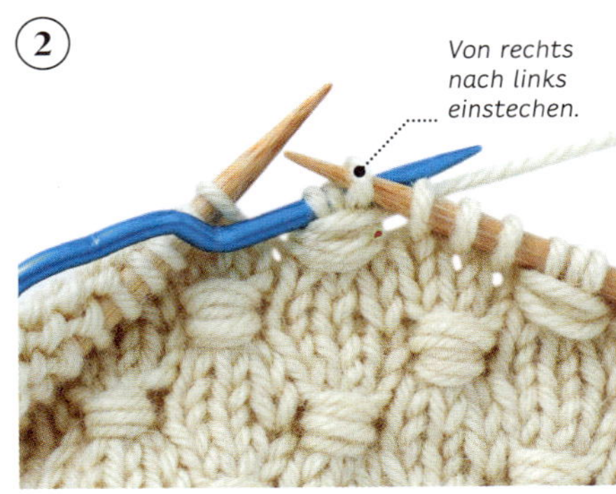

1 **R 1–2:** 2 Reihen glatt rechts stricken, mit einer Rechtsreihe beginnen.
R 3: 1 M rechts. *1 Büschelmasche: *Die nächsten 3 Maschen auf die Zopfnadel legen. Den Faden sechsmal entgegen dem Uhrzeigersinn um diese Maschen wickeln, am Ende liegt der Faden hinter der Arbeit.*

2 *Die 3 Maschen auf die rechte Nd abheben.* 3 M rechts. Ab * wdh bis zur letzten Masche, 1 M rechts.
R 4–6: 3 Reihen glatt rechts, mit einer Linksreihe beginnen
R 7: 1 M rechts. *3 M rechts. 1 Büschelmasche. Ab * wdh bis zur letzten Masche, 1 M rechts. **R 8:** Alle M links stricken.

Noppen

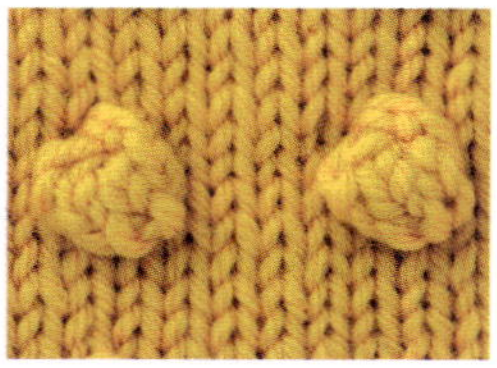

SCHWIERIGKEITSGRAD
Mittel

MUSTERSATZ
6 (+1) Maschen; 8 Reihen

VERWENDETE MASCHEN
rechte M, linke M, Noppe (N)

AUSSEHEN
Einseitig

(1)

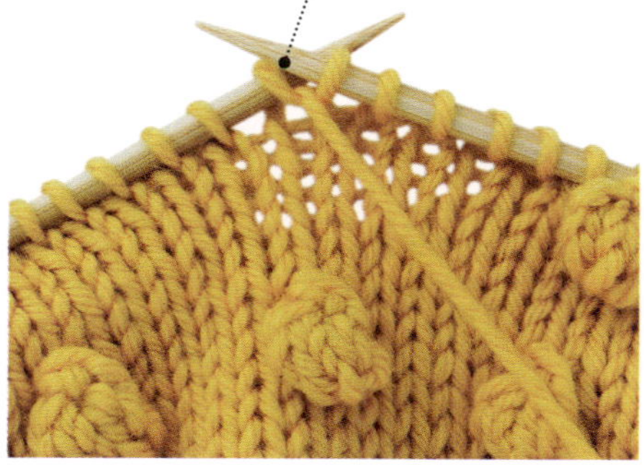

(2)

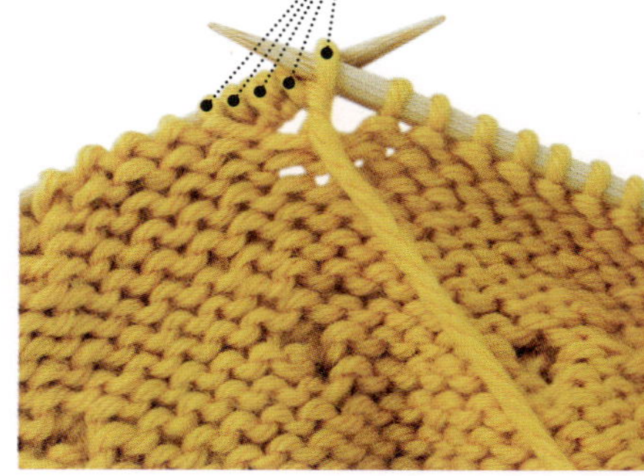

(3)

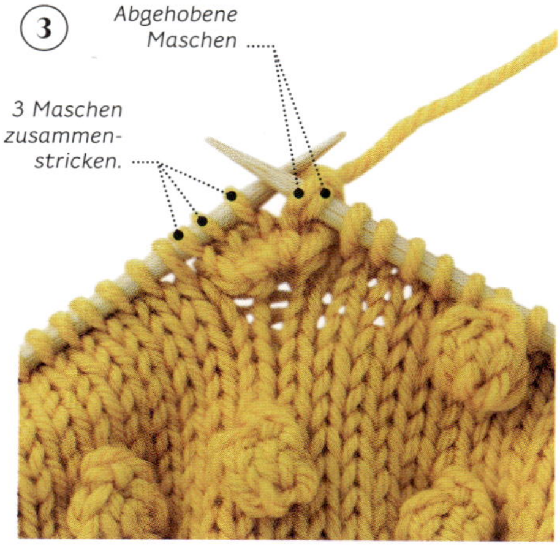

(4)

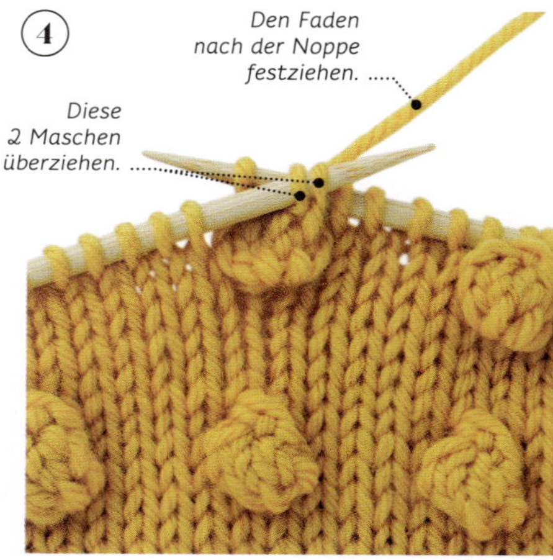

1 **R 1–6:** 6 Reihen glatt rechts (siehe S. 36), mit einer Rechtsreihe beginnen. **R 7:** 1 M rechts. *2 M rechts. Noppe: *Die rechte Nd von links nach rechts in die 1. Masche auf der linken Nd einstechen. Aus dieser Masche 4 zusätzliche Maschen herausstricken, dabei abwechselnd von vorn und hinten einstechen. Die Arbeit wenden.*

2 *5 Maschen links (nur die Maschen der Noppe) stricken. Die Arbeit wenden, 5 Maschen rechts. Die Arbeit wenden, 5 Maschen links. Die Arbeit wenden.*

3 *2 Maschen auf die rechte Nd abheben, dabei von links nach rechts wie zum Zusammenstricken einstechen. Die nächsten 3 Maschen rechts zusammenstricken, dabei von links nach rechts einstechen.*

4 *Die linke Nd von links nach rechts in die beiden abgehobenen Maschen auf der rechten Nd einstechen und diese über die zusammengestrickte ziehen. Von der Nd gleiten lassen.* 3 M rechts. Ab * wdh bis zum Ende.
R 8: Alle M links stricken.

Versetzte Noppen

Der Einsatz von Noppen lässt viele Varianten zu. Der Hintergrund kann glatt rechts oder kraus links sein, die Noppen können in Reihen oder versetzt angeordnet werden. Man kann sie auch in andere Strickmuster integrieren.

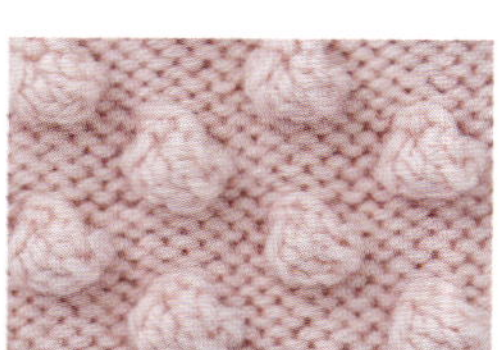

Schlaufen

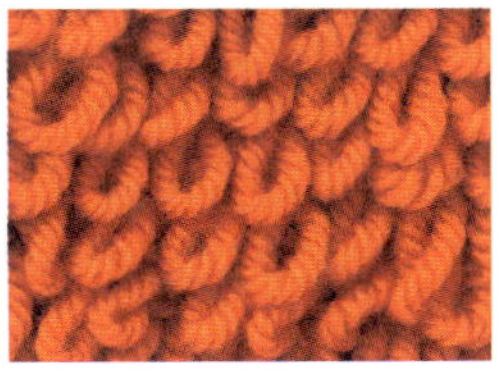

SCHWIERIGKEITSGRAD
Anspruchsvoll

MUSTERSATZ
2 Maschen; 2 Reihen

VERWENDETE MASCHEN
linke M, Schlaufen

AUSSEHEN
Einseitig

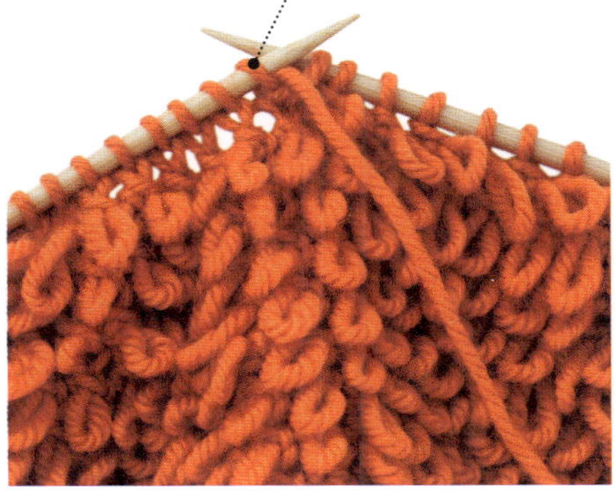

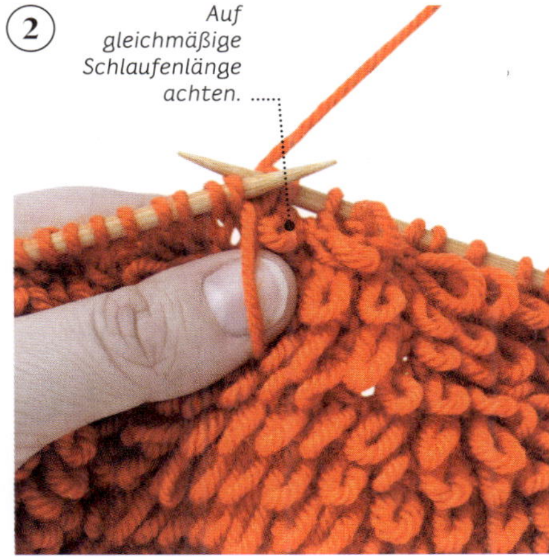

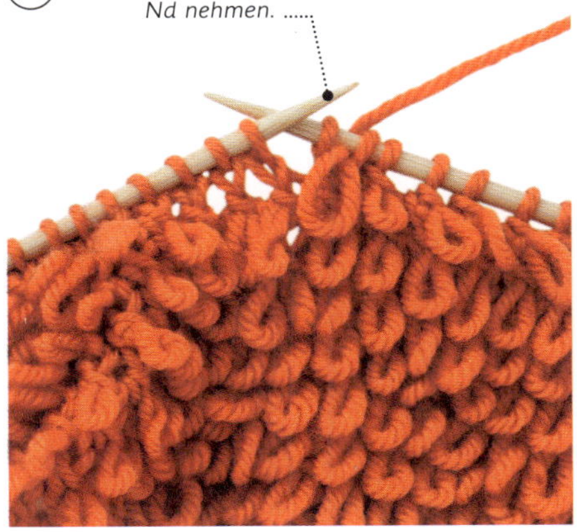

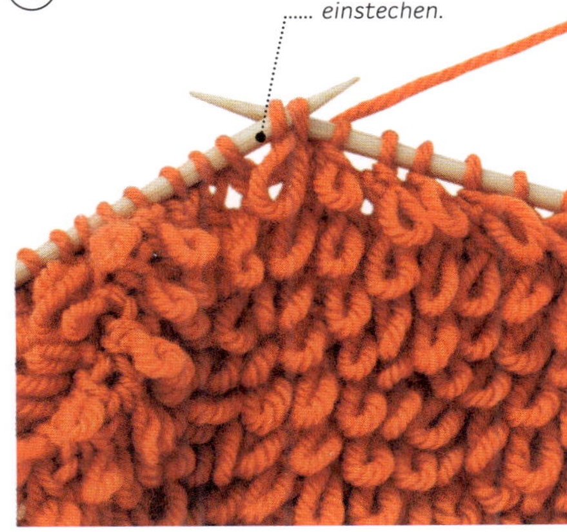

1 **R 1 (Rückreihe):** Alle M links stricken.
R 2: 1 M rechts, die M noch auf der linken Nd lassen. Den Faden zwischen den Nd nach vorn legen.

2 Mit dem Arbeitsfaden eine Schlaufe um den Daumen legen.

3 Den Faden zwischen den Nd wieder nach hinten legen und dieselbe Masche nochmals rechts stricken, dann von der linken Nd rutschen lassen.

4 Die linke Nd von links nach rechts in die beiden zuletzt gestrickten Maschen auf der rechten Nd einstechen, zusammenstricken, dann von der linken Nd nehmen. So oft wie gewünscht in der Reihe wiederholen, dabei darauf achten, dass alle Schlaufen gleich groß werden.

Beerenmuster

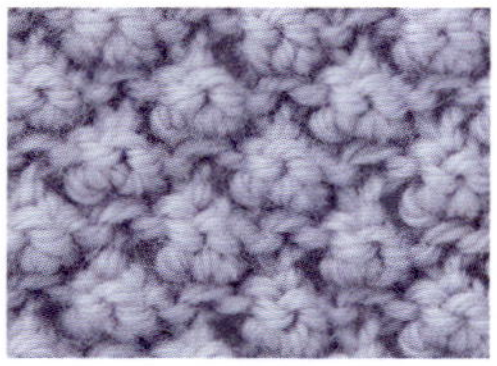

SCHWIERIGKEITSGRAD
Anspruchsvoll

MUSTERSATZ
4 Maschen; 2 Reihen

VERWENDETE MASCHEN
linke M, 3 M li zus-str, 3 M aus 1

AUSSEHEN
Einseitig

(1)

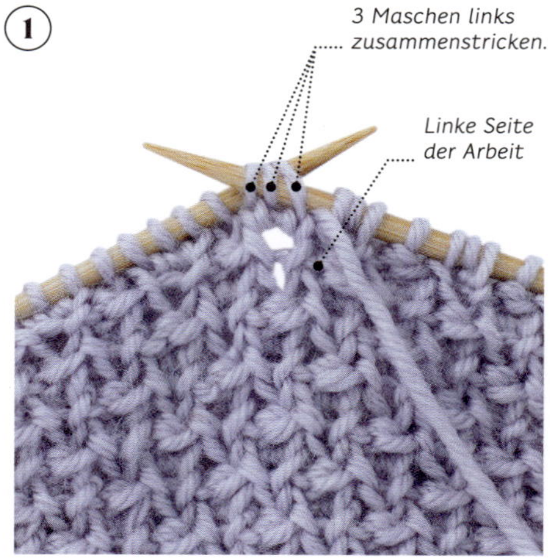

(2)

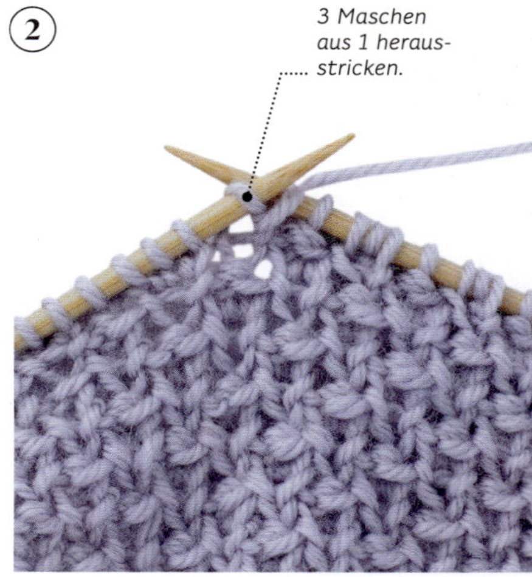

(3)

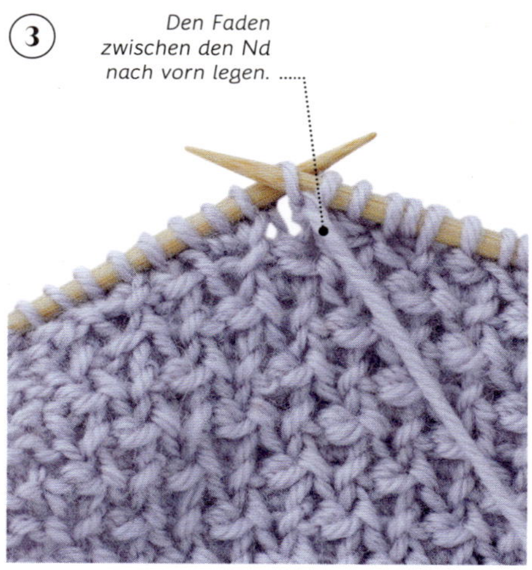

(4)

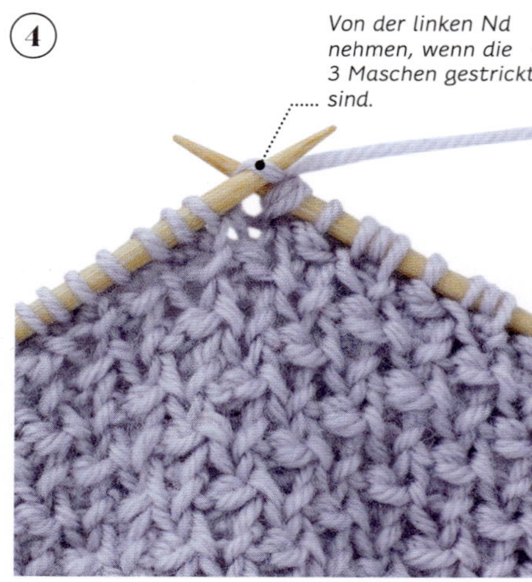

1 **R 1:** Alle Maschen links stricken.
R 2: 3 M li zus-str: *Die rechte Nd von rechts nach links in die ersten 3 Maschen auf der linken Nd einstechen und diese zusammenstricken.* Den Faden nach hinten legen.

2 3 Maschen aus 1 herausstricken: *1 M rechts, die Masche bleibt auf der linken Nd.*

3 *Den Faden nach vorn legen. 1 M links aus derselben Masche, die Masche bleibt weiterhin auf der linken Nd.*

4 *Den Faden nach hinten legen. 1 M rechts aus derselben Masche, dann die ursprüngliche Masche von der linken Nd nehmen.*
R 3: Alle M links stricken.
R 4: [3 M aus 1, 3 M links zus-str] im Wechsel.

Biese

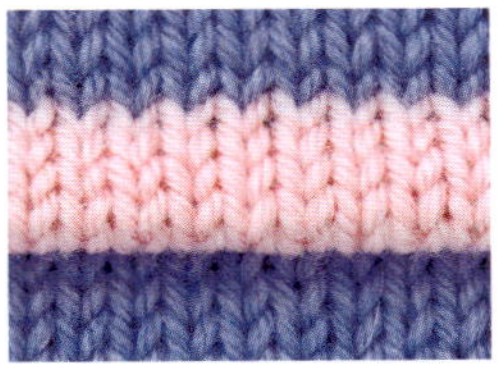

SCHWIERIGKEITSGRAD
Mittel

MUSTERSATZ
1 Masche; 16 Reihen

VERWENDETE MASCHEN
rechte M, linke M, 3 M li zus-str, Reihen zusammenstricken

AUSSEHEN
Einseitig

MATERIALIEN
Garne in 2 Farben, zusätzliche Stricknadel

1

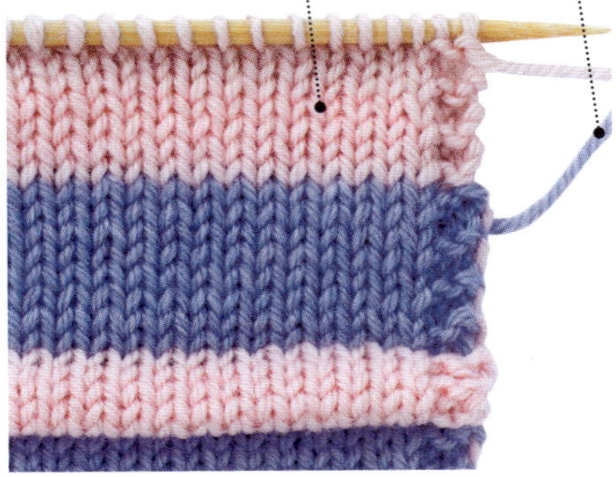

2

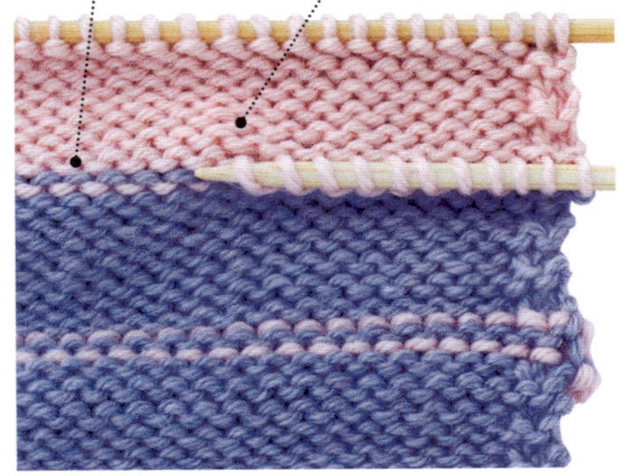

3

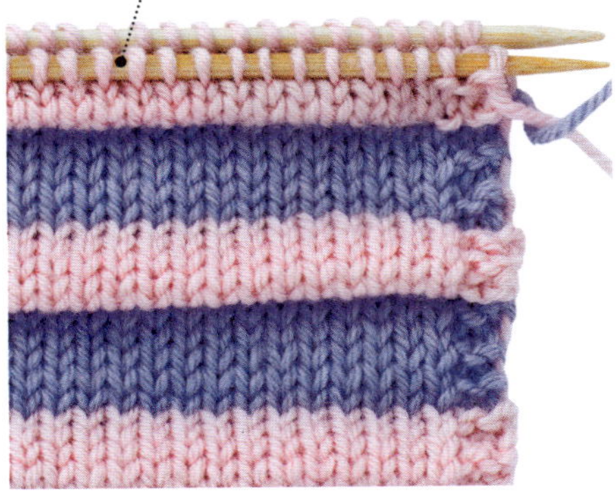

4

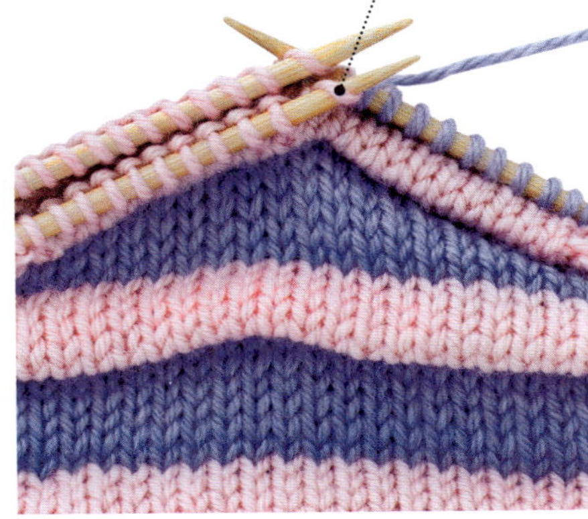

1 **R 1–6:** Mit der Hauptfarbe (HF) 6 Reihen glatt rechts (siehe S. 36) stricken, mit einer Rechtsreihe beginnen.
R 7–14: Mit der Kontrastfarbe (KF, hier: rosa) 8 Reihen glatt rechts stricken, mit einer Rechtsreihe beginnen.

2 **R 15:** Mit einer zusätzlichen Stricknadel auf der linken Seite der Arbeit die kleinen Buckel der Maschen aus Reihe 7 aufnehmen, dabei immer von unten nach oben einstechen. Danach müssen auf der Hilfsnadel ebenso viele Maschen liegen wie auf der Hauptnadel.

3 Die zusätzliche Nadel und die Hauptnadel parallel halten. Dadurch entsteht auf der rechten Seite der Arbeit eine Falte im kontrastfarbigen Streifen.

4 Die beiden Reihen zusammenstricken: *Die rechte Nd von links nach rechts in die 1. Masche auf der Hauptnadel und danach in die 1. Masche auf der Hilfsnadel einstechen. Beide Maschen mit der Hauptfarbe rechts zusammenstricken.*
R 16: Alle Maschen links stricken.

Spezielle Muster

Das letzte Kapitel stellt besondere Maschen und Muster wie Patent und Brioche, Fältchen- und Knötchenmuster sowie Techniken zum Einstricken von Perlen vor. Die meisten Muster sind nicht ganz einfach zu stricken, aber das Fältchenmuster (siehe S. 145) eignet sich auch für selbstbewusste Einsteiger.

Fältchen- und Briochemuster sehen recht ähnlich aus, werden aber mit völlig verschiedenen Techniken gestrickt. Patent- und Briochemuster sind sogar identisch im Ergebnis, aber einmal wird mit Umschlägen gearbeitet, einmal mit tief gestochenen Maschen. Zweifarbig sehen diese dicken Rippen besonders beeindruckend aus (siehe S. 144).

Perlen lassen sich auf zweierlei Weise einarbeiten. Entweder man fädelt alle Perlen vor dem Stricken auf das Garn, oder man bringt sie punktgenau mit einer Häkelnadel an. Wenn die Perlen mit der Häkelnadel eingearbeitet werden, sind sie auf beiden Seiten der Strickarbeit zu sehen. Darum eignet sich diese Methode besser für Modelle mit zwei »schönen« Seiten, wie Schals und Tücher.

Patent

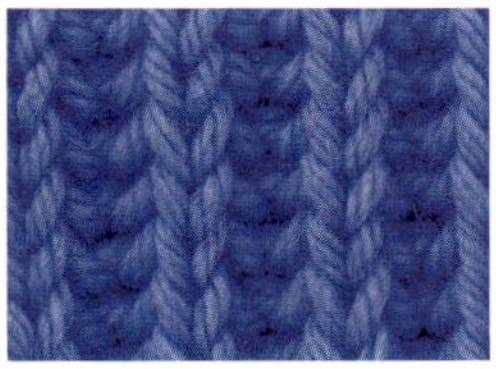

SCHWIERIGKEITSGRAD
Mittel

MUSTERSATZ
2 (+3) Maschen;
2 (+1) Reihen

VERWENDETE MASCHEN
rechte M, linke M,
1 M re-1t

AUSSEHEN
Wendbar

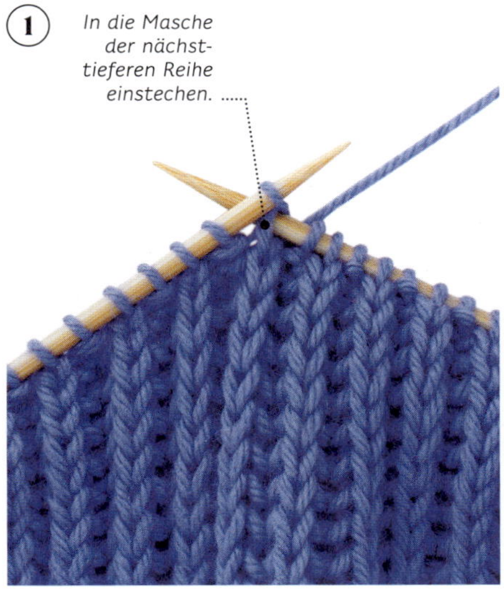

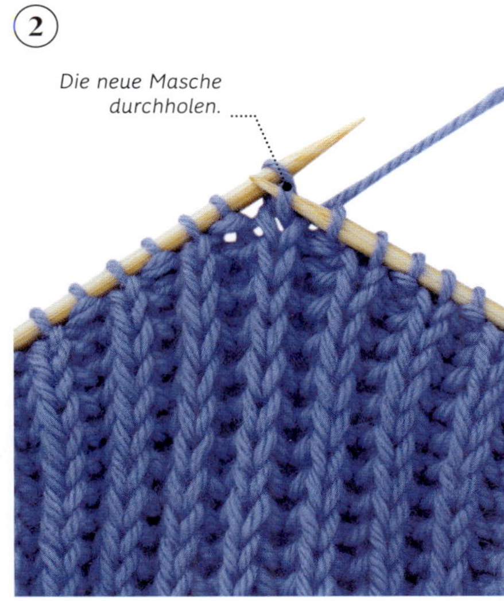

1 **Basisreihe 1:** Auf der linken Seite der Arbeit beginnen (d. h. mit einer Rückreihe). 2 M links. *1 M rechts. 1 M links. Ab * wdh bis zur letzten Masche, 1 M links.
R 2: 1 M rechts. *1 M rechts tiefgestochen: *Die rechte Nd von vorn nach hinten in die Mitte der Masche unter der 1. Masche auf der linken Nd einstechen.*

2 *Den Faden entgegen dem Uhrzeigersinn um die Nd legen und Masche durchholen. Die 1. Masche von der linken Nd gleiten lassen.* 1 M links. Ab * wdh bis zu den letzten 2 Maschen, 1 M rechts tiefgestochen, 1 M rechts.
R 3: 2 M links. *1 M rechts tiefgestochen. 1 M links. Ab * wdh bis zur letzten Masche, 1 M links. Nur die Reihen 2 und 3 stets wiederholen.

Zählmuster: Patent

Für das Patentmuster ist eine Basisreihe nötig, die nur einmal gestrickt wird. In allen folgenden Reihen wird für rechte Maschen in die nächsttiefere Reihe eingestochen.

Der Mustersatz der Basisreihe ist im Zählmuster durch blaue Striche gekennzeichnet. Er wird nur in der ersten Reihe wiederholt. Danach werden die Reihen 2 und 3 stets wiederholt.

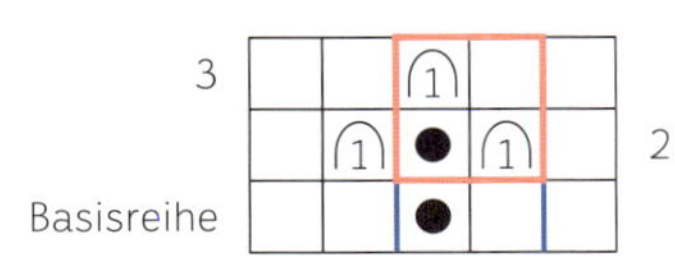

Bienenmuster

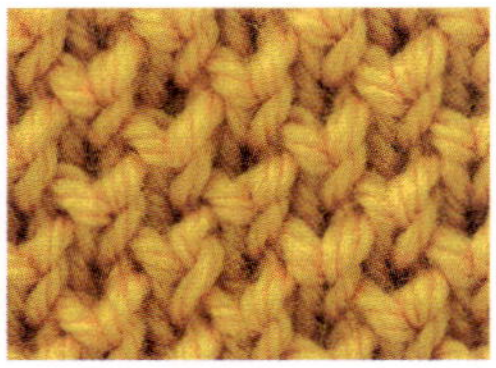

SCHWIERIGKEITSGRAD
Mittel

MUSTERSATZ
2 (+3) Maschen; 4 Reihen

VERWENDETE MASCHEN
rechte M, linke M,
1 M re-1t

AUSSEHEN
Einseitig

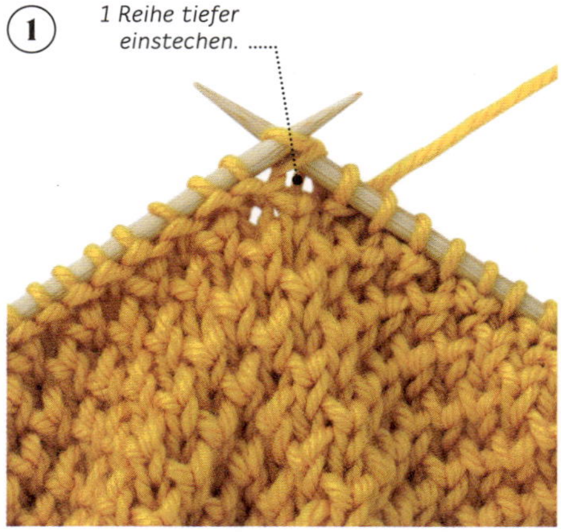

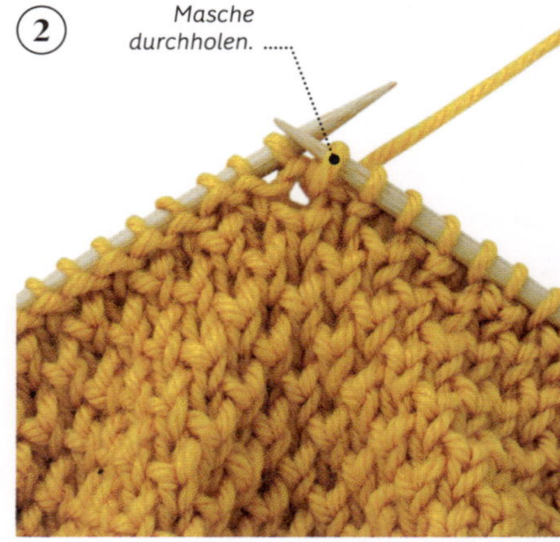

1 **R 1:** Auf der linken Seite der Arbeit beginnen (d. h. mit einer Rückreihe). Alle M rechts stricken.
R 2: 1 M rechts, *1 M rechts tiefgestochen (siehe S. 141), 1 M rechts. Ab * wdh bis zu den letzten 2 Maschen, 1 M rechts tiefgestochen, 1 M rechts.

2 **R 3:** Alle M rechts stricken.
R 4: 1 M rechts, *1 M rechts. 1 M rechts tiefgestochen. Ab * wdh bis zu den letzten 2 Maschen, 2 M rechts.

Zählmuster: Bienenmuster

Das Zählmuster beginnt mit einer Rückreihe (d. h. auf der linken Seite der Arbeit). Das ist daran zu erkennen, dass die Ziffer 1 am linken Rand des Zählmusters steht. Diese Reihe wird also von links nach rechts gelesen. Ein Punkt in einer Rückreihe steht für eine rechte Maschen.

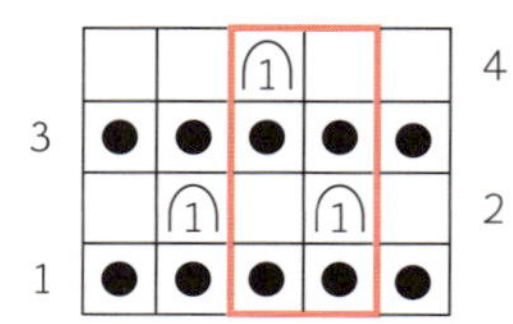

Briochemuster einfarbig

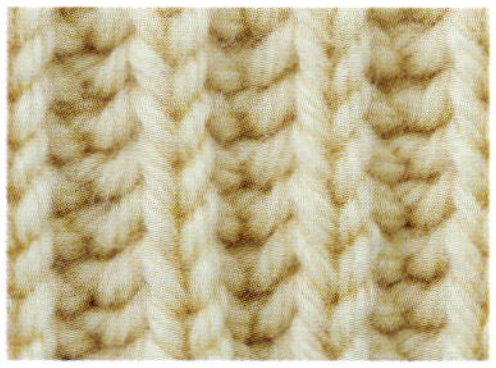

SCHWIERIGKEITSGRAD
Mittel

MUSTERSATZ
2 (+2) Maschen; 2 (+1) Reihen

VERWENDETE MASCHEN
rechte M, linke M, BM-re, 1 M abh Fv, U

AUSSEHEN
Wendbar

(1)

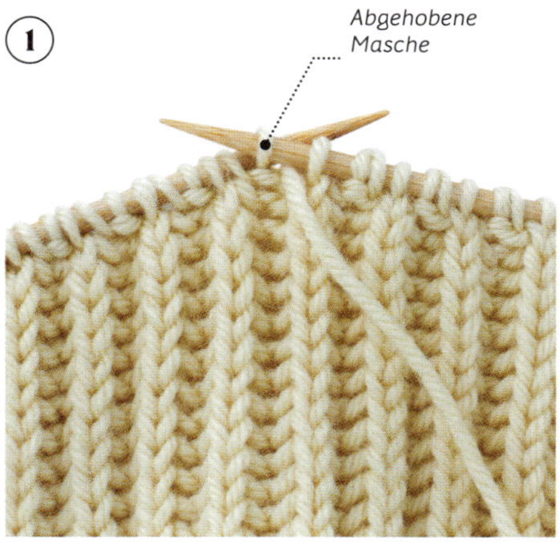

(2)

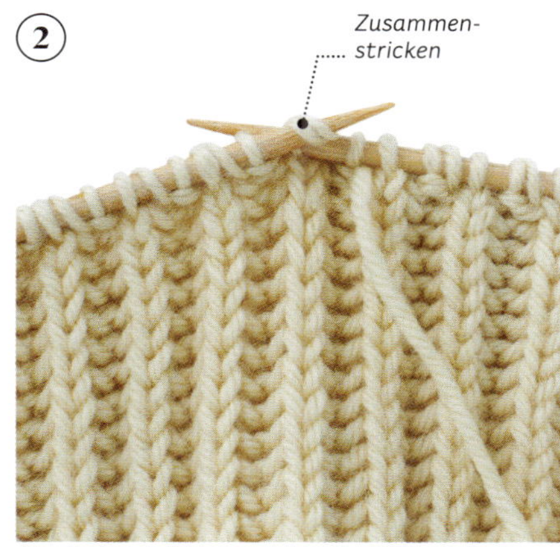

1 **Basisreihe (Rückreihe):** 1 M abh Fv, 1 U: *Den Faden nach vorn legen. Die 1. Masche auf der linken Nd abheben, dabei von rechts nach links einstechen. Den Faden über die Nd legen.* 1 M rechts.
R 1: 1 M abh Fv, 1 U.

2 1 Briochemasche rechts (BM-re): *Die rechte Nd von links nach rechts in die Masche und den Umschlag aus der vorherigen Reihe einstechen. Beide zusammenstricken.*
R 2: Wie Reihe 1. Nur die Reihen 1 und 2 stets wiederholen.

Brioche und Patent

Obwohl das Maschenbild des Briochemusters aussieht wie Patent (siehe S. 141), wird beim Briochemuster jede Reihe zweimal gestrickt.

Zählmuster: Briochemuster einfarbig

Die Symbole werden nur für das Briochemuster verwendet. Die Basisreihe wird nur einmal gestrickt, denn für eine rechte Briochemasche (BM-re) muss in die abgehobene Masche und den Umschlag der vorherigen Reihe eingestochen werden. Diese vorherige Reihe muss also zuerst gestrickt werden.

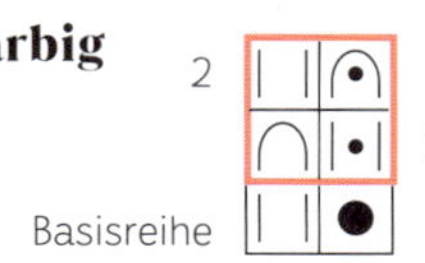

Briochemuster zweifarbig

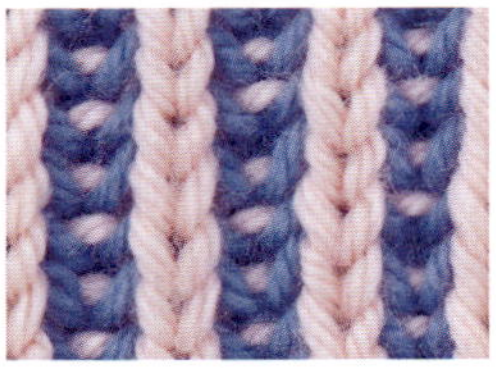

SCHWIERIGKEITSGRAD
Anspruchsvoll

MUSTERSATZ
2 (+3) Maschen;
4 (+2) Reihen

VERWENDETE MASCHEN
rechte M, linke M,
BM-re, BM-li,
1 M abh Fv, U

AUSSEHEN
Wendbar

MATERIALIEN
Rundstricknadel

1

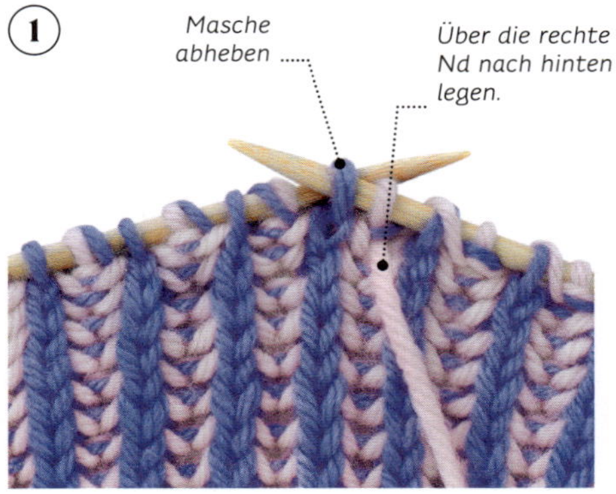

2

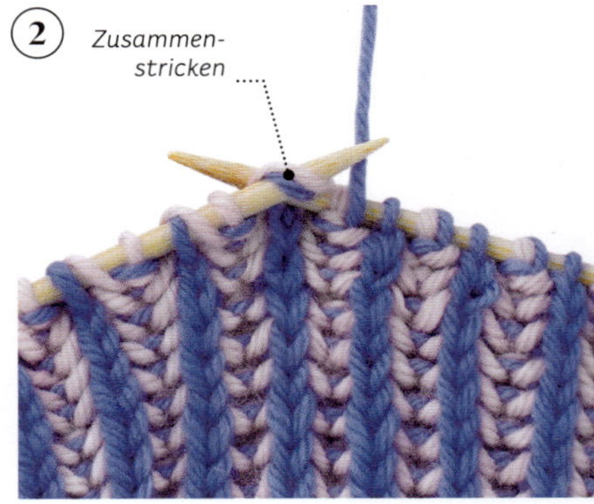

3

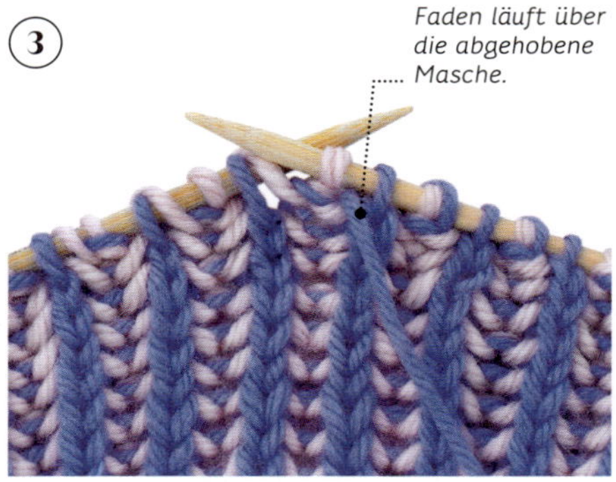

4

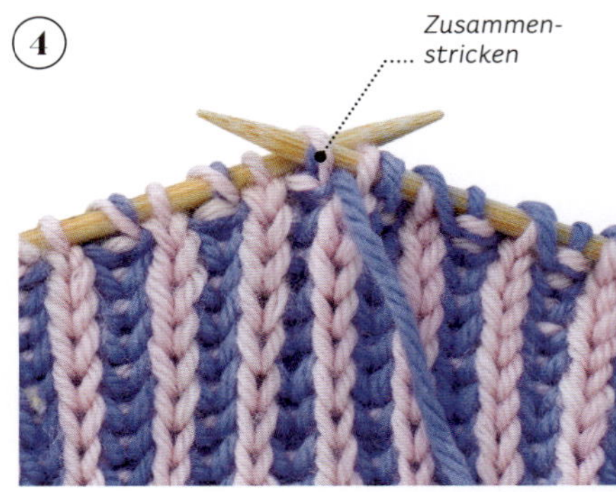

1 **Basisreihe helle Farbe:** *Mit der hellen Farbe mit einer Rückreihe beginnen. 1 M links, 1 M abheben, 1 Umschlag: *Die 1. Masche von der linken Nd auf die rechte abheben, dabei von rechts nach links einstechen. Den Faden über die rechte Nd nach hinten und zwischen den Nd wieder nach vorn legen.* Ab * wdh bis zur letzten Masche, 1 M links. Die Arbeit nicht wenden.
Basisreihe dunkle Farbe: Die Maschen ans andere Ende der Rundstricknadel schieben. Die dunkle Farbe ansetzen, dabei ein mindestens 15 cm langes Ende hängen lassen. Es wird später vernäht. 1 M rechts.

2 1 Briochemasche rechts (BM-re): *Die rechte Nd von links nach rechts in die Masche und den Umschlag aus der vorherigen Reihe einstechen. Beide zusammenstricken.*

3 *1 M abh Fv, 1 U: *Den Faden nach vorn legen. Die 1. Masche von der linken Nd abheben, dabei von rechts nach links einstechen. Den Faden über die rechte Nadel legen.* 1 BM-re. Ab * wdh bis zur letzten Masche, 1 M rechts. Die Arbeit wenden.
R 1 (hell): 1 M rechts, *1 M abh Fv, 1 U, 1 BM-re. Ab * wdh bis zu den letzten 2 Maschen. 1 M abh Fv, 1 U, 1 M rechts. Die Arbeit nicht wenden.
R 1 (dunkel): Die Maschen ans andere Ende der Nd schieben. 1 M links.

4 *1 Briochemasche links (BM-li): *Die rechte Nd von rechts nach links in die Masche und den Umschlag der vorherigen Reihe einstechen und beide zusammenstricken.* 1 M abh, 1 U. Ab * wdh bis zu den letzten 2 Maschen, 1 BM-li, 1 M links. Die Arbeit wenden.
R 2 (hell): 1 M links, 1 M abh, 1 U, *1 BM-li, 1 M abh, 1 U. Ab * wdh bis zur letzten Masche, 1 M links. Die Arbeit nicht wenden.
R 2 (dunkel): Die Basisreihe für die dunkle Farbe wiederholen. Dann nur Reihen 1 und 2 für helle und dunkle Farbe wiederholen.

Fältchenmuster

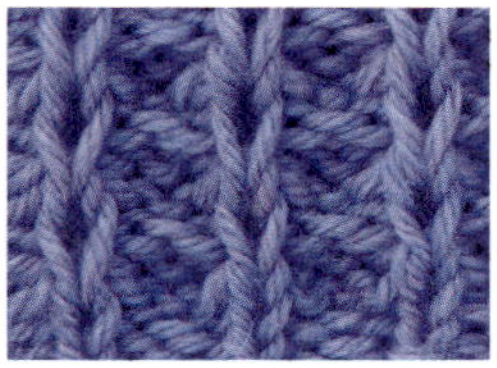

SCHWIERIGKEITSGRAD
Mittel

MUSTERSATZ
3 Maschen; 4 (+1) Reihen

VERWENDETE MASCHEN
rechte M, linke M,
1 M re-3t

AUSSEHEN
Einseitig

①

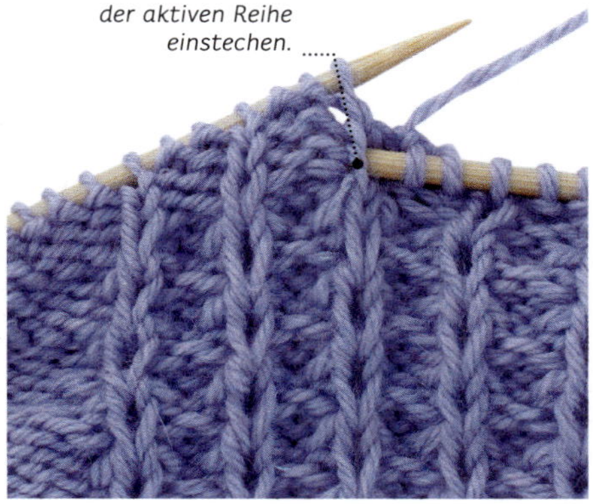

②

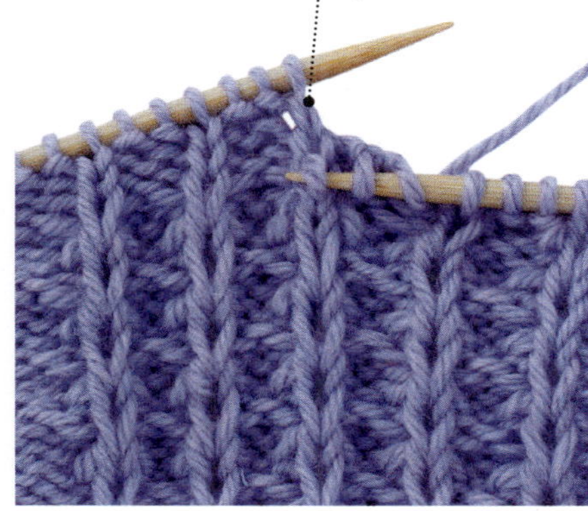

1 **Basisreihe 1:** Auf der linken Seite der Arbeit beginnen. 1 M rechts, 1 M links, 1 M rechts.
R 2: 1 M links, 1 M rechts, 1 M links.
R 3: 1 M rechts, 1 M links, 1 M rechts.
R 4: 1 M links, 3 Reihen tiefer einstechen und rechts stricken: *Die rechte Nd von vorn nach hinten in die Masche 3 Reihen unter der nächsten Masche auf der linken Nd einstechen.*

2 *Den Faden entgegen dem Uhrzeigersinn um die Nd legen und durchholen. Die ursprüngliche Masche von der linken Nd nehmen und fallen lassen.* 1 M links.
R 5: Wie Reihe 3.
Nur die Reihen 2–5 wiederholen.

Zählmuster: Fältchenmuster

Das Symbol für das Fältchen ist ein Bogen mit einer Ziffer. Diese Ziffer gibt an, wie viele Reihen unter der aktiven eingestochen wird. Die Basisreihe wird nur einmal am Anfang gestrickt.

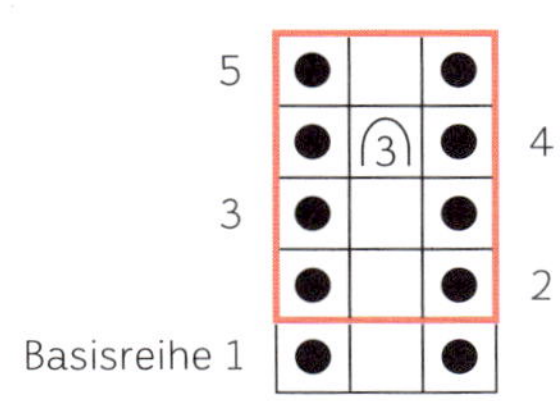

Knötchenmuster

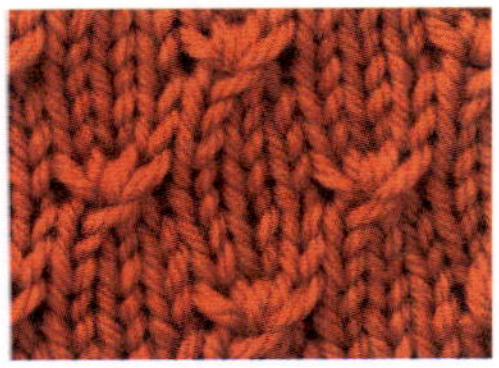

SCHWIERIGKEITSGRAD
Mittel

MUSTERSATZ
6 (+2) Maschen; 8 Reihen

VERWENDETE MASCHEN
rechte M, linke M, Knötchenmasche

AUSSEHEN
Einseitig

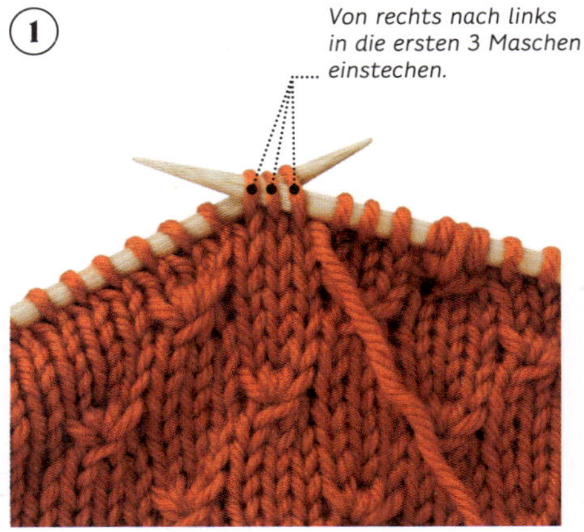

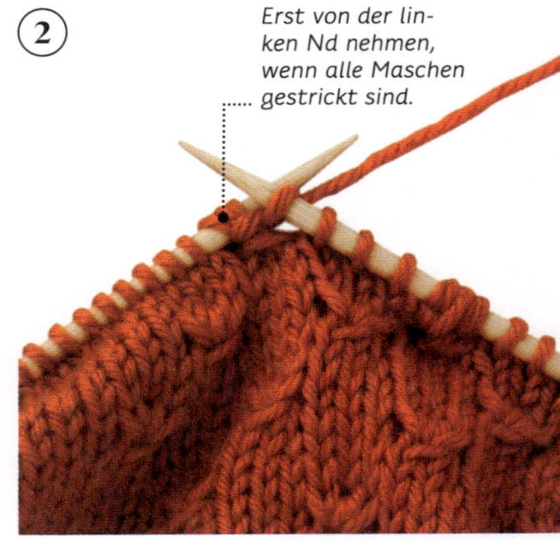

1 **R 1:** Alle M rechts stricken.
R 2: Alle M links stricken.
R 3: *1 M rechts. Knötchenmasche: *Den Faden nach vorn legen. Die rechte Nd von rechts nach links in die ersten 3 Maschen auf der linken Nd einstechen. Diese 3 Maschen links zusammenstricken, aber nicht von der linken Nd nehmen.*

2 *Den Faden nach hinten legen. Die rechte Nd von links nach rechts in die 3., 2. und 1. Masche auf der linken Nd einstechen. Diese 3 Maschen rechts zusammenstricken, aber nicht von der linken Nd nehmen. Den Faden nach vorn legen. Dieselben 3 Maschen noch einmal links zusammenstricken, dann von der linken Nd nehmen. Den Faden nach hinten legen.* 2 M rechts. Ab * wdh bis zu den letzten 2 Maschen, 2 M rechts.
R 4–6: 3 Reihen glatt rechts, mit einer Linksreihe beginnen.
R 7: 2 M rechts. *2 M rechts. 1 Knötchenmasche. 1 M rechts. Ab * wdh bis zum Ende.
R 8: Alle M links stricken.

Zählmuster: Knötchenmuster

Zählmuster helfen bei der Orientierung innerhalb der Strickarbeit. Hier ist genau zu erkennen, dass sich die Knötchen in der Höhe nicht überschneiden. Jedes Knötchen sitzt über denselben Maschenspalten wie die 3 rechten Maschen aus der vorherigen Reihe.

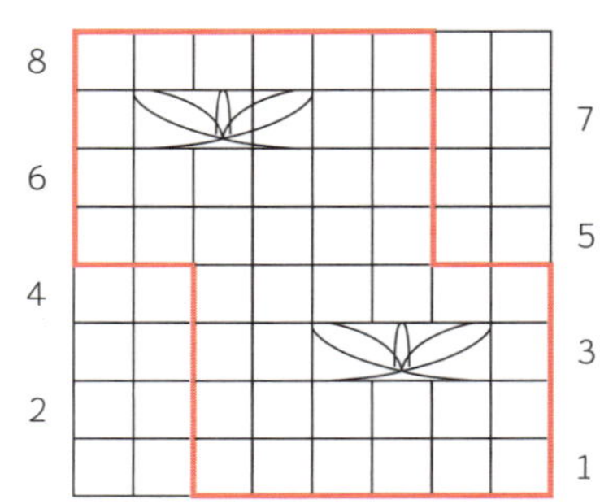

Sternchenmuster

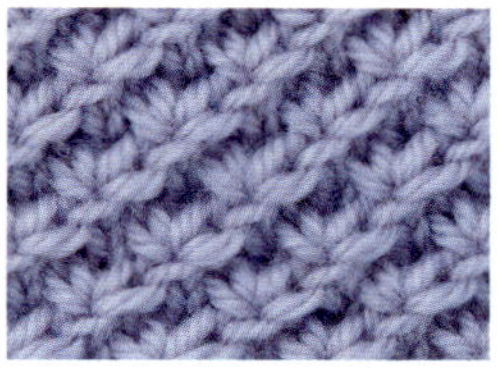

SCHWIERIGKEITSGRAD
Anspruchsvoll

MUSTERSATZ
4 (+1) Maschen; 4 Reihen

VERWENDETE MASCHEN
rechte M, linke M, Sternchen

AUSSEHEN
Einseitig

(1)

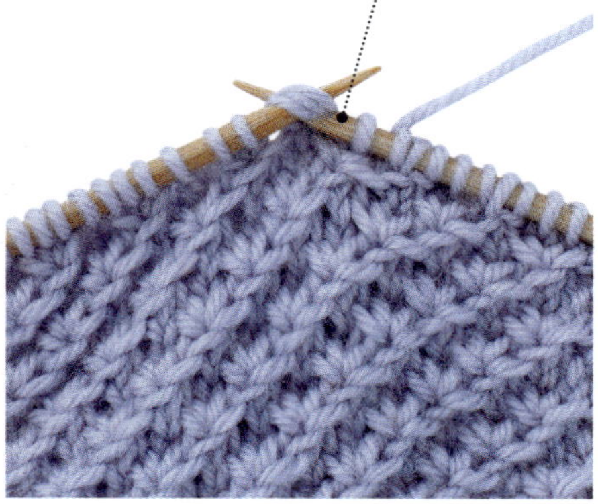

(2)

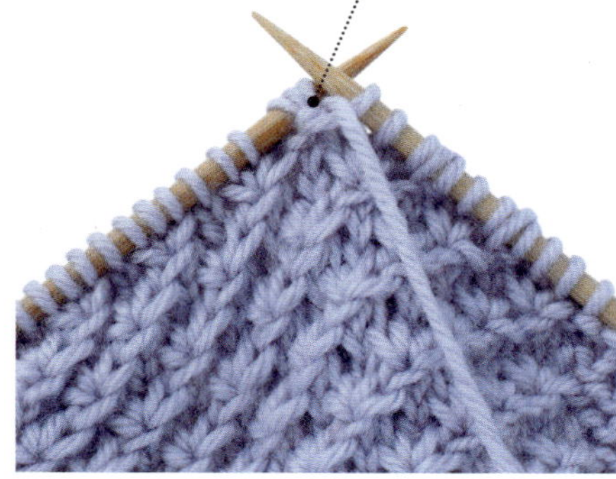

1 **R 1:** 1 M rechts. *1 M rechts, 1 Sternchen: *Die rechte Nd von links nach rechts in die nächsten 3 Maschen auf der linken Nd einstechen.*

2 *Den Faden durchholen, aber die 3 M nicht von der linken Nd nehmen. 1 U.*

3 *Die rechte Nd nochmals von links nach rechts in die gleichen 3 M auf der linken Nd einstechen, den Faden durchholen, dann die ursprünglichen 3 M von der linken Nd ziehen.* Ab * wdh bis zum Ende.
R 2: Alle M links stricken.
R 3: *1 Sternchen, 1 M rechts. Ab * wdh bis zur letzten Masche, 1 M rechts.
R 4: Alle M links stricken.

(3)

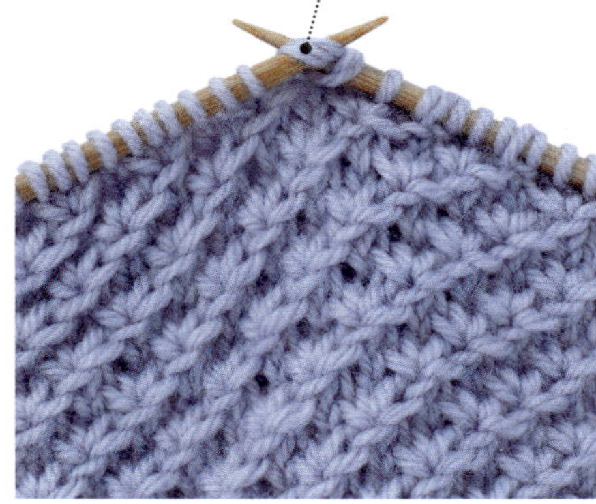

Zählmuster: Sternchenmuster

Die untere Ziffer im Stern-Symbol gibt die Anzahl der Maschen zu Beginn an, die obere Zahl zeigt die Maschenzahl nach Beendigung des Sternchens. Beide sind hier gleich, d. h. die Gesamtmaschenzahl verändert sich nicht. Dies ist ein traditionelles Muster aus Estland. Es gibt auch Varianten, bei denen sich die Maschenzahl verändert, z. B. von 3 auf 9.

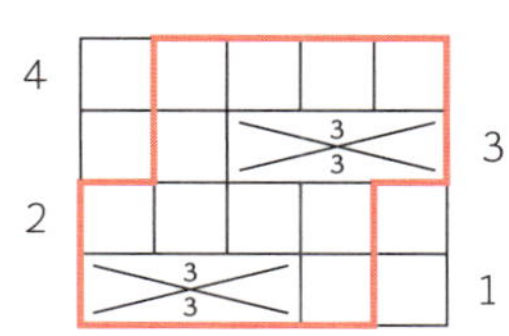

Perlen-Flohmuster

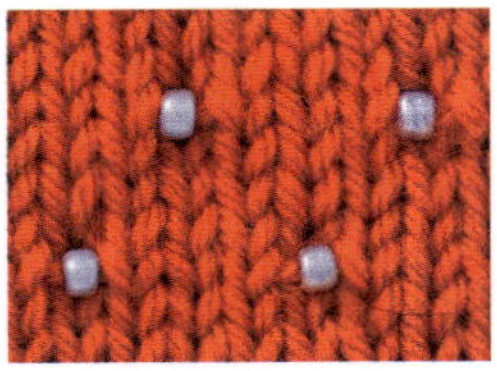

SCHWIERIGKEITSGRAD
Mittel

MUSTERSATZ
4 (+1) Maschen; 8 Reihen

VERWENDETE MASCHEN
rechte M, linke M,
P (Perle einfügen)

AUSSEHEN
Einseitig

MATERIALIEN
Rocailles Größe 6/0 (2 pro Mustersatz), Nähgarn, dünne Nähnadel (muss durch die Perlen passen)

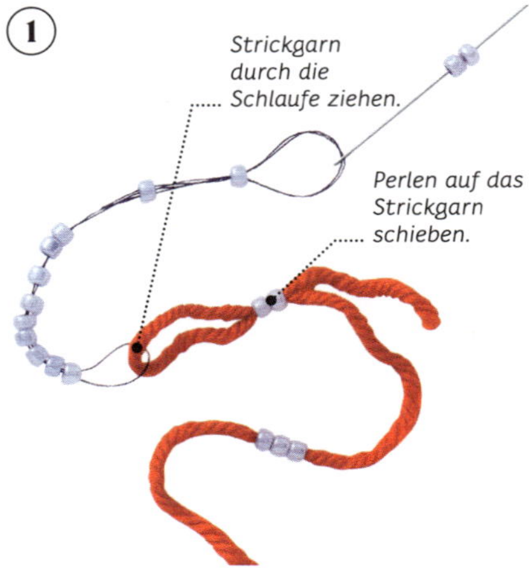

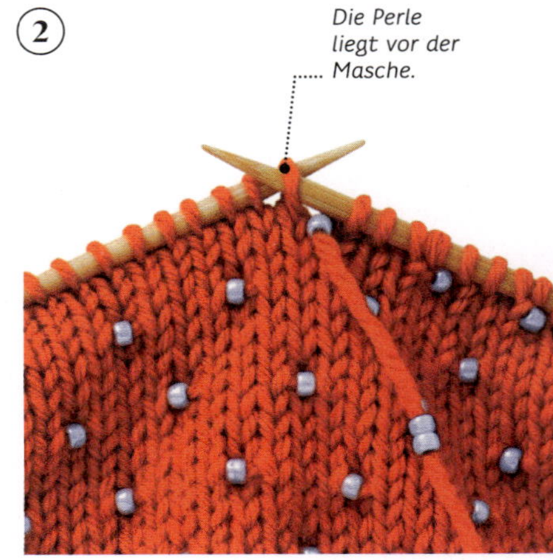

1 Zuerst alle Perlen auf das Strickgarn fädeln. 30 cm Nähgarn abschneiden und doppelt legen. Beide Enden in die Nähnadel einfädeln. Das Strickgarn durch die Schlaufe im Nähgarn ziehen. Die gewünschte Anzahl Perlen mithilfe der Nähnadel auf das Nähgarn fädeln und weiter auf das Strickgarn schieben. Die Perlen auf dem Strickgarn weiter hinab schieben und zum Einfügen einzeln zu den Stricknadeln holen.

2 **R 1–2:** 2 Reihen glatt rechts, mit einer Rechtsreihe beginnen.
R 3: 1 M rechts. *1 Perle einfügen (P): *Den Faden nach vorn legen. Eine Perle zu den Stricknadeln schieben. Die nächste Masche wie zum Linksstricken abheben.*

Den Faden nach hinten legen. 3 M rechts. Ab * wdh bis zum Ende.
R 4–6: 3 Reihen glatt rechts, mit einer Linksreihe beginnen.
R 7: 1 M rechts. *2 M rechts. Perle einfügen. 1 M rechts. Ab * wdh bis zum Ende.
R 8: Alle M links stricken.

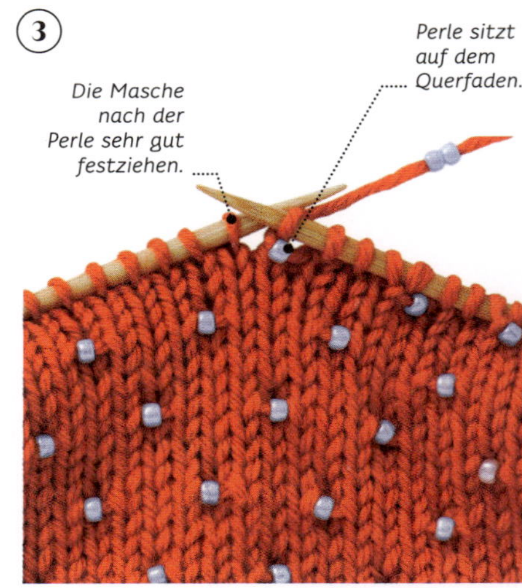

Zählmuster: Perlen-Flohmuster

Die runden Symbole markieren die Masche, in die die Perle eingearbeitet wird. In der Strickarbeit sieht es später so aus, als säßen die Perlen in der Reihe darunter.

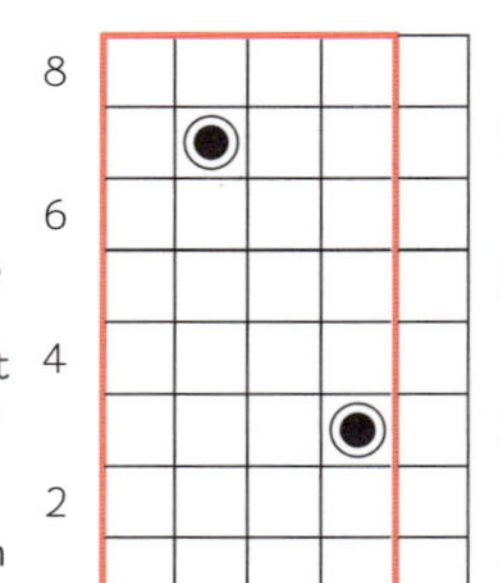

Perlen in Reihen

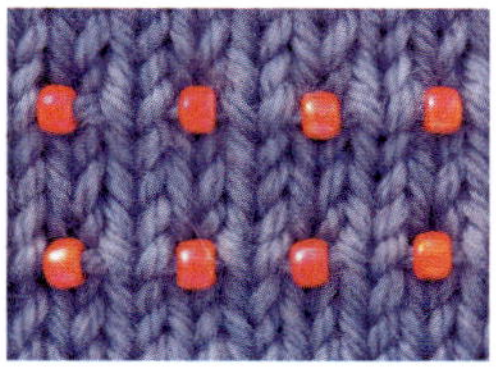

SCHWIERIGKEITSGRAD
Mittel

MUSTERSATZ
2 (+1) Maschen; 4 Reihen

VERWENDETE MASCHEN
rechte M, linke M,
P (Perle einfügen)

AUSSEHEN
Einseitig

MATERIALIEN
Rocailles Größe 6/0
(1 pro Mustersatz),
Nähgarn, dünne Nähnadel
(muss durch die Perlen
passen)

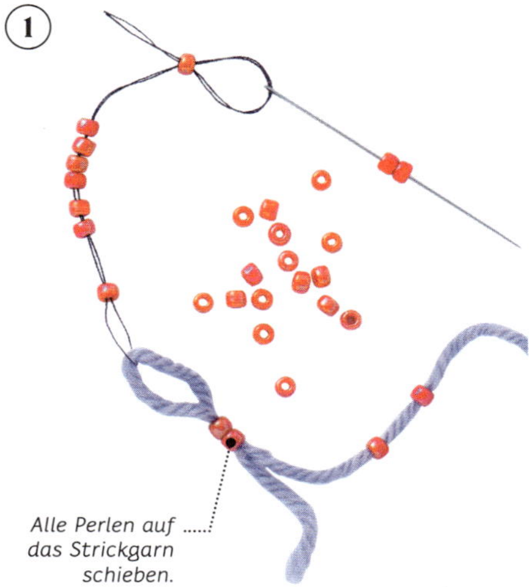

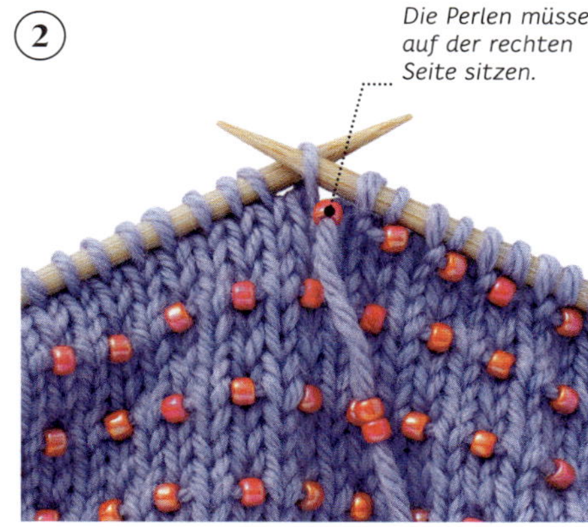

1 Die Perlen auf das Strickgarn auffädeln (siehe S. 148).
R 1–2: 2 Reihen glatt rechts, mit einer Rechtsreihe beginnen.

2 **R 3:** 1 M rechts. *P, 1 M rechts. Ab * wdh bis zum Ende.
R 4: Alle M links stricken.

Perlen senkrecht

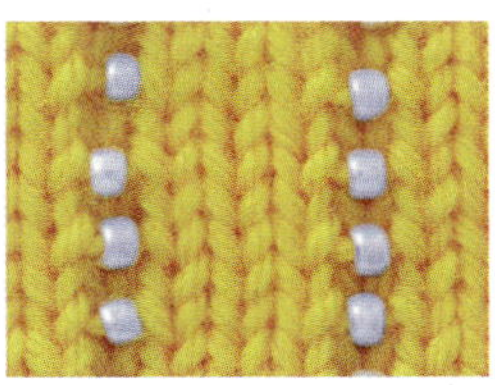

SCHWIERIGKEITS-GRAD
Mittel

MUSTERSATZ
4 (+1) Maschen;
2 (+2) Reihen

VERWENDETE MASCHEN
rechte M, linke M,
P (Perle einfügen)

AUSSEHEN
Einseitig

MATERIALIEN
Rocailles Größe 6/0
(1 pro Mustersatz),
Nähgarn, dünne Nähnadel (muss durch die
Perlen passen)

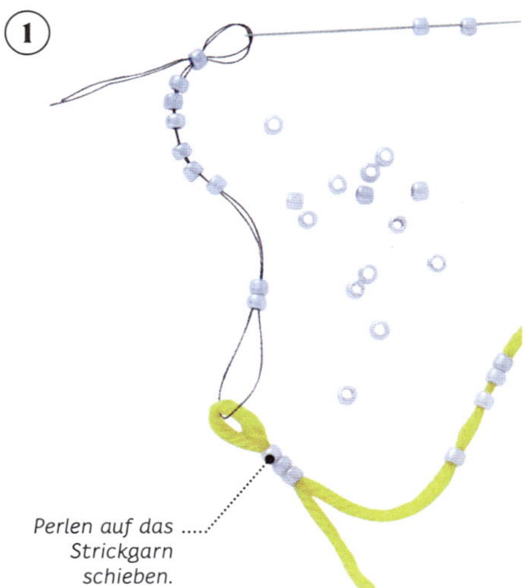

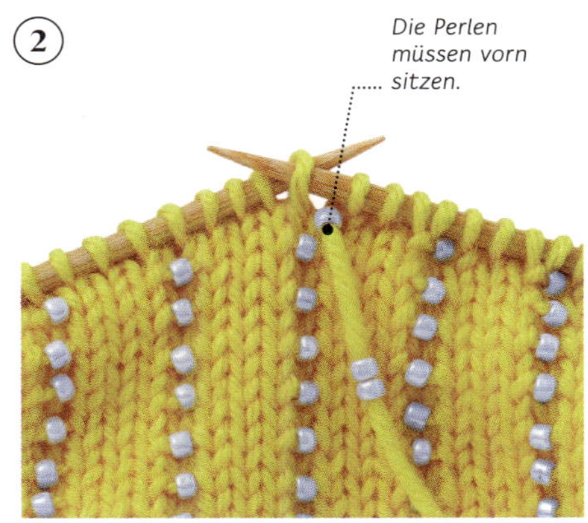

1 Die Perlen auf das Strickgarn auffädeln (siehe S. 148). **Basisreihen 1–2:** 2 Reihen glatt rechts, mit einer Rechtsreihe beginnen.
R 3: 1 M rechts. *1 M rechts.

2 P. 2 M rechts. Ab * wdh bis zum Ende.
R 4: Alle M links stricken.
Nur die Reihen 3 und 4 wiederholen.

Perlen-Lochmuster

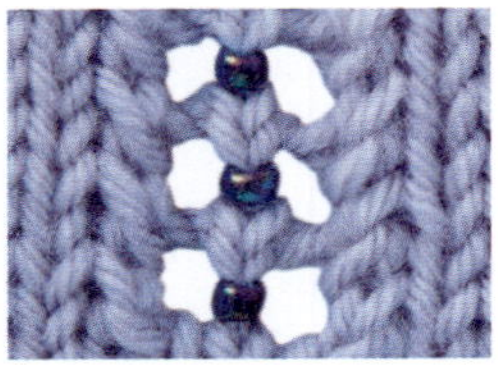

SCHWIERIGKEITSGRAD
Mittel

MUSTERSATZ
6 (+1) Maschen; 2 Reihen

VERWENDETE MASCHEN
rechte M, linke M,
P, U,
2 M re zus-str,
2 M re abgeh zus-str

AUSSEHEN
Einseitig

MATERIALIEN
Rocailles Größe 6/0 (1 pro Mustersatz), Häkelnadel 0,5 mm, Strickgarn maximal für Nd-Stärke 3

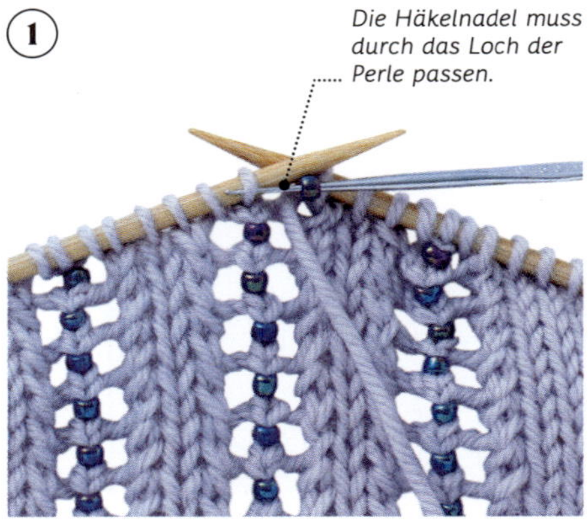

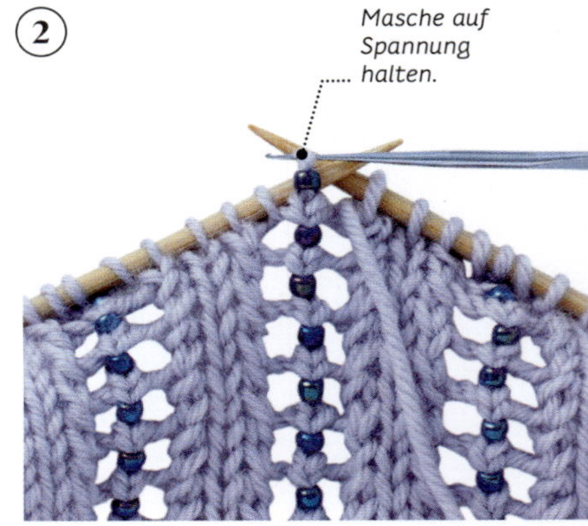

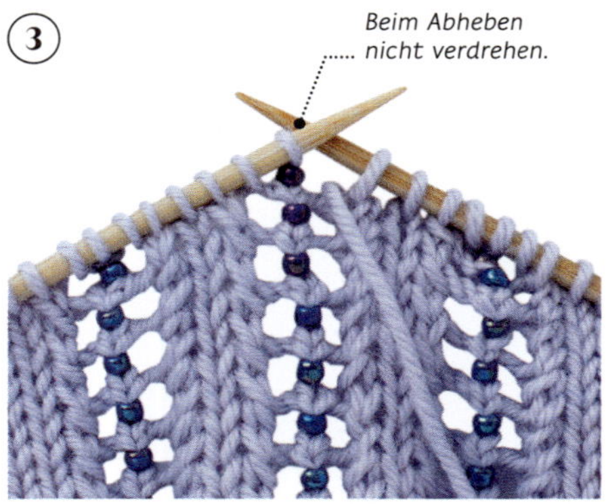

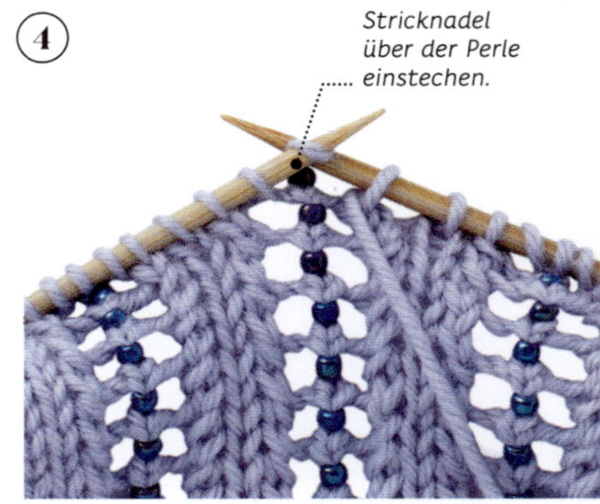

1 **R 1:** 1 M rechts. *2 M rechts zus-str (siehe S. 38). 1 Umschlag (siehe S. 42). 1 Perle auf die Häkelnadel schieben. Mit der Häkelnadel die nächste Masche auf der linken Nd fassen und von der linken Nd nehmen.

2 Die Perle über die Masche schieben.

3 Die Masche wieder auf die linke Nd legen. Die Perle befindet sich unter der Stricknadel.

4 Die rechte Nd in die Masche mit der Perle einstechen und rechts abstricken. 1 Umschlag. 2 M re abgeh zus-str (siehe S. 38). 1 M rechts. Ab * wdh bis zum Ende.
R 2: Alle M links stricken.

Zählmuster: Perlen-Lochmuster

Die Perle ist in der Mitte des Zählmusters zu sehen. Das Häkchen zeigt an, dass sie mit der Häkelnadel eingearbeitet wird. Bei dieser Methode sind die Perlen auf beiden Seiten der Arbeit sichtbar. Rechts und links davon können Umschläge gearbeitet werden.

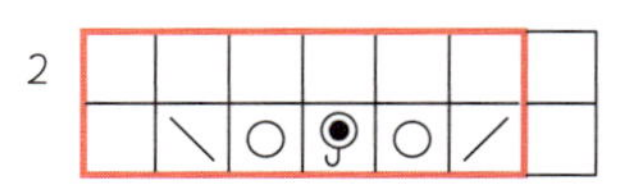

Smokmuster

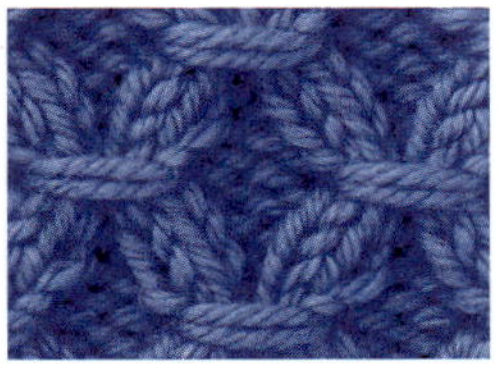

SCHWIERIGKEITSGRAD
Mittel

MUSTERSATZ
8 (+6) Maschen; 8 Reihen

VERWENDETE MASCHEN
rechte M, linke M, Smokmasche

AUSSEHEN
Einseitig

MATERIALIEN
Zopfnadel

1

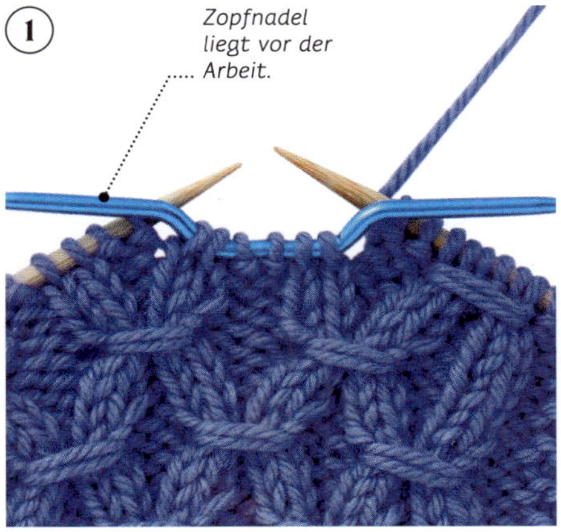

2

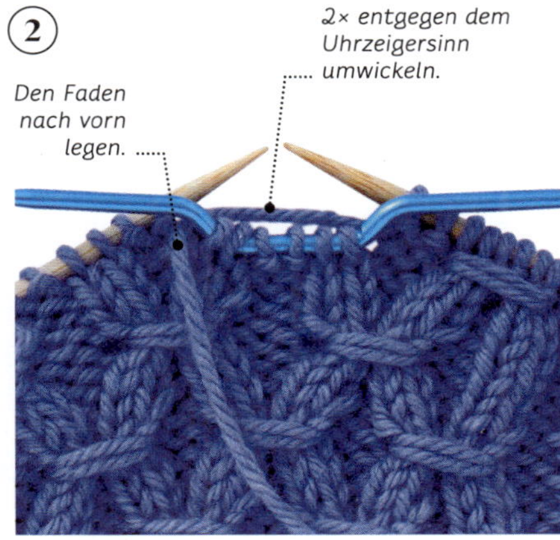

3

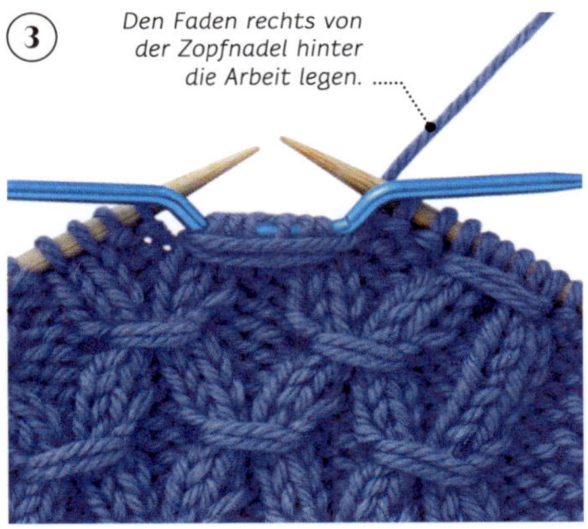

4

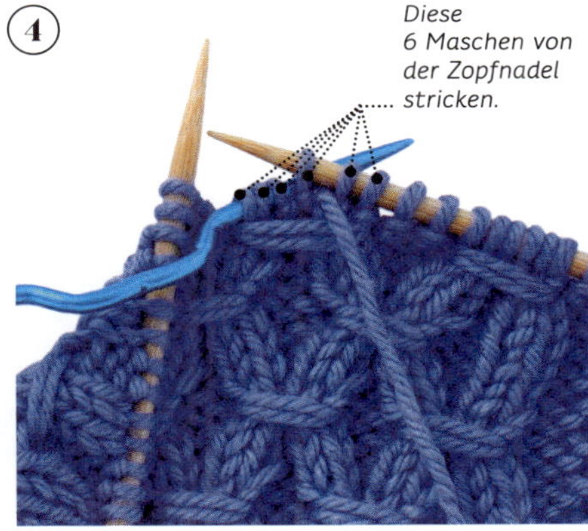

1 **R 1:** 2 M links. *2 M rechts. 2 M links. Ab * wdh bis zum Ende.
R 2: 2 M rechts. *2 M links. 2 M rechts. Ab * wdh bis zum Ende.
R 3: 2 M links. Den Faden nach hinten legen. *1 Smokmasche: *Die nächsten 6 Maschen auf eine Zopfnadel vor die Arbeit legen, dabei von rechts nach links einstechen.*

2 *Den Faden links von der Zopfnadel nach vorn legen, dann entgegen dem Uhrzeigersinn zweimal um die Zopfnadel wickeln.*

3 *Den Faden rechts von der Zopfnadel wieder nach hinten legen.*

4 *Von der Zopfnadel, 2 M rechts, 2 M links, 2 M rechts.* Dann 2 M links von der linken Nd. Ab * wdh bis zu den letzten 4 Maschen. 2 M rechts. 2 M links.
R 4: Wie Reihe 2.
R 5–6: Wie Reihe 1 und 2.
R 7: 2 M links. 2 M rechts. 2 M links. *Smokmasche. 2 M links. Ab * wdh bis zum Ende.
R 8: Wie Reihe 2.

Indisches Kreuzmuster

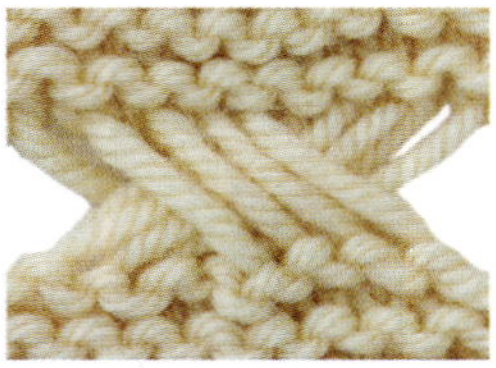

SCHWIERIGKEITSGRAD
Mittel

MUSTERSATZ
8 (+2) Maschen; 6 Reihen

VERWENDETE MASCHEN
rechte M, linke M, verlängerte rechte Masche, Indisches Kreuzmuster

AUSSEHEN
Einseitig

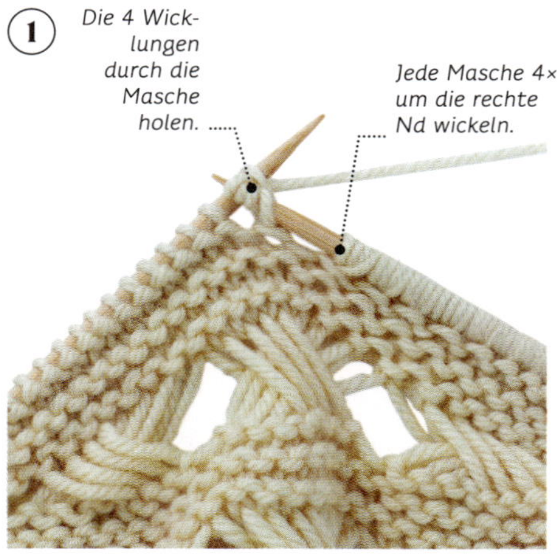

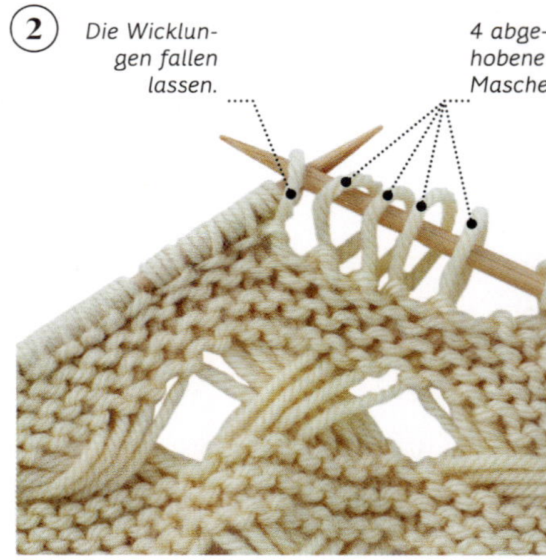

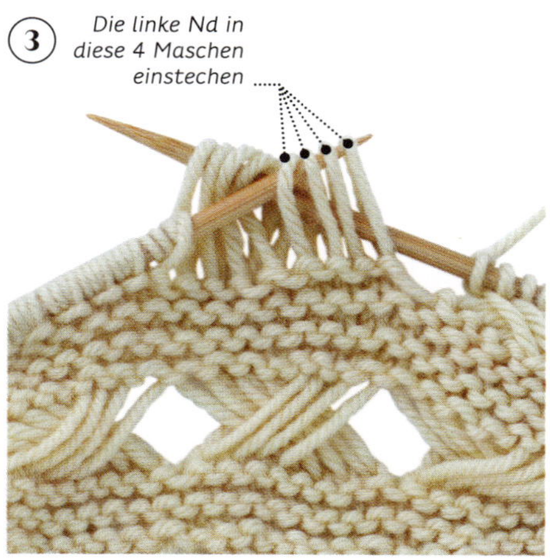

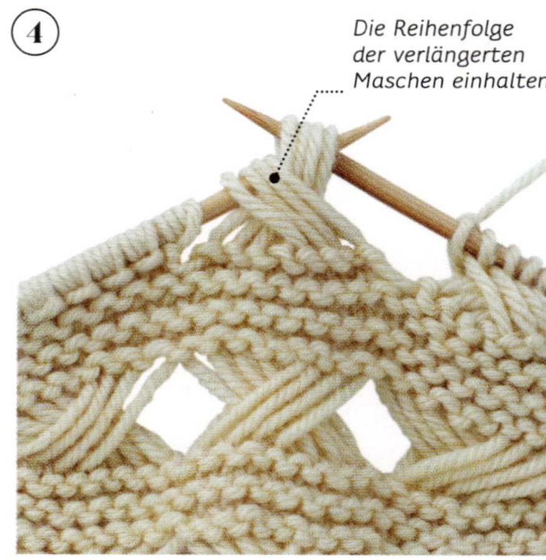

1 **R 1–4:** 4 Reihen kraus rechts stricken (alle Reihen rechte Maschen).
R 5: 1 M rechts. *1 verlängerte rechte Masche: *Von links nach rechts in die nächste Masche auf der linken Nd einstechen. Den Faden entgegen dem Uhrzeigersinn 4× um die rechte Nd wickeln. Mit diesen Wicklungen 1 M rechts stricken.* Ab * wdh bis zur letzten Masche, 1 M rechts.

2 **R 6:** 1 M rechts. 1 indisches Kreuzmuster: **Die nächsten 8 Maschen nacheinander abheben, dabei die rechte Nd von rechts nach links einstechen und die Wicklungen dazwischen alle fallen lassen.*

3 *Die linke Nd von rechts nach links in die 5., 6., 7. und 8. M auf der rechten Nd einstechen und diese über die ersten 4 Maschen heben. Von der rechten Nd nehmen, aber die linke Nd nicht herausziehen.*

4 *Die ersten 4 Maschen nacheinander von der rechten auf die linke Nd abheben, dabei von links nach rechts einstechen. Alle 8 Maschen rechts stricken.*
Ab * wdh bis zur letzten Masche, 1 M rechts.

Kettenhemdmuster

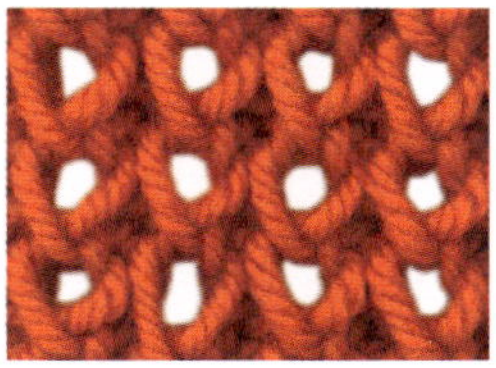

SCHWIERIGKEITSGRAD
Mittel

MUSTERSATZ
2 (+3) Maschen; 2 Reihen

VERWENDETE MASCHEN
rechte M, linke M, re-verschr

AUSSEHEN
Einseitig

MATERIALIEN
Stricknadeln in 2 verschiedenen Stärken (ca. 4 mm Unterschied)

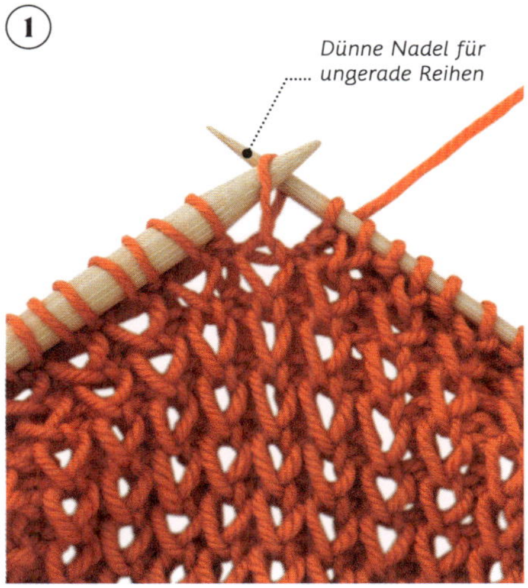

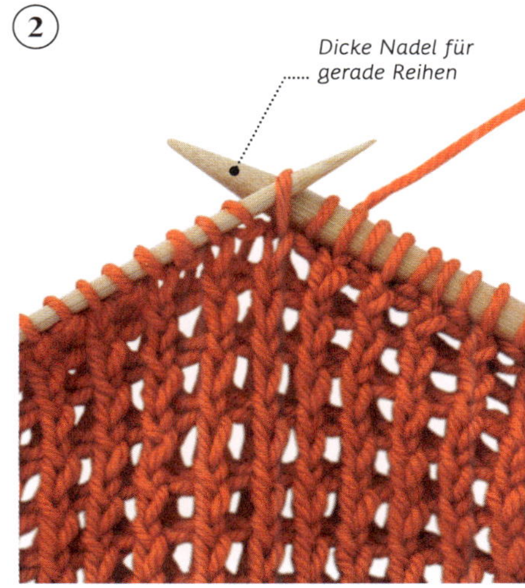

1 **R 1:** Mit der dünnen Nd 2 M links. *1 M rechts verschränkt: *Von rechts nach links ins hintere Maschenglied einstechen und rechts stricken.* 1 M links. Ab * wdh bis zur letzten Masche, 1 M links.

2 **R 2:** Mit der dicken Nd 1 M links. *1 M re-verschr, 1 M links. Ab * wdh bis zu den letzten 2 Maschen, 1 M re-verschr, 1 M links.

Zählmuster: Kettenhemdmuster

Das Kettenhemdmuster ist recht einfach zu stricken. Die verschränkten Maschen erscheinen versetzt. Die interessante Optik entsteht dadurch, dass nach jeder Reihe die Nadelstärke gewechselt wird.

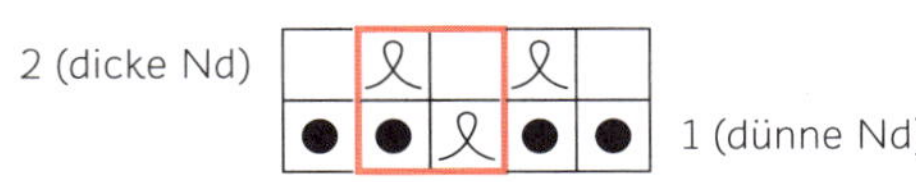

Register

N

P

Q

R

S

T

U

V

W

Z

Dank der Autorin

Ich möchte dem gesamten Team von DK danken, insbesondere Amy Slack und Emma Hill für ihre Beratung und ihr kompetentes Lektorat. Ruth Jenkinson und Nigel Wright für Fotografie und Styling und die wunderbare Atmosphäre bei den Fotoshootings. Sowie Krystyna Egleton für ihre stricktechnische Expertise bei den Shootings, bei denen ich nicht dabei sein konnte.

Ein großes Dankeschön an Sybil Izzard, die mir das erste Set Nadeln und Sockengarn geschenkt und damit meine Strickleidenschaft gezündet hat. Loraine McClean, meine Dozentin während meiner Vorbereitung auf die City and Guilds-Prüfung. Ein besonderer Dank geht an meinen Mann Jim und meine Mutter Viv, die mir die Zeit für dieses Buch gegeben haben. Wie immer ein besonderer Dank an mein Cheerleader-Team, Freunde und Strickkolleginnen, Dawn, Julie und Kate.

Und schließlich an alle, die gern stricken, die meine Anleitungen und Bücher kaufen und meine Kurse besuchen. Vielen Dank für Ihre Unterstützung.

Dank des Herausgebers

DK UK bedankt sich bei Tina Egleton für die Mitwirkung als Strickexpertin bei den Fotoshootings, Dan Crisp für die Illustrationen, Rushil Pradhan für die Mitwirkung am Layout, Francesco Piscitelli für das Korrektorat und Vanessa Bird für das Register.

Die Autorin

Jo Shaw ist Strickdesignerin und der kreative Kopf hinter der Firma Hardybarn Designs mit Sitz in der britischen Grafschaft Lincolnshire. Sie tritt in die Fußstapfen von Generationen ihrer Familie, die im Textilgewerbe tätig waren, einschließlich ihres Vaters, der Spitzendesigner war und dessen Entwürfe viele von Jos Mustern inspiriert haben. Jo hat eine City and Guilds-Qualifikation der Stufe 3 für handgestrickte Textilien und gibt regelmäßig Strickworkshops, unter anderem im Rahmen von
A Good Yarn on Tour.

Mehr über Jo auf Instagram @hardybarn oder auf ihrer Website hardybarn.co.uk.

Lektorat
Katie Cowan, Emma Hill, Amy Slack, Zara Anvari,
Becky Alexander, Ankita Gupta

Gestaltung und Bildredaktion
Maxine Pedliham, Glenda Fisher, Tessa Bindloss, Ira Sharma,
Nidhi Mehra, Neha Ahuja Chowdhry, Pushpak Tyagi, Anurag Trivedi,
Vikram Singh, Malavika Talukder

Herstellung
Tony Phipps, Luca Bazzoli, Balwant Singh, Pankaj Sharma

Fotos Ruth Jenkinsons, Nigel Wright

Für die deutsche Ausgabe:
Verlagsleitung Monika Schlitzer
Programmleitung Heike Faßbender
Projektbetreuung Doreen Wolff
Herstellungsleitung Dorothee Whittaker
Herstellungskoordination Bianca Isack
Herstellung Evely Xie
Covergestaltung Jürgen Katzenberger

Titel der englischen Originalausgabe:
Knitting stitches step by step.

Übersetzung Wiebke Krabbe, Damlos
Lektorat Lesezeichen Verlagsdienste, Köln

ISBN 978-3-8310-4838-0

Druck und Bindung Foshan Nanhai
Xingfa Printing Co. Ltd, China

MIX
Papier | Fördert gute Waldnutzung
FSC® C018179
www.fsc.org

www.dk-verlag.de

Hinweis
Die Informationen und Ratschläge in diesem Buch sind von
der Autorin und vom Verlag sorgfältig erwogen und geprüft,
dennoch kann eine Garantie nicht übernommen werden.
Eine Haftung der Autorin bzw. des Verlags und seiner Beauftragten
für Personen-, Sach- und Vermögensschäden ist ausgeschlossen.

Masche für Masche zu wolligen Highlights

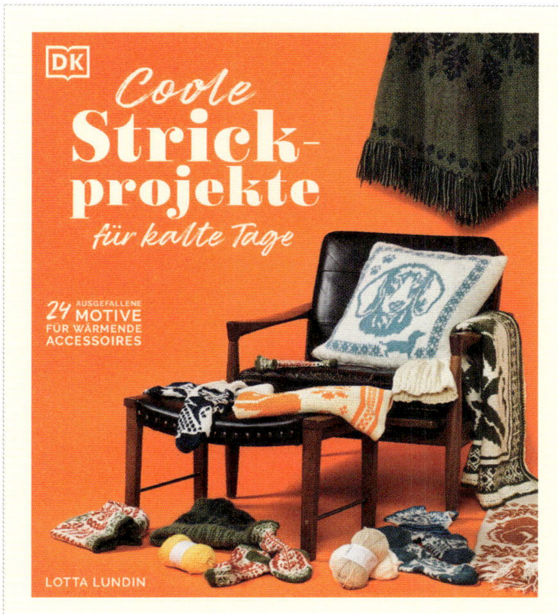

ISBN 978-3-8310-4960-8

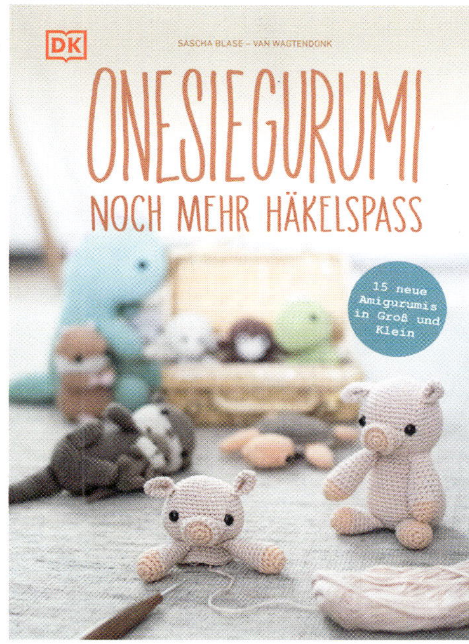

ISBN 978-3-8310-4875-5

DK

www.dk-verlag.de